朔方文库

河套志
〔清〕陈履中 撰　余晓玲 校注

宁夏出差日记
〔清〕佚名 撰
韩中慧　付明易　何娟亮　姚玉婷　李彦霞 校注

宁夏青海里程
〔清〕佚名 撰　李彦霞 校注

主编　胡玉冰

上海古籍出版社

圖書在版編目(CIP)數據

河套志／(清)陳履中撰；余曉玲校注．寧夏出差日記／(清)佚名撰；韓中慧等校注．寧夏青海里程／(清)佚名撰；李彥霞校注．—上海：上海古籍出版社，2022.8

(朔方文庫)

ISBN 978-7-5732-0341-0

Ⅰ.①河… ②寧… ③寧… Ⅱ.①陳… ②佚… ③余… ④韓… ⑤李… Ⅲ.①内蒙古－地方志－清代②寧夏－地方志－清代③陝西－地方志－清代 Ⅳ.①K292.6 ②K294

中國版本圖書館CIP數據核字(2022)第107884號

朔方文庫

河套志

〔清〕陳履中　撰　余曉玲　校注

寧夏出差日記

〔清〕佚　名　撰

韓中慧　付明易　何娟亮　姚玉婷　李彥霞　校注

寧夏青海里程

〔清〕佚　名　撰　李彥霞　校注

上海古籍出版社出版發行

(上海市閔行區號景路159弄1-5號A座5F 郵政編碼201101)

(1) 網址：www.guji.com.cn
(2) E-mail：guji1@guji.com.cn
(3) 易文網網址：www.ewen.co

上海展强印刷有限公司印刷

開本710×1000　1/16　印張19.5　插頁6　字數254,000

2022年8月第1版　2022年8月第1次印刷

ISBN 978-7-5732-0341-0

K・3200　定價：118.00元

如有質量問題，請與承印公司聯繫

電話：021-66366565

國家社會科學基金重大項目
"《朔方文庫》編纂"（批准號：17ZDA268）經費資助出版

寧夏回族自治區"十三五"重點學科
"中國語言文學"學科建設經費資助出版

寧夏大學"民族學"一流學科群之"中國語言文學"學科
（NXYLXK2017A02）建設經費資助出版

《朔方文庫》委員會名單

學術委員會

主　任：陳育寧

委　員：（按姓氏筆畫排序）

　　　　于　亭　　呂　健　　伏俊璉　　杜澤遜　　周少川　　胡大雷

　　　　陳正宏　　陳尚君　　殷夢霞　　郭英德　　徐希平　　程章燦

　　　　賈三强　　趙生群　　廖可斌　　漆永祥　　劉天明　　羅　豐

編纂委員會

主　編：胡玉冰

委　員：（按姓氏筆畫排序）

　　　　丁峰山　　田富軍　　安正發　　李建設　　李進增　　李學斌

　　　　李新貴　　邵　敏　　胡文波　　胡迅雷　　徐遠超　　馬建民

　　　　湯曉芳　　劉鴻雁　　趙彥龍　　薛正昌　　韓　超　　謝應忠

總　　序

陳育寧

寧夏古稱"朔方",地處祖國西部地區,依傍黄河,沃野千里,有"塞上江南"之美譽。她歷史悠久,民族衆多,文化積澱豐厚。在這片土地上産生並留存至今的古代文獻檔案數量衆多、種類豐富,有傳統的經史子集文獻、地方史志文獻、西夏文等古代民族文字文獻、岩畫碑刻等圖像文獻,以及明清、民國時期的公文檔案等,這些文獻檔案記述了寧夏歷朝歷代人們在思想、文化、史學、文學、藝術等各方面的成就,藴含着豐富而寶貴的、具有地域和民族特色的歷史文化内涵,是中華各民族人民共同的精神和文化財富,保護好、傳承好這批珍貴的文化遺産,守護好各民族共有的精神家園,扎實推進新時期文化的繁榮發展,是寧夏學者義不容辭的擔當。

黨和國家歷來高度重視和關心文化傳承與創新事業,積極鼓勵和支持古籍文獻的收集、保護和整理研究工作,改革開放以來,批准實施了一批文化典籍檔案整理與研究重大項目,取得了一大批重要成果。2017年1月,中共中央辦公廳、國務院辦公廳印發《關於實施中華優秀傳統文化傳承發展工程的意見》,把中華優秀傳統文化的傳承和發展推上了新的歷史高度。《意見》指出,要"實施國家古籍保護工程","加強中華文化典籍整理編纂出版工作"。這給地方文獻檔案的整理研究,帶來了新的機遇。

寧夏作爲西部地區經濟欠發達省份,一直在積極努力地推進優秀傳統文化傳承發展事業。2018年5月,《寧夏回族自治區實施中華優秀傳統文化傳承發展工程方案》和《寧夏回族自治區"十三五"時期文化發展改革規劃綱要》正式印發,爲寧夏文化事業的發展繪就了藍圖。寧夏提出了"小省區也能辦大文化"的理念,决心在地方文化的傳承發展上有所作爲,有大作爲。在地方文獻檔案整理研究方面,寧夏雖資源豐富,但起步較晚,力量不足,國家級項目少。

這種狀況與寧夏對文化事業的發展要求差距不小,亟須迎頭趕上。在充分論證寧夏地方文獻檔案學術價值及整理研究現狀的基礎上,以寧夏大學胡玉冰教授爲首席專家的科研團隊,依托自治區"古文獻整理與地域文化研究"人文社科重點研究基地以及自治區重點學科"中國語言文學"、重點專業"漢語言文學"的人才優勢,全面設計了寧夏地方歷史文獻檔案整理研究與編纂出版的重大項目——《〈朔方文庫〉編纂》,並於 2017 年 11 月申請獲批立項爲國家社科基金重大項目,這一項目的啓動,得到了國家的支持,也有了更高的學術目標要求。

　　編纂這樣一部大型叢書,涉及文獻數量大、種類多,時間跨度長,且對學科、對專業的要求高,既是整理,更是研究,必須要有長期的學術積累、學術基礎和人才支持。作爲項目主持人,胡玉冰教授 1991 年北京大學畢業後,一直在寧夏從事漢文西夏文獻、西北地方(陝甘寧)文獻、回族文獻等爲主的古文獻整理研究工作,他是寧夏第一位古典文獻專業博士,已主持完成了 4 項國家社科基金項目,包括兩項重點項目,出版學術專著 10 餘部。從 2004 年主持第一項國家社科基金項目開始,到 2017 年"《朔方文庫》編纂"作爲國家社科基金重大項目立項,十多年來,胡玉冰將研究目標一直鎖定在地方文獻與民族文獻領域。其間,他完成的國家社科基金項目結項成果《寧夏古文獻考述》,是第一部對寧夏古文獻進行分類普查、研究,具有較高學術價值的成果,爲全面整理寧夏古文獻提供了可靠的依據;他完成的《傳統典籍中漢文西夏文獻研究》入選《國家社科基金成果文庫》,爲《朔方文庫·漢文西夏史籍編》奠定了研究基礎;他完成出版的《寧夏舊志研究》,基本摸清了寧夏舊志的家底,梳理清楚了寧夏舊志的版本情況,爲《朔方文庫·寧夏舊志編》奠定了研究基礎。在項目實施過程中,胡玉冰注重與教學結合,重視青年人才培養,重視團隊建設。在寧夏大學人文學院,胡玉冰參與創建的西北民族地區語言文學與文獻博士學位點、中國古典文獻學碩士學位點,成爲寧夏培養古典文獻專業高級專門人才的重要陣地。他個人至今已培養研究生 40 多人,這些青年專業人員也成爲《朔方文庫》項目較爲穩定的團隊成員。關注相關學術動態,加強與兄弟省區和高校地方文獻編纂同行的學術交流,汲取學術營養,也是《朔方文庫》在實施過程中很重要的一則經驗。

　　《朔方文庫》是目前寧夏規模最大的地方文獻整理編纂出版項目,其學術意義與社會意義重大。第一,有助於發掘和整合寧夏地區的文化資源,理清寧夏文脉,拓展對寧夏區情的認識,有利於增强寧夏文化軟實力,提升寧夏的影響力,促進寧夏經濟社會全面發展;第二,有助於深入研究寧夏歷史文化的思想精髓和時代價值,具有歷史學、文學、文獻學、民族學等多學科學術意義,推動寧夏人文學科的建設與發展;第三,有助於推進寧夏高校"雙一流"建設,帶動自治區人文社科重點研究基地、重點學科、重點專業以及學位點建設,對於培養有較高學術素質的地方傳統文化傳承與創新的人才隊伍有積極意義;第四,在實施"一帶一路"倡議大背景下,深入探討民族地區文獻檔案傳承文明、傳播文化的價值,可以更好地爲西部地區擴大對外文化交流提供決策支持。

　　編纂《朔方文庫》,既是堅定文化自信、鑒古開新、傳承和弘揚中華優秀傳統文化的需要,也是服務當下經濟社會文化發展的需要,是一項功在當代、澤溉千秋的文化大業。截至2019年7月,本重大項目已出版大型叢書兩套、研究著作,依托重大項目完成碩士研究生學位論文9篇。叢書《朔方文庫》爲影印類古籍整理成果,按專題分爲《寧夏舊志編》《歷代人物著述編》《漢文西夏史籍編》《寧夏典藏珍稀文獻編》《寧夏專題文獻和文書檔案編》共五編。首批成果共112册,收書146種。其中《寧夏舊志編》32册36種,《歷代人物著述編》54册73種,《漢文西夏史籍編》15册26種,《寧夏典藏珍稀文獻編》10册7種,《寧夏專題文獻和文書檔案編》1册4種。《寧夏珍稀方志叢刊》共16册,爲點校類古籍整理成果,由中國社會科學出版社、上海古籍出版社分别於2015年、2018年出版。《朔方文庫》出版時,恰逢寧夏回族自治區成立60周年,這也説明,在寧夏這樣的小省區是可以辦成、而且已經辦成了不少文化大事,對於促進寧夏文化事業的發展、提升寧夏知名度起到了重要作用。同時也要看到,由於基礎薄弱,條件和力量有限,我們還有許多在學術研究和文化建設上想辦、要辦而還未辦的大事在等待着我們。

　　國内出版過多種大型地方文獻的影印類成果,但尚未見相應配套的點校類整理成果。即將由上海古籍出版社推出的《朔方文庫》點校類整理成果,是胡玉冰及其學術團隊在影印類成果的基礎上的再拓展、再創新。從這一點來説,國家社科基金重大項目"《朔方文庫》編纂"開創了一個很好的先例,即在基本完成影印任務的情况下,依托高質量的研究成果,及時推出高質量的點校類整理成果,將極大地便於學界的研究與利用。我相信,《朔方文庫》多類型學術成果的編纂與出版,再一次爲我們提供了經驗,增強了信心,展現了實力。衹要我們放開眼界,集聚力量,發揮優勢,精心設計,培養和選擇好學科帶頭人,一個項目一個項目堅持下去,一個個單項成績的積累,就會給學術文化的整體面貌帶來大的改觀,就會做成"大文化",我們就會做出無愧於寧夏這片熱土、無愧於當今時代的貢獻!

2020 年 7 月於銀川

(陳育寧,教授,博士生導師,寧夏自治區政協原副主席,寧夏大學原黨委書記、校長)

目　錄

總序 ·· 陳育寧　1

河　套　志

整理説明 ·· 3
序 ·· 6
河套志卷第一 ··· 18
　河套建置沿革考 ·· 18
河套志卷第二 ··· 54
　河套内外建置郡縣沿革考 ·· 54
河套志卷第三 ··· 95
　寧夏鎮所屬沿河套南邊城堡 ····································· 95
　延綏鎮所屬沿河套南邊城堡 ····································· 95
　山西沿河套邊營堡 ··· 105
　河套内外山川 ··· 107
河套志卷第四 ··· 126
　河套内古迹 ··· 126
　河套内物産 ··· 127
　河套内地勢興廢略 ··· 128
　延綏鎮 ·· 130
　河套 ·· 132
　邊防 ·· 134

明陝西邊城增築 ………………………………… 136
　　邊市 ……………………………………………… 137
　　邊餉 ……………………………………………… 138
　　鹽法抄 …………………………………………… 140
河套志卷第五 …………………………………………… 144
　　藝文一　奏疏 …………………………………… 144
河套志卷第六 …………………………………………… 186
　　藝文二　表、議、策、記、賦、書、銘 ………… 186
跋 ………………………………………………………… 239
參考文獻 ………………………………………………… 240

寧夏出差日記

整理説明 ………………………………………………… 251
寧夏出差日記 …………………………………………… 254
參考文獻 ………………………………………………… 286

寧夏青海里程

整理説明 ………………………………………………… 291
寧夏青海里程 …………………………………………… 292
　　寧夏府屬 ………………………………………… 292
　　西寧府屬 ………………………………………… 297
　　固原直隸州屬 …………………………………… 297
　　化平直隸廳屬 …………………………………… 301
參考文獻 ………………………………………………… 303

河 套 志

〔清〕陳履中 撰　　余曉玲 校注

整理說明

《河套志》六卷,清朝陳履中撰。乾隆七年(1742)修成并刊行。傳世抄本均據乾隆七年(1742)寓園刻本傳抄。寓園刻本由方靈皋、李巨來鑒定,儲大文參閱,邱燾、陳履平校訂。四周雙邊,白口,單、黑魚尾。每半葉九行,行二十字,小字雙行同。版心有書名、卷次及頁碼。

陳履中,字執夫,號雁橋,河南商丘人,生於康熙三十一年(1692)十月初七日,卒於乾隆二十四年(1759)正月初八日,享年六十八歲。祖籍宜興,其父陳宗石年幼之時入贅於河南商丘侯方域家。陳履中康熙五十年(1711)中舉,五十一年(1712)授官中書,供奉玉局。越八歲,擢虞衡員外,三歲後補都水郎中。雍正三年(1725)擢御史,署給事中,後爲甘肅布政司參議,分守寧夏道。其生平參見蔣士銓撰《忠雅堂文集》卷六陳履中墓志銘,李恒輯《國朝耆獻類徵初編》卷二〇九《監司五·陳履中》,開遠堂《亳里陳氏家乘》載陳履中墓志文等。

《河套志》正文前內容包括七篇序文和《目錄》。序作者有高玢、李紱、魏廷珍、儲大文、邱燾、劉青芝、陳履中。正文共六卷十七目,卷一《河套建置沿革考》,卷二《河套內建置郡縣沿革考》,卷三《寧夏鎮所屬沿河套南邊城堡》《延綏鎮所屬沿河套南邊城堡》《山西沿河套邊營堡》《河套內外山川》,卷四《河套內古迹》《河套內物產》《河套內地勢興廢略》《延綏鎮》《河套》《邊防》《明陝西邊城增築》《邊市》《邊餉》《鹽法抄》等十目,卷五《藝文一》,錄奏疏二十九篇,卷六《藝文二》,錄《表》三篇,《議》五篇,《策》三篇,《記》十篇,《賦》四篇,《書》一篇,《銘》兩篇。正文後有陳履中弟陳履平撰跋文一篇。所涉寧夏鎮所屬沿河套南邊城堡有橫城堡、紅山堡、清水營堡、花馬池等,所涉山川包括賀蘭山、石咀山、黃草山、麥垛山、石崖山、老虎山等,爲研究寧夏地區建置沿革提供了寧夏地方舊志之外的史料價值。

雍正三年(1725),陳履中奉命分巡寧夏,遂於蒞事之暇撰成《河套志》。所據文獻有三種情況，或自文獻典籍中徵引事隸河套者，或輯錄《秦邊紀略》者，或參考陝、甘地方舊志，亦有諸口傳資料及實地調查取材者。具體而言，徵引文獻典籍者，有的明確注明文獻名稱，如《史記·蒙恬傳》《册府元龜》等，沒有省略文獻名稱。有的則用書名省稱，如《元和郡縣圖志》省稱"元和志"。有的用書名簡稱加篇名，如《隋書》卷二九《地理志上》作"隋志"。有的只出現書名而不出現篇名，如《宋元資治通鑑》卷九《宋紀九》只作"宋元通鑑"。有的祇出現篇名而不出現書名，如《魏書》卷一〇六下《地形志》祇注作"地形志"。《河套志》從《秦邊紀略》共輯錄三十九條目，其中《河套志》卷三對《秦邊紀略》卷五所輯內容有三十七處，有橫城堡、紅山堡、清水堡、清水營、黃甫川等三十七條目，且所載三十七條目的前後順序完全一致。另外兩條目分别爲：《河套志》卷四"延綏鎮"輯錄《秦邊紀略》卷五"延綏衛"、《河套志》卷四"河套"輯錄《秦邊紀略》卷六"河套"。參考陝、甘地方舊志者，一是參考《〔嘉靖〕陝西通志》，《河套志》卷四《明陝西邊城增築》參考嘉靖《陝西通志·河套地沿革略》有關明代的記載，卷四《河套內地勢興廢略》輯錄卷末之按語，卷一《河套建置沿革考》之小序輯錄《河套地廣袤略》相關內容，卷四《河套內古迹》輯錄《河套古迹》三十四條內容，卷三《河套內外山川》及卷四《河套內物産》皆對其《河套山川》《河套物産》有所參考。二是參考《〔乾隆〕甘肅通志》，《河套志》卷二《河套內建置郡縣沿革考·本朝》參考《〔乾隆〕甘肅通志》卷四《疆域·寧夏府》，如："寧夏之境，賀蘭山環於西北，黃河遶於東南，地方五百里，山川險固，土田肥美。溝渠數十處，皆引河水以資灌溉，歲用豐穰，而烏、白、花馬等池，出鹽甚多，度支收糴，其利又足以佐軍儲，誠用武之要會、雄邊之保障也。"《河套志》卷三《延綏鎮所屬沿河套南邊城堡》之"花馬池城"參考《〔乾隆〕甘肅通志》卷四《疆域·寧夏府》，如："建寧夏衛，亦以爲重鎮，即有寇鈔，不過河西一帶。自正統以後，駐牧套內，而患乃更在套東，其禍切備急者，則尤在花馬池。必花馬池備密，而寧夏之肩背始可稍息，何也？"

　　作爲河套地區第一部專區地志，《河套志》有其獨特的利用價值。第一，該志首開河套修志之先河，對於研究河套地區具有很大啓發引導意義。第二，提供了大量的寧夏史地資料，且有些史料爲寧夏地方舊志所缺，故其可與寧夏地方舊志相互補充，從而充實寧夏舊志文獻。

　　《持静齋書目》《羅氏藏書目録（上卷）》《中國地方志聯合目録》《稀見地方

志提要》《中國地方志總目提要》《浙江公立圖書館通常類目録》《清史稿·藝文志》《四庫全書總目·史部·地理類存目》《翁方綱纂四庫提要稿·史部》《歸德府志》等書目對《河套志》都有著録。忒莫勒、周清澍、李毅虎等撰文研究過該志。

此次整理主要以標點、校勘、注釋等方式對《河套志》進行整理，以天津圖書館藏清乾隆寓園刻本爲底本，以國家圖書館藏葉德輝藏本（簡稱"國圖本"）、上海圖書館藏傳抄本（簡稱"上圖本"）爲對校本，以陝、甘、寧地方舊志爲參校本。脚注中，凡言"本志"者，均指《河套志》。書名較長者沿用習慣簡稱，具體簡稱參見"參考文獻"。

序

河套志序　柘城高玢撰

　　今天下一府、一州、一邑莫不有志，而河套爲從古文人游士之所不至，是以千百年來未有成書。豈以其地遠出西陲，不足繫天下之重輕而外之哉？是大不然。余昔從軍絶塞，過居庸關，由宣大迤西出殺虎口，經黑河、板升以至大青山。山則雙壁插天，中通一迳，曲如羊腸，狹若鳥道。蓋關隘之險，天之所以界南北也。因慨然訪三受降城之遺迹，而軍中人皆無能言者，非圖籍無徵之故耶？雍正丙午，①商丘大參陳公，由監察御史奉簡命分巡寧夏。寧夏切近河套，公始至，按圖而嘆曰："河套，重地也。烏可無志？"由是博考群書而薈萃之。其山川之險夷、州郡之建置、今古之沿革、歷代之興廢、戰伐之勝負、城堡墩臺之設立、套內套外之辨析、名臣奏對之事宜、古迹土產之名物，莫不遠稽近考，如繪諸圖，如指諸掌。志與三序詳哉，其言之矣。而其要惟在明中外之大，防爲安攘之至計。余每讀之，嘆其籌畫之周，而計慮之遠也。蓋天下之形勝不在東南而在西北。

　　河套則居天下之上流，三面距河，一面阻邊，西連賀蘭，東接偏關。其地肥饒，可耕可牧。自虞夏以來，世爲中國疆土。周城朔方，秦收河南，漢置定襄，皆在其地。得之，則外順；失之，則內侵，其勢然也。洎西晉之末，赫連勃勃始城其地而居之，自是代爲邊患。唐末至宋，又據於西夏，然是時尚未有套名。所爭在邊境而不及門庭，害未熾也。至明天順六年，毛里孩、阿羅出、孛羅忽三部入套，始爲門庭之害。至嘉靖庚戌，②而勢且岌岌矣。原其禍始，惟以中國之

---

① 雍正丙午：雍正四年（1726）。
② 嘉靖庚戌：嘉靖二十九年（1550）。

沃壤爲外寇之甌脫,故至此歷觀前代制馭之方,或得上策,或得中策,或出下策,而過此則無策。唐張、韓公三受降城之築,禦寇於外,而勝勢在我,上策也。宋以韓、范爲經略,种、狄爲將帥,終不能平夏。而依山阻水,疆域可守,轉輸有方,中策也。明之中葉,捨受降而衛東勝,又撤東勝而城榆林,株守沙磧之間,坐割地利予敵,外無樊籬之蔽,内失膏腴之饒,進不能如唐,退不能如宋,下策也。然自成化而後,搜套、復套歷有碩畫,俱格而不行。況前有紅鹽池之大捷機會可乘,後有營陣圖之方略膚功立奏,而乃自戕其分憂任事之臣,爲開門揖盜之計,無策甚矣。《志》①曰:"非寇能取之,而明自與之;非力不能復,而實禁人復之。"廟謀顛倒,②孰爲爲之,而豈河套終不可得復哉?

今我國家武功文德,威懷萬里。河套雖爲鄂爾多斯所居,而恪奉職貢,忠順弗替。公際此承平無事之日,而套志作焉,其猶有未雨綢繆之思乎?後世謀國之臣有籌久安長治之策者,此書具在,可展卷而得之矣。則謂志作於一時,而功在百世可也。余故原作者之意,書之卷末云爾。

河套志序　　臨川李紱撰

三代而下,威德之廣無若漢唐,而唐尤盛。安東、安西、安南、安北四都護之設,相距各萬餘里,而宋與明失之。南失交趾,受害猶未劇,南故弱也。東與西,裔外之強,皆依乎北,北故強,不可失。且不獨北強,地亦饒也,故肅宗中興,實基於此。自唐末以拓跋思恭鎮夏州,奄有銀、夏、綏、宥、靜五州之地。又以功賜姓李,益盛以強。至元昊,遂稱帝,與宋相終。元始,復爲王土。明天順六年,毛里孩等復入牧,日新月盛,邊患乃有不可言者,豈細故哉?其地三面距河,明稱爲"河套"。蓋河自寧夏出口,北行千里折而東二千里,又折而南千里,乃入内地。土地肥美,溝澮、井疆比於江南。東連偏關,西接賀蘭。此地安則東與西皆可無患,故曰東與西皆依乎北也。

我國家威德之盛遠過漢唐,而北方訖暨尤遠。長城而外東西萬里爲蒙古四十八家,蒙古而外爲喀爾喀五十二家。拜除黜陟,同於内地,自古以來未之有也。河套之地雖爲鄂爾多斯□□,而奉法唯謹,罔敢越尺寸。志其地與否,

---

① 志:本志引書,書名不詳。
② 廟謀顛倒:廟謀,猶廟謨,朝廷大計。唐代詩人元稹《連昌宮詞》:"廟謨顛倒四海搖,五十年來作瘡痏。"

視古爲稍緩,然事勢亦有殊於前古者。今蒙古與喀爾喀號爲循善,而循者多弱,善者不競。西北厄魯特準噶爾頗爲桀黠,昔噶爾丹偶逞狂謀,喀爾喀蒙古諸部落披靡莫當,脅從甚衆。聞聖祖仁皇帝親征,然後反正,則循善者殆,未可恃矣。河套地四面折算約方三千里。土地之美,可耕可牧,鄂爾多斯不能收其利也。國家取爲屯地,則猝遇軍興,歲省金錢百萬。廟堂之計,孰大於此?

陳君執夫,故名家子。昔嘗監司其地,乃約古今沿革、戰守利害,薈爲一書,其用心固已遠矣。抑吾尤有慨者,明自正統以後,武備不修,邊防日弛,患不獨河套而套爲甚。橫覽二百餘年間,惟王襄敏紅鹽池之捷,①差強人意。他若李文達主楊琚之議,而三帥不行;楊文清請復受降三城,而阨於瑾瑾。② 至夏文愍、③曾襄愍河套之議,既已上愜宸衷,功亦垂就。而蒼蠅黑白,④頃刻而變,卒以身殉。谷民所謂"九重廟算,忽智忽愚",⑤豈不信哉?蓋千古來,任事之難如此屬。陳君走怦千里,請叙其書,爲之掩卷而三嘆焉。世之人幸無忽視之也。

河套志序　　景州魏廷珍撰

志者,志實也。古無河套之名,自有明始。亦無專志,散見於山、陝諸志中,其原委要害、利弊得失又不詳貫。陳君執夫,分巡其地,悉所目睹,非得耳聞,彙成一書,故其志皆實據也。

按河套,《禹貢》渠搜地。成湯北發渠搜,周命南仲城朔方,故址在套內。周、秦以至宋、明,中外既分,邊患不息,講邊防者紛紛矣。我朝龍飛,德威遠播,東西朔南,無思不服,⑥覆載隊照,⑦莫不尊親。北逾沙漠,部落千百來享來

---

① 王襄敏:王越,謚號"襄敏"。
② 瑾瑾:瑾,一指中國漢代武職宦官帽子的裝飾品,後借指宦官。瑾瑾,即宦官劉瑾。
③ 夏文愍:夏言,謚號"文愍"。曾襄愍:曾銑,謚號"襄愍"。
④ 蒼蠅黑白:語出元代孔克齊《至正直記·蒼蠅變黑》:"諺云:'蒼蠅變黑白。'蓋蠅糞污物,遇白則黑,遇黑則白。世以喻夫君子小人相反也。"
⑤ 九重廟算:九重,喻帝王居住之地。廟算,語出《孫子兵法·計篇》:"夫未戰而廟算勝者,得算多也;未戰而廟算不勝者,得算少也。多算勝,少算不勝,而況於無算乎?"即指戰役前的戰略籌劃。
⑥ 無思不服:語出《詩·大雅·文王有聲》:"鎬京闢雍,自西自東,自南自北,無思不服。"思,助詞,原意爲四面八方,無不服從周王朝,後引爲某種道理爲四方所信奉。
⑦ 覆載:本指天地。語出《禮記·中庸》:"天之所覆,地之所載。"後比喻範圍廣大無所不包或恩澤普遍。

王，拓疆萬里之外，沙漠表裹皆屬内地。秦漢以來，勞民力築長城，空懸塞上，烽火不驚，角鏑不鳴，長享化日，減將削兵，緣邊日省金錢億萬萬，上益國，下利民。河套銀夏，近在腹裹，内外一家，自古禦戎之法，未有善於此時，何邊可備、何防可講哉？雖然，設險守國，大易之深謨；保泰持盈，[①]聖王之遠慮。古之人，安不忘危，防亂於既治，綢繆於未雨之意也。河套居山、陝上流，唐、宋與明，戰爭守禦，無不以此爲要害；群策群力，無不以此爲急謀。所以，有三城之築、北河之鎮、橫城之守。唐築受降，却敵於黃河之外，上策也；明築榆林，養敵於河套之中，下策也；北河舊鎮，榆林新城，新舊兼守，敵或入套，進爲新邊所扼，退爲北河所邀，敵必失利，然而中策也。守河套，則延、綏、寧俱安；守東勝三城，則河套爲内地，北邊之利也。況其中鹽池之產以興國課，數千里沃壤，水草豐美，大宜產牧，可以耕屯。采取山木編簰作舟，由蘭州、保德抵潼關，往來黃河中，以利民用，以通水路。西北山陝雄鎮，上流永無邊患矣。

　　陳君官此地，各邊險要，田野出產，兵將守禦，古今得失，明如指掌，皎若列眉。鉛槧十年，筆成數卷。非其尚論古人，胸藏數萬甲兵，指畫詳切若此哉！緣套道里堡鎮、歷代立名因革、前人策議是非，志中悉載，故不備錄。

序　宜興儲大文撰

　　執夫陳君嘗分巡寧夏。寧夏東四十里橫城東，即河套境。洎寓秦，纂《河套志》一卷，此君克勤其官之符也。予爰序之曰：要哉言乎！雖夏州暨六州圖經不是過矣。[1]夫明人議河套疏，無慮百十家。然而河套訖棄。既棄而訖不克復者，緣圖志胥佚，無所考覈故也。今君是志，自周朔方南仲建城，秦蒙恬收河南地，以陰山爲塞，置新秦中四十四縣，徙臨河適戍以充實之。王恢曰：“壘石爲城，樹榆爲塞，匈奴不敢飲馬於河。”漢衞青收河南地，置朔方郡，隸三封、修都、朔方、臨河、呼遒、窳渾、渠搜、沃野、廣牧、臨戎十縣，募民徙者十萬口。復置南部都尉治，徙山東貧民於關西、北地、朔方、新秦中七十餘萬口。主父偃曰：“河南地肥饒，北阻河，請城之，省轉戍。廣中國，攘外之本也。”蓋經畫河套之首議也。後漢朔方郡隸臨戎、三封、朔方、沃野、廣牧、大城六城，而度遼將軍

---

　　① 保泰持盈：語出《明史·孝宗紀贊》：“孝宗獨能恭儉有制，勤政愛民，兢兢於保泰持盈之道，用使朝序清寧，民物康阜。”指保持安定興盛的局面。

跨河爲營,以控制河東。西晋朔方郡廢,赫連夏建統萬都城。北魏置夏州,度河北列六鎮。北周置朔州。[2]隋置勝州榆林郡,而豐、勝、夏三州間,畫河爲固,以居啓民。唐朔方軍經略軍轄六胡州,而度河北,列三城,設紇那、牛心山諸戍千八百餘所,後置夏綏銀節度使,拓跋思恭遂世有銀、夏、綏、宥、静五州地。《通典》曰:"太宗納温彦博議,置突厥餘種於河南朔方之地。"①《元和志》曰:②"高宗調露元年,以降突厥置魯州、麗州、含州、塞州、依州、契州,以唐人爲刺史,謂之六胡州。武后長安元年,并爲匡、長二州。中宗神龍二年,置蘭池州都督府,分六州爲縣。玄宗開元十年,復置魯州、麗州、塞州,遷北人於河南及江淮間。二十六年,還所遷北户置宥州。宥州本漢三封縣地,天寶中改寧朔郡,後寄理於經略軍。憲宗元和十五年,復置宥州於長澤縣。"宋雍熙中廢夏川,後熟番來義二族居之,訖并於夏。[3]而唐龍鎮終,[4]靖康時爲市易地。《元豐志》曰:"唐龍鎮地勢險峻,東至黄河二十里,河東曰東纏,河西曰西纏,騎兵所不能越。"金取宋六館舊地,[5]元廢宥州。至元八年,立西夏中興行省以隸之。[6]明棄東勝而守綏德,後又捨綏德而守榆林,棄河套於外,寧夏反在其北。孝宗十四年,北部遂駐牧不復去,班絶域矣。此胥志所編録也。[7]

縣朔方郡度河,東經五原雲中境,又東南經雲中積陵縣南、沙南縣北。河東屈西南過沙陵縣西,[8]又南過赤城東,又南過定襄桐過縣西,河流二縣之間,以達西河。縣賀蘭山尾度河,遥接陰山之高闕,[9]陽山、馬陰山、陶山、鍾山,凡昔號"陰山",今號"大青山"者,且不翅千里有奇。又屈南經赤石山麓而入,偏頭之連山削壁、保德之天橋峽、石州之孟門山,以達龍門而浮轉運。載筆寫契之材木,暨豐州板升粟米者,[10]此又河套三面形勢,而臨河指畫以藏是志者也。

夫明人棄東勝,又棄河套,築大邊城。王瓊又棄徐廷璋黄河石嘴之墻,蹙地二百里。秦紘、徐斌水青沙峴之墻,號爲"二邊"者,又復久以湮没,不少存形迹。惟恃楊一清西距河東,接大邊之横城,墻裁四十餘里。王瓊之西距乾澗、乾溝,北過定邊,又西過花馬池,又西過興武營,北接新邊墻二百三十餘里。唐龍之改築定邊、花馬池墻四十餘里。劉天和之北起乾溝,西過乾澗,接二邊築

---

① 參見《通典》卷一九四《邊防十》,第5302頁。
② 參見《元和郡縣圖志》卷四《關内道四》,第105、106頁。

城六十餘里。凡三百里，暨余子俊榆林鎮中路、東路之舊邊墻。而鹽沙浮甕，[11]大率如定邊營南北二沙比，以此明邊患彌深，而河套圖志之宜考覈也尤亟。[12]

今君是志，其編録河套者，曰河套東西袤二千里，南北廣八九百里，首尾或五六百里，或三四百里。河水三面灣環，[13]差類河州莽剌、捏工二川小套而雄闊且倍蓰之。山有犁元、麥垛、海子、牛心、駱駝、擅甕、石崖、沙嶺，川有紅鹽池、長鹽池、舊花馬池、月兒海、北海子、川海子、葫蘆海、鴛鴦湖、唖把湖、叉罕腦兒、可可腦兒、圁水、紫河、鮊鮑河、石崖河、佛堂寺溝、[14]野馬灣、那諾井。故城少存形迹者，有唐龍鎮、麟州故城、連谷城、銀州故城、金肅城、連城、武花城、尅留運城、林州城、紅子城、黃羊城、古城子、白城子、交城子、忻都城、石窟川城、叉罕腦兒城、峰城兒、省嵬城。又有耿波黨、把漢波黨、佛堂寺、狄青牢、石牌樓，此業已舉其大凡矣。乃若東縣紫塞城，經黃甫川、太子灘、[15]娘娘灘，以達偏頭之唐家會。渡岢嵐之樓子營，西入紅山堡，[16]以達橫城堡、鎮遠關。而并循河西岸，以達賀蘭山後。南縣那諾井、可可腦兒南，入花馬池、鹽場堡、定邊營，以達乾澗、乾溝，而環慶平固，罔不可達。又東縣忻都城，南入宋栲栳城、兀剌城、保安軍，以達蘆關。又東縣白城兒，南入紅山市，左右而西，越無定河，[17]以達魚河歸德大川之衝，東達榆林鎮之城東紅山，[18]城下海子寺。[19]又東縣邵家梁、檀甕山迤東，南縣飛鴉川，[20]取萬户路，以北達宋麟州，今神木縣永興堡地。而清水橫城，分道南人，又經沙井驛、臨河堡、岳家樓，突至漢伯堡，以達靈州之大沙井。[21]北縣君子濟、盛樂渡，以達大小紅山口、蚰蜒徑、蜈蚣壩、筆寫契、襖兒都司，此又河套四至八達之樞要。而熟繹君志，可以旁推交通者也。又若縣黃河石嘴西岸，經石臺環洞、黃羌頭灣、雙河堡、沙棗樹、白塔，而達船站。又縣船站經歐德，而達達希圖垓。又縣達希圖垓，經克特之東垓拉圖、薩爾奇、拉崇奇、克庫克布里圖、阿拉克莫里圖、布禄兒托，而達鄂爾博爾阿博。又東縣鄂爾博爾阿博，經達拉布隆布、古圖薩察莫都、回哈拉、[22]吳素都勒，而達烏蘭托落海。又東縣烏蘭托落海，經特木爾、吳爾虎、烏蘭諾爾、紀特庫，而達哈喇烏蘇。又縣哈喇烏蘇，經羆珠爾，而達喀喇蘇巴克。[23]以北達喀喇蘇巴，而達宣化。[24]南達偏頭，以西達霞州，東達老營堡丫角山右衛，[25]而北縣白道黑河，以達大青山者，此又以黃河故道計水程。而隔河套境即可步量也。夫君子濟、盛樂渡，燕魏所交爭也；河清軍、金肅軍，則遼夏所交爭也。

夏州城，則齊神武自北水攻之迹。紅鹽池，則王威寧自南夜襲之勳也。舊花馬池、舊邊大塞，則又本築於余青神，而棄於王晉溪者也。乃若志析支城、渠搜城，則可參《禹貢》之注。志沙南則可正懷仁志之譌。虞青白、紅白之易淆，則志紅鹽池、長鹽池。虞套馬駕下之說，則志紫河馬。虞前強後弱之說，則志套馬慣射兔，地燠宜畜駝，而麥垛山鐵以爲兵，河柳以爲笴。虞易取難守之説，則志赫連夏蒸土築城，暨秦漢諸故城，以破土淺沙深之疑。又志紅柳材用，[26]沃野桔藁，而并志黄羊、青羊、魚諸物產。虞趙元昊芟草之策，唐襄文火攻之辯，則志芎苦草、酥油草、白茨什把，以裁其利用。[27]虞唐于將作議造戰艦，教水師之難成，[28]則志北魏旌旗樓櫓，暨洛京材木盡出陰山者，而尤嘆寧夏水工之果爲天下長技也。然則葉文莊之議河套無庸復，[29]余青神之報榆林工，翁襄毅之駁復套議，其識慮實有所不逮，而宜偕漢主父偃之議夏，胡義周之頌統萬都城，北魏元暉業之議經畫六鎮，酈道元之注《水經》北河，唐張燕公之碑，薛訥、裴行儉、呂溫之碑三受降城，盧坦之議西城不可移，《元和志》之詳叙三城，韓文公之序送韓約，宋范文正公之議金明白豹大順，歐陽文忠公之議麟州，司馬文正公之議豐州，元天橋峽之鐫石，明王威寧之奏紅鹽池捷，曾襄愍之復套十二策，王襄毅之議套中款市，胥傳夏州暨六州掌故也。故曰：陳君是志，綜秦邊紀而舉其要者也。

河套志序　山陽邱燾撰

今天下省府州縣皆有志，會萃則成統志。凡我版圖，折之極，其精而不亂斯；合之盡，其大而無餘也。河套，古朔方地，三面距河，該兩省數郡縣。南界秦之北，東界晉之西。輿記散見山、陝諸志中。自宋爲西夏所據，古郡縣在套內者，事無由志。明初，有其地中被虜占，視爲甌脱，始名爲河套。套內事又無由志，惟憑外以參內，考古以徵今。衆志所載不一，斯志所以須纂也。曠覽天下之方輿，江南所恃以固者，長江也，四川據上游以臨，吳楚則奪江險；河北所恃以固者，黃河也，陝西據上游以臨，趙代則奪河險。河自寧夏出口北行，東折又折而南，計地四千餘里。東接偏關，西抵賀蘭。土壤則沃，山谿則險。東、西裔外之強皆依乎北，此地安則東與西俱安。故周有獫狁之急，城彼朔方。秦漢皆收河南地爲塞，秦築四十四縣臨河，徙適戍以充之。漢徙關東貧民處新秦中以實之，而減北地以西戍卒半。主父偃曰："朔方地肥饒，外阻河。蒙恬城之，以逐匈奴。内省轉輸戍漕，廣中國，攘外之本也。"唐張仁愿築三受降城，中城南直朔方，西城南直靈武，東城南直榆林。牛頭、朝那山北置烽堠千八百所，河山重險，我盡有之。而突厥南寇之路絶矣，減兵數萬人，省費歲以億計。防邊之得策，無有逾於此者。唐末以拓跋思恭鎮夏州，後唐詔彝超徙彰武，不赴，遂據其地。至元昊僭號，宋雖以韓范爲經略，卒未克取。元、明始有其地。洪武時，築東勝等城，即東受降城之故地也，撥綏德千户。劉寵屯榆林莊，莊北由河套至河千有餘里。設寧夏府，又徙民，改府爲衛，且增至五衛，隸陝西行都司，是以虜皆遁於河外。永樂中，召商中鹽，令先自出財力於三邊，招游民墾荒田、築墩臺、立堡伍、輸粟爲課，然後就淮支鹽。行之，田熟年豐。天順、成化間，甘肅、寧夏粟石直銀二錢，邊以大裕。從此築受降中、西兩城，盡復韓公舊制易易也。乃正統間失東勝，退守黃河，以至天順初，阿羅出擾套，不時出没。成化中，又從部奏商人引鹽輸銀，運司彙解户部，課銀驟增百萬餘兩，而輸粟於邊之令遂廢。商徙於淮，所招之民盡散，由是田土墩堡，一切荒圮，而邊儲枵然矣。後曾開納本色，召□不至，[30]時方□價騰貴，戎□蹂躪惟亟，逐虜於套外，復守東勝，再減輸粟斗頭，使商有利無害，自當遠來。奈何徙鎮榆林，綏德兵寡。虜由雙山堡寇綏德，則無險難守；由定邊、花馬池寇固原，則路遠難援，芻糧皆仰給腹裏，轉輸維艱。余青神雖築長城，東起黃甫川，西至寧夏石嘴子，而北面千餘里套地則棄之矣。王晉溪又棄黃河石嘴之墻，蹙地二百里，咸謂"内地恃墻無虞"。不知彼來愈近，我防愈難，後且爲患日深，邊地尚可屯種乎？向使王襄敏"紅鹽池之捷"，套已無虜，乘此以河北守東勝，奚至虜復入套哉？

我國家聲教四訖，荒服綏柔。鄂爾多斯居套，奉法惟謹，同於内地三邊。凡召商種地，屯糧轉餉，視明皆易。如按古疆土收套爲内，北築三城，南守河險。戍防遠設於河外，屯鹽更興於套内。文德舞干羽之化；①武功增屏藩之雄。兩河南北仰帝勳，邁漢唐遠矣。執夫陳先生，嘗分巡寧夏，臨套之西北。凡當志者，既得之采訪，又輯書志所載，彙成全編。首建置沿革，計事功也；次郡縣沿革，表疆域也；次營堡關寨，重保障也；次内外山川，詳形勢也；次古迹物産，明風土也；以及地勢興廢、鎮套邊防、邊城、市餉、鹽法，皆提其要，而以藝文

---

① 干羽：語出《書經·大禹謨》："帝乃誕敷文德，舞干羽於兩階。"干羽，即干盾和羽翳，皆供樂舞時用，干爲武舞，羽爲文舞，後引申爲文德教化。

終之，便檢括也。試參丙夜之觀，堪爲捍邊之用。先生自言："柳柳州居零陵，著山水諸記。河套非名勝游覽之地，可比余讀《愚溪》《南池》《西山》等記。"大抵借山水清音，自舒吟嘯。此志之纂，裕國衛民，有至意焉，未可以游藝視之也。

河套志序　　襄城劉青芝撰

地里之書，《禹貢》《職方氏》其權輿也。禹敷九州，土奠九山、九川、九澤，而厘其土田、賦貢、聲教，東漸西被焉。職方氏掌天下之圖，輿地列其山鎮、澤藪、川浸及其利、其民、其蓄、其穀，以周知天下，辨其人民、財用、數要、利害。制職，各以其所能；制貢，各以其所有，使九州同貫利。蓋畫疆分土、民風物產皆有關於政理，故遞傳爲帝王遺書，而孔子定之以爲經。然執簡者非聖賢之徒，亦莫能脉絡通貫、文詞嚴重若斯也。《周禮》，周公所作。而《禹貢》，昔人謂必稷益諸臣隨山刊木所籍記，歸而裁之以成書者，良有以夫。沿及後代志輿地者，或但取計簿而其言不文，或徒炫博洽而其誠不著。先王紀錄經世之微旨，澌然盡矣。善乎羅鄂州之志新安也，①曰："必使涉於學者纂之。"②又曰："世常以此爲無事乎儒，而儒亦卒不可廢。"[31]又曰："記山川里道，[32]不忘戒也；錄丁口頃畝，察息耗也；書賦貢物產，同民利也。"程篁墩志休寧，③亦曰："計田賦而知公斂之厚薄，因物產而知民生之豐儉，察宦迹而知吏治之得失，按人物而知士習之浮正。"④二子言志之繫乎政者，如此其大且要也，非達才通人，烏足語於斯哉！

今年夏，商丘陳執夫先生以所撰《河套志》見示，且索爲序。按河套，古朔方地。周築朔方城，漢置朔方郡，而以"河套"名則自有明始。其地三面距河，河自寧夏出口，北行東折，又折而南。東西袤二千里，南北廣幾千里。土沃谿險，可耕可牧。本中國地，唐張仁愿北逾黃河，築三受降城。明洪武間，築東勝等城，亦在河外。自余子俊、王瓊築長城於榆林，東起黃甫川，西至寧夏石嘴子。舉北面千餘里棄之，河套遂不爲内地而彝得以穴處其中。執夫曰："河套

---

① 羅鄂州：指羅願。
② 參見《新安志·原序》，下同。
③ 程篁墩：明代官員，原名程敏政，中年後號"篁墩"。
④ 參見《篁墩文集》卷二九《休寧志序》。

居秦晋上流,南可達太原,東由殺虎、張家二口即抵大同、宣化,西自賀蘭山直通甘、涼、肅、西寧。而黄河隨方以環繞之,比天地設險,以界中外也。唐築受降城,禦彝於河外;明築長城,養彝於河内。爲今邊防計者,莫若逐彝於套外,而復唐城故迹。明之東勝,即唐東受降城也。南直榆林,守東勝,則與偏頭關、寧武、雁門相爲唇齒,而河套西南有屏以障之矣。東勝西四百里爲中受降城,南直朔方,又西四百里爲西受降城,南直靈武,今掣榆林守哨之軍,置大青山。山在受降城外,東西邐迤二千餘里。舊置斥堠千八百所,今復之則烽火明。整理沿河故趾,移榆林一帶城堡人民十分之六於其中,則保障固采套材,以營公廨、兵房、民屋,則居處寧。治地分田,以時闢草萊,而興農工,則屯田舉。因池以興鹽利,設郵以達王命。由蘭州、寧夏直抵寶德、潼關,悉走黄河,而水道通展。榆林、寧夏弁卒沿河以捍外,而防守嚴。執此以往,秦晋寧復有邊患與?"

執夫嘗分巡寧夏,東即臨套地。目睹當今形勢,歷徵古昔簡册,其於戰守之法、屯戍之宜,指陳利害,瞭若指掌。固國裕民之道,粲然備矣。以視務博炫奇,其言蕪蔓不擇,毫無益於政理者,奚啻逕庭!執夫其有會於先王之微旨與!宜鄂州謂必使爲儒而涉於學者纂之也。

河套志序　商丘陳履中撰①

歲丙午,②余分巡寧夏。按其地,[33]東連河套,河套雖屬邊陲外,往往視爲甌脱,而實係中華要地,遂詳考其山川險隘,以及郡縣城池之名、軍衛營堡之處。凡歷代制置强弱、得失興廢之故,遲之既久,[34]因成此帙。[35]雖不能盡無遺闕,然兵形守備已略具矣。昔柳司馬居零陵日,著有山水諸記,以自怡悦。余固不文,而河套又非名勝游覽之地可比,故不餙其詞,務核其事。[36]當我國家重熙累洽,盛德綏柔龍荒,大漠與河套盡入版圖。鄂爾多斯雖居其地,歲修費貢,奉職惟謹。[37]是志非云有裨於聖世也,其於邊防之要,聊以備參考云爾。[38]

乾隆七年,歲在壬戌八月,商丘陳履中識。[39]

---

① 原無標題,此爲整理者依本書體例擬。
② 丙午:雍正四年(1726)。

【校勘記】

［1］不是過：上圖本作"不過是"。
［2］周：《存研樓文集》卷一一作"齊"。
［3］訖：《存研樓文集》卷一一、《皇朝經世文編》卷八〇《兵政十一》無此字。
［4］終：《存研樓文集》卷一一、《皇朝經世文編》卷八〇《兵政十一》作"訖"。
［5］六：原作"八"，據《存研樓文集》卷一一、《皇朝經世文編》卷八〇《兵政十一》改。
［6］西：《存研樓文集》卷一一、《皇朝經世文編》卷八〇《兵政十一》作"平"。
［7］此胥志所編錄也：此同《存研樓文集》卷一一，《皇朝經世文編》卷八〇《兵政十一》作"此河套置廢置本末也"。
［8］河：《存研樓文集》卷一一、《皇朝經世文編》卷八〇《兵政十一》作"又"。
［9］遥：《存研樓文集》卷一一、《皇朝經世文編》卷八〇《兵政十一》作"遥"。
［10］板升：《存研樓文集》卷一一、《皇朝經世文編》卷八〇《兵政十一》作"新秦中"。
［11］鹽沙：《存研樓文集》卷一一、《皇朝經世文編》卷八〇《兵政十一》作"陰霾"。
［12］也尤甚：此同《存研樓文集》卷一一，《皇朝經世文編》卷八〇《兵政十一》作"尤甚也"。
［13］灣：《存研樓文集》卷一一、《皇朝經世文編》卷八〇《兵政十一》及上圖本作"彎"。
［14］佛堂寺溝：《存研樓文集》卷一一、《皇朝經世文編》卷八〇《兵政十一》作"佛堂溝"。
［15］太子灘：《存研樓文集》卷一一、《皇朝經世文編》卷八〇《兵政十一》作"渡太子灘"。
［16］紅山堡：《存研樓文集》卷一一、《皇朝經世文編》卷八〇《兵政十一》作"紅山堡馬鞍山"。
［17］越：上圖本作"踰"。
［18］紅山：《存研樓文集》卷一一、《皇朝經世文編》卷八〇《兵政十一》作"駝山"。
［19］城下：《存研樓文集》卷一一、《皇朝經世文編》卷八〇《兵政十一》作"沙峰城下"。
［20］南縣飛鴉川間道：《存研樓文集》卷一一、《皇朝經世文編》卷八〇《兵政十一》作"南間道縣飛鴉川"。
［21］而清水橫城分道南人又經沙井驛臨河堡岳家樓突至漢伯堡以達靈州之大沙井：此三十三字原脱，據《存研樓文集》卷一一、《皇朝經世文編》卷八〇《兵政十一》補。
［22］回哈拉：《存研樓文集》卷一一、《皇朝經世文編》卷八〇《兵政十一》作"回蜆哈拉"。
［23］喀：原作"哈"，據《存研樓文集》卷一一、《皇朝經世文編》卷八〇《兵政十一》及上圖本改。
［24］而達宣化：《存研樓文集》卷一一缺此四字。
［25］丫：原作"了"，據《存研樓文集》卷一一改。
［26］材用：《存研樓文集》卷一一作"林園"。
［27］用：《存研樓文集》卷一一作"否"。

[28] 教水師之難成：《存研樓文集》卷一一作"教水師明巡撫張文魁戰艦之難成"。
[29] 無庸：《存研樓文集》卷一一作"議無庸"。
[30] □：此字原漫漶不清，疑爲"商"。
[31] 亦：此字原脱，據《新安志·原序》補。
[32] 里道：《新安志·原序》作"道里"。
[33] 歲丙午余分巡寧夏按其地：上圖本作"余在秦中解組後閑居無事披覽輿圖因思寧夏"。
[34] 既：上圖本作"又"。
[35] 因：上圖本作"厥"。
[36] 核其事：上圖本作"核其實事"。
[37] 當我國家重熙累洽盛德綏柔龍荒大漠與河套盡入版圖鄂爾多斯雖居其地歲修費貢奉職惟謹：上圖本作"當此景運熙和環海内無鳴吠之警"。
[38] 其於邊防之要聊以備參考云爾：上圖本作"庶可以備邊防參考焉爾"。
[39] 乾隆七年歲在壬戌八月商丘陳履中識：上圖本無此十六字。

河套志卷第一

河套建置沿革考

河套內地,古名析支、渠搜,又名新秦中,又名朔方郡。[1]東至山西偏頭關地界,西至寧夏地界,東西二千餘里。南自榆林邊牆,北抵黃河,遠者八九百里,近者二三十里。[2]惟黃甫川稍近,兩山夾送黃河,中流過保德州,西折又南而向潼關也。套內週迴五千餘里,[3]其土肥饒,甚可耕種。三面阻河,賊難入寇。故自古帝王及明皆保其地,[4]以安內攘外。但百十年來,乃復失之,使彝人巢穴其中,譬之門庭之內,豈容鼠盜而居乎?[5]誠能修治武備,[6]以恢復邊界,則可以紹西戎即叙之烈也。[7]

唐
虞

《禹貢》曰:"織皮、崑崙、析支、渠搜,西戎即叙。"① 按:渠搜在今懷遠縣東北河套中。今考寧夏東北,河水遇山,析為二枝,此處有析枝城。《水經注》曰:"河水自朔方東轉,逕渠搜縣故城北。[8]"蓋近朔方之地。

夏

昔顓頊創制九州,舜分十二州,夏復為九州。《禹貢》曰:"黑水西河惟雍州。"②渠搜,雍州地。

---

① 參見《尚書正義》第六《禹貢》,第187頁。
② 參見《尚書正義》卷六《禹貢》,第184頁。

商

成湯北發渠搜。《通鑑外紀》。① 渠搜在廢夏州北。《禹貢錐指》。② 武丁之地，西不過氐、羌，北不過朔方。《漢書·賈捐之傳》。③ 帝乙三年，王命南仲城朔方。《竹書紀年》。④ 按：朔方在今靖邊縣北河套中。

周

宣王時，玁狁內侵，命尹吉甫伐之。至太原，有功而歸。命南仲築朔方城。《詩》曰"天子命我，城彼朔方"⑤是也。春秋時，晉文公攘戎翟，居於河西圁、洛之間，號曰赤翟、白翟。《正義》曰："《括地志》云：潞州本赤翟地，[9]延、銀、綏三州，白翟地。"秦穆公得由余，西戎八國服於秦，故自隴以西有緜諸、緄戎、獂、翟之戎，岐、梁山、涇、漆之北有義渠、大荔、烏氏、朐衍之戎。《正義》曰："鹽州，古戎狄居之，即朐衍戎之地，秦北地郡。"而晉北有林胡，《正義》曰："《括地志》云：朔州，春秋時北地也。"樓煩之地，[10]《史記·匈奴傳》。⑥ 戰國時，魏惠王十九年，築長城，塞稒陽。"稒"音"固"。《史記·魏世家》。⑦ 按：固陽在府谷東北，河北。秦孝公十一年，衛鞅圍固陽，[11]降之。《史記·六國表》。⑧ 魏襄王十七年，命大夫奴遷於九原。《竹書紀年》。按：九原在今懷遠縣北河套中。趙武靈王二十年，西略胡地，[12]至榆中。《史記·趙世家》。⑨ 按：榆中在今府谷東北河套中。趙武靈王二十六年，攘地，西至雲中、九原。《史記》世家。趙魏有河西、上郡，以與戎界邊。其後，義渠之戎築城郭以自守，而秦稍蠶食，至於惠王，遂拔義渠二十五城。惠王擊魏，魏盡入西河及上郡於秦。秦昭王時，宣太后詐而殺義渠戎王於甘泉，遂起兵伐殘義渠。於是，秦有隴西、北地、上郡，築長城以拒胡。而趙

---

① 參見《資治通鑑外紀》卷二下《商紀·成湯》，第25頁。
② 參見《禹貢錐指》卷一〇，第335頁。
③ 參見《漢書》卷六四下《嚴朱吾丘主父徐嚴終王賈傳第三十四下》，第2831頁。
④ 參見《叢書集成·竹書紀年》卷上，載："三年，王命南仲西拒昆夷，城朔方，"第34頁。
⑤ 參見《詩經·小雅·出車》，第252頁。
⑥ 參見《史記》卷一一〇《匈奴傳》，第3466頁。
⑦ 參見《史記》卷四四《魏世家》，第2218頁。
⑧ 參見《史記》卷一五《六國年表》，第867頁。
⑨ 參見《史記》卷四三《趙世家》，第2170頁。榆中：《正義》："勝州北河北岸也。"

武靈王亦變俗胡服,習騎射,北破林胡、樓煩,築長城。《正義》曰:"《括地志》云:趙武靈王長城在朔州善陽縣北。案《水經》云白道長城北山上有長垣,若積毀焉,沿谿亘嶺,東西無極,蓋趙武靈王所築也。"[13]自代并陰山下,《索隱》曰:"西安陽縣北有陰山。陰山在河南,陽山北也。"[14]《正義》曰:"《括地志》云:陰山在朔州北塞外突厥界。"下至高闕爲塞。《正義》曰:"《地理志》云:朔方臨戎縣北有連山,險於長城,其山中斷,兩峰俱峻,土俗名爲高闕也。[15]"而置雲中、雁門、代郡。《史記·匈奴傳》。①

秦

始皇二十六年,分天下以爲三十六郡。《史記·秦始皇本紀》。② 河水東逕九原縣故城南,秦置九原郡,治此。《水經注》。③ 三十二年,使蒙恬將十萬之衆北擊胡,悉收河南地。因河爲塞,築四十四縣臨河,徙適戍以充之。《史記·匈奴傳》。④ 三十三年,又使蒙恬渡河取高闕、陶山、[16]北假中。《索隱》曰:"北假,地名,近五原"。築亭障以逐戎人,徙謫,實之初縣。三十六年,遷北河榆中三萬家。《史記·始皇本紀》。⑤ 秦已并天下,乃使蒙恬將三十萬衆北伐戎狄,[17]收河南,築長城,因地形,用制險塞,[18]延袤萬餘里。於是渡河,據陽山,逶迤而北,暴師於外十餘年,居上郡,威振匈奴。《史記·蒙恬傳》。⑥ 蒙恬死,諸侯畔秦,中國擾亂,諸秦所徙適戍邊者皆復去,於是匈奴得寬,復稍度河南與中國界於故塞。冒頓既立,悉復收秦所使蒙恬所奪匈奴地者與漢關故河南塞,至朝那、膚施,遂侵燕、代。《史記·匈奴傳》。⑦

漢

武帝即位,自馬邑軍後,匈奴絕和親,攻當路,盜漢邊,不可勝數。

---

① 參見《史記》卷一一〇《匈奴傳》,第3468頁。
② 參見《史記》卷六《秦始皇本紀》,第303頁。
③ 參見《水經注校證》卷三《河水》,第77頁。
④ 參見《史記》卷一一〇《匈奴列傳》,第3468頁。
⑤ 參見《史記》卷六《秦始皇本紀》,第327頁。
⑥ 參見《史記》卷八八《蒙恬傳》,第3095頁。
⑦ 參見《史記》卷一一〇《匈奴傳》,第3470、3472頁。

於是，漢使將軍衛青將三萬騎出雁門，李息出代郡，擊胡。其明年，衛青復出雲中以西至隴西，擊胡之樓煩、白羊王於河南。於是漢遂取河南地，築朔方，復繕故秦時蒙恬所爲塞，因河爲固。是歲，漢之元朔二年也。《史記·匈奴傳》。① 元朔二年春，收河南地，置朔方五原郡，興十餘萬人築衛朔方，轉漕甚遠，②自山東咸被其勞，費數十百鉅萬。乃募民入奴婢得以終身復，爲郎增秩，③及入羊爲郎。《史記·平準書》。④ 偃盛言："朔方地肥饒，外阻河，蒙恬城之以逐匈奴，内省轉輸戍漕，廣中國，攘外之本也。"[19]下公卿議，皆言不便。偃盛言其便，上竟用主父計，立朔方郡。《主父偃傳》。⑤ 匈奴右賢王怨漢奪河南地而築朔方，數爲寇，盜邊，及入河南，侵擾朔方，殺略吏民甚衆。《史記·匈奴傳》。⑥ 元朔五年春，上令青將三萬騎出高闕，衛尉蘇建爲游擊將軍，左内史李沮爲彊弩將軍，太僕公孫賀爲車騎將軍，代相李蔡爲輕車將軍，皆領屬車騎將軍，俱出朔方。右賢王以爲漢兵不能至此，飲醉。漢兵夜至，圍右賢王。右賢王驚，夜逃。得右賢王、裨王十餘人，衆男女萬五千餘人，畜數十百萬。《漢書·衛青傳》。⑦ 渾邪王殺休屠王，并將其衆降漢。於是漢已得渾邪王，則隴西、北地、河西益少胡寇，徙關東貧民處所奪匈奴河南、新秦中以實之，⑧而減北地以西戍卒半。《史記·匈奴傳》。⑨ 元狩三年，山東被水，民多飢乏，遣使虛倉廩以賑，猶不足，又募富人假貸，尚不能相救，乃徙貧民關西、朔方、新秦中七十餘萬口，皆仰給

---

① 參見《史記》卷一一〇《匈奴傳》，第2906頁。
② 漕：《索隱》："按：《說文》云：'漕，水轉穀也。'一云車運曰轉，水運曰漕也。"
③ 增秩：升官。
④ 參見《史記》卷三〇《平準書》，第1421、1422頁。
⑤ 參見《史記》卷六四上《嚴朱吾丘主父徐嚴終王賈傳》，第2803頁。
⑥ 參見《史記》卷一一〇《匈奴傳》，第2907頁。
⑦ 參見《漢書》卷五五《衛青霍去病傳》，第2475頁。
⑧ 新秦中：《索隱》："如淳云：'在長安以北，朔方以南。'《漢書·食貨志》云'徙貧人充朔方以南新秦中'是也。"《正義》："服虔云：'地名，在北地，廣六七百里，長安北，朔方南。'《史記》以爲秦始皇遣蒙恬斥逐北胡，得肥饒之地七百里，徙内郡人民皆往充實之，號曰'新秦中'也。"
⑨ 參見《史記》卷一一〇《匈奴傳》，第2909頁。

縣官,數歲貸與產業,使者分護,費以億計。《綱目》。① 元狩四年,[20]天子巡邊至朔方,是時,漢東拔穢貊、朝鮮以爲郡,②而西置酒泉郡,以隔胡與羌通之路。又西通月氏、大夏,③又以公主妻烏孫王,以分匈奴西方之援國,又北益廣田至胘靁爲塞,④而匈奴終不敢以爲言。《史記·匈奴傳》。⑤ 甘露三年春正月,匈奴乎韓邪單于稽侯狦來朝,⑥贊謁稱蕃臣而不名。二月罷歸。遣長樂衛尉高昌侯忠、車騎都尉、騎都尉虎將萬六千騎送單于。單于居幕南,保光禄城。《漢書·宣帝本紀》。⑦ 按:《明一統志》:"光禄即五原城。"

東漢

光武建武二十四年春,匈奴八部大人共議立日逐王比爲乎韓邪單于,款五原塞,願永爲蕃蔽,捍禦北虜。二十六年冬,五骨都侯子將其衆三千人歸南部,北單于使騎追擊,悉獲其衆。南單于遣兵拒之,逆戰不利。於是復詔單于徙居西河美稷,令西河長史歲將騎二千,弛刑五百人,助中郎將衛護單于。南單于既居西河,亦列置諸部王,助爲扞戍。北地、朔方、五原皆領部衆爲郡縣偵邏耳目。《後漢書·南匈奴傳》。⑧ 美稷在今榆林東北。明帝永平八年,[21]北單于欲合市,遣使求和親。八年,遣越騎司馬鄭衆北使報命,而南部須卜骨都侯等知漢與北虜交使,懷嫌怨欲畔,密因北使,令遣兵迎之。鄭衆上言宜更置大將,以防二虜交通。由是始置度遼營,以中郎將吳棠行度遼將軍事,副校尉來

---

① 參見《朱子全書》第八册《資治通鑑綱目》卷四,第286頁。
② 穢貊朝鮮:《正義》:"即玄菟、樂浪二郡。"
③ 月氏大夏:《正義》:"《漢書·西域傳》云:'大月氏國去長安城萬一千六百里,本居燉煌、祁連間,冒頓單于破月氏,而老上單于殺月氏王,以頭爲飲器,月氏乃遠去,過大宛西,擊大夏而臣之,都嬀水北,爲王庭也。'"
④ 胘靁:《漢書音義》曰:"胘靁,地名,在烏孫北。"
⑤ 參見《史記》卷一一〇《匈奴傳》,第2912、2913頁。
⑥ 匈奴乎韓邪單于稽侯狦來朝:應劭曰:"狦音若訕。"李奇曰:"狦音山。"師古曰:"積音古奚反,狦音删,又音先安反。"
⑦ 參見《漢書》卷八《宣帝本紀》,第271頁。
⑧ 參見《後漢書》卷八九《南匈奴傳》,第2945頁。

苗,左校尉閻章、右校尉張國將黎陽虎牙營士屯五原曼柏,又遣騎都尉秦彭將兵屯美稷。其年秋,北虜果遣二千騎侯望,作馬革船,欲度迎南部畔者,以漢有備,乃引去。《後漢書·南匈奴傳》。① 按:《鑑注》:"曼柏在勝州銀山縣界。"章帝章和元年,鮮卑擊北匈奴,破之,斬優留單于。北庭大亂,屈蘭、儲卑、胡都須等五十八部,詣五原、朔方、北地降。《後漢書·南匈奴傳》。② 安帝永初五年,羌既轉盛,二千石、③令、長多内郡人,并無戰守意,皆爭上徙郡縣,以避寇難。朝廷從之,遂移安定徙美陽、北地徙池陽、上郡徙衙。百姓隨道死亡,喪其大半。《後漢書·西羌傳》。④順帝永建元年,因朔方以西障塞多不修,南部單于憂恐,[22]上言求復障塞。順帝從之。增置緣邊諸郡兵,列屯塞下,教習戰射。《後漢書·南匈奴傳》。⑤ 順帝永建四年,虞詡言:"安定、北地、上郡,山川險阨,沃野千里,土宜畜牧,水可溉漕。頃遭元元之災,衆羌内潰,郡縣兵荒二十餘年。夫棄沃壤之饒,捐自然之財,不可謂利;[23]離山河之阻,守無險之處,難以爲固。"九月,詔復北地、上郡,還舊土。《通鑑》。⑥

晉

安帝義熙三年,勃勃魁岸,美風儀,性辯慧,秦王興見而奇之。配以雜虜二萬餘落,使鎮朔方。會魏主珪歸所虜秦將於秦,興歸賀狄干以報之。[24]勃勃怒,遂謀叛秦。柔然獻馬於秦,勃勃掠取之,襲殺没奕干而并其衆,自謂夏后氏之苗裔,[25]稱大夏天王,置百官。《綱目》。⑦九年,勃勃以叱干阿利領將作大匠,發嶺北夷夏十萬人,於朔方黑水之南營起都城,勃勃自言:"朕方統一天下,君臨萬邦,可以統萬爲名。"恭帝元熙元年,群臣勸都長安,勃勃曰:"朕豈不知長安累帝舊

---

① 參見《後漢書》卷八九《南匈奴傳》,第 2949 頁。
② 參見《後漢書》卷八九《南匈奴傳》,第 2951 頁。
③ 二千石:漢官秩,又爲郡守通稱,漢郡守俸禄爲兩千石,因有此稱。
④ 參見《後漢書》卷八七《西羌傳》,第 2888 頁。
⑤ 參見《後漢書》卷八九《南匈奴傳》,第 2959 頁。
⑥ 參見《資治通鑑》卷五一,第 1653、1654 頁。
⑦ 參見《朱子全書》第八册《資治通鑑綱目》卷二三,第 1376 頁。

都,有山河四塞之固!但荆吳遠僻,勢不能爲人之患。東魏與我同境壤,去北京裁數百餘里,朕在長安,北京恐有不守之憂。朕在統萬,彼始終不敢濟河,諸卿適未見此耳。"乃於長安置南臺,以璝領大將軍、雍州牧、錄南臺尚書事,勃勃還統萬。

魏

太祖登國六年九月,襲五原,屠之,收其積穀,還紐垤川。於稒陽塞北,樹碑記功。《魏書·太祖紀》。① 冬十月,緼紇提附衛辰而貳於我。登國中討之,長孫肥至涿邪山,及匹候跋,跋舉落請降。獲緼紇提子曷多汗及曷多汗兄詰歸之。社崙、斛律等并宗黨數百人,分配諸部。緼紇提西遁,將歸衛辰,太祖追之,至跋那山,緼紇提復降,太祖撫慰如舊。《魏書·蠕蠕傳》。② 按:涿邪山、跋那山并在今榆林府北套內。太宗泰常八年二月戊辰,築長城於長川之南,起自赤城,西至五原,延袤二千餘里,備置戍衛。《北魏書·太宗紀》。③ 太武帝始光三年十月丁巳,車駕西伐,臨君子津,會天暴寒,數日冰結。十有一月戊寅,帝率輕騎二萬襲赫連昌。壬午,至其城下。《魏書·太武帝紀》。④ 四年,赫連昌遣其弟平原公定率眾二萬向長安。帝聞之,乃遣就陰山伐木,大造攻具。《魏書·太武紀》。⑤ 昌遣弟定與司空奚斤相持於長安,世祖乘虛西伐,濟君子津,輕騎三萬,倍道兼行。次於黑水,分軍伏於深谷,而以少眾至其城下。退軍城北,示昌以弱,遣永昌王健及娥清等分騎五千,西掠居民。會軍士負罪,亡入昌城,言官軍糧盡,步兵未至,擊之爲便。昌信其言,引眾出城。世祖收軍偽北,引而疲之。昌以爲退,鼓譟而前,行五六里,世祖衝之,賊陣不動。稍復前行,乃分騎爲左右以掎之。世祖墜馬,賊已逼接,世祖騰馬,刺殺其尚書斛黎,又殺賊騎十餘人。流

---

① 參見《魏書》卷二《太祖本紀》,第24頁。
② 參見《魏書》卷一〇三《蠕蠕傳》,第2290頁。
③ 參見《魏書》卷三《太宗本紀》,第63頁。
④ 參見《魏書》卷四上《太武帝本紀》,第71頁。
⑤ 參見《魏書》卷四上《太武帝本紀》,第72頁。

矢中掌，奮擊不輟。昌軍大潰，不及入城，奔於上邽，遂克其城。《魏書·屈子昌傳》。①

孝文帝延興二年正月乙卯，統萬鎮胡民相率北叛。詔寧南將軍、交阯公韓拔等追滅之。《魏書·孝文帝紀》。② 孝明帝熙平五年，子雍遷夏州刺史。時沃野鎮人破落汗拔陵首爲反亂，所在蜂起，統萬逆胡，與相應接。子雍嬰城自守。城中糧盡，煮馬皮而食之。子雍善撫綏，[26]得士心。人人戮力，無有離貳。以饑饉轉切，欲自出求糧，留子延伯據守。遂自率羸弱向東夏運糧，行數日，爲朔方胡帥曹阿各拔所邀，力屈見執。雅爲胡人所敬，常以民禮事之。子雍爲陳禍福，拔衆竟降。時北海王顥爲大行臺，子雍具陳賊可滅之狀。顥給子雍兵馬，令其先行。時東夏合境叛，《一統志》云："東夏州後改爲延州。"③所在屯結。子雍轉鬥而前，九旬之中，凡數十戰，仍平東夏，徵稅租粟，運於統萬。於是二夏漸寧。《魏書·源子雍傳》。④ 文帝大統二年，高歡自將萬騎襲魏夏洲，不火食。四日而至，縛稍爲梯，夜入其城，擒刺史斛拔俄彌突，因而用之，留張瓊將兵鎮守，遷其部落以歸。

周

明帝天和六年，稽胡數爲寇亂，使榮綏集之。榮於上郡、延安築周昌、弘信、廣安、招遠、咸寧等五城，以遏其要路，稽胡由是不能爲寇。《隋書·郭榮傳》。[27]

隋

高祖開皇元年，遣司農少卿崔仲方發丁三萬，於朔方、靈武築長城，東至黃河，西距綏州，南出勃嶺，綿亙七百里。明年，帝復令仲方發丁十五萬，於朔方已東緣邊險要築數十城，以遏虜寇。《册府元龜》。⑤

---

① 參見《魏書》卷九五《屈子昌傳》，第 2059 頁。
② 參見《魏書》卷七上《高祖孝文帝本紀》，第 136 頁。
③ 參見《大清一統志》卷一八二，第 1 頁。
④ 參見《魏書》卷四一《源子雍列傳》，第 930 頁。
⑤ 參見《册府元龜》卷九九〇《備禦第三》，第 11467 頁。

煬帝大業三年秋七月，發丁男百餘萬築長城，西距榆林，東至紫河，一旬而罷。四年七月，發丁男二十餘萬築長城，自榆林谷而東。九月，詔免長城役者一年租賦。《隋書·煬帝紀》。① 長孫晟奏：染干部落歸者既衆，雖在長城内，猶被雍閭抄略。請徙五原，以河爲固，於夏、勝兩州間，[28]東西至河，南北四百里，掘爲橫塹。令處其内，任情放牧，免於抄掠。上并從之。[29]《延綏鎮志》。② 十三年，梁師都，朔方人，仕隋鷹陽府郎將，大業末罷，結徒起爲盜，殺郡丞唐世宗，據郡自稱大丞相。聯兵突厥，因略定雕陰、弘化、延化。自爲梁國，僭皇帝位，建元永隆。始畢可汗遺以狼頭纛，號"大度毗伽可汗""解事天子"，遂導突厥兵居河南地，拔鹽川郡。《唐書·梁師都傳》。③ 翊衛郭子和坐事徙榆林，會郡中大饑，子和潛結敢死士十八人，執郡丞，數以不恤百姓，斬之，開倉賑施。自稱永樂王，南連梁師都，北附突厥。始畢以子和爲平陽天子，子和固辭不敢當，[30]乃更以爲屋利設。《綱目》。④

唐

高祖武德元年，張長遜以平陳功，累遷五原郡通守。遭亂，附突厥，突厥號爲"割利特勒"，義兵起，以郡降，即拜五原太守、安化郡公。《唐書·張長遜傳》。⑤ 子和獻款，援靈州總管、金河郡公。《唐書·郭子和傳》。⑥ 高祖武德初，以豐州絶遠，先屬突厥，交相往來，吏不能禁，隱太子建成，議廢豐州，虛其城郭，權徙百姓，寄居於靈州，割并五原、榆平之地。於是，突厥遣處羅之子都設率所部萬餘家入處河南之地，以靈州爲境。《册府元龜》。⑦ 武德中，帝會群臣問所以備邊者，將做大匹丁筠請五原、[31]靈武，置舟師於河，扼其入。中書侍郎温彦博曰："魏爲長

---

① 參見《隋書》卷三《煬帝本紀》，第70、71頁。
② 參見《〔康熙〕延綏鎮志》卷六之一《藝文志·奏處染干疏》，第446頁。
③ 參見《新唐書》卷八七《梁師都傳》，第3730頁。
④ 參見《朱子全書》第八册《資治通鑑綱目》卷三七，第2090頁。
⑤ 參見《舊唐書》卷五七《張長遜傳》，第2301頁。
⑥ 參見《舊唐書》卷五六《郭子和傳》，第2282頁。
⑦ 參見《册府元龜》卷九九〇《備禦第三》，第11469頁。

塹遏匈奴，今可用。"帝使桑顯和塹邊大道，召江南船工大發卒治戰艦。《突厥傳》。① 師都爲德操所破。六年，其將賀遂、索周以所部十二州降。德操悉兵攻之，拔東城。師都保西城不敢出，求救於突厥頡利，頡利以勁兵萬騎赴之，遂往朝頡利，教使南略。《唐書·梁師都傳》。②
按：師都時據夏州。六月，突厥寇匡州，與屯將相勝負。《唐書·突厥傳》。③
按：匡州今套内。

　　太宗貞觀二年，太宗以師都寢危，乃諭以書使歸，不從。詔夏州長史劉旻、司馬劉蘭經略之。有得其生口者，輒縱遣令爲反，間離其君臣之計。頻選輕騎踐其禾稼。有李正寶、辛獠兒者，皆其名將。謀執師都，事泄，來降。太宗遣右衛大將軍柴紹、殿中少監薛萬均擊之，又使劉旻、劉蘭率勁卒直據朔方東城以逼之。頡利可汗遣兵來援師都，紹逆擊破之。進屯城下，師都兵勢日蹙，其從父弟洛仁斬師都，詣紹降，以其地爲夏州。《舊唐書·梁師都傳》。④ 四年正月，李靖屯惡陽嶺，夜襲頡利。頡利窘，走保鐵山，兵猶數萬，令執失思力來，陽爲哀言謝罪，請內屬。帝詔洪臚卿唐儉、將軍安修仁等持節慰撫。靖知儉在虜所，虜必安，乃襲擊之，盡獲其衆。頡利得千里馬，獨奔沙鉢羅。《唐書·突厥傳》。⑤ 按：鐵山，今榆林府河套内。太宗納溫彥博議，置餘種於河南、朔方之地。《通典》。⑥ 處突厥降衆，東至幽州，西至靈州。柴紹亦破匈奴，奪得河南之地，因置州郡以領之。《綱目》。⑦ 貞觀十九年，帝詔思力屯金州道，領突厥扞薛延陀，⑧陀兵十萬寇河南，《鑑注》："北河之南，即朔方新秦之地。"思力示羸，不與確，賊深入至夏州，乃整陣擊敗之，追躪六百

---

① 參見《新唐書》卷二一五《突厥傳》，第6032頁。
② 參見《新唐書》卷八七《梁師都傳》，第3731頁。
③ 參見《新唐書》卷二一五《突厥傳》，第6031頁。
④ 參見《舊唐書》卷五六《梁師都傳》，第2281頁，《新唐書》卷八七《梁師都傳》，第3731頁。
⑤ 參見《舊唐書》卷一九四《突厥傳》，第5159頁，《新唐書》卷二一五《突厥傳》，第6035頁。
⑥ 參見《通典》卷一九四《邊防十》，第5302頁。
⑦ 參見《朱子全書》第八册《資治通鑑綱目》卷三九，第2205頁。
⑧ 薛延陀：中國北方古代民族，亦爲汗國名。原爲鐵勒諸部之一，由薛、延陀兩部合并而成。最初雜漠北土拉河流域從事游牧，役屬於突厥。

里。會毗加可汗死,耀威磧北而歸。《唐書·執失思力傳》。① 多彌可汗寇邊,帝遣江夏王道宗、都督薛萬徹與左驍衛大將軍阿史那社尒屯勝州。執失思力與突厥掎角塞下,虜知有備,乃去。《回鶻傳》。②

中宗景龍二年,張仁愿爲朔方軍總管。先是,朔方軍與突厥以河爲界,時突厥默啜盡衆而擊突騎施娑葛,仁愿請乘其虛奪取漠南之地,於河北築三受降城,首尾相應,以絶其南寇之路。太子少師唐休璟以爲兩漢以來,皆守黄河,今於寇境築城,恐勞人費功,終爲賊有。仁愿上請不已,[32]中宗從之。仁愿表留年滿鎮兵以助其功。時咸陽兵二百餘人逃歸,仁愿盡擒之,悉斬於城下。軍中股慄,役者盡力,六旬而三城俱就。皆據津要,[33]遥相應接。北拓三百餘里,於牛頭朝那山北置烽堠一千八百所。自是突厥不得度山放牧,朔方無復寇掠,減鎮兵數萬人,歲捐費億計。[34]仁愿初建三城,不置甕門及卻敵、[35]戰格之具。或問曰:"此邊城禦賊之所,不爲守備,何也?"仁愿曰:"兵法貴在攻取,不宜退守。寇若至此,即當并力出戰,回顧望城,猶須斬之,何用守備,生其退惡之心也?"其後常元楷爲朔方軍總管,始築甕門以備寇。《册府元龜》。③ 三受降城,中城南直朔方,西城南直靈武,東城南直榆林。《明九邊考》。④

玄宗開元九年,蘭池州胡康待賓誘諸降户同反,夏,四月,攻陷六胡州,宋白曰:"六胡州在夏州德静縣北。"[36]有衆七萬,進逼夏州。命朔方大總管王晙、隴户節度使郭知運討之。《通鑑》。⑤ 秋,七月己酉,王晙大破康待賓,生擒之,殺叛胡萬五千人。辛酉,集四夷酋長,腰斬待賓於西市。先是,叛胡潛與党項通謀,攻銀城、連谷,據其倉庾,張説將步騎萬人掩擊,大破之。追至駱駝堰,党項更與胡戰,胡衆潰,西走入鐵建

---

① 參見《新唐書》卷一一〇《執失思力傳》,第4116、4117頁。
② 參見《新唐書》卷二一七下《回鶻傳》,第6138頁。
③ 參見《册府元龜》卷四一〇《將帥部》,第4643頁。
④ 參見《皇明九邊考》卷一《鎮戍通考》,第7頁。
⑤ 參見《資治通鑑》卷二一二,第6745頁。

山。[37]説安集党項，使復其居業。因奏置麟州，《一統志》云："麟州本漢五原、西河二郡地，元改爲神木縣，連谷縣故址在神木縣北一十里。"①以鎮撫党項餘衆。《通鑑》。② 十年四月己亥，張説持節朔方軍節度大使。九月，張説敗康願子於木盤山下，執之。《唐書·玄宗紀》。③ 康待賓餘黨康願子反，自稱可汗。張説至朔方，發兵討擒之，其黨悉平。徙殘胡五萬餘口於許、汝等州，空河南、朔方千里之地。先是，緣邊戍兵常六十餘萬，説以時無強寇，奏罷，二十餘萬使歸農。上以爲疑，説曰："臣久疆場，具知其情，將帥苟以自衛及役使營私而已。若禦敵制勝，不必多擁冗卒以妨農務。"上乃從之。《通鑑》。④ 玄宗厚接突厥，歲許朔方軍西受降城爲互市。《唐書·兵志》。⑤ 互市監，每監，監一人，從六品下；丞一人，正八品下，掌蕃國交易之事。互市有衛士五十人，以察非常。《百官志》。⑥ 開元十五年十一月，制以吐蕃爲邊患，召關中萬人集朔方防秋。

代宗大曆九年二月，郭子儀入朝，言："朔方，國之北門，戰士耗散，[38]存者什纔有一。[39]今吐蕃兼河隴之地，雜羌、渾之衆，勢強十倍，願更於諸道各發精卒，戍兵四五萬人，則可以制勝矣。"回紇千騎寇夏州，州將梁榮宗破之於烏水。烏水，在夏州朔方縣。郭子儀遣兵三千救夏州，回紇遁去。十一年二月，增朔方五城戍兵，以備回紇。《通鑑》。⑦

德宗時，陸贄奏："諸牧爲馬，每州有糧。肅宗得以爲資。先帝漸修邊防，關中有朔方、隴右等，三率以捍西戎，聲勢壯盛，士馬精強，又召諸道戍兵，每歲乘秋備塞。"《陸宣公奏議》。貞元二年，吐蕃陷，夏州刺史托拔乾暉率衆而去，據其城。又寇麟州，州素無城壁，人皆奔散。

---

① 參見《元一統志》卷四《陝西等處行中書省·延安路》，第 373 頁。
② 參見《資治通鑑》卷二一二，第 6746 頁。
③ 參見《新唐書》卷五《玄宗本紀》，第 129 頁。
④ 參見《資治通鑑》卷二一二，第 6752、6753 頁。
⑤ 參見《新唐書》卷五〇《兵志》。
⑥ 參見《新唐書》卷四八《百官志》，第 1271 頁。
⑦ 參見《資治通鑑》卷二二五，第 7226、7236、7237 頁。

《舊唐書·吐蕃傳》。① 十二月，馬燧爲綏、銀、麟、勝招討使。三年二月己卯，華州潼關節度使駱元光克夏州。《唐書·德宗本紀》。②

穆宗長慶四年，李祐爲夏州節度使，奏於蘆子關北木瓜嶺創築堡柵，以捍党項之衝。其壁壘屋并出當軍財力，不別請錢，祐於塞外。凡築五城：烏延、宥州、臨塞、陰河、淘子，而宥州、烏延皆方廣數里，尤居要害，蕃戎畏之。《册府元龜》。③

宣宗大中五年，上以南山、平夏党項久未平，趙珣《聚米圖經》曰："党項部落在銀夏以北，居川澤者，謂之平夏党項；[40] 在安、鹽以南，居山谷者，謂之南山党項。" 頗厭用兵。崔鉉建議，宜遣大臣鎮撫。乃以敏中爲司空、同平章事，充招討党項行營都統、制置等使。[41] 四月，定遠城使史元破党項九千餘帳於三交谷，三交谷在夏州界。敏中奏党項平。詔："平夏党項，已就安帖。南山党項，猶行抄掠，宜委李仁福存諭，於銀夏境内授以閑田，或復入山林。不受教令，誅討無赦。"八月，敏中奏南山党項亦請降，赦之。《通鑑》。④

五代

後唐明宗長興三年，樞密使范延光言："自靈州至邠州，使臣及外國入貢者多爲党項所掠，請發兵擊之，"遣静難節度使藥彦稠、前朔方節度使康福將步騎七千討党項。二月，藥彦稠等奏破党項十九族，俘二千七百人。《通鑑》。⑤ 藥彦稠，明宗時授邠州節度使，詔會兵制置鹽州，蕃戎逃遁，獲陷蕃士庶千餘，并遣復鄉里。《册府元龜》。⑥ 四年，定難節度使李仁福卒。軍中立其子彝超爲留後。先是，關西諸鎮皆言李仁福潛通契丹，南侵關中。會仁福卒，以其子彝超爲彰武留後，⑦ 徙彰

---

① 參見《舊唐書》卷一九六下《吐蕃傳》，第 5250 頁。
② 參見《新唐書》卷七《德宗本紀》，第 194 頁。
③ 參見《册府元龜》卷四一〇《將帥部》，第 4645 頁。
④ 參見《資治通鑑》卷二四九，第 8045、8046、8048 頁。
⑤ 參見《資治通鑑》卷二七七，第 9064、9065 頁。
⑥ 參見《册府元龜》卷三九七《將帥部》，第 4497 頁。
⑦ 留後：官職名，唐代節度使、觀察使缺位時設置的代理職稱。

武節度使安從進爲定難留後，[42]仍命静塞節度使藥彦稠將兵五萬，以宫苑使安重益爲監軍，送從進赴鎮。敕諭：夏、銀、綏、宥將吏，彝超年少，未能扞禦，故徙之延安，從命則有富貴之福，違命則有覆族之禍。彝超上言，爲軍士擁留，未得赴鎮。詔遣使趣之。彝超不奉詔，遣其兄阿囉王守青嶺門，上郡橋山之長城門。集境内党項諸胡以自救。藥彦稠等進屯蘆關，《聚米圖經》："蘆關在延州塞門寨北十五里。"彝超遣党項抄糧運及攻具，官軍自蘆關退保金明。陳執中曰："金明，漢膚施縣地，蘆關至金明二百里。"安從進攻夏州，州城赫連勃勃所築，堅如鐵石，斸鑿不能入。又党項萬餘騎徜徉四野，抄掠糧餉，官軍無所芻牧。山路險狹，關中民輸斗粟束葉費錢數緡，民間困竭不能供。彝超登城謂從進曰："夏州貧瘠，非有珍寶蓄積可以充貢賦也，但以祖父世守此土，不欲失之。幸爲表聞，許其自新。"從進引兵還。自是夏州輕朝廷，每有叛臣，必陰與之連，以邀賂遺。《通鑑》。① 初，拓跋思恭以討黄巢功，賜姓李，拜夏綏節度使。思恭卒，弟思諫代爲靖難節度使，唐亡，歸梁，卒，思恭孫彝昌嗣。其將高宗益作亂，殺之。將士立其族父仁福，梁封朔方王，梁亡，歸唐，卒，子彝超嗣，卒，兄彝殷代之，歷事唐、晋、漢、周、北漢，俱被顯爵。明《朔方新志》。

宋

建隆初，彝殷獻馬，以玉帶賜之。乾德中卒，追封夏王，子克叡立，以破北漢吴堡，功累加檢校太尉，卒，贈侍中。子繼筠立，檢校、司徒、定難節度觀察留後。遣兵助征北漢，略太原。逾年，卒。弟繼捧立，尋屬族人入朝獻地。明《朔方新志》。

太宗太平興國七年夏，五月，遣使夏州迎李繼捧親屬。李繼遷，繼捧族弟也。繼捧歸宋時，年二十，留居銀州，及使臣召，總麻赴闕，乃詐言乳母死，出葬於郊，遂與其黨數十人奔入地斤澤，澤距夏州東北三百里。八年，繼遷入地斤澤，知夏州尹憲與都巡檢曹光實偵知，

---

① 參見《資治通鑑》卷二七八，第 9082、9083、9084、9085 頁。

夜襲破之。繼遷與其弟遁免，獲其母、妻。繼遷復連娶豪族，轉遷無常，漸以強大，西人以李氏世著恩德，多歸之。繼遷因語其豪右曰："爾等不忘李氏，能從我興復乎？"衆曰："諾。"遂與弟繼冲、破丑重遇貴、張浦、李大信等起夏州，乃詐降，誘殺曹光實於葭蘆川，遂襲銀州。據之，時雍熙二年二月也。《宋史·夏國傳》。① 初，②繼遷既殺曹光實，遂圍三族砦，③砦將折遇乜殺監軍使者，與繼遷合。田仁朗行次綏州，請益兵，留月餘，俟報。時繼遷乘勝進攻撫寧砦，仁朗聞之，喜曰："戎人常烏合寇邊，勝則進，敗則走，不可窮其巢穴。今繼遷嘯聚數萬，盡銳以攻孤壘，[43]撫寧小而固，非浹旬所能破。我俟其困，以大兵臨之，分遣強弩三百，邀其歸路，虜成擒矣。"[44]部署已定，仁朗欲示閒暇，[45]縱酒樗蒲，侁等因媒櫱之。帝聞三族已陷，大怒，徵仁朗還。是月，侁等出銀州，北破悉利諸砦，梟其代州刺史折羅遇。麟州諸蕃皆請納馬贖罪，侁遂與所部兵入濁輪川，斬賊首五千級。繼遷及遇乜遁去。由是，銀、麟、夏三州番百二十五族，[46]悉內附，户萬六千餘。《宋元通鑑》。④ 李繼遷襲銀州，據之。淳化二年秋七月，李繼遷請降，以爲銀州觀察使，賜國姓，改名趙保吉。《宋史·太宗本紀》。⑤ 五年，繼遷徙綏州民於平夏部，將高文岯等因衆不樂，反攻敗之。繼遷復圍堡砦，掠居民，焚積聚。詔李繼隆等進討，繼遷夜襲保忠。李繼遷賜名趙保忠。走之，獲其輜重以歸。

真宗咸平元年，繼遷復表歸順，真宗乃授夏州刺史、定難節度、夏銀綏宥静等州觀察處置等使，加邑千户，實封二百户，益功臣號，乃放張浦還，封繼遷母衛慕氏衛國太夫人，子德明爲定難軍節度行軍司馬。未幾，復抄邊。《宋史·夏國傳》。⑥ 景德三年九月乙丑，夏州趙德明

---

① 參見《宋史》卷四八五《夏國傳》，第13986頁。
② 雍熙丙戌年(986)五月。
③ 三族砦：在今陝西米脂縣境。
④ 參見《宋元資治通鑑》卷四《宋紀四》，第1頁。
⑤ 參見《宋史》卷五《太宗本紀》，第88頁。
⑥ 參見《宋史》卷四八五《夏國傳》，第13988頁。

奉表歸款，復遣劉仁勗奉誓表。向敏中請以德明表誓藏盟府，帝嘉之。十月，遣使授德明太師兼侍中，充定難節度使，封西平王，賜賚甚厚，給奉如内地。因索子弟入質，德明謂非先世，故事不遣，唯獻駝、馬謝恩而已。未幾，契丹亦册德明爲夏國王。《宋元通鑑》。① 按：德明爲繼遷子。真宗時，有唐龍鎮，地勢險峻，東至黄河二十里，河東曰東纏，河西曰西纏。騎兵所不能及，番部有來義，二族嘗持兩端事契丹，後爲契丹所破，二族來歸朝廷，憫其窮而優容之。仁宗景佑中爲夏元昊所并，俱廢在河套。

　　仁宗寶元元年，元昊表遣史詣五臺供佛，以窺河東道路，既還，與諸酋歃血，約先攻麟、延，欲自靖德、塞門砦、赤城路三道并入。遂築壇受册，即皇帝位。國號大夏，年號天授禮法延祚。《宋史·夏國傳》。② 元昊未叛前，其部落山遇者歸延州，告其謀。時天章閣待制郭勸守延州，③乃械鋼還賊。示朝廷不疑之意。賊戮其族無遺類，由是，西人怨懼向化之心絶矣。《儒林公議》。④ 二年冬十一月，夏人寇保安軍，狄青擊敗之。《宋元通鑑》。⑤

　　康定元年春正月，[47]元昊入延州東路，犯安南、承平兩寨，又以兵犯西路，聲言將襲保安軍，故延州發兵八萬，支東西二隅，而元昊乃乘虚由北路擊破金明寨，擒李士彬，直犯五龍川，破劉平石。元孫遂圍延州。[48]《東軒記》。⑥ 初，起鄜延兵十萬入土谷坂，欲與賊遇，乃戰，戰時，昏矣，賊多解馬，驅老弱對敵，士卒得利，人人出死力與戰，投夜且息。更三起鬥，會老弱略盡，士卒争獲過當，悉疲，番軍始徐鼓起，土揭新旗，乘高處呼漢兵來鬥，軍士氣失，賊射軍中，軍人多死。此時，特劉石軍也，前此分萬餘人屬監軍黄德和，使屯西坡，以張向背爲應

---

① 參見《宋元資治通鑑》卷六《宋紀六》，第 10 頁。
② 參見《宋史》卷四八五《夏列傳》，第 13995、13996 頁。
③ 天章閣待制：天章閣，宋皇室藏書機構。待制，皇帝的文學侍從官。
④ 參見《儒林公議》，第 46 頁。
⑤ 參見《宋元資治通鑑》卷九《宋紀九》，第 2 頁。
⑥ 參見（宋）魏泰撰《東軒筆錄》卷一五，第 9 頁。

援。事已急，都監郭應願走，德和軍招與俱來。德和固怯，度無以拒詆。應曰："軍隨至矣，第戰無留待也。"應弛還白平等，[49]信以爲德和審來，即鼓起士戰，連三北。德和軍竟不來，應獨出入行間，軍稍卻，即覆馬以殿，持大鐵稍橫突之，[50]所當盡死。賊使人持大索立高處迎應，下馬下輒爲應所斷，[51]因縱應深入，留十餘弩連射應馬，馬死，步下行，殺數人，欲歸軍取馬。軍已亂，不得入，乃脫身，亡去。士卒死者什八，兩太尉失軍不還，邊大警。王向《記客言》。① 夏五月，元昊陷塞門砦，兵馬監押王繼元死之。《宋史·仁宗本紀》。② 范仲淹與韓琦并爲陝西經略安撫副使，仲淹以延州諸砦多失守，請自行。詔仲淹兼知延州。先是，詔分邊兵總管領萬人，鈐轄領五千人，都監領三千人。寇至，禦之，則官卑者先出，仲淹曰："將不擇人，以官爲序取，敗之道也。"於是，大閱州兵，得萬八千人，分六將領之。日夜訓練，量賊衆寡，使更出禦敵。仲淹以民遠輸勞苦，請建鄜城爲軍，以河中府同華州中下户租税就輸之。春夏徙兵就食，可省糴十之三，詔以爲康定軍。仲淹又修承平、永平等砦，稍招還流亡，定堡障，通斥堠，城十二寨，於是羌漢之民，相踵歸業。《宋元通鑑》。③

种世衡，歷鄜州判官事。西邊用兵，守備不足。世衡建言："延安東北二百里有故寬州，請因廢壘而興之，以當寇衝，右可固延安之勢，左可致河東之粟，北可復銀夏之舊。"朝廷從之，命董其役，夏人屢出争，世衡且戰且城。然處險無泉，議不可守。鑿地百五十尺，始至於石，石工辭，不可穿。世衡命屑石一畚酬百錢，卒得泉。城成，賜名青澗城。遷内殿崇班，④知城事。⑤ 世衡開營田二千頃，募商賈，通貨利，城遂富實。《宋史·种世衡傳》。⑥

———

① 參見《文章辨體彙選》卷六三五《紀事二·記客言》，第3頁。
② 參見《宋史》卷一〇《仁宗本紀》，第208頁。
③ 參見《宋元資治通鑑》卷九《宋紀九》，第6頁。
④ 内殿崇班：宋代武臣階官。
⑤ 知城事：宋代官職，相當於知府。
⑥ 參見《宋史》卷三三五《种世衡傳》，第10741、10742頁。

慶曆元年，以龐籍知延州兼經略安撫招討使。自元昊反延州城砦，焚掠殆盡，籍至稍葺，治之。戍兵十萬，無壁壘，皆散處城中，畏籍，莫敢犯法。籍命部將狄青將萬人，築招安砦於橋子谷旁，以斷寇出入之路。又使周美襲取承平砦，王信築龍安寨，悉復所亡地，築十一城，延民以安。《宋元通鑑》。① 三年正月，元昊自名曩霄，遣人來納款。《宋史·仁宗本紀》。② 夏四月，賀從勗至京，帝用龐籍言，命著作佐郎③邵良佐如夏州，[52]許封元昊爲夏國主，歲賜絹十萬疋，茶三萬觔。良佐至夏州，元昊亦遣如定聿拾、張延壽來議和，及歲幣時，元昊倚契丹邀索無厭，晏殊等厭兵將一切從之。韓琦力陳其不便，帝嘉納之。《宋元通鑑》。④

嘉祐六年十二月丙戌，復豐州。《宋史·仁宗本紀》。⑤ 英宗治平四年，是年正月神宗即位。夏將蒐名山部落在故綏州，其弟夷山先降。諤因使人因夷山以誘之，賂以金盂，名山小吏李文喜受而許降，而名山未之知也。諤即以聞，詔轉運使薛向及陸詵委諤招納。諤不待報，悉起所部兵，長驅而前，圍其帳。名山舉衆從諤，而南得酋領三百、户萬五千、兵萬人。《种諤傳》。⑥

神宗熙寧二年十月丙申，城綏州，命郭逵選將置守具。逵遣趙卨交夏人所納安遠、塞門二砦，就定地界。夏人渝初盟，卨請城綏州，不以易二砦，改名綏德城。《宋史·神宗本紀》。⑦ 三年秋八月，夏人大舉入寇，攻城堡，兵多者號二十萬，少者不下一二萬，屯於榆林。韓絳請行邊，乃以絳爲陝西宣撫使，授以空名，告敕，得自除吏。《宋史·夏國傳》。⑧

---

① 參見《宋元資治通鑑》卷九《宋紀九》，第12頁。
② 參見《宋史》卷一一《仁宗本紀》，第215頁。
③ 著作佐郎：官名，三國魏始置，屬中書省，掌編撰國史。
④ 參見《宋元資治通鑑》卷九《宋紀九》，第23頁。
⑤ 參見《宋史》卷一二《仁宗本紀》，第248頁。
⑥ 參見《宋史》卷三三五《种世衡傳》，第10745頁。
⑦ 參見《宋史》卷一四《神宗本紀》，第272頁。
⑧ 參見《宋史》卷四八五《夏國傳》，第14008頁。

冬十月，詔延州毋納夏使。《宋史・神宗本紀》。① 四年，韓絳素不習兵，開幕府於延安，措置乖方，選蕃兵爲七軍，復以种諤爲鄜延，鈐轄知青澗城，信任之。諸將皆受其節制，蕃兵皆怨，望諤謀取橫山，帥師襲，敗夏人於囉兀，因以衆二萬城焉。自是夏人日聚兵爲報復計。三月，种諤進築永樂川、賞逋嶺二砦，分遣都監趙璞、燕達築撫寧故城，及分荒堆三泉、吐渾川、開光嶺、葭蘆川四砦。已而夏人來攻順寧砦，遂圍撫寧，折繼昌、高永能等擁兵駐細浮圖，去撫寧咫尺，囉兀兵勢尚完。諤在綏德節制諸軍，聞夏人至，茫然失措，欲作書詔燕達，戰悸不能下筆，顧運判李南公涕泗不已。於是，新築諸堡悉陷，將士千餘人皆没，遂詔棄囉兀城。五月，燕達以戍卒輜重歸自囉兀，爲夏人邀擊，達多亡失。《宋史・夏國傳》。②

四年，种諤上言：“夏主秉常爲其母所囚，急引本路兵搗其巢穴。”帝以爲經略安撫副使，諸將悉聽節制，諤即次境上。帝以諤先期輕出，使聽令於王中正。敵屯兵夏州，諤率本路并畿内七將兵攻米脂，三日未下。夏兵八萬來援，諤禦之無定川，伏兵發，斷其首尾，大破之，降守將令介訛遇。《宋史・种諤傳》。③ 五年三月壬寅，鄜延路副總管曲珍敗夏人於金湯。夏四月己未，沈括奏遣珍將兵綏德城，應援討葭蘆塞，左右見聚羌落，詔從之。《宋史・神宗本紀》。④ 沈括請城古烏廷城，以包橫山，使夏人不得絶沙漠。遂遣侍中徐禧、内侍李舜舉往議。禧復請於銀、夏、宥之界築永樂城。永樂依山無水泉，獨种諤極言不可，禧率諸將竟城之，賜名銀川砦，以兵萬人屬曲珍守之。《宋史・夏國傳》。⑤ 永樂接宥州，附橫山，夏人必争之地。禧等既城去。九日，夏人來攻，珍使報禧，乃挾李舜舉來援，而夏兵至者號三十萬。翌日，夏兵漸逼，

---

① 參見《宋史》卷一五《神宗本紀》，第 277 頁。
② 參見《宋史》卷四八五《夏國傳》，第 14008、14009 頁。
③ 參見《宋史》卷三三五《种諤傳》，第 10746 頁。
④ 參見《宋史》卷一六《神宗本紀》，第 306、307 頁。
⑤ 參見《宋史》卷四八五《夏國傳》，第 14011 頁。

禧乃以士萬陣城下,夏人縱鐵騎渡河。或曰:"此號'鐵鷂子',當其半濟擊之,乃可有逞,得地,則其鋒不可當也。"禧不聽,鐵騎既濟,震盪衝突,大兵從之。[53]禧師敗績,將校寇偉、李思古、高世才、夏儼、程博古及使臣十餘輩、士卒八百餘人盡没。夏人進侵,及縣門,潰歸城者决水砦,爲道以登,夏人因之,奔歸於城者三萬人皆没。夏兵圍之者厚數里,將士晝夜血戰,賊中乏水已數日,括等援兵及餽運皆爲夏大兵所隔。夜半,夏兵環城急攻,城遂陷,高永能戰没,禧、舜舉、運使李稷皆死於亂兵。《宋史·夏國傳》。①

哲宗元祐元年秋七月,夏人遣使求米脂等砦,司馬光言:"今若靳而不與,彼必以爲恭順,無益。"兵連不解,文彦博與光合,會秉常卒,遣使來告哀。詔自元豐四年用兵所得城砦,待歸我陷執民,當畫以給還。《宋史·夏國傳》。② 四年六月,稍歸永樂所獲人,遂以米脂、葭蘆、浮圖、浮圖在綏德州南。安疆四砦與之,而畫界未定。《宋史·夏國傳》。③ 紹聖三年冬十月,夏人寇鄜、延,陷金明砦。四年二月夏人寇綏德城。三月夏人犯麟州神堂堡,出兵討之,進築胡山砦。元符元年五月,[54]築鄜延路金湯城。《宋史·哲宗本紀》。④ 徽宗崇寧四年三月,復銀州,是月,夏人攻塞門砦。《宋史·徽宗本紀》。⑤

金

衛紹王大安元年,夏自天會初與金議和,八十餘年,未嘗交兵,至是爲蒙古所攻,[55]求救於金。金主永濟新立,不能出師。夏人怨之,遂侵葭州,金慶山奴擊,敗之而去。《通鑑續編》。⑥ 三年,夏人連陷邠、涇,陝西安撫司檄玉以鳳翔總管爲都統府募軍,旬日得萬人,與夏人

---

① 參見《宋史》卷四八五《夏國傳》,第14012頁。
② 參見《宋史》卷四八五《夏國傳》,第14015頁。
③ 參見《宋史》卷四八五《夏國傳》,第14016頁。
④ 參見《宋史》卷一八《哲宗本紀》,第345、346、351頁。
⑤ 參見《宋史》卷二〇《徽宗本紀》,第374頁。
⑥ 參見《通鑑續編》卷一九,第38頁。

戰,敗之,獲牛馬千餘。《金史·韓玉傳》。① 崇慶元年三月,夏人犯葭州,延安路兵馬總管完顏奴婢禦之。至寧元年六月,夏人犯保安州,殺刺史。《金史·衛紹王紀》。② 宣宗貞祐三年,夏人攻延安,乃詔有司移文責問。《金史·西夏傳》。③ 三年十月,夏人入保安,都統完顏國家奴破之。攻延安,戍將又敗之。《金史·宣宗本紀》。④ 四年,遷元帥左監軍兼陝西統軍使。駐兵延安,敗夏人於安塞堡。戰於鄜州之倉曲谷,有功。《金史·烏古論慶壽傳》。[56] 興定元年九月,夏人犯綏德之克戎塞,[57] 都統羅世暉逆擊,却之。《金史·宣宗本紀》。⑤ 二年五月,夏人率步騎三千,由葭州入寇,慶山奴以兵逆之,戰於馬吉峰,殺百餘人,斬酋首二級,生擒數十人,獲馬三十餘匹。《金史·慶山奴傳》。⑥ 三年閏七月,夏人破葭州之通秦寨,[58] 提控納合買住擊敗之,自葭蘆川遯去。華州元帥完顏合達出安塞堡,[59] 克其西南,會暮乃還。《金史·西夏傳》。⑦ 四年四月,[60] 元帥慶山奴攻夏、宥州,圍神堆府,穴其城,士卒有登者,援兵至,擊走之,斬首二千,俘百餘人,獲雜畜三千餘。九月,夏人圍綏平寨、安定堡。《金史·西夏傳》。⑧

元

元兵攻夏,李遵頊傳國於其子德旺,德旺以憂悸,殂。弟子睍立。二年,元主克其城邑,縶睍以歸。明《朔方新志》。順帝至正二十年九月,索羅帖木兒引兵攻冀寧,察罕帖木兒調延安軍,拒戰於東勝州,詔遣使和解之。《延綏鎮志》。⑨ 二十三年六月,[61] 擴廓帖木兒部將歹驢等駐兵藍田、七盤,李思齊攻圍興平,遂據盩厔。孛羅帖木兒時奉詔進討

---

① 參見《金史》卷一一〇《韓玉傳》,第 2429 頁。
② 參見《金史》卷一三《衛紹王本紀》,第 295、296 頁。
③ 參見《金史》卷一三四《西夏傳》,第 2872 頁。
④ 參見《金史》卷一四《宣宗本紀上》,第 314 頁。
⑤ 參見《金史》卷一五《宣宗本紀下》,第 332 頁。
⑥ 參見《金史》卷一一六《承立慶山奴傳》,第 2551 頁。
⑦ 參見《金史》卷一三四《西夏傳》,第 2874 頁。
⑧ 參見《金史》卷一三四《西夏傳》,第 2874、2875 頁。
⑨ 參見《〔康熙〕延綏鎮志》卷五之二《紀事志》,第 371 頁。

襄漢，而歹驢阻道於前，思齊踵襲於後，乃請催督。擴廓帖木兒東出潼關，道路既通，即便南討。戊申，①孛羅帖木兒遣竹貞等入陝西，據其省治，時陝西行省右丞答失帖木兒與行臺有隙，恐陝西爲擴廓帖木兒所據，陰結於孛羅帖木兒，請竹貞入城，劫御史大夫完者帖木兒及監察御史張可遵等印。其後，屢使詔完者帖木兒、貞拘留不遣。擴廓帖木兒遣部將貂高與李思齊合兵攻之，竹貞出降。《元史·順帝本紀》。[62] 二十五年閏十月，詔以擴廓帖木兒總制關陝，諸道軍馬、陟黜、予奪，悉聽便宜而行。擴廓帖木兒於是分省自隨，官屬之盛，幾與朝廷等。《元史·擴廓傳》。② 二十六年，擴廓帖木兒還河南，調各處軍馬，張良弼據命。三月，擴廓帖木兒遣兵西擊良弼，李思齊、脫烈伯、孔興等兵皆與良弼合。《元史·順帝本紀》。③ 初，李思齊與察罕帖木兒同起義兵，齒位相等，及是擴廓總其兵，思齊不能平。而張良弼遂首拒命，孔興、脫烈伯等亦皆恃功懷異，請別爲一軍，莫肯統屬。釁隙遂成。擴廓遣關保、虎林赤，以兵西擊良弼於鹿臺，思齊與脫烈伯、孔興等皆與良弼合。擴廓遣關保等合兵渡河，且約思齊以攻良弼。良弼遣子弟質於思齊，連兵拒守，關保等戰不利，思齊請詔和解。《宋元通鑑》。④ 王保保，即元擴廓鐵木兒。明洪武初，保保據蘭州時築二城，一在蘭州東東岡坡，一在金城關北，名王保保城。

明

太祖洪武四年，大將軍湯和攻察罕腦兒，獲猛將虎陳，定東勝，置延安、綏德二衛。《延綏鎮志》。⑤ 河套，元末爲王保保所據，明初，追逐之，築東勝等城，撥綏德衛千户，劉寵屯榆林莊，莊北由河套直至黃河千有餘里。改寧夏路，設寧夏府。五年，府廢，徙其民。九年，改置寧

---

① 戊申：至正二十七年(1368)。
② 參見《元史》卷一四一《擴廓帖木兒傳》，第3391頁。
③ 參見《元史》卷四七《順帝本紀十》，第975、976頁。
④ 參見《宋元資治通鑑》卷六四《元紀十二》，第15頁。
⑤ 參見《〔康熙〕延綏鎮志》卷五之二《紀事志》，第371頁。

夏衛，遷五方之人實之。又增前、中、左、右，共五屯，衛隸陝西行都司。虜遁河外，居漠北，延綏無事。

英宗正統二年，守將都督王禎，始請榆林城堡往北三十里之外，沙漠平地，則築瞭望墩臺，虜窺境，即舉烟示警。往南三十里之外，則埋軍民種田界石，多於硬土山溝立焉。界石外，開創榆林一帶營堡，累增至二十四所。歲調延安、綏德、慶陽三衛官軍分戍，而河南、陝西客兵助之，列營積糧以遏寇路。《續文獻通考》。① 七年，用總兵巡撫議，依界石一帶山勢，隨其曲折剷削，如城高二丈五尺，川口左右俱築大墩，調軍防守。《世法錄》。②

景泰元年正月，鎮守陝西徐亨奏："鎮守延安等處都督、僉事王禎擅棄原守寨堡，移入腹裏，葭、綏二州、延、慶二府守備其地，狹隘不堪，屯牧恐胡寇占據，所棄寨堡以爲巢穴，宜令本官速回原舊寨堡。果有星散小寨，宜并入大城，協力固守，事下兵部移文，右都御史王文等勘實具奏。"亨言有理，禎偏執不從，遂敕禎候春煖河開，將移入腹裏。軍民撫恤前往原寨堡守備。《世法錄》。③

天順五年冬，阿羅出渡河入套，寇延綏。《延綏鎮志》。④ 景泰初，虜犯延、慶，不敢深入。天順初，阿羅出掠我邊人以爲嚮導，遂知河套所在。不時出没，遂爲邊境剝膚之害。《世法錄》。⑤ 六年，虜入河套，是時，孛來稍衰，其大酋毛里孩、阿羅出、少師猛可與孛來相仇殺，而立脱思爲可汗。脱思，故小王子從兄也。於是，毛里孩、阿羅出、孛羅忽三酋始入河套，爭水草，不相下，以故不深入爲寇，時遣人貢馬。然亦通朵顔諸戎，時竊邊郡。《世法錄》。十一月，阿羅出、毛里孩寇延、寧。《延綏鎮志》。⑥

---

① 參見《續文獻通考》卷二二八《輿地考》，第 16 頁。
② 參見《皇明世法錄》卷六八《衝邊嚴備·陝西》，第 17 頁。
③ 參見《皇明世法錄》卷六七《衝邊嚴備·陝西》，第 22、23 頁。
④ 參見《〔康熙〕延綏鎮志》卷五之二《紀事志》，第 372 頁。
⑤ 參見《皇明世法錄》卷六八《衝邊嚴備·陝西》，第 17 頁。
⑥ 參見《〔康熙〕延綏鎮志》卷五之二《紀事志》，第 372 頁。

憲宗成化元年秋，虜寇延綏，時巡撫都御史項忠、寧遠伯任壽、巡撫延綏都御史盧祥合兵禦之，虜敗去。《續文獻通考》。① 延綏指揮同知房能請移營堡以固邊方。臣所守迤東北，原設塞門堡、白洛城，二處俱在偏南以裏，去邊墩相遠，道路迂曲，聲勢不聞，看得白洛城北地名甎營，塞門堡北地名榆林，依據險阻，水草便利，又與大兔鶻、龍州邊堡接徑，易爲應援，可將安定守官軍一百員名，并入白洛城數内操守爲宜。

二年，大學士李賢奏："河套與延綏接境，虜酋毛里孩人馬居虜其中，出没不常。今欲安邊，必須大舉而後可。乞令兵部會官博議，預積糧草於陝西塞下。及令陝西、延綏等處守臣，選練騎、步精兵，整搠器械什物，及預造戰車、拒馬之類，期以明春或今秋進兵搜剿。又秋禾方熟，虜騎必復入抄，而延、綏、鄜、慶、環縣一帶須用兵駐劄，以保居民。亦宜推選武將一人，統步、騎精兵萬人，往守諸處。"上以爲然。鎮守延綏都指揮統同知房能奏："虜酋毛里孩尚擁衆屯聚河套近邊，烽火不絶，而我增調戍兵屬延、綏、慶陽三衛者，俱無甲冑，馬匹屬陝西、河南者多不能載，乞令陝西鎮守巡撫等官措置。又於近邊州縣要害之處增兵把守，使賊勢分散，進退無利。而我兵并力剿殺，以圖成功。"從之。五月，套酋入寇，六月，命彰武伯、楊信帥師討之。《世法錄》。② 延綏紀功、兵部郎中楊琚奏："自偏頭關邊墩河西一顆樹至寧夏黑山，東西七百餘里，立十三城堡，又以府谷至寧塞十六堡移置故城，察罕腦兒一路并作二十堡。"十一月，整飭邊備。兵部尚書王復奏："將府谷堡移出芭州舊城，東村堡移出高漢嶺，響水堡移出黑河山，土門堡移出十頃坪，大兔鶻堡移出響鈴塔，白洛城堡移出甎營兒，塞門堡移出務柳莊。東西對直，捷徑水草，亦甚便利。内高家堡至雙山堡、雙山堡至榆林城、寧塞營至安邊營、安邊營至内邊營，相去隔遠，

---

① 參見《續文獻通考》卷二三二《邊關上》，第17頁。
② 參見《皇明世法錄》卷六七《衝邊嚴備·陝西》，第33頁。

合於各交界。地名崖寺子、三眼泉、柳樹澗、瓦刳梁,各添哨堡一座,就於鄰近營堡,量摘官軍哨守。又於安邊營起,每二十里築墩臺一座,通共二十四座;定邊營起,每二十里築墩臺一座,共十座,俱於附近居民量撥守瞭。北面沿邊一帶墩臺空遠者,各添墩臺一座,共二十四座。隨其形勢,以爲溝墻,必須高深,足以遮賊來路。因其舊堡廣,其規制必須寬大,足以積糧草、容人馬。"從之。《世法録》。①

三年七月,阿羅出入榆林塞,大掠子女而東,[63]孤山守將湯胤績力戰,[64]死之。《延綏鎮志》。② 四年二月,孛加思蘭殺阿羅出,并其衆,而結元孽滿魯都入河套。《世法録》。十二月,孛加思蘭寇榆林。五年,孛羅忽、孛加思蘭寇延、寧。六年七月,孛羅忽入榆林塞,以撫寧侯朱永爲大將軍,禦之。《延綏鎮志》。③ 敕都御史王越總關中軍務,議搜河套、復東勝。越等奏:"河套水草甘肥,易於駐劄。腹裏之地,道路曠遠,難於守禦。孛羅忽、孛加思蘭等糾率醜類,居套分掠,出入數年。雖嘗阻於我師,然未經挫衄,終不肯退。乞命廷臣共議,得一爵位崇重、威望素著者,統治諸軍,往圖大舉。"《紀事本末》。命越以總督視師,越令諸將分軍各守營堡,自與太監、恭太監怕統軍萬二千有奇。軍於榆林分東西二路夾之,繼與西路左都督劉玉、東路右都督劉聚,擊虜於墩索尖。先是,文臣視師者從大軍,後出號令,行賞罰而已。至越,始多選驍勇、跳盪武騎,將而與虜戰,探虜所聚,或其零騎,俟息邀殺之,用是多成功。《名山藏·王越傳》。

七年,北虜潛伏黃河,河套中歲爲邊患,輔臣請興十萬之師,以楊信爲總制,搜捕之。兵部尚書程信言:"河套地曠遠,無水草,興師十萬則餽運者加倍。自古禦戎,來者拒之,去者勿追,此不易之法也。"朝廷因與信二萬人,令巡邊而罷搜河套之議。《累朝策要》。冬,命吏部侍郎葉盛往延綏,議河套事。盛往度方略,回奏謂:"河套沙深水淺,

---

① 參見《皇明世法録》卷六七《衝邊嚴備·陝西》,第 29、30、39 頁。
② 參見《[康熙]延綏鎮志》卷五之二《紀事志》,第 372 頁。
③ 同上。

難以住牧。春遲霜早，不可耕種。搜河套、復東勝，皆時勢所難，[65]惟增兵守險，可爲遠圖，且剗削邊墻，增築城堡，收新軍以實邊，選土兵以助守，不但可責近效，而亦足爲長便。"制曰："可。"《續文獻通考》。① 巡撫延綏都御史余子俊疏奏："延邊西路、定邊二營上俱係平漫沙漠，難立墻塹。近年，於定邊東空添築永濟小堡，按伏馬匹。鎮靖堡軍馬原守塞門，今移於畢家堡、五營堡。水苦且遠，人馬多病。内定邊、新興、安邊、永濟四營堡，賊易窺見虛實，軍馬難於出入，但鎮靖堡已行奏，允仍守塞門。其餘四營堡俱各那移，就險而守。定邊營接連寧夏花馬池，我固便利，彼無鄰援，不可動也。惟將新興堡移於迤南古迹海螺城，安邊營移於迤南邊營中山坡，永濟堡移於迤南上紅寺，鎮靖堡不必那回塞門，却移於迤北白塔澗口。海螺城、中山坡、上紅寺多是削山爲城，俱有門禁，即可搬移，逐漸修理。其白塔澗口就快灘河迤南之險，其河深二三丈，遠百餘里，事成之後，則定邊、新興、安邊、永濟、寧塞、靖邊、鎮靖、龍州八營堡之地，以守則固，以戰則利。況常年必須民間運納穀草，今只令納戶就彼采野草，自足供給，此保民之計也。"明奏疏。② 十月，延綏游擊將軍祝雄奏："虜入延綏鎮靖堡，殺千戶。黄琮執夜不收以去。"《世法録》。③

九年冬十月，參贊軍務左都御史王越襲破虜營於紅鹽池。九月，滿都魯、孛羅忽、乜加思蘭三酋自河套出，分寇西路，越與總兵官許寧、游擊將軍周玉，各率兵四千六百，從榆林紅山出境，晝夜兼行百八十里，天未明，至其廬穴，焚殺無遺。又分兵千餘，伏於他所。比午，魯歸。悉力趨戰，越結陣徐行，督諸將。方戰，伏兵忽從後呼噪進擊，虜見腹背受敵，遂驚潰慟哭，渡河逝。自是無邊患者二十年。《廣興圖記》。

十年閏六月，巡撫延綏都御史余子俊奏："修築邊墻之數，東自清

---

① 參見《續文獻通考》卷二三二《邊關上》，第17頁。
② 明奏疏：本志引書，書名不詳。
③ 參見《皇明世法録》卷六八《衝邊嚴備‧陝西》，第26頁。

水營紫城岔，西至寧夏花馬池營界牌止。凡修城堡一十二座，榆林城南一截，舊有北一截。創修安邊營及建安、常樂、把都河、永濟、安邊、新興、石澇池、三山、馬跎泉八堡俱創置。響水、鎮靖二堡俱移置。凡修邊墻，東西長一千七百七十里一百二十三步，守護壕墻崖岔八百一十九座，守護壕墻小墩七十八座、邊墩一十五座。"奏入，上令所司知之。七月，命榜諭延綏等處所司嚴飭邊備，每年四月、八月，令守備官軍修葺垣墙、墩堡，增築草場界至，時加巡察，敢有越出塞垣耕種及移徙草場界至者俱治以法。

十六年，子俊爲兵部尚書，言延綏三路，東路神木，西路安邊，皆山勢險峻，虜難輕入。惟中路榆林東有常樂、雙山、建安、高家四堡，西有響水、波羅、懷遠、威武、清平五堡，南有歸德、魚河二堡，皆地勢平曠，可以通騎。主將一人難於應敵，宜增設守禦。《世法錄》。①

孝宗弘治改元，左都御史馬文昇上疏云："巡撫延綏都御史黃紱奏說虜賊俱在河套，近邊墻居住，日逐射獵，通事回話，并不做賊搶掠。到明春，要來進貢，乞敕延綏鎮守總兵、巡撫等官一面操練軍馬，嚴加防禦，一面令通事與彼答話。既要進貢，早爲出套還，從大同進京朝廷，自有重賞。若又以榆林進貢爲詞，緩我之兵，必大張兵勢，必別有奇謀，務要逐彼出套，不可容彼久住，貽患地方。"從之。《續文獻通考》。② 總督都御史王越疏奏："綏德在秦時爲上郡，歷漢、隋、唐，皆爲邊鎮。國初，洪武二年，定陝西。設綏德衛，屯兵數萬守之。撥綏德衛千户，劉寵屯治榆林。正統中，命都督王貞鎮守延綏，始議築榆城及沿邊十八寨，遂移鎮焉。成化七年，置榆林衛。八年，都御史余子俊開廣榆林城垣，增置三十六營堡，以今日陝西邊備論之。國初，以綏德爲邊衛，東自葭州黃河，西至定邊營七百餘里，岡阜相連，有險可據，猶易爲守。自移鎮榆林綏德，官軍移徙不常在綏德者，不及什一。

---

① 參見《皇明世法錄》卷六九《衝邊嚴備·陝西》，第 35 頁。
② 參見《續文獻通考》卷三二《邊關上》，第 17、19 頁。

虜賊大舉，或由榆林東雙山堡等處入寇綏德，或由榆林西南定邊營花馬池等處入寇固原。榆林之兵，其在東也，則以無險而不能守；其在西南也，則以路遠而不能援；其在綏德舊鎮也，則以兵寡而不能禦。爲今之計，宜量撤兵卒之半，復綏德使守險拒敵，防其深入。其榆林及新設城堡，各計其屯田，歲入之數，留兵屯守，而移置其多餘之屯於定邊營。要害之地，委謀勇將官統之，如此，則虜不敢深入，而内無土崩之患矣。"明奏疏。①

八年，北部復擁衆入河套住牧。《世法錄》。十二年十月，火篩入榆林塞。十三年，火篩入榆林。平江伯陳鋭無功，[66]保國公朱暉代之。《延綏鎮志》。② 征虜大將軍總兵保國公朱暉、提督軍務都御史史琳及監督太監苗逵帥五路之師，從紅城子墩出塞，乘夜搗虜巢於河套，虜已先覺，徙家北遁。十二月，火篩入河套。《世法錄》。十四年，火篩擁衆入榆林塞，保國公朱暉等覘虜酋所在，潛師河套，搗其巢穴，會夜大霧，虜聞礮驚遁。毁其廬帳，斬老弱百餘級而還。《明紀》。兵部尚書馬文昇以地震因，言陝西西鄰番虜，而延、慶二府又與河套密邇。今小王子部落日衆精兵數萬，觀其所存，其志非小。未幾，暉襲，破之。頃之，其酋火篩者復侵擾劇甚，鎮城晝閉。又擢大理寺陳壽巡撫延綏，壽至，先恤陣亡。官軍隨易諸路將領。兩旬間與虜三勝，虜知有備，遂渡河北遁。《續文獻通考》。③ 十六年，套酋入榆林塞，千户湯璽力戰，死之。十七年，火篩入套，總兵官張安遣把總藍海等，[67]追及於黄河岸，勝之。《延綏鎮志》。④

武宗正德元年，命巡撫楊一清總制陝西、延綏等處邊務，兼督馬政。一清言："寧夏花馬池與武營直抵高橋三百餘里，爲虜入邊門户。近因警報，議調延綏游兵、土兵至此分布防禦，而無一人至者，蓋事關

---

① 明奏疏：本志引書，書名不詳。
② 參見《〔康熙〕延綏鎮志》卷五之二《紀事志》，第372頁。
③ 參見《續文獻通考》卷二三二《邊關上》，第18、19頁。
④ 參見《〔康熙〕延綏鎮志》卷五之二《紀事志》，第372、373頁。

各鎮，不相統攝故也。宜命大臣爲總制，居中調度。如虜衆出套，亟行經略花馬池一帶，邊務庶有備無患，全陝可安。"兵部集議，遂以一清薦，乃有是命。先是，弘治末，朝野清明，内外大臣協心體國，議復河套。會孝宗崩，劉瑾專政，總制楊一清上經略三疏："一議守，守虜所必入；一議戰，戰虜所必敗；一議攻，攻虜所必救已。一清得罪去，無敢言及河套者。"《世法録》。① 十年八月，俺答自榆林直犯米脂、綏德無定河大川至山西石州黄河西岸，[68]大殺掠。十一年二月，又入榆林塞。《延綏鎮志》。② 十三年冬十月，上自偏頭關渡河，幸榆林。十一月，上在榆林。十二月，上在榆林。十四年春正月，上在榆林。二月初旬，上自榆林還京師。《續文獻通考》。武宗西巡，命鄭賜督餉於邊。值莨州盜起猖獗，賜督官兵討平之。《延綏鎮志》。北虜在套恣肆，世宗嘉靖元年，復大舉直犯西安之邠州、鳳翔之隴州，殺掠之慘，比前倍之。《續文獻通考》。③ 八年十月，吉囊、俺答寇榆林塞，總督王瓊率兵禦，却之。初，小王子有三子：長阿爾倫，次阿著，次滿官嗔。阿爾倫死，阿著稱小王子，未幾，死，衆立阿爾倫子卜赤。而阿著子二，曰吉囊，曰俺答，强甚。吉囊分地河套，當關中地肥饒時入寇，瓊乃請修沿邊垣堢，起蘭、洮，盡榆林，三千餘里。《紀事本末》。

十年，王瓊奏："計度榆林東、中二路大邊六百五十六里，當修者三百十里；二邊六百五十七里，[69]當修者二百四十八里。因言二邊乃成化中余子俊所修，因山爲險，屯田多在其外。大邊弘治中文貴所修，防護屯田，中間率多平地，築墻高、厚不過一丈，可壞而入。今當先修大邊，必使岸塹深險，墻垣高厚。計用丁卒萬八千人，乞發帑金十萬。"從之。《世法録》。④

十一年二月，内虜酋吉囊等擁衆十萬侵犯榆林，總督唐龍提兵往

---

① 參見《皇明世法録》卷七一《衝邊嚴備·陝西》，第23頁。
② 參見《〔康熙〕延綏鎮志》卷五之二《紀事志》，第373頁。
③ 參見《續文獻通考》卷二三二《邊關上》，第21頁。
④ 參見《皇明世法録》卷七二《衝邊嚴備·陝西》，第29頁。

剿。將主客兵分布要害,且戰且守,虜屢遭挫衄,計不能入,乃突出五萬,由野馬川渡河,徑入西海,襲破虜營,收其部落大半,歸於套內。唐龍《申嚴邊防以弭虜患疏》。先是,北虜自延綏求通貢市,事下兵部議。兵部言:"小王子通貢雖有成化、弘治年間事例,但其情多詐,難以輕信,宜命總制鎮巡官察其情僞。"無何,虜以不得請爲憾,遂擁衆十餘萬入寇。五月,吏部尚書王瓊上言:"臣前議榆林之虜,直以精兵遏之。綏德險陜,調固原援兵三千足矣。而當事過計,乃至調京營宣大寧固兵一萬八千赴之,供億浩繁,日費至六千金。內地坐困,今虜已退,乞掣回京。軍散遣各路所,調集召募兵,專責本鎮兵,據險防守。"《世法録》。①

十三年七月,吉囊入榆林塞。八月,又入榆林塞。游擊梁震敗之於定邊。十四年六月,吉囊入榆林塞,掠內郡,參將魏祥死之。八月,又入榆林塞,守將梁震擊,敗之。《延綏鎮志》。② 十五年秋,虜入延綏、黑河墩、蒺藜川等處。官兵四戰皆敗之,斬首百餘級。《世法録》。③ 十八年十二月,套酋入榆林塞,殺守將宋隆。十九年三月,套酋入榆林塞,破清平堡,入米脂。總兵官周尚文駐兵狄青原,邀擊之,以捷聞。《延綏鎮志》。④ 秋,虜數萬入安邊、定邊,陝西總制尚書劉天和率精兵九千,斬虜首五百,卒張奴兒殺吉囊之子,虜諸酋大哭,遁去。《續文獻通考》。虜酋吉囊擁數萬,由延綏西路定邊營入寇,時諸鎮兵悉分布守邊,虜乘虛四掠,殺戮甚慘。諸將莫敢攖其鋒者,虜乃深入內地。總督尚書劉天和以修省,詔旨嚴切,而諸將畏縮,乃斬不用。命指揮使牛斗、郭卿二人。時周尚文已革任,特檄召之,激以忠義,尚文感奮。會大雨浹旬,道濘,虜騎不得騁,弓矢盡膠。陝西總兵趙時督兵,分道邀之,虜始引,旋至黑水苑、延綏,革任總兵周尚文盡銳攻之。自巳至申,凡三戰,勝負未決。吉囊子號小十王者,驍果而輕率其勁卒三十餘人,

---

① 參見《皇明世法録》卷七二《衝邊嚴備‧陝西》,第30、31頁。
② 參見《〔康熙〕延綏鎮志》卷五之二《紀事志》,第373頁。
③ 參見《皇明世法録》卷七二《衝邊嚴備‧陝西》,第37頁。
④ 參見《〔康熙〕延綏鎮志》卷五之二《紀事志》,第373頁。

馳衝營中堅，爲我軍所殲，虜衆遂奪氣斂去。寧夏總兵任傑、副總兵陶希皋復選銳於鐵柱泉，迎擊之，追奔出塞，斬獲甚衆。《世法録》。[70]

　　二十二年，虜三萬騎，犯延綏，游擊張鵬力戰，禦之，虜引去。總兵官吳瑛、副總兵傅存禮尾之在外。東路參將周尚文兵亦至，因夾擊，斬百餘級而還。二十四年，虜兵二萬餘騎，結營邊外，與三營兒河甚近，謀復入寇，[71]覘者以報榆林總兵吳瑛，瑛報總督張珩。[72]明日，瑛與副總兵李琦并將兵，出榆林。時總督以防秋，住花馬池，[73]即發所部將在花馬池者四將軍，軍往擊之。[74]瑛度虜入必自寧塞營，寧塞則游擊將軍張鵬分地，乃與琦故回。遠出，乃并波羅堡，又并威武堡，又并清平堡，[75]迤邐遭延，[76]不與賊兵。值及二十六日，[77]虜果由寧塞營穿墻擁入，張鵬不能禦，匿避之。初，虜南馳，無復忌畏，[78]而李琦自清平堡與吳瑛分行至靖邊營，值虜殊死戰。延綏游擊將軍龍登、固原游擊將軍葛宇咸以總督遣，適至而分守延綏西路。參將楊鋭亦領兵來會，虜解去，琦得免。琦面中賊矢一，所殺虜亦數人。瑛、鵬軍不知所往，陝西總兵王緇、寧夏總兵李義與登宇軍同遣，乃故逗留。後期登宇與楊鋭等各頓兵不擊賊，但依險自保而已。於是，賊趨利，[79]直抵園林、驛岔、洛川諸處。[80]縱兵肆掠，[81]逾保安，犯安塞，留十餘日。復自寧塞營穿墻故道出，亦不見我軍一人巡部，聞之，上書劾諸將。詔下，吏治七將軍論如法，總督、撫臣亦皆不宥，惟李琦以與賊戰，少有功，獲賞焉。王維楨《核邊記》。① 總督曾銑言："自定邊營至黃甫川，連年虜入。率由是道，當亟爲修繕，分地定工，次第修舉。西自定邊營，東至龍城堡，計長四百四十餘里，爲西段；所當先築，自龍城堡東至雙山堡，計長四百九十里，爲中段；自雙山堡東至黃甫川，計長五百九十餘里，爲東段。歲修一段，期以三年竣事。"《明紀事本末》。②

---

① 參見《文章辨體彙選》卷五八七。
② 參見《明史紀事本末》卷五八。

二十五年,套酋犯延安,掠内地。總督三邊侍郎曾銑請復河套,條爲八議,計萬餘言。虜自寧塞營入犯延安、保安諸處,殺掠男、婦。諸軍禦之,不能却。銑遣參將李珍夜出塞,劫其營,斬虜百十一級,生擒虜一人。虜間始遁去。《世法録》。① 二十六年三月中,套虜以草青邊近塞住牧,零騎往來侵掠,居民不敢樵采。銑乃蒐選鋭卒督之出戰,斬首二十七級,生擒一人脱脱虎,餘斃於矢石者甚衆。虜移帳漸北,間以輕騎入掠,銑復督諸軍驅之,虜遂遠徙,不復近塞。《世法録》。② 三十三年春,套酋寇高家堡,副總兵李梅死之。三十四年,吉能犯建安、柳樹會、葭州至府谷,參將楊璘死之。按《紀事本末》,吉能,吉囊子。三十六年春,都㽮兒犯榆林,副總兵陳鳳往擊,死之。四十年四月,套人犯鎮靖堡,[82]殺掠二千餘人,[83]去。十一月,犯榆林,南下攻背干川大墻,至米脂,守備謝世勳戰死。四十二年七月,套酋陷黄甫川堡,把總高秉鈞死之。《延綏鎮志》。③ 四十三年,令榆林西北古梁、[84]易馬二城,增修城堡。又令鎮城硬地梁一帶、小邊柳河梁各處添設城堡,以嚴防護。《明會典》。④ 四十四年正月,套酋入塞。總督郭乾、[85]巡撫胡志夔會議,令總兵趙岢帥兵出榆林邊外,至黑灘畔頁河兒,克之。《延綏鎮志》。⑤ 四月,虜陷黄甫川堡。九月,犯鎮靖堡,參將魯聰戰死,亡將士二百餘人。《世法録》。⑥ 四十五年六月,虜陷筆架城,擄掠甚衆,官軍逐之,去。七月,薄安塞縣城分騎掠延安府北關及東西兩川。八月,入甜水等堡,總兵郭江等戰死。

穆宗隆慶元年,套酋入寇,守將王鐸戰死。《世法録》。⑦ 神宗萬曆四十三年,吉能挾討王封、金印等十大事,不許,大舉入犯。大柏油、

---

① 參見《皇明世法録》卷七三《衝邊嚴備・陝西》,第7頁。
② 參見《皇明世法録》卷七三《衝邊嚴備・陝西》,第13頁。
③ 參見《〔康熙〕延綏鎮志》卷五之二《紀事志》,第374頁。
④ 參見《大明會典》卷一三〇《鎮戍五・各鎮分例二・延綏》。
⑤ 參見《〔康熙〕延綏鎮志》卷五之二《紀事志》,第374頁。
⑥ 參見《皇明世法録》卷七三《衝邊嚴備・陝西》,第20頁。
⑦ 參見《皇明世法録》卷七三《衝邊嚴備・陝西》,第20頁。

孤山中軍劉聚等死之。是年十二月，沙計、歹成等謀犯，雙山總兵官秉忠出塞，擊，破之。《延綏鎮志》。① 四十四年七月，沙計入寇高家堡，都司僉書王國安死之。熹宗天啓二年九月，套入寇延安，及鄜州，[86]越四日乃去。《延綏鎮志》。② 愍帝崇禎元年春，命安置降丁於延綏等處。初，兵部請置之山海關三屯營，不許。《明史略》。二年，流賊犯涇陽，套酋寇延綏。三年九月，黃甫川賊復勾套人入掠。巡撫洪承疇、總兵杜文焕從孤山進擊，大破之，賊始奔潰。《明史略》。十月，王嘉胤陷清水營，[87]殺游擊李顯宗，遂破府谷。《延綏鎮志》。③ 十二月，神一元破寧塞，據之，殺參將陳三槐，圍靖邊。副使李右梓固守，賊勾西人四千騎，益圍靖邊。三日夜，遂陷柳樹澗、保安等城。《紀事本末》。四年二月壬子，總兵賀虎臣、杜文焕合軍圍保安。神一魁勾西人千餘騎突圍出，復糾賊數萬劫寧夏。《紀事本末》。五年三月，河套酋以三百騎近塞，稱"插漢求款"。千總李世科陣殁，曹文詔等擊之，乃不得入。《明史略》。六年，插罕自高家堡入犯，焚掠至石窯溝。九月，插罕入延安至鄜州，[88]套部爲插罕所逼，火落太及古魯部來降。《延綏鎮志》。④

【校勘記】

［1］古名析支渠搜又名新秦中又名朔方郡：此十六字原脱，據上圖本補。
［2］十：《〔嘉靖〕陝志》、上圖本作"百"。
［3］套内：上圖本作"河套内地"。
［4］故：此字原脱，據上圖本補。
［5］而居：此二字原脱，據上圖本補。
［6］能：此字原脱，據上圖本補。
［7］西戎：上圖本無此二字。
［8］渠搜縣："縣"字原脱，據《水經注校證》卷三《河水》補。

---

① 參見《〔康熙〕延綏鎮志》卷五之二《紀事志》，第375頁。
② 同上。
③ 參見《〔康熙〕延綏鎮志》卷五之二《紀事志》，第376頁。
④ 參見《〔康熙〕延綏鎮志》卷五之二《紀事志》，第377頁。

[9] 翟：《史記》卷一一〇《匈奴傳》作"狄"。
[10] 地：《史記》卷一一〇《匈奴傳》作"戎"。
[11] 衛鞅：原作"魏鞅"，據《史記》卷一五《六國年表》改。
[12] 胡：此字原脱，據《史記》卷四三《趙世家》補。
[13] 案水經云白道長城北山上有長垣若積毀焉沿谿亘嶺東西無極蓋趙武靈王所築也：原作"案長城"，據《史記》卷一一〇《匈奴傳》補。
[14] 陰山在河南陽山北：原作"在河南陽山北也"，據《史記三家注》卷一一〇《匈奴列傳》改。
[15] 土：原作"上"，據《史記三家注》卷一一〇《匈奴傳》改。
[16] 陶山：《史記》卷六《秦始皇本紀》作"陽山"。
[17] 三十萬：此次戰役與前文"將十萬之衆北擊胡"爲同一場戰役，十萬爲原有軍隊人數，後加"戍邊者皆復去"之二十萬，即爲三十萬。
[18] 制險：原倒作"險制"，據《史記》卷八八《蒙恬傳》乙正。
[19] 攘外：《史記》卷六四上《嚴朱吾丘主父徐嚴終王賈傳》作"滅胡"。
[20] 元狩四年：《史記·匈奴列傳》載："烏維立爲單于，是歲，漢元鼎三年也。"又載："烏維單于立三年……是時，天子巡邊，至朔方"。故疑誤，當爲"元鼎六年。"
[21] 八：《後漢書》卷八九《南匈奴傳》作"六"，第2949頁。
[22] 因朔方以西障塞多不修南部單于憂恐：《後漢書》卷八九《南匈奴傳》作"朔方以西障塞多不修復鮮卑因此數寇南部殺漸將王單于憂恐"。
[23] 謂：原作"爲"，據《資治通鑑》卷五一改。
[24] 干：原作"千"。賀狄干，代郡鮮卑人，北魏初期大臣。
[25] 謂：原作"爲"，據《朱子全書》第八册《資治通鑑綱目》卷二三改。
[26] 撫綏：《魏書》卷四一《源子雍傳》作"綏撫"。
[27] 隋：原作"隨"，據《隋書》卷五〇《郭榮傳》改，參見《隋書》卷五〇《郭榮傳》，第1319頁。
[28] 間：此字原脱，據〔康熙〕延綏鎮志》卷六之一《藝文志·奏處染干疏》補。
[29] 并：此字原脱，據〔康熙〕延綏鎮志》卷六之一《藝文志·奏處染干疏》補。
[30] 固：《朱子全書》第八册《資治通鑑綱目》卷三七無此字。
[31] 匹丁筊：《新唐書》卷二一五上《突厥傳》作"匠于筊"。
[32] 上：《舊唐書》卷九三《張仁愿傳》作"固"。
[33] 要：《册府元龜》卷四一〇《將帥部》作"濟"。
[34] 歲捐費億計：《册府元龜》卷四一〇《將帥部》無此五字。
[35] 卻：《舊唐書》卷九三《張仁愿傳》作"曲"。
[36] 北：此字原脱，據《資治通鑑》卷二一二補。
[37] 西走入鐵建山：西、入鐵建山五字原脱，據《資治通鑑》卷二一二補。
[38] 戰士耗散：《資治通鑑》卷二二五作"中間戰士耗散"。

[39] 存者：《資治通鑑》卷二二五無此二字。
[40] 謂之平夏党項：原作"號平夏部"，據《資治通鑑》卷二四九，第 8045 頁。
[41] 司空同平章事充招討党項行營都統：此十五字原脱，據《資治通鑑》卷二四九補。
[42] 徙彰武節度使：此六字原無，據《資治通鑑》卷二七八補。
[43] 戎人常烏合寇邊勝則進敗則走不可窮其巢穴今繼遷嘯聚數萬盡鋭以攻孤壘：此三十二字原脱，據《宋元資治通鑑》卷四《宋紀四》補。
[44] 虜：《宋史紀事本末》卷二作"敵"。
[45] 聞：原作"間"，據《宋元資治通鑑》卷四《宋紀四》《宋史紀事本末》卷二改。
[46] 番：《宋元資治通鑑》卷四《宋紀四》無此字。
[47] 康定元年春正月：《東軒筆録》卷一五作"康定中"。
[48] 州：原作"洲"，據下文改。
[49] 應弛還白平等：《文章辨體彙選》卷六三五《紀事二·記客言》作"應不敢止復馳還白德和語平等"。
[50] 稍：原作"梢"，據《文章辨體彙選》卷六三五《紀事二·記客言》改。
[51] 下馬下：此三字原脱，據《文章辨體彙選》卷六三五《紀事二·記客言》補。
[52] 如夏州：《宋元資治通鑑》卷九《宋紀九》作"更往議之"。
[53] 大：原作"六"，據《宋史》卷四八五《夏國傳》改。
[54] 二年：原作"元年"，據《宋史》卷一八《哲宗本紀》改。
[55] 至是：《通鑑續編》卷一九作"及"。
[56] 論：原作"輪"，據《金史》卷一〇一《烏古論慶壽傳》改。參見《金史》卷一〇一《烏古論慶壽傳》，第 2239 頁。
[57] 塞：《金史》卷一五《宣宗本紀下》作"寨"。
[58] 秦寨：原作"泰塞"，據《金史》卷一三四《西夏傳》改。
[59] 塞：《金史》卷一三四《西夏傳》作"寨"。
[60] 四月：原作"二月"，據《金史》卷一三四《西夏傳》改。
[61] 六：原作"五"，據《元史》卷四六《順帝本紀九》改。
[62] 史：原作"始"，據《元史》卷四六《順帝本紀九》改，參見《元史》卷四六《順帝本紀九》，第 963、964 頁。
[63] 大掠子女而東：《〔康熙〕延綏鎮志》卷五之二《紀事志》無此六字。
[64] 湯胤績：原作"湯引績"，避雍正皇帝諱，現回改。
[65] 時：《續文獻通考》卷二三二《邊關上》作"事"。
[66] 無功：《〔康熙〕延綏鎮志》卷五之二《紀事志》作"禦之無功"。
[67] 藍海：《〔康熙〕延綏鎮志》卷五之二《紀事志》作"蘭海"。
[68] 山西石州：此四字原脱，據《〔康熙〕延綏鎮志》卷五之二《紀事志》補。
[69] 里：原作"路"，據上文改。

[70] 諸將莫敢……會大雨……斬獲甚衆:《皇明世法録》卷七二《衝邊嚴備·陝西》作"會大雨……斬獲甚衆……諸將莫敢……"。參見《皇明世法録》卷七二《衝邊嚴備·陝西》,第42、43頁。
[71] 與三營兒河甚近謀復入寇:此十一字原脱,據《文章辨體彙選》卷五八七補。
[72] 瑛報總督張珩:《文章辨體彙選》卷五八七作"瑛即以報總督兵部侍郎張公珩"。
[73] 住:《文章辨體彙選》卷五八七作"往"。
[74] 軍往擊之:《文章辨體彙選》卷五八七作"往擊之"。
[75] 乃并波羅堡又并威武堡又并清平堡:此十五字原脱,據《文章辨體彙選》卷五八七補。
[76] 遵延:此二字原脱,據《文章辨體彙選》卷五八七補。
[77] 及二十六日:此五字原脱,據《文章辨體彙選》卷五八七補。
[78] 忌畏:《文章辨體彙選》卷五八七作"畏忌"。
[79] 趨利:原作"趣利",據《文章辨體彙選》卷五八七改。
[80] 洛:《文章辨體彙選》卷五八七作"落"。
[81] 肆:《文章辨體彙選》卷五八七作"四"。
[82] 堡:此字原漫漶不清,據〔康熙〕延綏鎮志》卷五之二《紀事志》補。
[83] 殺掠:此二字原漫漶不清,據國圖本補。
[84] 古:原作"占",據北圖本改。
[85] 郭乾:原作"郭虔",避"乾"諱,現回改。
[86] 及:《〔康熙〕延綏鎮志》卷五之二《紀事志》作"至"。
[87] 胤:原作"引",避"胤"諱,現回改。
[88] 罕:原作"漢",據上文及《〔康熙〕延綏鎮志》卷五之二《紀事志》改。

河套志卷第二

河套内外建置郡縣沿革考

歷代建置凡郡屬州，州縣屬郡，而非套地者，皆空一字，順列於下，不并列。

周

上郡　惠文王十年，魏納上郡十五縣。《史記·秦本紀》。① 綏州，春秋白狄所居，戰國屬魏，爲上郡。《元和志》。② 上郡，今麟、延、丹、坊、鄜、銀、夏、綏德，保安之地。

白翟　武王放逐戎夷涇、洛之北，名曰荒服。晋文公攘戎翟，居於西河圁、洛之間。《史記·匈奴傳》。③ 白翟及秦同州，今鄜、坊、綏、延皆古白翟地。鄭樵《通志》。圁、銀州、銀川、洛水在磚井堡南，梁山下。《葭州志》。

朐衍　平王末，岐、梁、涇、漆之北有朐衍戎。《史記·匈奴傳》。④ 鹽州，古戎狄居之，即朐衍戎地。《括地志》。磚井堡，鹽州地。《延安府志》。按：在今定邊縣界。

渠搜　周之成康，北發渠搜。《漢書·武帝本紀》。⑤ 按：渠搜在今懷遠縣北河套中。

---

① 參見《史記》卷五《秦本紀》，第258頁。
② 參見《元和郡縣圖志》卷四《關内道四》，第101頁。
③ 參見《史記》卷一一〇《匈奴列傳》，第3463、3466頁。
④ 參見《史記》卷一一〇《匈奴列傳》，第3466頁。
⑤ 參見《漢書》卷六《武帝本紀》，第160頁。

朔方　朔方近獫狁之國也。《毛氏詩傳》。什賁故城在朔方縣治北，即朔方縣之故城。《元和志》。① 河水又東南逕朔方縣故城東北，[1]《詩》所謂"城彼朔方"也。《水經注》。② 按：朔方在今靖邊縣北河套中。

九原　魏襄王十七年，命大夫奴遷於九原。《竹書紀年》。趙主父西北略地，欲從雲中、九原直南襲秦。《史記·趙世家》。③ 按：九原在今懷遠縣北河套中。

固陽　魏惠王十九年，圍長城，[2]塞固陽。《史記·六國表》。④ 按：固陽在府谷東北，河北。

榆中　趙武靈王二十年，西略胡地，至榆中。《史記·趙世家》。⑤ 榆中，勝州所治榆林縣是。《括地志》。按：榆中在今府谷東北河套中。

樓煩國　列周王會圖，戰國時屬趙。

秦

北地郡　昭王時，秦有隴西、北地、上郡，築長城以拒胡。始皇三十二年，使蒙恬將三十萬之衆，[3]北擊胡，悉收河南地。因河爲塞，築四十四縣城臨河，徙適戍以充之。《史記·匈奴傳》。⑥ 號曰"新秦"，屬北地郡。按：北地郡統今平涼府，屬平涼、鎮原、靈臺、莊浪、隆德五縣，固原涇、靜、寧三州，慶陽、寧夏二府，兼榆林府定邊縣地界，而寧夏府、榆林府屬定邊縣，接河套地。

上郡　始皇使蒙恬築長城，居上郡。《史記·蒙恬傳》。[4]上郡，雍州之域，今洛交、中部、延安、咸寧、上郡、銀川、新秦、朔方等郡皆是。鄭樵《通志》。郡領五縣。膚施：奢延水逕膚施縣，[5]秦昭王三年置，上郡治。[6]《水經注》。⑦ 今延安府治膚施縣。高奴：清水東逕高奴縣，項羽封董翳爲翟王，居之。[7]《水經注》。⑧ 今安塞縣。雕陰：魏襄王二年，秦取我雕

---

① 參見《元和郡縣圖志》卷四《關內道四》，第100頁。
② 參見《水經注校證》卷三《河水》，第76頁。
③ 參見《史記》卷四三《趙世家》，第2171頁。
④ 參見《史記》卷一五《六國年表》，第655頁。
⑤ 參見《史記》卷四三《趙世家》，2169頁。
⑥ 參見《史記》卷一一〇《匈奴列傳》，第3468頁。
⑦ 參見《水經注校證》卷三《河水》，第84頁。
⑧ 參見《水經注校證》卷三《河水》，第86頁。

陰。[8]《史記·六國表》。① 今甘泉縣。鄜：文公十年初，爲鄜畤。《史記·秦本紀》。② 今鄜州洛川縣。陽周：走馬水出長城北，陽周縣故城南橋山，二世賜蒙恬死於此。《水經注》。③ 今安定縣。按：秦膚施、高奴、雕陰、陽周皆屬今延安府，鄜縣、雕陰邑兼屬内史郡。今鄜州、膚施縣兼在今綏德州界。其未設縣者，今榆林府治四縣，葭州治二縣，皆秦上郡地，近河套。

九原郡　中受降城本秦九原郡。《元和志》。④ 按：九原在今榆林府東北河套中。《括地志》云："勝州連各縣，本秦九原郡。"

新秦　秦逐匈奴，收河南地，徙民以實之，謂"新秦"。《水經注》。⑤ 今夏、勝等州，秦略取之。《史記正義》。

榆中　始皇三十六年，遷北河、榆中三萬家。《史記·始皇本紀》。⑥ 北河，勝州也。榆中，即今勝州榆林縣。《正義》。按：榆中在今府谷東北河套中。

固陽　河水東逕椆陽故城南。《水經注》。⑦ 按，固陽在今府谷東北、河北。一作"椆"。

北假　蒙恬度河據陽山北假中。《史記·匈奴傳》。⑧ 北假在河北。《禹貢錐指》。⑨

臨河　河水東逕高闕南，又東逕臨河縣故城北。《水經注》。⑩ 按：高闕在今榆林府西北、黄河北，臨河縣即在其南岸。

雁門郡

---

① 參見《史記》卷一五《六國年表》，第872頁。
② 參見《史記》卷五《秦本紀》，第228頁。
③ 參見《水經注校證》卷三《河水》，第84頁。
④ 參見《元和郡縣圖志》卷四《關内道四》，第114頁。
⑤ 參見《水經注校證》卷三《河水》，第76頁。
⑥ 參見《史記》卷六《秦始皇本紀》，第327頁。
⑦ 參見《水經注校證》卷三《河水》，第78頁。
⑧ 參見《史記》卷一一〇《匈奴列傳》，第3469頁。
⑨ 參見《禹貢錐指》卷一三上，第417頁。
⑩ 參見《水經注校證》卷三《河水》，第76頁。

漢

上郡　秦置，高帝元年更爲翟國，七月復故。屬并州，縣二十三。《漢書·地理志》。① 按：除十二縣在西省山西界，兼有未詳所在者。馬援兄員，王莽時爲增山連率。《後漢書·援傳》。② 莽改上郡爲增山。《後漢書注》。③ 隋唐，綏州、延州，漢上郡地。《通鑑注》。除膚施、高奴、陽周、定陽四縣屬今延安府，淺水縣地屬今邠州，雕陰縣地屬今鄜州，餘五縣皆河套地。

獨樂　有馬湖峪在今米脂縣北、碎金驛康灣之南，即故獨樂縣，宋改爲永樂。《延綏志》。

奢延　奢延水出奢延縣西南，東北流逕其縣故城南，王莽之奢節也。《水經注》。④ 奢延故城在廢夏州西南。《禹貢錐指》。⑤ 按：在今榆林府懷遠縣。

龜茲　諸次之水入焉，[9] 水出上郡諸次山。東逕榆林塞，即《漢書》所謂"榆溪舊塞"也。綠歷沙陵，屆龜茲縣西出，[10] 故廣長榆也。《水經注》。⑥ 榆林衛，本漢上郡龜茲縣地。北至邊墻十里，其外皆戰國雲中、九原地也。《禹貢錐指》。⑦ 按：龜茲，即榆林府榆林縣也。

白土　圁水出上郡白土縣圁谷，東逕其縣南。王莽更曰黃土。《水經注》。⑧ 按：白土縣在今榆林府西北河套中。

高望　屬上郡。莽曰堅寧。《漢書·地理志》。⑨ 按：高望縣在榆林府北河套中。

西河郡　武帝元朔二年，莽曰歸新，屬并州，縣三十六。《漢書·地理志》。按：除二十八縣在山西界，兼有未詳所在者。

---

① 參見《漢書》卷二八下《地理志》，第1617頁。
② 參見《後漢書》卷二四《馬援列傳》，第828頁。
③ 參見《後漢書》卷二四《馬援列傳》，第829頁。
④ 參見《水經注校證》卷三《河水》，第84頁。
⑤ 參見《禹貢錐指》卷一三上，第419頁。
⑥ 參見《水經注校證》卷三《河水》，第83頁。
⑦ 參見《禹貢錐指》卷一三上，第420頁。
⑧ 參見《水經注校證》卷三《河水》，第83頁。
⑨ 參見《漢書》卷二八下《地理志》，第1617頁。

富昌　湳水東逕西河富昌故城南，王莽之富成。《水經注》。① 富昌故城在勝州南。《延綏舊志》。按：富昌在榆林府東北河套中。

美稷　湳水出西河郡美稷縣，東南流入長城東。《水經注》。② 按：美稷在榆林府東北河套中。又有美稷鄉，在山西寧州界，乃後漢所徙置，非故縣。

大成　莽曰好成。[11]《漢·地理志》。③ 按：義熙二年，柔然獻馬於姚興，濟河至大成，即此在榆林府北河套中。

鴻門　圁水東逕鴻門縣，縣故鴻門亭。《風俗記》曰："圁陰縣西五十里有鴻門亭。"《水經注》。④ 按：鴻門在今米脂西。

圁陰　圁水東逕圁陰縣北，惠帝五年置，王莽改曰方陰。《水經注》。⑤ 縣在圁水之陰，因以爲名。今有銀州、銀川即是，舊名猶存，但字變耳。師古注。

圁陽　圁水出白土縣圁谷，東逕圁陰縣北，又東逕圁陽縣南。今米脂縣有圁陰故城，圁陽當在東北。《禹貢錐指》。⑥

增山　漢西河郡領增山縣，有道出眩雷塞，北部都尉治。《漢·地理志》。⑦

虎猛　屬西河郡，西部都尉治。《漢書·地理志》。⑧ 按：天鳳元年，匈奴至西河虎猛，制虜塞下，告欲和親，即此在榆林府北河套中。

北地郡　領道二，縣十一。有七縣，兩道，今慶陽府州縣地。郁郅縣、今安化縣。歸德縣、今安化縣兼合水縣。略畔道、今合水縣兼環縣。馬嶺縣、今環縣。陽周縣、今真寧縣。泥陽縣、今真寧縣兼寧州。義渠道、大要縣。皆今寧州。武帝元朔二年，收河南地，置朔方郡，隸并州刺史。後漢因之，有縣五，前屬北地郡，後漢末入西羌。

————

① 參見《水經注校證》卷三《河水》，第 82 頁。
② 同上。
③ 參見《漢書》卷二八下《地理志》，第 1618 頁。
④ 參見《水經注校證》卷三《河水》，第 83 頁。
⑤ 同上。
⑥ 參見《禹貢錐指》卷一三上，第 418 頁。
⑦ 參見《漢書》卷二八下《地理志》，第 1618 頁。
⑧ 同上。

富平　內分置廉縣、靈武縣，後漢廢。今寧夏、寧朔、平羅三縣兼靈州地界。

北地郡　移治，永和六年又徙。今靈州。

靈州　後廢。今靈州界。

朐衍　後漢廢。今靈州界。

昫卷　屬安定郡。今寧夏府中衛縣，兼北郡地，今新渠縣界。

方渠　後漢廢。今新渠縣界，半及寶豐縣。

朔方郡　武帝使衛青出雲中以西，擊樓煩、白羊王於河南，遂取河南地，築朔方。《漢書·匈奴傳》。① 漢元朔二年，置朔方郡，使校尉蘇建築朔方城。《水經注》。② 朔方郡，屬并州，領縣十。《漢書·地理志》。③ 除修都一縣未詳所在。

三封　河水東北逕三封縣故城東，漢武帝元狩二年置。《十三州志》曰："在臨戎縣西一百四十里。"《水經注》。④ 按：三封在今定邊縣北河套中。

朔方　河水南逕馬陰山西，又東南逕朔方縣故城東北。《詩》所謂"城彼朔方"。王莽以爲武符者也。《水經注》。⑤ 什賁故城在夏州朔方縣北，即漢朔方縣故城。《元和志》。⑥ 朔方縣，漢朔方郡治。《禹貢錐指》。⑦ 按：朔方在懷遠縣北河套中。

臨河　河水東逕高闕南，又東逕臨河縣故城北。王莽之監河也。《水經注》。⑧ 西受降城在豐州西北八十里，[12] 漢臨河縣故理處。《元和志》。⑨ 臨河故城在今榆林衛西北。《禹貢錐指》。⑩ 按：臨河在今靖邊縣北河套中。

---

① 參見《漢書》卷九四上《匈奴列傳》，第3766頁。
② 參見《水經注校證》卷三《河水》，第76頁。
③ 參見《漢書》卷二八下《地理志》，第1619頁。
④ 參見《水經注校證》卷三《河水》，第75頁。
⑤ 參見《水經注校證》卷三《河水》，第76頁。
⑥ 參見《元和郡縣圖志》卷四《關內道四》，第100頁。
⑦ 參見《禹貢錐指》卷一三上，第417頁。
⑧ 參見《水經注校證》卷三《河水》，第75、76頁。
⑨ 參見《元和郡縣圖志》卷四《關內道四》，第115頁。
⑩ 參見《禹貢錐指》卷一三上，第417頁。

窳渾　河水東逕沃野故城南，又北迤西溢於窳渾縣故城東。武帝元朔二年，開朔方郡治。[13]王莽更郡曰溝搜，縣曰極武。《水經注》。①窳渾故城，今在廢夏州西北。《禹貢錐指》。②按：窳渾在靖邊縣北河套中。

渠搜　河水自朔方東轉，逕渠搜故城北，王莽之溝搜亭也。《水經注》。③渠搜在廢夏州北。《禹貢錐指》。④按：渠搜在榆林府西北河套中。

沃野　河水東逕臨戎縣故城西，又東逕沃野故城南。武帝元狩三年立，[14]王莽之綏武也。《水經注》。⑤沃野故城在天德軍城北六十里。《地理通釋》。按：沃野在靖邊縣西北，河北岸。

廣牧　河水東逕臨河縣南，又東逕廣牧縣故城北。王莽之監管也。《水經注》。⑥廢豐州城在榆林衛西北塞外七百里，本漢朔方郡之廣牧縣。《禹貢錐指》。⑦

臨戎　河水東北逕三封縣故城東，又北逕臨戎縣故城西。王莽之推武也。《水經注》。⑧唐永豐縣在豐州西一百六十里，本漢臨戎縣地。《元和志》。⑨按：臨戎在定邊縣北河套中。

呼遒　朔方郡領呼遒縣。《漢書‧地理志》。⑩按：後魏代名郡有呼遒縣，在今榆林境，當即漢縣舊地。

五原郡　元朔二年，遣衛青出雲中，至高闕。收河南地，置五原郡。《漢書‧武帝本紀》。⑪秦九原郡，武帝元朔二年更名，莽曰獲降，屬并州，領縣十六。《漢書‧地理志》。⑫除六縣未詳所在。勝州榆林縣西有漢五

---

① 參見《水經注校證》卷三《河水》，第75頁。
② 參見《禹貢錐指》卷一三上，第416頁。
③ 參見《水經注校證》卷三《河水》，第77頁。
④ 參見《禹貢錐指》卷一三上，第417頁。
⑤ 參見《水經注校證》卷三《河水》，第75頁。
⑥ 參見《水經注校證》卷三《河水》，第76頁。
⑦ 參見《禹貢錐指》卷一三上，第420頁。
⑧ 參見《水經注校證》卷三《河水》，第75頁。
⑨ 參見《元和郡縣圖志》卷四《關內道四》，第112頁。
⑩ 參見《漢書》卷二八下《地理志》，第1619頁。
⑪ 參見《漢書》卷六《武帝本紀》，第170頁。
⑫ 參見《漢書》卷二八下《地理志》，第1619頁。

原城。《通典》。①

九原　河水逕河陰縣故城北,又東逕九原縣故城南。秦始皇置九原郡,治此。武帝元朔二年,更名五原,王莽之獲降郡、城平縣矣。[15]《水經注》。②　九原故城在勝州西界,今連谷縣是。《史記正義》。按:九原在神木縣北,河北岸。

五原　九原縣,西北接對一城,蓋五原縣故城,王莽填河亭也。其城南面長河,北背連山。《水經注》。③　按:五原在神木北,河北岸。

臨沃　河水東逕副陽城南,又東逕臨沃縣南。王莽之振武也。《水經注》。④　臨沃縣在稒陽西。《禹貢錐指》。⑤　按:臨沃在府谷北,河北岸。

宜梁　河水東逕原亭城南,又東逕宜梁縣故城南。闞駰曰:"五原西南六十里,今世謂之石崖城。"《水經注》。⑥　今在廢豐州東。《禹貢錐指》。⑦　按:宜梁在榆林府北,河北岸。

河陰　河水東逕副陽城南,又東逕河陰縣故城北。《水經注》。⑧　按:河陰在神木縣北河套中。

曼柏　莽曰延柏,《漢·地理志》。⑨　曼柏縣,在勝州銀城縣。《後漢書注》。⑩　按:曼柏在府谷北河套中。

成宜　河水東逕田辟城南,又東逕成宜縣故城南。王莽更曰艾虜。《水經注》。⑪　城在廢豐州界。《禹貢錐指》。⑫　按:成宜在榆林府北,河北岸。

稒陽　河水東逕宜梁縣故城南,又東逕稒陽縣故城南,王莽之固

---

① 參見《通典》卷一七三《州郡三》,第4523頁。
② 參見《水經注校證》卷三《河水》,第77頁。
③ 同上。
④ 參見《水經注校證》卷三《河水》,第78頁。
⑤ 參見《禹貢錐指》卷一三上,第418頁。
⑥ 參見《水經注校證》卷三《河水》,第77頁。
⑦ 參見《禹貢錐指》卷一三上,第417頁。
⑧ 參見《水經注校證》卷三《河水》,第77頁。
⑨ 參見《漢書》卷二八下《地理志》,第1619頁。
⑩ 參見《後漢書》卷二《顯宗孝明帝紀》,第111頁。
⑪ 參見《水經注校證》卷三《河水》,第77頁。
⑫ 參見《禹貢錐指》卷一三上,第417頁。

陰也。又北出石門障，西北趣光禄城。甘露三年，呼韓邪單于還，詔送單於居幕南，保光禄徐自爲所築城也，故城得其名矣。《水經注》。① 按：稒陽在府谷東北，河北岸。又《史記》，武帝太初元年，使公孫敖築塞外受降城。甘露三年，單于自請願留光禄塞下，有急，保受降城，城近光禄堡。

西安陽 河水東南逕朔方縣故城東北，屈南過五原西安陽縣南。《水經注》。② 莽曰障安。[16]《漢書·地理志》。③ 城在廢豐州東北。《禹貢錐指》。④ 按：西安陽在懷遠縣北，河北岸。

河目 河水自臨河縣東逕陽山南，南屈逕河目縣左[17]。《水經注》。⑤ 河目故城在北假中，河北。《括地志》。按：河目在懷遠縣西北，河北岸，以上屬五原郡。

沙南 屬雲中郡。《漢書·地理志》。⑥ 河水東過雲中楨陵縣南，又東過沙南縣北。《水經注》。⑦ 楨陵即廢東勝州，其故城在衛西北河東岸。沙南縣在西岸榆林塞外，唐爲勝州地。《禹貢錐指》。⑧ 按：沙南在府谷東北河套中。

定襄郡 屬并州，領縣一。

桐過 按：縣南境，今寧武府偏關縣。

雁門郡 屬并州，領縣四：中陵、樓煩、武州、馬邑。

武州 按：縣西南境，今寧武府偏關縣。

後漢

上郡 屬并州，領十城。《郡國志》。⑨ 按：除潦垣、橫林、侯官三縣未詳所在。王莽以馬員爲增山連帥，歸，世祖以爲上郡太守。《水經注》。⑩ 永初五

---

① 參見《水經注校證》卷三《河水》，第77、78頁。
② 參見《水經注校證》卷三《河水》，第76、77頁。
③ 參見《漢書》卷二八《地理志》，第1620頁。
④ 參見《禹貢錐指》卷一三上，第417頁。
⑤ 參見《水經注校證》卷三《河水》，第76頁。
⑥ 參見《漢書》卷二八下《地理志》，第1620頁。
⑦ 參見《水經注校證》卷三《河水》，第78頁。
⑧ 參見《禹貢錐指》卷一三上，第418頁。
⑨ 參見《後漢書》志二三《郡國志》，第3524頁。
⑩ 參見《水經注校證》卷三《河水》，第84頁。

年，西羌亂，詔上郡徙衙。① 永建四年，歸舊土。永和五年，復徙上郡居夏陽。《後漢書》。② 建安二十二年，省上郡。《晉·地理志》。③ 按：漢領獨樂、陽周、淺水、高望，俱後漢省。按：《漢·地理志》有陽周縣，後漢省，入膚施、高奴二縣。《綏德州志》：雕陰縣，後漢爲雕陰城，餘仍漢制。

奢延　段熲追羌出橋門，戰於奢延澤，即上郡奢延縣界。《鑑注》。
莽曰奢節　東漢復舊，後兵擾，邑廢。《清澗縣志》。

白土

龜兹　在上郡、銀川之間。師古注。

圁陰　後漢圁陰縣屬西河郡。[18]《郡國志》。④ 按：圁陰，今米脂地。又漢西河郡領富昌、鴻門、增山、虎猛四縣，俱後漢省。

圁陽　後漢圁陽縣屬西河郡。《郡國志》。⑤ 按：圁陽在今神木地。

朔方郡　屬并州，武帝置，領六城。《郡國志》。⑥ 建武十一年，省朔方，并并州。⑦ 二十六年，朔方郡民歸於本土。⑧ 永和五年，徙朔方居五原。⑨ 建安二十年，省朔方郡。《後漢·帝紀》。按：漢朔方郡領臨河、窳渾、渠搜、呼遒四縣，俱後漢省。

臨戎

三封

朔方　建武二十六年，南單于居西河，使右賢王屯朔方。《後漢·南匈奴傳》。⑩

---

① 參見《後漢書》卷五《孝安帝紀》，第216頁。
② 參見《後漢書》卷六《順帝紀》，第256、270頁。
③ 參見《晉書》卷一四《地理志上》，第428頁。
④ 參見《後漢書》志二三《郡國志》，第3524頁。
⑤ 同上。
⑥ 參見《後漢書》志二三《郡國志》，第3526頁。
⑦ 參見《後漢書》卷一下《光武帝紀》，第58頁。
⑧ 參見《後漢書》卷一下《光武帝紀》，第78頁。
⑨ 參見《後漢書》卷六《順帝紀》，第270頁。
⑩ 參見《後漢書》卷八九《南匈奴列傳》，第2945頁。

沃野

廣牧　九原本漢廣牧縣地。《元和志》。①按：廣牧在榆林府西，建安中，僑置於新興郡，故縣遂廢。

大城　前屬西河郡，後漢屬朔方郡。《通鑑注》。永元六年，鄧鴻追擊逢侯於大城塞。《後漢書·南匈奴傳》。②按：大城在榆林府北河套中。

五原郡　屬并州，領十城。《郡國志》。③按：除父國河，除武都三縣未詳所在。建武二十年，[19]省五原郡，徙吏人置河東。④二十六年，五原郡民歸於本土。《後漢書·光武紀》。⑤永和五年，徙朔方，治五原。⑥《後漢書·順帝紀》。[20]按：漢五原郡領河陰、河目二縣，俱後漢省。

九原　建武五年，盧芳入居九原，略有數郡。袁宏《後漢》省。永初元年，烏桓寇五原，戰於九原高渠谷。九原，縣名，屬五原郡。⑦《後漢·烏桓鮮卑傳》并注。[21]

五原　南單于使骨都侯屯五原。《後漢·南匈奴傳》。⑧

臨沃

宜梁　建安中省。

曼柏　永平八年初，[22]置度遼將軍屯五原，曼柏在今銀城縣。《後漢·明帝紀》。⑨

成宜

西安陽

沙南

稒陽　永元元年，[23]鄧鴻出稒陽塞。稒陽縣屬九原郡，故城在今

---

① 參見《元和郡縣圖志》卷四《關內道四》，第112頁。
② 參見《後漢書》卷八九《南匈奴列傳》，第2956頁。
③ 參見《後漢書》志二三《郡國志》，第3524頁。
④ 參見《後漢書》卷一下《光武帝紀》，第73頁。
⑤ 參見《後漢書》卷一下《光武帝紀》，第78頁。
⑥ 參見《後漢書》卷六《順帝紀》，第270頁。
⑦ 參見《後漢書》卷九〇《烏桓鮮卑列傳》，第2983頁。
⑧ 參見《後漢書》卷八九《南匈奴列傳》，第2945頁。
⑨ 參見《後漢書》卷二《明帝紀》，第110頁。

勝州銀城縣。《後漢·和帝本紀》。①

右後漢至永和以後，上郡、朔方沒於羌戎。

定襄郡　屬并州，領縣二：桐過、中陵。

桐過　按：縣南境，今寧武府偏關縣。

雁門郡　屬并州，領縣三：樓煩、武州、馬邑。

武州　古有兩武州，其一爲州，即漢之下落縣，今宣府也，史曰"後衛置文德縣，唐陞武州"是也；其一爲縣，即漢之武州縣，今偏頭關地也，史曰"單于將十萬騎，穿武州"是也，又曰："偏關，古武州地，北爲東勝，南爲岢嵐，所謂夾寨溝也。"尹耕《武州考》。

魏

晉

愍帝建興之後，雍州沒於劉聰。及劉曜徙都長安，改號曰趙。石勒克長安，復置雍州。石氏既敗，苻健據關中，又都長安，是爲前秦。乃於雍州置司隸校尉，姚萇滅苻氏，是爲後秦。及姚泓爲劉裕所滅，其地尋入赫連勃勃，號曰南臺。《晉書·地理志》。②

上郡　魏武省上郡、朔方、五原、雲中。《晉書·地理志》。③ 魏省上郡。至晉，陷戎狄，其後屬赫連勃勃。《元和志》。④

朔方郡

統萬城　赫連龍昇七年，於奢延水之北，黑水之南，改築大城，名曰統萬城，今夏州治也。《水經注》。⑤ 夏州，晉爲朔方郡，晉亂，赫連勃勃建都於此。《通典》。⑥ 按：夏州在今榆林府懷遠縣界。又曰"忻都在河套中，黑水之南，去今鎮城二百餘里"，所謂"黑水故城"是也。

---

① 參見《後漢書》卷四《和帝紀》，第168頁。
② 參見《晉書》卷一四《地理志上》，第431、432頁。
③ 參見《晉書》卷一四《地理志上》，第407頁。
④ 參見《元和郡縣圖志》卷四《關內道四》，第99頁。
⑤ 參見《水經注校證》卷三《河水》，第84頁。
⑥ 參見《通典》卷一七三《州郡三》，第4530頁。

朔方　姚興以勃勃爲安北將軍,五原公使鎮朔方。《十六國春秋》。按:朔方在今懷遠縣北。

大城　柔然獻馬於秦,濟河至大城,勃勃掠取之。《十六國春秋》。大城縣,後漢屬朔方郡,魏晉省。《通鑑注》。

五原　孝武太元十年,劉顯奔五原。《通鑑》。按《鑑注》,五原本秦郡,魏晉廢。

代來城　劉衛辰爲西單于,屯代來城。《十六國春秋》。按:代來城在榆林府北。

北魏

夏州　赫連屈子所都,[24]始光四年平,爲統萬鎮。太和十一年改置,治大夏,領郡四。《地形志》。①

化政郡　太和十二年置,領縣二。《地形志》。宇文貴從孝武西遷,進爵化政郡公。《周書·宇文貴傳》。②

華融　宇文貴封華融縣侯。《周書·宇文貴傳》。③

巖綠　真君七年名爲巖綠,《寰宇記》。朔方縣。後魏置巖綠縣。《元和志》。④按:巖綠在今懷遠縣界。

闡熙郡　太和十一年置,領縣二。《地形志》。⑤闡熙故城在今長澤縣西南二十里。《元和志》。⑥按:唐長澤縣即今靖邊縣,又《隋志》:⑦"鹽州五原縣,後魏置。大興郡,[25]今定邊縣地。"

山鹿　按:《靈徵志》:夏州上言,山鹿縣木連理,即此今靖邊縣地。

新囤　按:新囤,開皇三年廢,入長澤縣,即今靖邊縣地。

金明郡　真君十二年置,領縣三。《地形志》。⑧按:金明郡,今安塞縣地,

---

① 參見《魏書》卷一〇六下《地形志下》,第2628頁。
② 參見《周書》卷一九《宇文貴傳》,第312頁。
③ 參見《周書》卷一九《宇文貴傳》,第311頁。
④ 參見《元和郡縣圖志》卷四《關內道四》,第99頁。
⑤ 參見《魏書》卷一〇六下《地形志》下,第2628,2629頁。
⑥ 參見《元和郡縣圖志》卷四《關內道四》,第101頁。
⑦ 參見《隋書》卷二九《地理志上》,第812頁。
⑧ 參見《魏書》卷一〇六下《地形志下》,第2629頁。

有永豐、啓寧二縣未詳所在。

廣洛　真君十年置。[26]《地形志》。① 本漢高奴縣，魏太武於此置廣洛縣，屬金明郡。《元和志》。② 廣洛在延州北五十里。《寰宇記》。今安塞地。

代名郡　屬夏州，太安二年置，領縣二。《地形志》。③ 按：代名郡在榆林境。

呼酋　太安二年置，有橫水。《地形志》。④

渠搜　太和二年置。[27]《地形志》。⑤ 按：漢渠搜在廢夏州北，即今榆林府西北，後魏縣宜在其地。

靈州　後魏太延二年置薄骨律鎮。孝昌中，改置靈州。今寧夏府靈州。

鹽州大興郡　後魏置郡。今寧夏府靈州，兼中衛縣。領縣一。

五原　州郡治。

上郡　屬東夏州，領縣二。綏州，後魏神龜元年，東夏州刺史張郃於此置上郡。《元和志》。⑥

石城　本漢圁陰縣地，魏、晉不立郡縣。後魏時置石城縣。《元和志》。⑦ 銀城縣在神木縣西南四十里，本後魏石城縣。馮志。

因城　敷政縣，本漢高奴縣地，後魏太和初置因城縣。《元和志》。⑧ 因城縣在安塞縣西一百三十里。馮志。

沃野鎮　魏沃野故城在天德軍城北六十里，後魏時六鎮從西第一鎮也。《元和志》。⑨ 沃野，漢朔方郡沃野縣也。《風土記》：朔方故城，

---

① 參見《魏書》卷一〇六下《地形志下》，第2629頁。
② 參見《元和郡縣圖志》卷三《關道三》，第75頁。
③ 參見《魏書》卷一〇六下《地形志下》，第2629頁。
④ 同上。
⑤ 參見《魏書》卷一〇六下《地形志下》，第2629頁。
⑥ 參見《元和郡縣圖志》卷四《關道四》，第102頁。
⑦ 參見《元和郡縣圖志》卷四《關道四》，第108頁。
⑧ 參見《元和郡縣圖志》卷三《關道三》，第75頁。
⑨ 參見《元和郡縣圖志》卷四《關道四》，第113頁。

後改爲沃野鎮，去統萬八百餘里。《通鑑注》。按：沃野在靖邊縣西北，河北岸。

五原　延興二年，[28]蠕蠕犯塞及於五原。《後魏書·高祖本紀》。① 按：五原在神木縣北，河北岸。

安陽　賀獲舉烽於安陽城北。《後魏書·清河王紹傳》。② 按：安陽在榆林府北，河北岸。

受降城　真君九年，北討至受降城，不見蠕蠕，因積糧，留守而還。《後魏書·世祖紀》。③ 按：受降城，即漢受降城也。

悅跋城　敕勒新民分徙河西，劉潔屯五原河北，安原屯悅跋城，以備之。《後魏書·劉潔傳》。④ 按：悅跋城在榆林北河套中。

朔州　本漢五原郡，延和三年置爲鎮，後改爲懷朔，孝昌中改爲州。後陷，寄治并州。《地形志》。⑤ 懷朔，即後魏從西第二鎮，在今中城界。《元和志》。⑥ 按：朔州在今榆林府北河套中。

銀城　本漢沙南縣地。[29]晋、魏此地不立縣邑，至後魏爲銀城縣地。《元和志》。⑦ 按：銀城在府谷東北河套中。

稒陽　後魏登國九年，使元儀屯田五原，至於稒陽塞外。《十六國春秋》。

新興郡

西魏

夏州　大統二年，東魏襲陷夏州，留其將張瓊、許和守之。三年，許和殺張瓊以夏州降。[30]《周書·文帝紀》。⑧ 長孫儉爲秦州長史，[31]時西夏州未內屬東魏，遣許和爲刺史，儉以信義招之，和舉州歸附，即以儉

---

① 參見《魏書》卷七上《高祖紀上》，第137頁。
② 參見《魏書》卷一六《清河王紹傳》，第390頁。
③ 參見《魏書》卷四下《世祖太武帝紀》，第103頁。
④ 參見《魏書》卷二八《劉潔傳》，第687頁。
⑤ 參見《魏書》卷一〇六上《地形志上》，第2498頁。
⑥ 參見《元和郡縣圖志》卷四《關內道四》，第108頁。
⑦ 同上。
⑧ 參見《周書》卷二《文帝紀下》，第22、24頁。

爲西夏州刺史。《周書·長孫儉傳》。① 按：西夏州即夏州。

弘化郡　即後魏化政郡。錄縣一，又後魏有華融縣，西魏無考。

巖綠　弘化郡治巖綠縣。《隋書·地理志》。② 按：《隋書·李徹傳》"徹，朔方巖綠人，宇文護引爲親信"，③即此。

五原郡　後魏益州大興郡，西魏改五原郡，置州一。

西安州　後改名鹽州。《隋志》。④

金明郡　按：後魏夏州領金明郡，領縣三，有永豐、啓寧二縣，無考錄縣一。廣洛。隋始改，屬延州。

長洲　廢帝三年，改南夏爲長州。《周書·文帝本紀》。⑤ 錄郡一。

闡熙郡　長澤，西魏置闡熙郡，又有後魏大安郡，及置長洲。《隋書·地理志》。⑥ 闡熙故城在長澤縣西南□十三里。《元和志》。⑦ 按：闡熙郡後魏置，或後魏廢，西魏復置。又大安郡無考錄縣一。

長澤　東北至州一百二十里，本漢三封縣地，後魏於此置長澤縣。《元和志》。⑧ 按：《地形志》無長澤縣，蓋西魏置。又《隋志》云："西魏置西安州，後改鹽州。"⑨《延綏志》云：定邊營，西魏鹽州地，即今定邊縣。

山鹿　後魏闡熙郡領山鹿縣。《地形志》。⑩ 按：山鹿、新囶，隋始廢，入長澤，西魏時縣尚存。

新囶　後魏闡熙郡領新囶縣。《地形志》。⑪ 按：《地形志》：後魏代名郡，領呼酋、渠搜二縣，至隋始廢。

---

① 參見《周書》卷二六《長孫儉傳》，第 427 頁。
② 參見《隋書》卷二九《地理志上》，第 812 頁。
③ 參見《隋書》卷五四《李徹傳》，第 1367 頁。
④ 參見《隋書》卷二九《地理志上》，第 812 頁。
⑤ 參見《周書》卷二《文帝紀下》，第 34 頁。
⑥ 參見《隋書》卷二九《地理志上》，第 812 頁。
⑦ 參見《元和郡縣圖志》卷四《關內道四》，第 101 頁。
⑧ 同上。
⑨ 參見《隋書》卷二九《地理志上》，第 812 頁。
⑩ 參見《魏書》卷一〇六下《地形志下》，第 2629 頁。
⑪ 參見《隋書》卷二九《地理志上》，第 812 頁。

上郡　大統七年，稽胡帥、夏州刺史劉平伏據上郡叛。《周書·文帝本紀》。① 天和六年，使郭榮於上郡延安築咸寧等五城。《隋書·郭榮傳》。② 錄縣二。按《地形志》，上郡亦屬東夏州。

銀城　後魏置石城，廢帝改銀城。《元和志》。③ 按：銀城在神木西南。

因城　後魏置，後周廢。《隋書·地理志》。④ 按：因城在安塞縣西。

撫寧郡　雕陰郡領開疆縣，有後魏撫寧郡。《隋書·地理志》。⑤

撫寧　西魏置。《隋·地理志》。⑥

開疆　西魏置。《隋書·地理志》。⑦

外領三縣、二鎮河套地。

真鄉　雕陰郡領真鄉縣，西魏置。《隋書·地理志》。⑧ 真鄉故城在今葭州西一百里。《延安府志》。真鄉城在雙山堡南三十里。《延綏志》。

沃野鎮　齊文宣追茹茹於懷朔鎮，至於沃野。《北齊書·宣帝紀》。

五原　大統五年，太子自北長城東趨五原。《周書·文帝紀》。

懷朔鎮　齊文宣天保六年，追茹茹及於懷朔鎮。《北齊書·宣帝紀》。

連谷　大統八年，突厥從連谷入寇。《周書·宇文測傳》。

武川鎮　屬朔州。按：鎮南境，今山西寧武府偏關縣。

北周

夏州　後魏置夏州，後周置總管府。《隋書·地理志》。⑨ 錄郡二。

弘化郡　西魏置弘化郡，隋初廢。《隋書·地理志》。⑩ 錄縣二。又後魏華融縣，周無考。

---

① 參見《周書》卷二《文帝紀下》，第 27 頁。
② 參見《隋書》卷五〇《郭榮傳》，第 1319 頁。
③ 參見《元和郡縣圖志》卷四《關內道四》，第 108 頁。
④ 參見《隋書》卷二九《地理志上》，第 811 頁。
⑤ 同上。
⑥ 同上。
⑦ 同上。
⑧ 同上。
⑨ 參見《隋書》卷二九《地理志上》，第 812 頁。
⑩ 同上。

巖綠　後魏置巖綠縣，貞觀二年改朔方。《元和志》。① 按：巖綠在今懷遠縣界，兼在今寧夏府寧夏縣界。

寧朔　寧朔縣西北至州一百二十里，本漢朔方地，周置寧朔縣，屬化政郡。[32]《元和志》。② 按：寧朔在今榆林縣界。

金明郡　後魏置金明郡，隋廢郡爲縣。《通鑑注》。錄縣一。

廣洛　後魏廣洛縣，仁壽元年改金明。《元和志》。③ 按：金明郡更有永豐、啓寧二縣，無考。

懷遠郡　本西魏弘化郡，後周始置懷遠郡，治懷遠縣。

懷遠　後周置，仍置郡。在今寧夏府寧夏縣界。

歷城郡　後周置，領縣一。

建安　周置。在今寧夏府寧夏縣。

帶普樂郡　後魏靈州地，後周置總管府，又置郡，領縣一。

迴樂　周署爲帶普樂郡治。在今寧夏府靈州，兼中衛、新渠、寶豐三縣界。

長州　按《隋志》，後魏置長洲，大業初廢，錄郡一。④

闡熙郡　西魏置闡熙郡，開皇三年廢。《隋書·地理志》。⑤ 錄縣三。

長澤　按《元和志》，後魏置長澤，至隋并因之。⑥《隋志》：西魏置鹽州，今定邊縣鹽州地。⑦ 又《地形志》：後魏代名郡領呼酋、渠搜二縣，至隋始廢，亦在今榆林府界。

山鹿　按：後魏山鹿縣，隋始廢，入長澤。

新囶　按：後魏新囶縣，隋始廢，入長澤。

上郡　錄縣二。

銀城　保定二年，移於廢石龜鎮。《元和志》。⑧ 銀城廢縣在神木縣

---

① 參見《元和郡縣圖志》卷四《關內道四》，第99頁。
② 參見《元和郡縣圖志》卷四《關內道四》，第101頁。
③ 參見《元和郡縣圖志》卷三《關內道三》，第75頁。
④ 參見《隋書》卷二九《地理志上》，第812頁。
⑤ 同上。
⑥ 參見《元和郡縣圖志》卷四《關內道四》，第101頁。
⑦ 參見《隋書》卷二九《地理志上》，第812頁。
⑧ 參見《元和郡縣圖志》卷四《關內道四》，第108頁。

西南四十里。《明一統志》。① 按：《隋志》作"周置石城，後改名"。② 因城 後魏置，後周廢。尋又置。《隋書·地理志》。[33]

銀州 保定三年，於乞銀城置銀州。《周書·武帝紀》。苻秦驄馬城，後周置真鄉、開光二郡，兼置銀州。《通典》。③ 漢圁陰地。周武帝保定二年，[34] 分置銀州，因谷爲名。《元和志》。④ 銀州城在真鄉城西，永樂城東。又永樂城距故銀州治二十五里。《葭州志》。錄郡二。

真鄉郡 真鄉縣，西魏置。後周置真鄉郡。《隋書·地理志》。⑤ 錄縣一。真鄉郡城，葭州西北一百里，真鄉川東柳樹會，疑其故址。在葭州境内，今歸并榆林。《葭州志》。按：真鄉在今榆林縣東南一百里。

真鄉 縣西至州一百里，周武帝保定二年置。《元和志》。⑥ 真鄉故城在葭州西北一百里，鼓樓尚存，今呼爲圓峰子。《延安府志》。

開光郡 後周置開光郡，隋初郡廢。《通典》。⑦ 錄縣一。開光縣在米脂南四十五里。馮志。按：《延安府志》謂在葭州北百里。

開光 開光縣，後周於此置開光郡。《通典》。⑧

朔方郡 源雄從武帝伐齊，封朔方郡公。《隋書·源雄傳》。⑨

五原郡 辛彦之，周武帝時進爵五原郡公。《隋書·辛彦之傳》。⑩ 按：朔方五原，周時尚爲郡，屬縣未詳。

永豐鎮 本漢臨戎縣舊地，保定三年，於此置永豐鎮。《元和志》。⑪

甘草城 本漢廣牧縣舊地，其城周、隋間，俗謂之甘草城。

---

① 參見《明一統志》卷三六《延安府》，第 45 頁。
② 參見《隋書》卷二九《地理志上》，第 811 頁。
③ 參見《通典》卷一七三《州郡三》，第 4529 頁。
④ 參見《元和郡縣圖志》卷四《關內道四》，第 104 頁。
⑤ 參見《隋書》卷二九《地理志上》，第 811 頁。
⑥ 參見《元和郡縣圖志》卷四《關內道四》，第 104 頁。
⑦ 參見《通典》卷一七三《州郡三》，第 4529 頁。
⑧ 同上。
⑨ 參見《隋書》卷三九《源雄傳》，第 1154 頁。
⑩ 參見《隋書》卷七五《辛彦之傳》，第 1709 頁。
⑪ 參見《元和郡縣圖志》卷四《關內道四》，第 112 頁。

沃野鎮　宇文盛父文孤爲沃野鎮軍主。《周書·宇文盛傳》。

隋

朔方郡　西魏置弘化郡，開皇初廢。大業初置朔方郡，統縣三。《隋書·地理志》。① 魏置夏州，大業元年爲朔方郡，隋末爲梁師都所據。《元和志》。②

巖緑　後魏置巖緑縣，隋因之。《元和志》。③ 按：巖緑在今懷遠縣界，又兼在今寧夏府寧夏縣界。

寧朔　周置寧朔縣，屬化政郡。隋罷郡，以縣屬夏州。《元和志》。④ 又按《元和志》，寧朔縣西北至夏州一百二十里，[35]在今榆林縣西。

長澤　西魏置闡熙郡及置長洲，開皇三年郡廢，又廢山鹿、新囶二縣入焉。大業三年州廢。《隋書·地理志》。⑤ 後魏長澤縣，屬闡熙郡，隋罷郡，以縣屬夏州。《元和志》。⑥ 按：長澤，即今靖邊縣，又定邊縣磚井堡爲隋鹽川郡地。

靈武郡　後周帶樂普郡，隋初郡廢。大業元年改置，領縣六。

迴樂　後周帶樂普郡治，隋改郡，名靈武縣，仍爲郡治。在今寧夏府靈州界。

弘静　開皇十一年置。今寧夏府寧夏縣。

靈武　開皇三年郡廢，十八年更名廣閏。仁壽初又改名，屬靈武郡。

懷遠　郡廢，屬靈武郡。

鳴沙　開皇十九年置環州及縣。大業三年廢州，屬靈武郡。在今寧夏府中衛縣。

豐安　開皇十年置。在今寧夏府中衛縣，兼新渠、寶豐二縣。

鹽川郡　開皇初廢郡。大業初，改鹽州爲鹽川郡。在今榆林府定邊縣磚井堡地界，兼今寧夏府靈州界。

---

① 參見《隋書》卷二九《地理志上》，第 812 頁。
② 參見《元和郡縣圖志》卷四《關内道四》，第 99 頁。
③ 同上。
④ 參見《元和郡縣圖志》卷四《關内道四》，第 101 頁。
⑤ 參見《隋書》卷二九《地理志上》，第 812 頁。
⑥ 參見《元和郡縣圖志》卷四《關内道四》，第 101 頁。

五原　在今寧夏府靈州界。

榆林郡　開皇二十年，置勝州。大業初置郡，統縣三。《隋書·地理志》。① 東至河四十里，北至河五里。《通典》。② 本漢雲中、五原二郡地，隋置勝州，治榆林縣。《禹貢錐指》。③ 按：在府谷東北河套中。

榆林　本漢沙南縣地，歷魏、晉及周，此地皆無縣邑。開皇七年，置榆林縣。地西近榆林，即漢之榆溪塞，因名。《元和志》。④

富昌　開皇十年置。《隋書·地理志》。⑤ 按：富昌在故勝州南，今府谷東北河套中。

金河　開皇三年置，曰陽壽，及置油雲縣。五年，置雲州。十八年，改陽壽曰金河。二十年雲州移，二縣俱廢。仁壽二年又置金和縣，帶關。《隋書·地理志》。⑥ 按《元和志》，榆林關在榆林縣東三十里，東北臨河。開皇三年置城及關，是即金和縣治所也。⑦

五原郡　統縣三。《隋書·地理志》。⑧ 周置永豐鎮。開皇三年於鎮置豐州。《元和志》。⑨ 煬帝初廢，置五原郡。《通典》。⑩ 豐州城在榆林衛西北塞外七百里，本漢朔方郡之廣牧縣。《禹貢錐指》。⑪

九原　開皇五年置。《隋書·地理志》。⑫ 本漢廣牧舊地，其城周、隋間俗謂之甘草城。《元和志》。⑬ 按：九原在今榆林府西北河套中。

永豐　本漢臨戎舊地，周置永豐鎮，開皇五年廢鎮，置永豐縣。《元和志》。⑭ 按：永豐在今定邊縣北河套中。

---

① 參見《隋書》卷二九《地理志上》，第813頁。
② 參見《通典》卷一七三《州郡三》，第4531、4532頁。
③ 參見《禹貢錐指》卷一三上，第421頁。
④ 參見《元和郡縣圖志》卷四《關內道四》，第109頁。
⑤ 參見《隋書》卷二九《地理志上》，第813頁。
⑥ 同上。
⑦ 參見《元和郡縣圖志》卷四《關內道四》，第110頁。
⑧ 參見《隋書》卷二九《地理志上》，第813頁。
⑨ 參見《元和郡縣圖志》卷四《關內道四》，第111頁。
⑩ 參見《通典》卷一七三《州郡三》，第4531、4532頁。
⑪ 參見《禹貢錐指》卷一三上，第420頁。
⑫ 參見《隋書》卷二九《地理志上》，第813頁。
⑬ 參見《元和郡縣圖志》卷四《關內道四》，第112頁。
⑭ 同上。

大同城　天德舊城，在西城東微南一百八十里，其處見有兩城，本是永清柵，即隋氏大同城舊理。《元和志》。① 開皇九年，突厥謀攻大同城。《隋書‧地理志》。按：大同城在中受降城西二百二十里，今榆林府北，河北岸。

唐

隋氏改州爲郡。高祖受命，改郡爲州。自隋季喪亂，權置州郡，倍於開皇、大業之間。貞觀元年，悉令并省，始於山河形便，分爲十道，曰關内道，曰山南道。開元二十一年，又分天下爲十五道，曰京畿關内道、山南東道、山南西道。《舊唐書‧地理志》。② 凡州、郡、縣無所更置者，皆仍隋舊。《唐書‧地理志》。③ 按：《通典》：京畿道領京兆、華陰、馮翊、扶風、新平等郡，關内道領延安、榆林、五原、朔方等郡，而新、舊唐書不分列京畿道，仍以關内道統諸郡，今仍之。④

關内道　古雍州之境，京兆至綏、銀等州，東距河西抵隴坂，南據終南之山北邊沙漠。

夏州朔方郡，縣三。《唐書‧地理志》。⑤ 朔方郡，隋末爲梁師都所據，貞觀二年，討平之，改爲夏州。天寶元年，改爲朔方郡。乾元元年，復爲夏州。《元和志》。⑥

朔方　隋巖綠縣。貞觀二年，改爲朔方縣。永徽五年，分置寧朔縣，長安二年廢。開元四年又置。九年又廢，還并入朔方。《舊唐書‧地理志》。⑦ 按：朔方在今榆林府懷遠縣，兼今寧夏府寧夏縣界。

德靜　隋縣，貞觀七年，屬北開州。八年，改北開州爲化州。十三年，廢化州，以縣屬夏州。《舊唐書‧地理志》。⑧ 德靜縣西南至州八十

---

① 參見《元和郡縣圖志》卷四《關内道四》，第113頁。
② 參見《舊唐書》卷三八《地理志一》，第1384、1385頁。
③ 參見《新唐書》卷三七《地理志一》，第965頁。
④ 參見《通典》卷一七三《州郡三》，第4507頁。
⑤ 參見《新唐書》卷三七《地理志一》，第973頁。
⑥ 參見《元和郡縣圖志》卷四《關内道四》，第99頁。
⑦ 參見《舊唐書》卷三八《地理志一》，第1414頁。
⑧ 同上。

里。《元和志》。① 按：德静在今懷遠縣界。

寧朔　武德六年置南夏州。貞觀二年州廢，縣省入朔方。五年復置來屬，長安二年省。開元四年又置，九年省，其後又置。《唐書·地理志》。② 寧朔縣西北至州一百二十里。《元和志》。③ 按：寧朔在今榆林府榆林縣，兼今寧夏府寧夏縣界。

靈州靈武郡　唐爲靈州，又爲靈武郡，置大都督府，屬關内道。開元中，置朔方節度使。天寶初，復改州爲靈武郡。十五載，肅宗即位於靈武。領縣五。

靈武　移治。今寧夏府寧夏縣地。

懷遠　今寧夏府寧夏縣地。

保静　神龍初，更名安静。至德初又改。今寧夏府寧夏縣地。

迴樂　今寧夏府靈州。

温池　神龍五年置，屬靈州。大中五年，屬威州。今寧夏府靈州。

鹽州五原郡　領縣三，復置州，屬關内道。永泰初，升都督府。貞觀初，陷吐蕃。九年收復。

五原　今寧夏府靈州。

白池　初置興寧縣，屬鹽州。景龍初改名。貞觀六年，復置環洲。九年廢，屬靈州。神龍二年，以番擾徙，廢。今寧夏府靈州，兼中衛縣。

鳴沙　神龍後移置於廢豐城。今寧夏府中衛縣。

威州　咸亨三年，置安樂州。至德後，沒吐蕃。大中三年收復改州，屬關内道。今寧夏府中衛縣。

定遠城　先天三年置，隸靈州。景福初，又置警州。今新渠、寶豐二縣。

麟州新秦郡　開元十二年析勝州之連谷、銀城置，十四年廢，天

---

① 參見《元和郡縣圖志》卷四《關内道四》，第100頁。
② 參見《新唐書》卷三七《地理志一》，第974頁。
③ 參見《元和郡縣圖志》卷四《關内道四》，第101頁。

寶元年復置。縣三。《唐·地理志》。① 天寶元年，王忠嗣奏割勝州連谷、[36]銀城兩縣，置麟州，其年改爲新秦郡。乾元元年，復爲麟州。《舊唐書·地理志》。② 麟州在城北六十里，本漢新秦地，唐置麟州，今在塞外。《神木縣志》。

新秦　開元二年置，七年又置鐵麟縣，十四年州廢，皆省。天寶元年復置新秦。《唐·地理志》。③

連谷　貞觀八年置連谷縣，屬勝州。天寶元年，割屬麟州。《元和志》。④ 連谷在神木縣北六十里。馮志。連谷縣在麟州北十里。《神木縣志》。

銀城　貞觀二年置，四年隸銀州，八年隸勝州。《唐志》。舊屬勝州，天寶元年來屬。《舊唐書·地理志》。⑤ 銀城縣在城南四十里，本魏石城。《神木縣志》。

勝州榆林郡　隋置勝州，大業爲榆林郡。武德中復置勝州。天寶元年，復爲榆林郡。乾元元年，復爲勝州。領縣二。《舊唐書·地理志》。⑥

榆林　勝州治。榆林縣，本漢沙南縣地，北近榆林，[37]即漢之榆溪塞，因名。《元和志》。⑦ 按：榆林在今府谷東北河套中。

河濱　隋榆林郡地。貞觀三年，置雲州於河濱，因置河濱縣。四年，改爲威州。八年，州廢，河濱屬勝州。《舊唐書·地理志》。⑧ 貞觀三年，置河濱縣。東臨河岸，因以爲名。黃河在縣東一十五步，渡河處名君子津。《元和志》。⑨ 縣在州南一百九十里。《寰宇記》。按：河濱在今府谷東北河套中。

---

① 參見《新唐書》卷三七《地理志一》，第975頁。
② 參見《舊唐書》卷三八《地理志一》，第1419頁。
③ 參見《新唐書》卷三七《地理志一》，第975頁。
④ 參見《元和郡縣圖志》卷四《關內道四》，第108頁。
⑤ 參見《舊唐書》卷三八《地理志一》，第1420頁。
⑥ 參見《舊唐書》卷三八《地理志一》，第1419頁。
⑦ 參見《元和郡縣圖志》卷四《關內道四》，第109頁。
⑧ 參見《舊唐書》卷三八《地理志一》，第1419頁。
⑨ 參見《元和郡縣圖志》卷四《關內道四》，第110頁。

豐州九原郡　隋文帝置，後廢。貞觀四年，以突厥降附，置豐州，不領縣。十一年廢，[38]入靈州。二十二年，又置豐州。[39]天寶元年，改九原郡。乾元元年，復爲豐州。領縣二。《舊唐書·地理志》。①

九原　永徽四年，於郭下置九原縣，又九原本漢之廣牧舊地。《元和志》。②

永豐　隋縣，武德六年省。永徽元年復置。《舊唐書·地理志》。③ 永豐縣在州西一百十六里，本漢臨戎舊地。《元和志》。④

安北都護府　本燕然都護。龍朔三年曰瀚海都督府。[40]總章二年更名。開元二年治中受降城，十年徙治豐、勝二州之境，十二年徙治天德軍。縣二。《唐書·地理志》。⑤ 天德舊城在西城正東微南一百八十里，其處見有兩城，本是永清栅，即隋氏大同城舊理，去本城約三里。《元和志》。⑥ 按：在榆林府北，河北岸。

陰山　天寶元年置。《唐書·地理志》。⑦ 按：陰山縣在榆林府北，河北岸。

通濟　安北大都護府領通濟縣。《唐書·地理志》。⑧ 按：通濟在榆林府北，河北岸。

宥州　調露元年，於靈夏南境以降突厥，置魯、麗、含、塞、依、契州，謂之六胡州。長安四年并爲匡、長二州。神龍三年置蘭池都督府，分六州爲縣。開元十年復置魯、麗、契、塞四州。十八年復置匡、長二州。二十六年置宥州及延恩等縣，其後僑治經略軍。至德二載更郡曰懷德。乾元元年復故名。寶應後廢。元和九年於經略軍復置，距故州東北三百里。[41]十五年徙治長澤，爲吐蕃所破。長慶四年

---

① 參見《舊唐書》卷三八《地理志一》，第 1417 頁。
② 參見《元和郡縣圖志》卷四《關内道四》，第 112 頁。
③ 參見《舊唐書》卷三八《地理志一》，第 1418 頁。
④ 參見《元和郡縣圖志》卷四《關内道四》，第 112 頁。
⑤ 參見《新唐書》卷三七《地理志一》，第 976 頁。
⑥ 參見《元和郡縣圖志》卷四《關内道四》，第 113 頁。
⑦ 參見《新唐書》卷三七《地理志一》，第 976 頁。
⑧ 同上。

復置。縣二。《唐書·地理志》。① 廢宥州在鹽州東北三百里,在夏州西北三百里。《元和志》。② 按:宥州在今靖邊北河套中。

延恩　開元二十六年以故匡州地置,又以故塞門縣地置懷德縣,以故蘭州之長泉縣地置歸仁縣。[42]寶應後皆省。元和九年復置延恩。《唐書·地理志》。③

長澤　本隸夏州,貞觀七年置長州,十三年州廢,隸夏州,元和十五年來屬。《唐書·地理志》。④ 長澤縣東北至州一百二十里。《元和志》。⑤ 按:長澤在今靖邊界。又定邊縣,唐爲鹽州五原郡地。

中受降城　三受降城,景雲三年,張仁愿所置也。先是朔方軍與突厥以河爲界,仁愿取漠南地,於河北築三受降城,以拂雲祠爲中城,與東西兩城相去各四百里。又中受降城本秦九原郡地。《元和志》。⑥ 宋祈曰:"中城南直朔方。"《通鑑注》。中城在廢夏州北八百里。《禹貢錐指》。⑦ 按:中城在榆林府北,河北岸。

西受降城　在豐州西北八十里,漢朔方郡臨河縣故理處。開元初,爲河水所壞。十年,總管張說於故城東別置新城。《元和志》。⑧ 按:東受降城在山西大同界。西城在豐州北黃河外八十里。《通鑑注》。西城南直靈武。《明九邊考》。⑨

大同城　自十賚故城十里至寧遠鎮,又五十里至安樂戍,其東壖有古大同城。今大同城,故永濟栅也。《唐書·地理志》。⑩ 按:唐大同城在中受降城西二百二十里,西南去永清栅五里,在今榆林府西北,河北岸。

---

① 參見《新唐書》卷三七《地理志一》,第975頁。
② 參見《元和郡縣圖志》卷四《關内道四》,第105頁。
③ 參見《新唐書》卷三七《地理志一》,第975頁。
④ 同上。
⑤ 參見《元和郡縣圖志》卷四《關内道四》,第101頁。
⑥ 參見《元和郡縣圖志》卷四《關内道四》,第114、115頁。
⑦ 參見《禹貢錐指》卷一三上,第421頁。
⑧ 參見《元和郡縣圖志》卷四《關内道四》,第115頁。
⑨ 參見《皇明九邊考》卷一《鎮戍通考》,第7頁。
⑩ 參見《新唐書》卷四七下《地理志七》,第1148頁。

东受降城　武德中，以隋榆林郡复置胜州。天宝元年，复为榆林郡。乾元元年，复为胜州，领榆林、河滨二县。《旧唐书·地理志》。① 榆林北直东受降城。《山西通志》。东城南直榆林。《明九边考》。②

岚州　属河东道，领县一。

岚谷　今山西宁武府偏关县。

五代

唐自僖宗以来，日益割裂。五代世乱，文字不完，时有废省，不可考其详。其可见者，具之如谱。

夏州　五代有。《职方考》。唐末，拓跋思恭镇夏州，世有夏、银、绥、宥之地。《通考》。③ 按：唐夏州领三县。

朔方、静德、宁朔　按：以上三县皆仍唐旧，在今榆林府榆林、怀远两县，又领州二、县五。

怀远、保静、灵州、回乐、盐州、五原、鸣沙　在今宁夏府宁夏、宁朔、平罗、中卫、新渠、宝丰六县，灵州地界。

长泽　仍唐旧。

麟州　唐、晋、汉、周、北汉俱有。《职方考》。广顺四年，北汉麟州刺史举城降。《通鉴》。周显德五年，[43]移垒小堡。《元一统志》。④ 按：唐麟州领三县。

新秦、连谷、银城　按：以上县仍唐旧。

府州　唐庄宗时，折从阮招回纥归国，诏以府谷县建府州，以契丹侵扰，移州于留得人堡，即今州理。汉高祖升府州为永安军。《寰宇记》。府州领府谷一县。后唐以麟州东北河滨地置。《通鉴注》。

府谷　本河西府谷镇，后唐天佑七年，升镇为府谷县。八年，升

---

① 参见《旧唐书》卷三八《地理志一》，第1419页。
② 参见《皇明九边考》卷一《镇戍通考》，第7页。
③ 参见《文献通考》卷三二二《舆地考八·古雍州》，第31、32页。
④ 参见《元一统志》卷四《陕西等处行中书省·延安路》，第373页。

建府州。《續通典》。① 唐末,置府谷鎮,屬麟州。《通考》。②

嵐州

偏頭砦　北漢主鈞,天會元年,城偏頭砦於韓廣嶺之上,即今關城。

宋

五季迭興,寓縣分裂。興國五年,天下既一。至道三年,分爲十五路。元豐又析爲二十三,曰京西南,曰永興,曰秦鳳,曰河東,曰利州。大抵宋有天下,州郡沿革無大增損。[44]《宋史·地理志》。③ 宋爲陝西路及河東路,内夏、銀、綏、鹽諸郡爲西夏所據。慶曆初,分陝西緣邊爲秦鳳、鄜延路。熙寧五年,爲永興等路。紹興初,置川陝等路。富平之敗,陝西五路俱陷於金。

麟州新秦郡　屬河東路。乾德初,移治吳兒堡。縣一。《宋史·地理志》。④ 靖康元年,京城受圍,割麟、府、豐三州與夏人。《通考》。⑤ 麟州在神木北六十里。《神木縣志》。麟州在神木北河套中。

新秦　政和四年,廢銀城、連谷二縣入焉。《宋史·地理志》。⑥

府州榮河郡,屬河東路,本永安軍。政和五年,賜郡名榮河,舊置麟府路。縣一。《宋史·地理志》。⑦

府谷　府州治府谷縣。《宋史·地理志》。⑧

豐州寧豐郡　慶曆元年,元昊攻陷州地。嘉祐七年,以府州蘿泊川掌地復建爲州。政和五年,賜郡名寧豐。《宋史·地理志》。⑨ 豐川南至

---

① 參見《續通典》卷一二二《州郡二》,第13頁。
② 參見《文獻通考》卷三二二《輿地考八·古雍州》,第30頁。
③ 參見《宋史》卷八五《地理志一》,第2093、2094、2095頁。
④ 參見《宋史》卷八六《地理志二》,第2135頁。
⑤ 參見《文獻通考》卷三二二《輿地考八·古雍州》,第30頁。
⑥ 參見《宋史》卷八六《地理志二》,第2135頁。
⑦ 同上。
⑧ 同上。
⑨ 參見《宋史》卷八六《地理志二》,第2136頁。

府州一百十五里，西南至麟州一百四十里。領寨二。《九域志》。① 靖康初，入夏。《通考》。② 按：豐州在府谷東北河套中。

夏州　太平興國七年，[45]李繼捧來朝，得州四：夏、銀、綏、宥，縣八。雍熙元年，復以四州授繼捧，自後不復領職方。《宋史·地理志》。③ 西夏河南之州，曰夏州。《宋史·西夏傳》。按：繼遷來朝，四州尚領八縣，則夏、宥等州應復領縣，但沿革未詳。夏州，今榆林府。唐以夏州朔方郡領朔方、靜德、寧朔三縣，而靈州靈武郡領回樂、靈武、懷遠、保靜四縣，更以統萬城爲定難節度使，治均屬關內道。唐末，拓跋思恭鎮夏州，其弟思謙代之，遂世有其地。歷五代，迄宋，其孫繼捧入朝獻地。景德間，復據靈州，傳子德明。城懷遠鎮爲興州居之，即今鎮城，其子元昊僭號，升興州爲興慶府，又改中興府，遂爲西夏國都。疆域與宋延慶、熙河分界。

懷遠鎮　今寧夏府寧夏縣。

靈州　咸平五年，陷於西夏，改西平府，又名翔慶軍回樂縣。皆今靈州地。鹽州。今靈州。五原縣。今靈州兼中衛縣。鳴沙時。今中衛縣。定州，西夏因之。今新渠縣。定州地，西夏築省嵬城，後廢。今寶豐縣。

宥州　西夏河南之州，曰宥州、鹽州。《宋史·西夏傳》。按：宥州，自唐寄治長澤縣，在今靖邊縣界，元昊約張子奭留於宥州，即此。又定邊縣，古鹽州地。

雲內州　本中受降城地。遼初改雲內州，有永濟柵、拂雲堆。縣二。《遼志》。④ 靖康元年，夏人渡河取雲內。《宋史·西夏傳》。⑤ 按：雲內州在今榆林府北，河北岸。

柔服　唐中受降城，本漢九原地。遼置雲內州，領柔服縣。《明一統志》。⑥

寧人[46]　秦、漢九原縣地。《明一統志》。

---

① 參見《元豐九域志》卷四《河東路》，第175頁。
② 參見《文獻通考》卷三二二《輿地考八·古雍州》，第32頁。
③ 參見《宋史》卷八五《地理志一》，第2094頁。
④ 參見《遼史》卷四一《地理志五》，第509頁。
⑤ 參見《宋史》卷四八六《夏國傳》，第14021頁。
⑥ 參見《明一統志》卷二一《大同府》，第16頁。

天德軍　本中受降城,開元中,置天安軍於大同川。乾元中改天德,移永濟柵,今治是也。遼太祖平党項,遂破天德軍。《遼志》。① 靖康元年,夏人渡河取天德。《宋史·西夏傳》。② 按:天德軍在榆林府西北,河北岸。

東勝州　唐勝州,遼太祖神册元年破振武軍,勝州之民皆趨河東,州廢。晋割代北來獻,復置。統縣二。《遼史·地理志》。③ 按:遼東勝州即唐勝州舊地,尚在河西岸,今府谷東北。

榆林　唐勝州治榆林縣,後廢,遼復置。《明一統志》。④

河濱　隋榆林縣地,唐析置此縣,後廢。遼復置,屬東勝州。《明一統志》。⑤

金肅州　重熙十二年伐西夏置。《遼史·地理志》。[47] 靖康元年,夏人由金肅渡河取天德軍。《宋史·西夏傳》。⑥ 有金宿城在府谷縣木瓜園北塞外。《延綏志》。按:金宿即金肅也,在府谷縣北河套中。

落思城　帝征西夏,經落思城,大掠而還。《元史·太祖本紀》。按:落思城在榆林府西北河套中。

偏關砦　隸火山軍,嘉祐六年廢縣置。遼乾亨四年,置武寧縣,遼志不載。

金

金壤地封疆,包東勝,接西夏,逾黄河,復西歷葭州及米脂寨,[48] 又循渭至大散關,并山入京兆,絡商州,南與宋爲表裏。《金史·地理志》。[49]

葭州　本晋寧軍,貞元元年隸汾州,大定二十二年升爲晋寧州,二十四年更今名。興定二年,改隸延安府。《金史·地理志》。⑦ 葭州,金初爲夏人所踐。皇統三年,復立軍治,後爲州。正大三年,改屬鄜延

---

① 參見《遼史》卷四一《地理志五》,第509頁。
② 參見《宋史》卷四八六《夏國傳》,第14021頁。
③ 參見《遼史》卷四一《地理志五》,第514頁。
④ 參見《明一統志》卷二一《大同府》,第16頁。
⑤ 同上。
⑥ 參見《宋史》卷四八六《夏國傳》,第14021頁。
⑦ 參見《金史》卷二六《地理志下》,第632頁。

路。《元一統志》。① 舊州址在州南二百步。馬志。按《金志》，葭州不領縣，今據《元一統志》補縣五。

通秦 金正大三年，葭州領通秦縣。至元六年省，入州。《元一統志》。② 通秦寨在葭州北少西五十里，《延安府志》。在雙山堡南一百里。《延綏志》。按：《葭州志》云，州西北百里碑記云古定西州也。或金宋間置。

彌川 金正大三年，葭州領彌川縣。至元六年，并入州。《元一統志》。③ 彌川故砦在葭州北一百四十里。《延安府志》。

太和 金葭州領太和縣，至元六年，并入神木。《元一統志》。④ 有舊縣城，在神木縣西南五十里，即太和寨也。《延安府志》。

建寧 金末，葭州領建寧縣，本宋銀城縣地。至元六年，并入府谷。《元一統志》。⑤ 建寧堡在府谷西北七十里。葭州舊志。⑥

吳堡 葭州，金正大三年，領吳堡縣，本吳堡寨。《元一統志》。⑦ 元豐五年，置吳堡砦，金改爲吳堡縣。《延安府志》。按：《宋志》有麟州，在神木北，《元一統志》云："麟州，金陷西夏。"⑧

豐州 屬西京路豐州天德軍，遼嘗更名應天，尋復。金因之。《金史·地理志》。

富民 在古豐州境，本漢臨戎縣地。《明一統志》。⑨ 按：富民在今定邊縣北河套中。

雲内州 屬西京路，領縣二。《金史·地理志》。⑩ 按：雲内州，本中受降城地，在今榆林府北，河北岸。

---

① 參見《元一統志》卷四《陝西等處行中書省·延安路》，第372、373頁。
② 同上。
③ 同上。
④ 同上。
⑤ 同上。
⑥ 葭州舊志：本志引書，書名不詳。
⑦ 參見《元一統志》卷四《陝西等處行中書省·延安路》，第374頁。
⑧ 同上。
⑨ 參見《明一統志》卷二一《大同府》，第16頁。
⑩ 參見《金史》卷二四《地理志上》，第569頁。

柔服　金雲内州，舊領柔服縣。《元史·地理志》。① 寧人，[50] 舊縣，大定後廢爲鎮。《金·地理志》。②

雲川　本曷董鎮，後陞爲裕民縣。皇統九年復廢。大統二十九年復升，更爲今名。

朔州　屬西京路，領縣一。

鄯陽　婁室戍朔州，築城於霸德山西南二十里，隸嶪州。按《金志》，霸德山屬朔州鄯陽縣。

元

唐以前以郡領縣而已，元則有路、府、州、縣四等。大率以路領府、府領州、州領縣。《元史·地理志》。③

寧夏路　元滅夏元昊之後，宥州隨廢。至元八年，立西夏、中興等路尚書行省。二十五年，改置寧夏路，尋廢行省，屬甘肅行省。立總管府，領州三：靈州、鳴沙州、應理州。

右元當統一之後，北據朔方五原，而兵燹之後，土曠人稀，故朔漠豐雲，空建州名。

榆林衛　元爲米脂也。《禹貢錐指》。④

豐州　屬大同路，唐豐州。金爲天德軍。元復爲豐州。舊有富民縣，元至元四年省入州。《元史·地理志》。⑤ 按：元豐州仍唐舊，地在今榆林府定邊縣北河套中。

雲内州[51]　屬大同路，唐天德軍，即中受降城之地。金爲雲内州。舊領雲川、柔服二縣，元初廢雲川。至元四年省，柔服入州。[52]《元史·地理志》。⑥ 按：唐榆林郡，元爲東勝地。

保德州　屬冀寧路河東山西道。肅政廉訪司。

---

① 參見《元史》卷五八《地理志一》，第 1377、1378 頁。
② 參見《金史》卷二四《地理志上》，第 569 頁。
③ 參見《元史》卷五八《地理志一》，第 1346 頁。
④ 參見《禹貢錐指》卷一三上，第 420 頁。
⑤ 參見《元史》卷五八《地理志一》，第 1376 頁。
⑥ 參見《元史》卷五八《地理志一》，第 1376、1377 頁。

偏頭關　元知院魏賽因不花兵迫，孛羅帖木兒扼險頭關，則所駐之武爲武州縣。元擴廓帖木兒討孛羅帖木兒，紀功於碑，曰移師武之陀塞，曰偏頭關。元有偏頭關，乃偏頭砦址也，隸保德州。嘗置武節將軍、樞密院判鎮守。

明

陝西布政司　明初，立陝西行中書省。洪武九年，改承宣布政使司，領八府一州。賈志。① 明置都指揮使，領榆林、潼關等衛。《續文獻通考》。②

寧夏衛　河套元末爲王保保所據，明初追逐之，置寧夏府。洪武五年府廢，徙其民。九年，改置寧夏衛，遷五方之人實之。又增前、中、左、右共五屯衛，隸陝西行都司。今寧夏府。

寧夏衛　今寧夏縣。

寧夏右衛　今寧朔縣。

平虜所　洪武初置，屬寧夏衛。今平羅縣。

靈州所　明初州廢，改置所，爲寧夏衛。宣德三年，移治。今靈州。

寧夏後衛　正統九年，築舊城，置花馬池營。弘治十五年，置守禦千戶所。正德元年，改爲寧夏後衛，仍以所千總攝之，屬寧夏道。今靈州。

寧夏中衛　元置應理州，屬寧夏路。明洪武初，州廢。三十二年，建寧夏中衛，屬陝西都司。今中衛縣。

寧夏衛地　宋初置定州，西夏因之，元廢。明志。③ 定州城在衛北六十里，又曰有田州。城在衛北六十里，今縣在田州塔南，田州，蓋定遠之訛也，今新渠縣。

寧夏衛地　宋定州地，西夏築省嵬城於此，後廢。明寧夏衛地。今寶豐縣。

榆林衛　屬陝西都指揮使。賈志。明初，爲榆林莊，本綏德衛屯

---

① 賈志：指《〔康熙〕陝西通志》。
② 參見《續文獻通考》卷二二八《輿地考》，第1頁。
③ 明志：本志引書，書名不詳。

所。東勝失守,始築榆林城。成化間,余子俊移綏延鎮於榆林莊,置榆林衞。分東、中、西三路爲守,中路屬鎮城堡十,東有雙山、常樂,西有保寧、響水、波羅、懷遠、威武、清平,至歸德、魚河,則在鎮南。西路堡十,有龍州、鎮靖、鎮羅、靖邊、寧塞、柳樹澗、安邊、磚井、定邊、鹽場。《圖書編》。① 河套元末爲王保保所據,明初追逐之,築東勝等城。正統間失東勝,退守黃河套中。成化八年,築榆林三路邊墻,遂棄河守墻。《九邊考》。② 天順六年,[53]毛里孩等始入居河套。漢朔方、五原二郡,遂不登版圖。《禹貢錐指》。③

偏頭所 偏頭關,漢武州縣地,東連丫角山,西連黃河,隔河套裁一水關,東仰西伏,故名。元有偏頭關,明洪武二十三年,鎮西衞,指揮張賢改築於西原,城近河坪,去故址一里。方三里餘,高三仞,厚二仞。門樓三設關,置守備專敕守關,轄堡一十有八。關以東爲馬站,爲八柳樹,爲老營;東北爲小營,爲水泉;北爲寺塔,爲滑石澗;西爲樺林,爲樓子營,爲羅圈,爲楊冕,爲唐家會,爲五花營,爲得馬水,爲灰溝;東少南爲永興;東南爲八角,爲長林。大邊在關北一百二十里,起大同之崖頭,至黃河七十里,無墻而有界。成化元年,都御史李侃展拓周九里八步,高二丈三尺。三年,總兵王璽復於關北六十里,起老營丫角墩,至老牛灣,築墻二百四十里,號二邊,而三墻則在關東北三十里,起石廟兒,至石梯墩,凡七十里。嘉靖九年,副總兵李瑾築四墻在關北二里,起鷹窩山,至教場一百二十里。正德十年,兵備道張鳳玨築,後復,以時增修。明弘治十四年以後,寇住套中,地勢平漫,偏頭關逼近黃河。焦家坪、娘娘灘、羊圈子地方皆套部渡口,往來無虛日,保障爲難。項忠覆鄧亨邊關疏:"偏頭最爲緊要,寧武關次之,雁門又次之。但山川聯絡,烽火接連,一處有警,彼此皆懼。"三邊總督王之誥防秋疏:"延、寧二鎮,沙漠平衍,哨卒無所趨避,故套中動靜皆

---

① 參見《〔雍正〕陝志》卷五《建置四》,第96頁。
② 參見《皇明九邊考》卷七《榆林考》,第10頁。
③ 參見《禹貢錐指》卷一三上,第421頁。

得預知,宜與山西偏老互相傳堡。"

本朝

陝西布政司　國初,因明之舊,左右布政使司領八府、一州。康熙二年,以右布政司分管臨洮、鞏昌、平涼、慶陽四府,駐劄鞏昌府,裁衛所八十五。五年,改爲甘肅布政使司,移駐蘭州,行都御史臺治焉,領四府、九州、二十八縣。雍正三年,裁行都司及衛所,增四府,曰甘州、涼州、寧夏、西寧。又分鞏昌州縣,置直隸州二,曰秦州、階州。又改肅州爲直隸州,改衛所,設州縣,寧夏府地則接河套。

寧夏府　明設五衛,國初因之。順治十五年,以前屯衛并入寧夏衛,以中屯衛并入右衛,隸寧夏道。雍正二年,[54]升爲寧夏府,領州一、縣四。[55]

背名山而面洪流,左河津而右重塞。《夏京都頌》。① 左距豐勝,右帶蘭會。舊志。② 黃河繞其東,賀蘭從其西。西北以山爲固,東南以河爲險。《一統志》。③ 東起鹽場,西盡中衛。《三大征考》。④ 帶河梁之重阻,奠屯戍之基張。曹琏《朔方形勢賦》。⑤

按:寧夏之境,賀蘭環於西北,黃河遶於東南,地方五百里,山川險固,土田肥美。溝渠數十處,皆引河水以資灌漑,歲用豐穰,而烏、白、花馬等池,出鹽甚多,度支收糴,其利又足以佐軍儲,誠用武之要會、雄邊之保障也。

寧夏　明置寧夏五衛。國初順治十五年并前衛,入寧夏衛。雍

---

① 參見《晉書》卷一三〇《載記·赫連勃勃》,《十六國春秋》卷六九《夏錄四·胡義周》。本段引文在《〔弘治〕寧志》《大明一統志》《朔方新志》《〔乾隆〕甘志》等皆有引用,標其文題曰《赫連夏京都頌》或《夏京都賦》。

② 舊志:本志引書,書名不詳。《大明一統志》卷三五《平涼府》轉引元朝《開成志》載:"左控五原,右帶蘭會。黃流在其北,崆峒阻其南。"參見《〔弘治〕寧志》卷一《寧夏總鎮·形勝》,第2頁。

③ 參見《大明一統志》卷三七《寧夏衛》,第2614頁。

④ 參見《萬曆三大征考·寧夏圖》,第38頁。

⑤ 參見《〔嘉靖〕寧志》卷八《文苑·文·西夏形勝賦》,第310頁;《朔方新志》卷四《詞翰·朔方形勝賦》,第252頁。

正二年裁衛,[56]改寧夏縣,附郭。

寧朔　明寧夏右衛。國初順治十五年并中衛,入右衛。雍正二年裁衛,[57]改寧朔縣,附郭。

平羅　嘉靖三十年,[58]置平虜千戶所,屬寧夏衛。本朝爲平羅所。雍正二年裁所,[59]改平羅縣。黃河流於東南,賀蘭山峙於西北,當北面之衝,鎮遠關、黑山營、洪廣營,實爲外險。《九邊考》。①

靈州　明初州廢。明洪武十六年,[60]置守禦千戶所。正德元年,改寧夏後衛,仍以所千總攝之,屬寧夏道。國初因之。雍正二年,[61]改爲州,并省寧夏守禦所,附入西陲巨屏。《朔方志》。② 北控河朔,南引慶涼,黃河爲帶,金積如礪。他如峽口、螺追遥峙西南,馬鞍、東山環抱東北,舟車駢會,壤接平、慶,誠寧鎮之控扼,實關陜之襟喉。舊志。

中衛　元置應理州,屬寧夏路。明洪武初,州廢。永樂元年,[62]建寧夏中衛,屬陝西行都司。國初因之,雍正二年裁衛,[63]改爲中衛縣。左聯寧夏,右通莊浪,東阻大河,西據沙山。前有大河之險,後接賀蘭之固,《元史》。③ 邊陲要路。《朔方志》。④

按:中衛,誠要地也。説者曰:"賀蘭雖稱天險,而通城隘口甚多。自鎮關墩至勝金關之九十餘里,皆敵騎出没之處。若備觀音口、鎮關墩至黃河百八十里之邊,則内而廣武、玉泉,大壩,亦得所捍禦矣。"

新渠　明寧夏衛地。國初因之,雍正五年,[64]建縣曰新渠。其地

---

①　參見《〔乾隆〕甘志》卷四《疆域》轉引。

②　參見《長編》卷五〇"咸平四年十二月"條、《宋史》卷二七七《劉綜傳》,《〔弘治〕寧志》卷三《靈州守禦千戶所・形勢》引自《宋史・劉綜傳》。

③　參見《元史》卷六〇《地理志三》,第1451頁。按:"左聯寧夏,右通莊浪""前有大河之險,後接賀蘭之固"等句始見於《〔嘉靖〕寧志》卷三《中衛・形勝》,第166頁,原文作:"後接賀蘭之固,前有大河之險,左聯寧夏,右通莊浪,邊陲之要路也。"《〔乾隆〕甘志》卷四《疆域・寧夏府・中衛縣》注此段史料均出自《元史》,本志襲《〔乾隆〕甘志》之説。據本志書例,惟"東阻大河西據沙山"句出自《元史》。

④　參見《朔方新志》卷一《山川形勝附》,第21頁。

近名查漢托護。南接寧夏,北連寶豐,西近平羅,東逼黃河,備外夷最險要。《新渠縣記》。

寶豐　明寧夏衛地,國初因之。雍正七年,[65]建縣曰寶豐。其地在省嵬西,近名查漢托護府北,河側之灘也。土地膏腴,舊未開墾,時爲寧夏民樵牧之所。康熙三十六年,套夷渡河,漸徙而南,舊鎭城僅半舍。四十八年,鎭臣使令徙出。

地勢平曠,土脉蜿蜒,係賀蘭之盡幹。背山面河,瀠洄環抱,高闕聳峙於河北,昌潤繚繞於城南。《寶豐縣記》。

按舊志,河自南來入青銅峽,與山相會。出峽口,北流三百餘里。又與山會,而夏地包絡其中,可謂四塞險固矣。西夏據此二百餘年,雖經韓范經營,不能恢復。雖曰繼遷、元昊梟雄難制,亦以所憑恃者險也。有明中葉,河套盡失,而黃河以西、賀蘭以東,屹然保障。此亦據險以守之明驗也。康熙二年,右布政移治甘省,左布政仍駐西安,領西、延、鳳、漢四府,興安一州。雍正三年,改西安府,屬商、同、華、耀、乾、邠六州。延安府屬鄜、綏、葭三州,直隸陝西布政司。九年,又改榆林衛爲府,榆林、綏、葭地皆接河套。

榆林府　領縣四。

榆林　_{本榆林堡地。}明東路雙山堡屬神木道,中路、常樂、保寧、歸德四堡屬榆林道。國初因之,雍正九年,并五堡,置榆林縣,爲榆林府治。

懷遠　明中路懷遠、波羅、響水、威武、清平五堡屬榆林道。本朝因之。雍正九年,并五堡,置懷遠縣,屬榆林府。

靖邊　明西路靖邊、寧塞、鎭羅、鎭靖、龍州五堡屬靖邊道。本朝裁靖邊道,改屬榆林道。雍正九年,并五堡,置靖邊縣,屬榆林府。

定邊　明西路定邊、鹽場、磚井、安邊、柳樹澗五堡屬靖邊道。本朝裁靖邊道,屬榆林道。雍正九年,并五堡,置定邊縣,屬榆林府。

綏德州　明隸延安府,領米脂一縣。國初因之。雍正三年,以綏德州直隸陝西布政司，又撥延安府之清澗縣隸州。領縣二。

米脂　明隸延安府綏德州。國初因之。雍正三年，州改直隸縣，仍屬焉。

清澗　明隸延安府。國初因之。雍正三年，升綏德爲直隸州，以縣境接壤於州，故撥隸焉。

葭州　明隸延安府，領三縣。國初因之。雍正三年，以葭州直隸陝西布政司，仍領縣二。

吳堡　明隸延安府葭州。國初因之。雍正三年，州改直隸縣，仍隸州。

神木　明隸延安府葭州，國初因之。雍正三年，州改直隸縣，仍屬州。

府谷　明隸延安府葭州。國初因之。雍正三年，州改直隸縣，仍隸州。明置山西承宣布政使司領太原、平陽、大同、潞安四府，澤、汾、沁、遼四州，置山西都指揮使司領太原、左太原、右太原、前振武、平陽、潞州、鎮西七衛，保德州、寧化、沁州、汾州四所。又置山西行都指揮使司，領大同、前大同、後大同、左大同、右天城、陽和、鎮虜、玉林、高山、雲川、朔州、威遠、安東中屯十三衛，山陰、馬邑二所。置山西按察司，分冀寧、冀南、冀北、河東等四道，兼察諸府州衛所。三司并治太原，而行都司則分治於大同。萬曆二十三年，改汾州爲府。國朝因之。康熙四年，裁冀南、冀北道。雍正二年，析太原之平定、忻、代、保德，平陽之解、絳、吉、隰爲直隸州，以壽陽等縣分隸。三年，改置朔平、寧武二府，設右玉等縣。

寧武府　明初置寧化守禦所。成化二年，立寧武關，置守備。嘉靖十九年，以寧化所隸焉。二十二年，置三關鎮守，總官兵駐寧武。國朝爲寧武營。雍正三年，改設寧武府，統縣四：寧武、附郭。偏關、神池、明神池營。五寨。明五寨城。

偏關縣　明偏頭所設關。國朝雍正三年，改偏關縣，地接河套。

【校勘記】

[1] 南：此字原脱，據《水經注校證》卷三《河水》補。

[2] 圍：《史記》卷一五《六國年表》作"築"。

[3] 三十萬：《史記》卷一一〇《匈奴列傳》作"十萬"。

[4] 蒙恬傳：原作"始皇本紀"，據《史記》卷八八《蒙恬列傳》改。

[5] 縣：《水經注校證》卷三《河水》作"縣南"。

[6] 治：此字原脱，據《水經注校證》卷三《河水》補。

[7] 居：原作"都"，據《水經注校證》卷三《河水》改。

[8] 取：《史記》卷一五《六國年表》作"敗"。

[9] 之水入焉：此四字原脱，據《水經注校證》卷三《河水》補。

[10] 出：《水經注校證》卷三《河水》作"北"。

[11] 成：原作"戎"，據《漢書》卷二八下《地理志》改。

[12] 北：此字原脱，據《元和郡縣圖志》卷四《關內道四》補。

[13] 治：《水經注校證》卷三《河水》作"縣"。

[14] 狩：原作"朔"，據《水經注校證》卷三《河水》改。

[15] 城：《水經注校證》卷三《河水》作"成"。

[16] 障安：《漢書》卷二八下《地理志》作"彰安"，《水經注校證》卷三《河水》作"漳安"。

[17] 左：《水經注校證》卷三《河水》無此字。

[18] 西河郡：原倒作"河西郡"，據《後漢書》志二三《郡國志》改。

[19] 武：原作"安"，據《後漢書》卷一下《光武帝紀》改。

[20] 順帝紀：原作"安帝紀"，據《後漢書》卷六《順帝紀》改。

[21] 烏桓鮮卑傳：原作"南匈奴傳"，據《後漢書》卷九〇《烏桓鮮卑列傳》改。

[22] 八：原作"七"，據《後漢書》卷二《明帝紀》改。

[23] 永元：原作"永光"，據《後漢書》卷四《和帝紀》改。

[24] 子：原作"了"，據《魏書》卷一〇六下《地形志下》改，下同。

[25] 大：原作"太"，據《隋書》卷二九《地理志上》改。

[26] 十年：原作"十一年"，據《魏書》卷一〇六下《地形志下》改。

[27] 太和：原作"太安"，據《魏書》卷一〇六下《地形志》改。

[28] 延興：原作"皇興"，據《魏書》卷七上《高祖紀上》改。

[29] 沙南：《元和郡縣圖志》卷四《關內道四》作"圁陰"。

[30] 殺：此字原脱，據《周書》卷二《文帝紀下》補。

[31] 長史：原作"刺史"，據《周書》卷二六《長孫儉傳》改。

[32] 化政：原作"弘化"，據《元和郡縣圖志》卷四《關內道四》改。

[33] 地理志：原作"經籍志"，據《隋書》卷二九《地理志上》改。參見《隋書》卷二九《地理志上》，第811頁。

[34] 二年：原作"三年"，據《元和郡縣圖志》卷四《關內道四》、本志後文改。

[35] 一百二十里：原作"一百三十里"，據《元和郡縣圖志》卷四《關內道四》、本志前文改。參見《元和郡縣圖志》卷四《關內道四》，第101頁。

[36] 王忠嗣：原倒作"王嗣忠"，據《舊唐書》卷三八《地理志一》乙正。

[37] 北：原作"西"，據《元和郡縣圖志》卷四《關內道四》改。

[38] 十一年廢："十"字上原衍"二"，據《元和郡縣圖志》卷四、《太平寰宇記》卷三九、《新唐書》卷三七刪。

[39] 置：原作"改"，據《元和郡縣圖志》卷四、《太平寰宇記》卷三九改。

[40] 瀚：原作"翰"，據《新唐書》卷三七《地理志一》改。

[41] 三百里："百"字下原衍"五十"二字，據《新唐書》卷三七《地理志一》刪。

[42] 蘭州：《舊唐書》卷三八《地理志》作"蘭池州"。

[43] 五：原作"二"，據《元一統志》卷四《陝西等處行中書省·延安路》改。

[44] 損：原作"省"，據《宋史》卷八五《地理志一》改。

[45] 七：原作"五"，據本書卷四《太宗紀》、《長編》卷二三、《編年綱目》卷三改。

[46] 人：《金史》卷二四《地理志上》作"仁"。

[47] 遼史：原作"金史"，據《遼史》卷四一一《地理志五》改。參見《遼史》卷四一《地理志五》，第515頁。

[48] 寨：原作"界"，據《金史》卷二四《地理志上》改。

[49] 金史：原作"金"，據本志編寫體例及《金史》卷二四《地理志上》改。

[50] 人：據《金史》卷二四《地理志上》作"仁"。

[51] 州：原作"川"，據《元史》卷五八《地理志一》改。

[52] 柔服：《元史》卷五八《地理志一》作"司縣"。

[53] 六：原作"二"，據《禹貢錐指》卷一三上改。

[54] 二：原作"三"，據《清一統志》卷二〇四改。

[55] 四：原作"六"，據《清一統志》卷二〇四改。四縣分別爲：寧夏縣、寧朔縣、平羅縣、中衛縣。

[56] 二：原作"三"，據《清一統志》卷二〇四改。

[57] 二：原作"三"，據《清一統志》卷二〇四改。

[58] 嘉靖三十年：原作"明洪武初"，據《清一統志》卷二〇四改。

[59] 二：原作"三"，據《清一統志》卷二〇四改。

[60] 明洪武十六年：原作"弘治十五年"，據《清一統志》卷二〇四改。

[61] 二：原作"三"，據《清一統志》卷二〇四改。

[62] 永樂元年：原作"三十二年"，據《清一統志》卷二〇四改。
[63] 二：原作"三"，據《清一統志》卷二〇四改。
[64] 五：原作"四"，據《清一統志》卷二〇四改。
[65] 七：原作"四"，據《清一統志》卷二〇四改。

河套志卷第三

寧夏鎮所屬沿河套南邊城堡

靈州

橫城堡。在州東北七十里,北至邊墻閘門一里,城周二里。設官兵戍守,堡西三里即黃河渡處。堡在河東岸,即紅城子也。出閘門三十里,有夷漢市場。寧夏河東首堡,河套之長城西北角自此始,寧夏至此四十里,黃河石嘴至此二百里,自此向南三十里則紅山堡。

紅山堡。在州東北六十五里,北至邊墻閘門一里,城周二里。東南五十里。

清水營堡。在州東八十里,北去邊墻閘門一里。明正統年建,城周二里。隆慶五年,設馬市於此。州東一百六十里有泉,甘洌。明嘉靖間,總制劉天和言:"套人出入必飲馬於此,請築鐵柱泉堡,高大包其泉於堡中,以兵守之。"其旁石溝有鹽池。東南七十里至毛卜喇堡四十里。

興武營閘門。在州東一百四十里。東六十里。

安定營閘門。在州東北二百里,過此,則高平堡。東南六十里至花馬池。

花馬池。寧夏鎮界至此止。過此,即延綏所屬定邊。甘肅東南界至此止,過此,則安西界。自此向東三十里,則鹽場堡。河東故墻自黃河嘴至花馬池,長三百八十七里。河東新墻自橫城至花馬池,長三百六十里。花馬池城北六十里,明總制王瓊築長城關,溝壘長五十里。關上有樓,高聳雄壯,下設閘門,外立市場。番漢交易,月三次。守備監市,營兵防守。

延綏鎮所屬沿河套南邊城堡

榆林府定邊縣

鹽場堡。寧夏花馬池至此三十里,自此而東四十里。

定邊堡。東四十里。

磚井堡。東三十里。

安邊營。東四十里。

柳樹澗堡。東四十里。

靖邊縣

寧塞堡。東四十里，過大湖灣、石碑澗。

靖邊營。東四十里。

鎮羅堡。[1]東四十里。

鎮靖堡營。[2]東四十里。

龍州城堡。東三十里。

懷遠縣

清平堡。東四十里。

威武堡。東南四十里。

懷遠堡，雍正九年改縣城。東北四十里。

波羅堡。東南四十里。

響水堡。東北四十里。

榆林縣

保寧堡。東北三十里。

榆林衛。榆林城守營，北十里紅山市。[3]

紅山市。東三十里。

常樂堡。東南四十里。

雙山堡。東南四十里。

葭州

建安堡。東四十里。

高家堡。東南四十里。

神木縣

柏林堡。東四十里。

大柏油堡。東南四十里。

神木縣。[4]即縣城南四十里。

永興堡。東四十里。

府谷縣

鎮羌堡。東南四十里。

孤山堡。東南四十里。

木瓜園。東南三十里。

清水營。東十五里。

黃甫川堡。東至黃河二十五里，過河，即山西保德州河曲縣界，延綏鎮之沿河套城堡至此止。

寧夏鎮所屬六堡，共五百里。

榆林鎮所屬三十一堡，共一千一百二十里。

共計一千六百二十里，諸城堡之建置皆注於後。

橫城堡，河東城堡自此始。長城之馬頭，河套之津口也。自堡而東，統九城，[5]亙四百里，直接於此。徐廷璋、王瓊所設施者也。堡之迤北，長城西盡處河堰。水漲則土墻皆傾，水落則平地盡出。初築，[6]起於黃河東岸石嘴，[7]草茂之地，二百餘里，悉築於中。王瓊縮邊橫城，美地棄之於外，瓊能議子俊之非，而不自見其失也。迤東南三十里，[8]逾馬鞍山爲紅山堡矣。明成化間，巡撫徐廷璋築長城，起黃河嘴，至花馬池止，三百九十里。凡水草便利處，皆築之於內，使夷絕牧。磧沙之地，築之於外，使夷不廬。及瓊改築新邊，起於橫城，[9]又失築邊初意矣。瓊議余子俊城榆林，曰："失策正在於此，是明於議人，暗於議己也。"橫城在官津下流三里許，堡有守備。

紅山堡，極衝要之地也。[10]城若彈丸，兵尤寡弱。又南五十里則至清水堡矣。堡城周一里，有把總，南至臨河堡三十里則寧夏之大路也。

清水堡，城不寬而彝廠在其北。明於此撫套彝，令互市之地，設關官分職，以蒞其間。置市於橫城，尤爲非策。蓋橫城爲寧夏轉輓之咽喉，不可信彝之果革心也。明制，營屬右司，設守備，兵六百，馬一百六十。今套中之互市，不及西寧、榆林、紅山之多。蓋鹽、鐵皆套中所有，鹽池在套內，產鐵在麥朵山也。米麥雖禁，民皆以此交易。彝無他物，止有馬耳。其馬非老即疲，常以驢易，猶不屑焉,其駑可知。寧夏,靈州之輓粟,切近橫城,向東南至毛卜喇堡四十里,又三十里至興武營矣。

興武營,寧夏之中路營也。寧、靈之重地,平、慶之要藩。北列長城,南連山麓,野無青草,田不菑畬。[11]其地土沙相半,剥落邊墻,不堪保障,不可不防。[12]迤東南則安定堡矣。寧夏在西北,靈州在西南,平涼在西,慶陽在南。河套,當明時常防瓦剌,及插漢入套,套彝大受其患,多内附以求其援。既而插漢數侵内地,邊兵莫當其鋒,此乃寧夏之中路,内有游擊,[13]東至永清堡三十里,又東南三十里至安定堡。

安定堡,地勢同於興武,而城外之飛沙特多。城同黑子,而閭門出入,可不防耶？東南一帶高平,三十里則至花馬池營矣。[14]城周二里,故曰"同黑子"。[15]閭門在北,外即河套堡,有守備。

花馬池城,古鹽州地,寧夏之東路營也。平、固門户,環、慶襟喉,定邊羽翼,不但榆林之接壤、寧夏之邊衛而已。其地勢漫衍,彌望平川,乃四通八達之處。明總制常駐於此,其爲重地,與他營千萬焉。洪武改建寧夏衛,亦以爲重鎮,即有寇鈔,不過河西一帶。自正統以後,駐牧套内,而患乃更在河東,其禍切備急者,則尤在花馬池。必花馬池備密,而寧夏之肩背始可稍息,何也？河西所當備者,若洪廣,若玉泉,若廣武,若中衛,雖皆爲窺伺之所,而猶山溪隔礙,有險可憑。花馬池則川原平曠,北騎馳突於此最易。由花馬池而西則興武營,興武營而西北則爲靈州。靈州居寧夏之中,迫近大河,其南與固原邊相接。靈州者,實南北之喉舌,而花馬池則靈州之門户也。舊花馬池在塞外故邊,所環甚寬,自王瓊改築今城,而邊城亦縮。爲花馬池之患,[16]瓊實貽之。南有鐵柱泉,自邊外入,獨此有水,往者彝患,犯此最多,自築城環水其中,又築梁家泉等堡,重關疊險,而鄰境皆安。自城而東南三十里,則榆林鎮屬鹽場堡矣。平涼、固原在西,以其城爲大門,慶陽、環洲在南二百八十里,定邊營在東南七十里。舊花馬池今在套中舊城故邊,成化間,余子俊奏築今城,新邊皆嘉靖間王瓊所築,新舊二城皆守,則如雲中大邊小邊之設。藩籬益厚矣,乃撤舊邊而專守新邊,已爲失策。長城關在城北六十步,關外有那吝井、可可腦兒。鐵柱泉在城西南九十里,泉廣數百步,可飲萬馬。彝由定邊之乾溝而入,數百里止有此泉。從此飲馬，或由青沙峴犯安定、會寧、金縣，或散掠寧夏，或長驅平涼、鞏昌間。正德間，總制劉天和築城，周四里，環泉於中，使彝絕飲，因名鐵柱泉。又於鐵柱之南百里，亘東西爲墻塹，於梁家泉築堡，於甜水、紅柳、榆林等泉築墻，於史把都、韓家、長流等水源俱據守之。於是，彝進爲新邊所扼，退爲大邊所邀，每失利。嗣是寧夏皆無彝患矣。此城，寧夏之東路城，有副戎。

鹽場堡，延寧之錯繡地也。西接花馬池，東連定邊營，沙塞平原之地。雖有鹽池，而堡內自古無兵，四野毫無田畝。及鎮榆林而堡始設，亦定邊、花馬池之亭堠耳。北則河套，限於一墻，邊外風沙，墻皆湮沒。東四十里則定邊營矣。延綏鎮之西路自此始。花馬池在西三十里，堡有鹽池，周三里許，中有井，灌水其中，越宿成鹽，故堡名鹽場也。明成化八年，巡撫余子俊移綏德之延綏鎮於榆林，乃置增三十六城堡，[17] 反將河套築之於外。延綏鎮之西起於此堡，盡於黃甫川。[18]

定邊營，隋之鹽州地，唐之五原郡地也。南通石澇，北枕塞垣。營西郭外南北二沙，挑之復塞。明制文有監司，兵有三千，今去兵十之七八矣。東五十里則磚井堡。秦時屬北地郡。隋因其近鹽池，置鹽州郡。唐爲五原郡，置都督府。石澇池堡在南一百里，邊墻在北五十步。明總兵李琦與黃台吉戰於高梁，爲彝所圍，琦出奇勝之。明制兵三千七百名，營有副戎，爲延綏西協。

磚井堡，宋之鹽州地也。南接新興，而梁山、溪水隔之。北望忻都，[19] 而長城烽燧障之。自堡而東，依山臨塹，有險可扼。然西接定邊，相去五十里，疏遠空虛。堡在平川，垣賴兵寡。自堡而東南，則新安邊。沿邊而東五十里，則舊安邊矣。磚井者，古有井，而以磚甃之。堡南有冢嶺，俗呼"南梁山"。忻都古城在套內堡東北五十里，漢用兵之地。明制兵八百五十名，今一百一十名。堡有守備。邊墻在北一里。

舊安營邊，宋之鹽州地也，俗謂之深井。明初置城，石彪轉戰而成功立威地也。余子俊以平漫沙漠，難以築濬邊濠，不利士馬出入，乃於中山坡改築新營，所謂新安邊也，王倫仍改守此。明制兵近三千，新營且有六百，今一百三十名，東南四十里則柳樹澗矣。正統二年，置營。天順二年，彝寇邊，命大同總兵官石彪往禦之。彝戰於安邊，追至昌平墩，大敗於野馬澗、平坡墩，轉戰六十餘里，斬鬼力赤，擒獲無數。成化十年，置新安邊於中山坡，北至邊墻六十餘里，巡撫王倫以舊營切近大邊，東連寧塞，西接磚井，比之昔年孤懸者不同，乃復守此營。南至西南邊六十里，北至大邊一里。

　　柳樹澗堡，宋之夏州地也。明余子俊南移永濟，則定邊、寧塞益以孤危，董威復移於此。自堡迤東，無險可據，而堡與寧塞爲延安門户。套彝居，常小竊，秋高大舉，率多由此，誠吭嗌也。東四十里則寧塞堡矣。永濟堡在南三十里，嘉靖末，巡撫董威復移永濟堡，守此。明制兵一千八十名。堡有守備。北至邊一里。

　　寧塞堡，古之栲栳城也。堡在山原，明移三岔堡兵守此。西南有把都河堡，河之北有蓮花山、順寧川、[20]金湯川、鶯窩山；[21]河之南有架砲山、旗杆山。亭燧存焉，皆希文范公之遺迹也。東至四十五里則靖邊營矣。把都河在西南三十里，蓮花山、順寧川在南十五里，金湯川、鶯窩山在西南三十五里。[22]堡有守備。

　　靖邊營，宋之兀剌城也。延安遠在其南，長城近列於北。明撤内地兵以守此，非以其衝要乎！東西有哨馬營，而南之黄花城，[23]以及收麥城。[24]范老關皆文正公所經營者。營即保安軍也，其爲重也。宋且如此，明兵十倍。[25]今有游擊兵二百，東至四十里則鎮魯堡矣。[26]兀剌，宋所築之城也，即今哨馬營。在延安府南三百二十里，大邊在北一里，明移保安縣兵屯此。哨馬又謂之"范將軍馬營"，文正公舊迹也。黄花城在西南五里，即黄河古戍也。營城外有收麥河，[27]渡永濟橋。明制，文有監司，兵二千二百六十名；今有游擊，兵二百名。

　　鎮魯堡，[28]宋之夏州地也。明初未嘗有堡，因鎮靖、靖邊東西遼闊，而置堡適中。城小而當要塞，東西四十里則至鎮靖堡矣。[29]鎮虜今易名鎮羅。鎮靖、靖邊相去八十里。堡周三百有七丈。明制兵四百四十名，今五十名。居人偷耕於邊外。堡有把總。北至大邊半里。

　　鎮靖堡，即白塔澗也。南有蘆關，延水出焉。明初謹守塞門，繼之進軍筆架，余子俊移至於此，地利失矣。兩爲波臣，再爲刀俎，死者數千，東四十里則龍州城矣。堡又名白灘兒，塞門、筆架亦城名。嘉靖五年，大水入堡。四十三年，又爲水淨。套彝於嘉靖四十年陷堡，殺掠二千餘人。四十三年，又爲所陷。明制兵二千五百名，今一百二十名，堡有守備。南直延安府三百里，北至邊二里。

　　龍州城，漢之龍州地，宋之石堡塞也。[30]范文正公於此置馬營。境有龍城關，北近邊堵，南爲延安城，乃延境首衝。今鴉兒巷腦，四面天險，建城堡以扼吭喉，足資保障。城南有宜家畔、慌忽都河，[31]乃無定河之上流也。堡之溝澗良多，善用之，則爲險；不善用之，則爲害。東三十里則清平堡矣。邊牆在北四里，[32]延安府在南三百里，堡在平地，不茗。鴉兒巷爲險，圁水出塞外之白城兒，至此與堡之恍忽都河水合會，[33]南流益大，謂之"無定河"。水中之沙，人馬踐之，[34]多陷没，淺深不一，故名無定河。且水急流之際，時或逆上如海潮，唐人詩中皆指此也。明制兵五百六十名，今有五十名。[35]

清平堡，漢之白土縣地也，舊名磚營兒。堡在山原，[36]而城外之沙，常陷車騎，距邊甚遠。東至四十里則威武堡矣。嘉靖十五年，堡爲套彝所陷。鮓鮑河在邊外五十里，其水貫牆而入，址岸傾圮，水淺則平沙漫衍。白落城在西六十里，臥牛城在南七十里。明制兵二千二百名，今一百名。

威武堡，即響鈴塔也。北有威武關，堡以爲石。[37]堡在上阜，[38]明始繕城置戍，牛心在其東，赤水峙其北，依山阻險之地也。南有狄青原，武襄之所駐兵於此。奏膚功者，[39]猶在邊堵未築之先，可知榆林之邊固無益於守也。東南四十里則懷遠堡矣。成化五年，巡撫王銳撤大兒鵓堡兵守此。[40]成化二年，毛里孩入寇，總兵楊信戰於狄青原，大勝之。其時并未築邊，且能戰勝固守。及邊已築，人心懈怠，彝人入犯，未有若此之甚者。[41]明制兵六百五十名，堡北去邊四里。今兵五十名。

懷遠堡，即白家梁也。梁在山嶺，城如黑子，明移土門軍守此。山下苦水川，合圁水而東，乃無定河也。東北四十里則波羅堡矣。城周二里。明制兵七百四十名，今兵一百一十名。

波羅堡，因有波羅寺，故名。依山築城，南通綏德，北跨馬鞍，東控土門，西引三捷。然沿邊之外，[42]沙高於牆。無定河可以爲隍，馬不能徒涉。所防常在冰堅，水淺時亦不足恃。東南四十里則至響水堡矣。綏德州在堡南二百五十里，馬鞍山在北五里，土門塞在東十里，[43]三捷關在西二十里，邊城在北十三里，爲延綏中協副戎所駐。今馬、步兵共六百六十名。

響水堡，漢之圁陰地也。堡近黑河。東連歸德，南通魚河，綏德在於西南，榆林出於西北。唯北甚遠於邊，苟有緩急，恐亦無及。明已移軍平彝，及余子俊復移，守此堡。東北四十里則保寧堡矣。魚河堡在南七十里，綏德州在西南二百里，榆林鎮在東北六十里，邊牆在北七十里，正統初已移守平彝堡,成化間余子俊又移復。明兵八百名,今兵一百名。

保寧堡,古梁城也。波羅西接,[44]榆溪東引,響水、魚河直其南,[45]紅山通於北,切近長城大川口。[46]版築雖堅,而風沙特甚。夫堡與常樂實扼歸德、[47]魚河、大川之衝。雕陰上郡,在在可虞。明常移波羅之兵守此。堡爲水澤之區,邇來潴水漸涸,馬無所飲。東北則紅山市,[48]東三十里則至榆林衛矣。波羅在西八十里,紅山市口在邊外三十里,長城在北一里,大川口在西二十五里,堡在平北。[49]明制兵一千三百名,今兵一百名。

榆林衛,榆溪舊塞也。春秋時屬白狄地,秦屬上郡,漢爲雲中、九原地,隋爲榆林郡地,歷代無所建置。明失東勝而守綏德,此其出哨水頭耳。城築於王禎,鎮移於余子俊,且東西繕三十六堡,塹山湮谷,築河套於外,而重兵反屯於內,呼爲雄鎮。東倚駝山,西限榆溪,北距邊堵,南引銀州,其城三面憑山,一面臨水,可謂天險。然東南山阜參差,林木隱蔽,沙峰置樓,則高與城垛,攻擊可虞也。其海潮寺逼居城下,掘地可虞也。[50]

夫榆林貪功習戰之士多,務本力田之人少,山磽地瘠,芻糧不充,皆仰給腹裏萬一。敵掠魚河,餉道阻遠,得無坐困,此榆林第一慮也。北十里則紅山市矣。[51]秦使蒙恬築長城,略河南,拓榆中千里,屬之上郡。今河套,即河南。而榆林所屬皆古榆中也。漢爲雲中、九原,又謂之"五原"。綏德舊亦無鎮,因東勝失而退守綏德也。正統間,總兵王禎始築城,成化八年,余子俊移綏德之兵於榆林,而榆林始有延綏鎮矣。城東有駝山,城半築其上,呼榆林爲駝城云。獐河之水,迎隍塹於城西,[52]合榆溪之水,流入紅石硤,遶城帶過,[53]所謂"一面臨河"也。北六里有紅山,其上有款貢城,邊堵在焉。又北二里爲紅山市,漢彝互市處也。城南一百四十里爲銀州關,即古銀州地。榆溪、無定二水,皆南流至銀州關而合。明時有巡撫,今唯總戎,三營馬、步守兵二千六百名,有都司,守兵五百名。南至歸德堡四十里,東至常樂堡四十里。

紅山市,[54]爲款河套而開也。始於隆慶,迄今而未有已者。市口有城,開市有日,貨物有禁。明制:一年無犯,許市一年,而朝款夕寇,不知其幾。且族類不一,[55]南由榆林四十里則至常樂堡矣。明隆慶五年,吉能乞貢,遂開市於紅山。今市口有城,不屋而穴。正月望後開,間日一市,往市者烟、茶、梭布、棉布、緞、[56]鹽，所禁者軍器、米、麥，彝所至者，馬、牛、[57]羊各皮毛，而明時一歲止一易，賞以萬金。昔元昊謂："我戎人本事鞍馬，而以資鄰國，易不及之物，非策也。"爛泥灣在市外，鎮軍采草地，今套彝住牧。南至榆林十里，西至保寧三十里。

　　常樂堡，漢之榆溪也。舊堡在南，沙磧無水。弘治間移至岔兒河，[58]即今堡焉。西接榆林，東接雙山，葭州在其南，邊圍當其北。塞外飛芻，[59]逾垣而入，雖有獐水，淺不可隍。堡南鴛鴦河，水草大善，鎮之芻草咸賴焉。[60]東南四十里則至雙山堡矣。成化間，築舊堡於南二十里。弘治二年，巡撫劉忠改築今堡。榆林在西三十里，葭州在南一百四十里，長城在北半里，獐水出本堡，而塞外胡蘆海之水，南流而至與獐水合流入紅石硖。邊外白崖河，乃鎮軍之水，[61]草地爲套彝住牧。明制兵六百六十名，今兵一百一十名。

　　雙山堡，漢之真鄉縣地也。初築堡於水地灣，成化中移至今堡，[62]堡在山岡，有險可守。南接葭州，而府谷、吳堡亦皆密邇。而大川當米脂之衝，則北門鎖鑰，長塹在北，依山阜而少風沙。邊外邵家梁美地嘉草，皆爲套彝住牧。東南四十里則至建安堡矣。正德二年，築堡水地灣。余子俊移於今堡，撤西南之柳樹，會兵守之。葭州在南九十里，府谷縣在東南，吳堡縣在南，邊墻在北十里，[63]明制兵六百六十名，今兵一百名。

　　建安堡，漢之圜陽縣地也。古未有堡，余子俊始建今堡。南有建安關，南直黃河，北限障塞。堡在山畔，然擡甕山之水貫邊而入。自堡而東，岡阜交錯，蜿蜒四百餘里。東路之固，固在險也。東四十里則高家堡矣。成化十年，始築堡。黃河在南一百五十里，蓋黃河自寧夏北流而東，幾二千里，折而南流，貫太康、延安之間，故延綏東路，南近黃也。東路之北則爲河套，河套之北亦爲黃河者，水之曲折也。邊墻在堡北五里，擡甕山水自邊外而入，徑堡而南，爲禿尾河。明制兵六百六十名，今兵一百二十名。

　　高家堡，唐之豐州地，宋之飛鴉川也。堡在平原，南通葭州，北限隍陝，萬戶峪在南，趙保吉之衆，從此犯麟州。幽陵在北。唐開元中置也。南有彌勒川，衆水所會也。東四十里則柏林堡矣。[64]葭州在南一百六十里，邊墻在北三里，萬戶峪在南一百二十里。李繼遷，宋賜姓名趙保吉。麟州即今永興堡。幽陵都督府在堡東五里。彌勒川，宋置，有彌勒寺，塞下有金剛溝，[65]皆永利河水之所經也。明制兵一千六百名，今兵一百四十五名。

　　柏林堡，唐之勝州地也。因其地多產柏，以名堡。從未有風塵之警，得山原地利之勝。南跨黄河，北距塹壘，而塹外之耿波黨、把漢波黨淪爲異域久矣。雖有野灣之水，[66]曾不濡馬足。東四十里則大柏油堡矣。黄河在南一百二十里，邊墻在北二里，耿波黨及把漢波黨，皆地名，在河套。野馬灣亦在河套，[67]其水自堡西流入高家堡。明制兵六百三十名，今兵一百一十名。

大柏油堡，唐之麟州地也。堡在山嶺，水環城外，寇彝交攻，[68]而相安於無事，非河水之助耶！南黄河而北長城，與柏林堡同。南四十里則神木縣矣。[69]城外東西二水，俱自邊外而入，黄河在南二十里，大邊在北三里。明制：兵四百六十名，今兵一百名。

神木縣，漢之光禄塞，魏之朔州，隋之豐州，宋之神木塞地也。[70]明因宋而爲縣。城在平原，南界黄河，北距市口。河口堡則水濱之捍衛也。秦、漢、唐之郡縣，皆湮於套中，而塞外之衆彝，相與互市，同於紅山。南四十里則永興堡矣。縣西有古松二枝，因以爲名。元亦於此置雲州，明始爲縣，而名則因宋焉。黄河在南一百二十里，邊墻即在北。漢之光禄塞、唐之麟州故城。及連峪城，[71]秦之新秦縣，唐之靖寇塞。惠寧堡，元之銀州舊城，俱在邊外，爲彝住牧。明制兵三千四百名，[72]今兵五百一十名。

永興堡，隋之連峪縣地，唐之麟州郡地也，宋亦謂之"黑城"。[73]南近黄河，北連長塹。明時套彝侵犯，而堡獨存者在山原，以險爲固也。宋欲廢州爲塞，且欲棄之，歐陽修曰：城堡堅完，地勢高峻，天設之奇險，可守而不可攻。其至黄河府州各百餘里，不可棄也。東四十里則鎮羌堡矣。黄河在南北十里，[74]邊城在北十三里。府州，今黄甫川，在東南一百二十里。明制兵一千一百名，今兵一百一十名。

鎮羌堡，唐之麟州地也。明初守東村，[75]繼而移堡於此。西抵府谷，[76]北繞長城。堡在山原，百年無兵戈。東南四十里則孤山堡矣。府谷縣在南八十里，大邊在北十里。明制兵七百名，今兵一百一十名。

孤山堡，即孤圪塔營也。南接府谷，北限長城，與鎮羌同焉。東南四十里則木瓜園矣。府谷縣在南四十里，大邊在北十五里。明制兵二千六百名，今兵一百二十名。[77]

木瓜園堡，唐之勝州地也。東路城堡，獨木瓜園置於後。府谷在南而近，長城在北而遥，奔走守望，何以不勞？堡有山巔，城小而荒。

東三十里則清水營矣。成化十六年，始置堡。弘治十三年，始屯兵。府谷在南五十里，長城在北四十里。明制兵八百八十名，今兵一百二十名。

清水營，唐之勝州地，宋以屬府州。西南府谷，東北長城。明初以黃甫川而屬於營，長邊盡於營之紫城塞。逾河則山西界，全秦之邊盡於是矣。清水城在山坡，當極衝之地。東南十五里則黃甫川矣。成化二年，城移府谷之兵守此。府谷縣在西南八十里。明制兵一千一百名，今兵一百名。

黃甫川堡，[78]唐之勝州，宋之府州地也。明初隸於清水，而開關置戍焉。城在山畔，東濱黃河，南鄰府谷，北近長城，西北清水一河之隔，即岢嵐之樓子營也。黃河從東勝州，[79]抑而南流，經堡之東，則向保德州潼關而去矣。黃河天塹，然冬寒冰合，萬馬可渡，故延綏他堡，只防套彝，[80]唯此堡則防他寇焉。小堡互市，同於紅山，延綏沿邊之城堡實止於此。天順間，堡猶隸清水。弘治中，始設關。黃河在東二十五里，府谷縣在西南九十五里，北邊在北二十里，清水營在西北十五里。岢嵐堡，乃唐家會渡直達偏頭關，又東渡河，逼近殺虎口，故堡與山西界但隔一河耳。明制兵一千六百名，今兵一百九十七名。

寧夏鎮所屬六堡，共五百里。榆林所屬三十一堡，共一千一百二十里。總計一千六百二十里，此皆河套之南邊。北抵黃河有三四百里者，有八九百里者，雖寬窄不等，大略河套內地周圍約有五千餘里。[81]因明築榆林邊，將內地城郭州縣六十餘處俱湮沒於套彝矣。

山西沿河套邊營堡

保德州河曲縣

長城　石梯隘口，東枕高岡，西臨黃河。全晉長城勢蓋始於此，越河則陝西延綏清水營。

樺林堡　北距關河口，明成化間建，防守一軍二百，隸偏關援兵營。

樓子營　明宣德間建，去偏頭關七十餘里。弘治十五年，都御史史琳言：“宜儲餉，以備客兵請城之。”詔可。《秦邊紀》：“黄甫川，一河之隔，岢嵐之樓子營也。”①

灰溝營　即河保營，明宣德間建，與清水營相離四十里。

唐家會堡　明正統間建。《秦邊紀》：“黄甫川之岢嵐堡，東南至灰溝營、唐家會，渡河直達偏頭關。”②弘治十七年，火篩自七里溝入至唐家會。

五花城堡　明五花營，黄河東岸橫橋墩，山西鎮界止。

河會營　明萬自約記：“自河會至河曲，營城三十里，南至石梯隘口三十里。河會迤北二里爲下營，又西北十五里爲唐家會。[82]北地平坦無險，涉河抵黄甫川僅三十里。河開則險在水，河凍則鎮守標兵，及東西二路偏老馬站，諸營士卒共防範焉。”

得馬水堡　得馬水關巡檢司舊隸保德州。

五門樓寨　險峻可守。

石梯隘口　邊墻自石梯隘起，至老營丫角墩，長二百四十里。惟船灣斬賊溝、娘娘廟、石城鋪天險壁立。《秦邊紀》：“延綏東路，長邊盡於清水營之紫城寨，以及黄河壖，逾河則山西寧武府偏關縣。”③

偏頭關　東連丫角山，西連黄河，隔河套一水。雍正三年，改偏頭所爲偏頭縣，同城爲偏頭營。

樓溝堡　偏頭城南四十里。

老牛灣堡　東至滑石澗堡二十里，西至黄河二十里，南至樺林堡八十二里，北至邊墙一里，首當西北之衝。

東長嘴　偏關北五十里，東西石嘴胥袤五六里，河經其中。

萬家寨　偏關西北四十五里，巨石嶄巖，下臨河岸，昔人結寨其上。

老營所　二邊起老營丫角墩，領堡四。

---

① 參見《秦邊紀略》卷五《延綏邊堡》，第365頁。
② 同上。
③ 參見《秦邊紀略》卷五《延綏邊堡》，第364頁。

賈家堡　朔、寧二郡咽喉地。

五眼井堡　堡接丫角山，爲外邊、內邊之要樞。

馬站堡　嘉靖十五年八月，俺答繇寺墕入至馬站營。

永興堡

水泉營堡　水泉營在堡城東，少南爲紅門附口。[83]外少南有南海子堡，城西南有後海子。

驢皮窰口　徑道平衍，昔爲邊衝，而兩崖胥石山可以制勝。

紅門市口堡　東西至邊墻，南至水泉營堡界，北至蒙古地界。明三關鎭，市場在水泉營，隸岢嵐道，順義王諸部互市於此，先設宴。邊外有閘三，曰中，曰左，曰右，馬由此入。臨邊有閘一，曰內閘，馬由此登數。入境，袤一十三丈，臺上有納款廳，撫賞於此，以銀一萬兩宴餽，一萬兩撫賞諸部，四萬兩市馬，馬以六千爲率，價以一十二兩爲率。互市日，岢嵐道提調監督，雁平、寧武兩道協理之。鎮守總兵官、副將統兵彈壓，西路參將理市事。正兵營軍二千，一駐老營堡一駐八柳樹。馬站游兵營軍移駐滑石澗、小營兒、獅子坪，參將軍移駐馬站堡，以備要衝。

草垛山堡_{隸水泉營}。　堡突出崇山，直望三千餘里，爲沿邊傳烽之首。

滑石磵堡_{隸水泉營}。　自老營丫角墩起，西至滑石磵水門墩止，爲垣九十里有奇，塹如之。

水門溝口　滑石磵東上有敵樓，下有湧泉，稱險隘焉。

吞虎口　滑石磵堡前昔稱邊隘，今農民耕塞外，田通邊關。東北六十里爲草垛山，迤東爲水泉營，又東爲老營，抵好漢山，接平魯縣界，南折接朔州界。明成化二年，總兵王璽築，東起老營堡之丫角墩，西抵老牛灣，南折黃河岸，抵河曲石梯隘口，袤二百四十餘里。

河套內外山川

按：邊外山水叙次皆由西而東、由套內而套外，仍以郡邑約略分屬之焉。

賀蘭山　在寧夏府西六十里，陽屏西夏，陰阻北番。延亘五百餘里，邊境倚以爲固。上有廢寺百餘，多元昊故宮遺址。樹木青白，望如駁馬，北人呼駁爲賀蘭，故名。從首至尾像月形，山出鉛、礬。五代唐長興三年，夏州帥臣康福奏党項入寇，擊敗之，追至賀蘭山。慶曆四年，契丹伐夏，其將蕭惠濟河，與元昊戰於賀蘭山北。《明一統志》："弘治三年，督臣王越襲賀蘭山後虜，敗之。"舊志：①"山麓有黃安峽、赤木等口，舊皆壘石置驛。賀蘭山盤峙寧夏西，套寇闌入河東，往往取道於此。而徐斌水在寧夏西南，又爲固原西路之險。河凍則守舊邊，春融則守新，此前人之成算也。夫恃河爲險，實非遠獸。明萬曆中，嘗得松山之地，說者謂自索橋而上，直接鎮番，增築保障，席布耕屯，則賀蘭以西皆爲内境。而黃河之險，我不與敵共將，莊浪、蘭靖以迄固原之間，皆可安枕而臥矣。"

省嵬山　在寧夏府東北一百四十里，黃河東岸。舊有省嵬城，橫枕河濱，爲防禦要地。

石嘴山　在寧夏府東北二百里，山石突出如嘴。

黃草山　在寧夏府北二百六十里，其上草色多黃，故名。

大青山　賀蘭山後，隆慶三年，寧夏把總哱拜出邊，邀擊套虜於大青山，敗之。

麥垛山　在寧夏府東北二百里，其山出鐵，勢高聳如麥垛。

石崖山　在寧夏府平羅縣東北。《水經注》：②"河水經石崖山西，去北地五百里。崖上自然有文，若戰馬之狀，粲然類圖，故爲之畫石山。"

老虎山　在寧夏府平羅縣東北一百八十里，黃河岸上。《九邊考》："自老虎山而西，爲長流水、蒲草泉等，險距衛境可數百里，皆可

---

①　參見《〔乾隆〕甘志》卷四《疆域·寧夏府》。
②　參見《水經注校證》卷三《河水》，第75頁。原作"河水經石崖山西，去北地五百里。山石之上自然有文，盡若虎馬之狀，粲然成著，類似圖焉，故亦謂之畫石山也"。

收爲外險。"

不老山　在寧夏府平羅縣東北塞外。

磁窑山　在靈州東六十里,爲陶冶之所,出石灰。明成化九年,撫臣馬文升議築磁窑堡於此,以接靈州邊界。

撻狼山　在靈州東南,《明一統志》"狼山"即此。套虜由韋州南犯鎮原、平凉之道也。

三山　在韋州堡東一百里,三峰列峙。

金積山　在靈州西南一百餘里。産文石,山土色如金。山北崖石坂下水滴如雨。

大蠡山　在韋州堡西二十五里,層巒疊嶂,蒼翠如染,以其峰如蠡,故名。小蠡山在大蠡山之南,亦曰螺山,套虜入寇嘗住牧。

峽口山　一名青銅峽,在靈州西南一百四十里。兩山壁立千仞,怪石嵯峨,河經其中。

平山　在靈州東北八十里,以山頂平故名。

囉龐山　在靈州西。乾道六年,夏相任得敬脅其主仁孝分西南路,即靈州之囉龐嶺與之,即此。

歡喜嶺　在靈州東,明成化中,虜入州東永隆墩,諸戍官軍追敗之於此。

黑山　在中衛縣東三十里,石色皆黑,盛夏積雪不消。按:《寧夏志》云:"沙嶺從西來,綿亘起伏,拱衛如屏,至衛東北三十里,結爲石山,名黑山。又三十里至勝金關,與黄河會。"

啓剌八山　在中衛縣大河之西北。

觀音山　在中衛縣五十里,北即邊界。

駱駝山　在定邊縣北,套内。叉罕腦兒城南。在卯孩水東南。馬志。

錯子山　在定邊縣北,套内。唐會昌元年,回紇爲黠戛斯所破,其牙部奉烏介特勒爲可汗,南保錯子山。《唐書·回紇傳》。① 山在西受降

---

① 參見《新唐書》卷二一七下《回鶻傳下》,第6131頁。

城北五百里。榆林衛舊志。①

木賴山　在靖邊縣北,套内。《榆林府册》。魏廢帝元年,突厥科羅破鄧叔子於沃野北木賴山。《北周書·突厥傳》。②

高闕山　在靖邊縣北,套外。漢元朔四年,遣衛青將六將軍、十餘萬人出朔方高闕。《漢書·匈奴傳》。③ 趙武靈王既襲胡服,自代并陰山下,至高闕爲塞。山下有長城,連山刺天,其山中斷,兩岸雙闕,善能雲舉,[84]即狀表目,故有高闕之名,自闕北出荒中。《水經注》。④

契吴山　在懷遠縣北,套内。赫連勃勃北游契吴,嘆曰:"美哉!臨廣澤而帶清流,吾行地多矣,自馬嶺以北,大河以南,未之有也。"《十六國春秋》。山在朔方縣北七十里。《元和志》。⑤ 按《元和志》,則山當在套内,而《水經注》又云:"河水左合,[85]契吴山水在定襄桐過之下。"⑥則山當屬山西境,抑或別有一山,姑存,俟考。

木瓜嶺　在懷遠縣北,套内。朔方縣有木瓜嶺。《唐書·地理志》。⑦

陽山　在懷遠縣北,套外。河水東逕陽山南,《漢書注》曰"陽山在河北",指此山也。又東逕石迹阜西,是阜破石之文,悉有鹿馬之迹。自高闕以東,夾山帶河,陽山以西皆北假也。《水經注》。⑧ 按:陽山,即陰山也。山在中國極北,故名陰山。水北曰陽,山在河水之北,故亦謂之陽山。《漢書》侯應曰:"北邊塞至遼東,外有陰山,東西千餘里。"計陰山綿亘,直抵遼東,非河南所能容,益信徐廣之繆。《禹貢錐指》。⑨ 陽山在中受降城東北。榆林舊志。⑩

---

① 榆林衛舊志:本志引書,書名不詳。
② 參見《北周書》卷五〇《突厥傳》,第909頁。
③ 參見《漢書》卷九四上《匈奴列傳上》,第3767頁。
④ 參見《水經注校證》卷三《河水》,第75頁。
⑤ 參見《元和郡縣圖志》卷四《關內道四》,第99頁。
⑥ 參見《水經注校證》卷三《河水》,第80頁。
⑦ 參見《新唐書》卷三七《地理志一》,第974頁。
⑧ 參見《水經注校證》卷三《河水》,第76頁。
⑨ 參見《禹貢錐指》卷一三上,第417頁。
⑩ 榆林舊志:本志引書,書名不詳。

木根山　在榆林府北，套內。苻堅建元元年遣鄧羌討劉衛辰，擒之於木根山。《晉書·載記》。① 後魏登國六年，討劉衛辰，將軍伊謂追至木根山，擒其子直力鞮。《魏書·劉衛辰傳》。② 七年，幸木根山，遂次黑鹽池。《魏書·道武帝紀》。③

馬良山　在榆林府北，套內。明嘉靖二十五年，套寇犯保安、慶陽諸處，總督曾銑遣將軍李珍搗其巢於馬良山後，即此。《延綏志》。

陰山　在榆林府北，套外。五原西安陽縣北有陰山。《漢書·郡國志》。④ 陰山在河南，陽山在河北。徐廣注。漢得陰山，匈奴長老過之，未嘗不哭。漢名臣奏。河水又南逕馬陰山西。《漢書音義》曰："陰山在河南。"謂是山也，而實不在河南。《水經注》。⑤ 安北府，北至陰山七十里。《唐書·地理志》。⑥ 唐安北都護府東至榆林二百五十里。陰山在中受降城東北，自陰山而北，皆大磧，磧東西數千里，南北亦千里。無水草，不可住牧，中國得陰山，乘高而望，寇所出沒蹤迹皆見，爲禦邊要地。《九邊考》。

涿邪山　在榆林府北，套外。漢天漢二年，因杅將軍公孫敖出西河，與強弩都尉路博德會涿邪山。《漢書·匈奴傳》。⑦ 後漢永平十六年，遣度遼將軍吳棠出朔方高闕，攻皋林温禺犢王於涿邪山。《南匈奴傳》。⑧ 永元元年，車騎將軍竇憲出朔方雞鹿塞，南單于滿夷谷，[86]度遼將軍鄧鴻出稒陽塞，皆會涿邪山，與北單于戰於稽落山，大破之。《竇憲傳》。⑨ 後魏登國六年，討蠕蠕，破之於大磧南牀山。長孫嵩及長孫肥追之，度磧嵩至平望川，斬其帥屋擊，肥至涿邪山，匹侯跋舉部降。《魏

---

① 參見《晉書》卷一一三《載記·苻堅上》，第2889頁。
② 參見《魏書》卷九五《鐵弗劉虎列傳附劉衛辰傳》，第2055頁。
③ 參見《魏書》卷二《道武帝紀》，第25頁。
④ 參見《後漢書》志二三《地理志》，第3525頁。
⑤ 參見《水經注校證》卷三《河水》，第76頁。
⑥ 參見《舊唐書》卷三八《地理志一》，第1420頁。
⑦ 參見《漢書》卷九四上《匈奴列傳》，第3777頁。
⑧ 參見《後漢書》卷八九《南匈奴列傳》，第2949頁。
⑨ 參見《後漢書》卷二三《竇憲傳》，第814頁。

書·蠕蠕傳》。①

實顏山　在榆林府北，套外。漢元狩四年，衛青出定襄塞千餘里，破單于兵，北至實顏山趙信城而還。《漢書·匈奴傳》。②

大斤山　在榆林府北，套外。隋開皇末，遣太平公史萬歲出朔州，擊突厥達頭於大斤山。《隋書·突厥傳》。③

燕然山　在榆林府北，套外。漢征和三年，李廣利出五原，匈奴要擊漢軍於夫羊句狹。服虔曰："夫羊，地名。"師古曰："句山，西山也，句音鉤。"虜兵壞散。漢軍乘勝追北，至范夫人城，又北至郅居水上，還至速邪烏燕然山。師古曰："速邪烏，地名，山在其中。"單于遮擊，貳師敗降。《漢書·匈奴傳》。④後漢永元元年，竇憲破北單于於稽落山，追至私渠北鞮海，遂登燕然山，去塞三千餘里，刻古勒功而還。《竇憲傳》。⑤後魏神䴥二年，帝討蠕蠕，次於兔園水，分軍搜討，東至瀚海，西接張掖水，北度燕然山，東西五千餘里，南北三千里。《魏書·蠕蠕傳》。⑥

黑山　在榆林府北，套外。後魏神䴥二年，討蠕蠕。帝出東道向黑山，長孫翰從西道向大峨山，同會賊庭。襲之，至栗水，大檀衆西奔。《魏書·蠕蠕傳》。⑦唐調露元年，裴行儉討突厥，軍至單于之北，賊衆於黑山拒戰，行儉頻戰，破之，餘黨走依狼山。《唐書·裴行儉傳》。⑧開元四年，突厥降戶叛，郭知運領朔方兵追擊，[87]於黑山呼延谷大破之。《唐書·郭知運傳》。⑨元和初，回鶻以三千騎至鸊鵜泉，振武以兵屯黑山備之。《唐書·回紇傳》。⑩中受降城正北如東八十里，有呼延谷。《唐書·

---

① 參見《魏書》卷一〇三《蠕蠕傳》，第 2290 頁。
② 參見《漢書》卷九四上《匈奴列傳》，第 3770 頁。
③ 參見《隋書》卷八四《突厥傳》，第 1873 頁。
④ 參見《漢書》卷九四上《匈奴列傳》，第 3779、3780 頁。
⑤ 參見《後漢書》卷二三《竇憲傳》，第 814 頁。
⑥ 參見《魏書》卷一〇三《蠕蠕傳》，第 2293 頁。
⑦ 同上。
⑧ 參見《舊唐書》卷八四《裴行儉傳》，第 2804 頁。
⑨ 參見《新唐書》卷一三三《郭知運傳》，第 4525 頁。
⑩ 參見《新唐書》卷二一七上《回紇傳上》，第 6126 頁。

地理志》。① 黑山在振武北塞外。胡氏《鑑注》。

鐵山　在榆林府北，套外。唐貞觀四年，李靖出定襄，進屯惡陽嶺，夜襲頡利，頡利驚，退牙磧口，走保鐵山，靖復襲擊，大破之。《唐書·突厥傳》。②

跋那山　在神木縣北，套內。後魏登國六年，討蠕蠕。縕紇提西遁，魏主追至跋那山，縕紇提降。九年，縕紇提之子曷多汗棄父西走，長孫肥輕騎追至跋那山，斬之。《魏書·蠕蠕傳》。③ 跋那山在勝州西北百二十里。[88]《通典》。

骨羅山[89]　在神木縣北，套內。後魏永興五年，帝西幸五原，校獵於骨羅山。《魏書·明帝本紀》。④

雞秩山　在神木縣北，套外。漢本始二年，祁連將軍田廣明出西河塞千六百里，至雞秩山。《漢書·匈奴傳》。⑤

暖泉峰　在府谷縣北，套內。在豐州西北三十七里。《九域志》。⑥ 豐州故縣在府谷北百十五里。

沙角山　在府谷縣北，套內。河西有沙角山，峰崿危峻，逾於石山。其沙粒粗，色黃如乾糒。又山之陽有泉，名沙井。綿歷今古，沙不填之。人欲入穴，即有鼓角之聲，震動人足。《三秦記》。豐州西五十一里至沙井嶺。[90]《九域志》。⑦

薛林山　在府谷縣北，套內。後魏泰常四年，帝從君子津西渡，大狩於薛林山。《魏書·明帝本紀》。⑧

拔鄰山　在府谷縣北，套內。後魏始光四年，西討赫連昌，濟君

---

① 參見《新唐書》卷四三下《地理志下》，第1148頁。
② 參見《新唐書》卷二一五上《突厥傳上》，第6035頁。
③ 參見《魏書》卷一〇三《蠕蠕傳》，第2290頁。
④ 參見《魏書》卷三《明元帝紀》，第53頁。
⑤ 參見《漢書》卷九四上《匈奴列傳》，第3786頁。
⑥ 參見《元豐九域志》卷四《河東路》，第175頁。
⑦ 同上。
⑧ 參見《魏書》卷三《明元帝紀》，第60頁。

子津,次拔鄰山。《魏書·太武帝紀》。① 山去君子津二百餘里。《榆林衛志》。

超沒堆　在府谷縣北,套內。在豐州東北九十九里。[91]《九域志》。②

犁元山　在府谷縣北,套內。[92]□東古城南。馬志。

石門山即盧朐山,一名石門障。 在府谷縣北,套外。太初三年,光禄徐自爲出五原塞數百里,遠者千里,築城障,列亭至盧朐。師古曰:"盧朐,山名也。朐音劬。"《漢書·匈奴傳》。③ 稒陽縣,北出石門障得光禄城。《漢書·地理志》。④ 石門水出石門山。《水經注》。⑤ 石門山在舊臨沃縣境。盧朐山,謂之"光禄塞"。《元和志》:"石門障即光禄城,古入匈奴大路。"《禹貢錐指》。⑥

牛心山　在黃羊城東,山東北有月兒海子水。《延綏志》。

石瑶山　海子山,有水出其下。《延綏志》。

海子山　在石瑶山城東。

右陝西省界,後則山西省界矣。

火山　在河曲縣西七里,山上有孔,以草投其中,烟焰上發,可熟食。草木胥不生,上有碙砂窟,下有氣沙窟。黃河經其下,似遇覆釜而河爲之曲。山後有大石,有禹廟,水不能浸。宋名火山軍以此。

韓家嶺　在河曲縣西北四十里。

赤崖　在河曲縣西北四十里,即河會村。古名赤崖村,土色胥赤,窰窨數十,胥險要。上胥蛤蚌腐甲,豈龍門未鑿,河嘗經山巔耶?

北峰巖　在寧武府偏關縣西北五十里,高百仞,臨黃河,岸上有石洞數十,相傳僧北峰棲此。

常勝山　在偏關縣北六十里,右連老牛彎,左連滑石澗。匪直雄視塞外,抑亦俯瞰黃河,故以常勝名。

---

① 參見《魏書》卷四上《太武帝紀》,第72頁。
② 參見《元豐九域志》卷四《河東路》,第175頁。
③ 參見《漢書》卷九四上《匈奴列傳》,第3776頁。
④ 參見《漢書》卷二八下《地理志》,第1620頁。
⑤ 參見《水經注校證》卷三《河水》,第78頁。
⑥ 參見《禹貢錐指》卷一三上,第418頁。

丫角山　在偏關縣東北。偏頭山爲北派，接大同之丫角，而西爲草垛、明燈臺、紫荆山以至老牛彎，而西盡於河。

黃河　河自蘭靖來，至寧夏府中衛縣西四十里。始落平壤縣城，而東北抵勝金關，行至廣武，入青銅峽、靈州界。《水經注》："水自薄骨律城北，逕典農城東，又北逕上河城東，又北逕典農城東，又東北逕廉縣故城東，又北與枝津合，又東北逕渾懷障，又北至石崖山。"①舊志："有三岔河，在衛東南、黃河西岸曲折處。"明成化中，虜寇韋州，還。總兵劉聚邀擊之於三岔河，即此。黃河當爲中國患，而寧夏獨受其利。引渠溉田，凡數萬頃，無旱澇之災。司馬遷《河渠書》：朔方西河、河西、酒泉，皆引河及川谷，以溉田。後漢順帝從虞詡言，復朔方、西河、上郡，使激河濬渠爲屯田，省内郡費億計。

河水自歷石崖山東北，經三封縣故城東。石崖山在今寧夏府平羅縣東，三封縣屬朔方郡，在故長澤縣北二十里，今定邊縣北。又北逕臨戎縣故城西，臨戎故城在天德軍北六十里，今靖邊縣北。又北有枝渠東出，謂之"銅口"。東逕沃野縣故城南，沃野故城在天德軍北六十里，今靖邊縣北。又北屈而南，河出焉。馬志云："河自靈州北行至此始折而東流。"河水又北迤，西溢於窳渾縣故城東，窳渾故城在廢夏州西北，今靖邊縣北。河水又屈而東流，爲北河。馬志云："河分流析支，城在此。"按：漢衛青絶梓嶺，梁北河，即此也。杜佑曰："河經靈武郡西南，便北流千餘里，過九原郡，乃東流。漢人謂之西河，自九原以東，漢人謂之北河。"河水又東逕高闕南，又東逕臨河縣故城北。臨河縣在今靖邊縣北。又東逕陽山南，又東流逕石迹阜西，又南屈，逕河目縣左。河目故城在北假中，屬勝州，銀城縣在今懷遠縣西北。又南合南河，上承西河，東逕臨戎縣故城北，又東逕臨河縣南，又東逕廣牧縣故城北。經流二百里許，東會於河。廣牧屬朔方郡，即豐州也，在今懷遠縣北。河水又南逕馬陰山西，又東南逕朔方縣故城東北。什賁故城即漢朔方縣，在今懷遠縣北。又東轉逕渠搜縣故城北，渠搜縣在廢夏州北，今榆林府西北。又東逕西安陽故城，安陽縣屬五原郡，在廢豐州東北，今榆

---

①　參見《水經注校證》卷三《河水》，第74、75頁。

林府西北。又東逕田辟城南，田辟城，地名，屬五原郡。又東逕成宜縣故城南，成宜縣在廢豐州界，今榆林府北。又東逕原亭城南，原亭亦地名，屬五原郡。又東逕宜梁縣故城南，宜良縣在五原西南六十里，廢豐州東，今榆林府北。又東逕副陽城南、河陰縣故城北。副陽縣屬東部都尉治，河陰縣屬五原郡，俱在今神木縣北。又東逕九原縣故城南，秦置九原，郡治，漢更名五原，在今神木縣北。又東過臨沃南，臨沃縣屬五原郡，在今府谷縣北。又東枝津出焉，又東流，石門水南注之，水出石門山東南，流逕臨沃城東，東南注於河，河水又東逕稒陽故城南，稒陽縣在廢勝州西南，今府谷縣東北，又東南枝津注焉。水上承大河於臨沃縣，東流七十里，注於河。河水又東逕塞泉城南而東注，又東逕雲中楨陵縣南，又東逕沙南縣北，從縣東屈，南逕沙陵縣西，楨陵縣即廢東勝州；沙陵，漢屬雲中郡，并在河東岸，今屬山西。沙南縣，在河西，今府谷縣東北。河水屈而流，白渠水注之。又南逕赤城東，又南逕定襄、桐過縣西，河水於二縣之間，濟有君子之名。定襄、桐過并在河東岸，屬山西。

河水又東南，左合契吳山水、樹頹水、大羅水。諸水俱在山西。又右得湳水口，又南逕西河圜陽縣。《水經注》。[1] 圜陽故城在神木縣。勝州榆林縣、榆林關在縣東三十里，東北臨河。自夏州朔方縣流入，又經河濱縣十五步，闊一里，不通舟楫，渡處名君子津。《元和志》。[2] 榆林、河濱二縣，即漢沙南縣地。夏州北至黃河八百里，勝州西北至河二十里，北至河五里，東北至河十里，正東至河四十里。《寰宇記》。黃河在衛北千里，自寧夏衛橫城西折而北，過平虜城東百餘里，又東北流，過古豐州西北，折而東，經三受降城，南至廢東勝州，西折而南入府谷縣黃甫川東九里。其中謂之"河套"，周圍數千里。榆林衛舊志。

河套之地，南抵邊墻，北濱黃河，遠者八九百里、六七百里，近者亦一二百里。惟黃甫川之南焦家坪及娘娘灘、羊圈渡口為最近云。《延綏志》。黃河入河曲境，東北由偏關來，西由府谷北境來，中間石壁

---

[1] 參見《水經注校證》卷三《河水》，第82、83頁。
[2] 參見《元和郡縣圖志》卷四《關內道四》，第110頁。

剷削，河出其間，骨似斧鑿。古傳禹迹旁有禹廟。禹平水土，分九州，其一爲冀，今之山西、河朔、直隸皆其疆域，三面皆河，東北阻陰山一帶，故河折而南流，爲冀西河；至華陽折而東流，爲冀南河；至大伾折而北流，爲冀東河。《元志》臨川朱思本曰："自洮水與河合，又東北流，過達旦地，古天德軍中受降城、東受降城凡七百餘里，折而正南流，過大同路，雲内州、東勝州與黑河合。龍口在河曲縣北九十里黄河西岸。"《大同紀》："形似龍口，聲似雷鳴。一名厓門，土人名龍門。"

黑水河　在寧夏府東九十里河套内。源出邊外，由闇門入境，逕府西流入黄河。《明一統志》："番名哈喇兀速河。"

大鹽池　在寧夏府北四百里。小池在寧夏府東南一百七十里。其鹽皆不假人力，自然凝結。

觀音湖　在寧夏府西北九十三里，賀蘭山之水多聚於賀蘭山大水口下。

月湖　在寧夏府北三十五里，以形似月，故名。

煖泉　在寧夏府西北八十里。

蒲草溝　在寧夏府平羅縣西北二百里。明弘治十一年，制臣王越分兵討賀蘭山後叛寇，北哨擊賊於花果園，南哨至蒲草溝。賊從沙窩遁去，合兵追至大把都城，又追，敗之於柳溝兒，寇遂西遁。

煖泉　在舊寧夏所北三十里，鹽池西南三十里。明萬曆四十一年，總制黄嘉善檄操守盧文善拓其地，建亭鑿池，爲行邊暫憩之所。《元和志》回樂縣有"温泉"，[①]即此。

富泉　在大螯山之南，引以溉田。

旱海　在靈州東南。宋張洎曰："自威州抵靈州，有旱海七百里。斥鹵枯潟，無溪澗川谷。"張舜民曰："今旱江坪即旱海，在清遠軍北。"趙珣曰："鹽、夏、清遠軍間，并係沙磧，俗謂之旱海。自環洲出清岡川，本靈州大路，自北過美利砦，漸入平夏，徑旱海中，至耀德、清邊

---

① 參見《元和郡縣圖志》卷四《關内道四》，第94頁。

鎮,入靈州。"

裴家川　在中衛縣西南,接靖遠縣北境。《三邊考》:"其地有腴田萬頃,軍民歲以寇患,不得田作。明隆慶時,都臣王之誥於寧夏舊堡、河口等邊墩、臺堡岢駐將領於此,以遏寇出入要路,并築東西隘口,自是裴家川爲内地,軍民賴之。"

蒲塘　在中衛縣北四十里,塘中多産蒲草,因名,亦注於河。

長堤　在新渠縣惠農渠,長一百七十里,以便逼水。

西河　在寶豐縣西三十里,即惠農渠,并衆支渠洩水處,流入黄河。

啞把湖　在定邊縣北,套内。在舊臨戎縣南,《延綏志》。在駱駝山東。馬志。

屠申澤　在靖邊縣北,套内。窊渾縣有道西北出雞鹿塞,屠申澤在縣東。《漢書·地理志》。① 河水溢於窊渾縣故城東,其水積而爲屠申澤,澤東西一百二十里,闞駰謂之"窊渾澤"。[93]《水經注》。②

彬草湖　在靖邊縣寧塞堡西北,套内。

青山湖　在寧塞堡,塞外。

蓧麥湖　在定邊縣甎井堡,塞外。《榆林府册》。

牛毛湖　在定邊堡北,塞外,其西南有大海子腦。《榆林府册》。

明沙湖　在鹽場堡北,塞外,赤木墩西。《榆林府册》。

月兒海子　在牛心山東北,石垯山城東海子山,有水出其下。

北海子　在白城子、紅城子、交城子之東。

佛堂寺溝　在鴛鴦湖東。[94]馬志。③

鴛鴦湖　在佛堂寺西。

卯孩水俗呼爲卯海子。其派三,俱北入於河。

紫河　後世謂之"紫河汊",自月兒海子至紫河,諸水皆混淆,歷

---

① 參見《漢書》卷二八下《地理志》,第1619頁。
② 參見《水經注校證》卷三《河水》,第75頁。
③ 參見《〔嘉靖〕陝志》卷一〇《河套》。

峽,東注於河。《延綏志》。

神水灘　在靖邊縣東北,套內。有水一泓,周百餘步,平地突出數丈,迸珠濺玉,旱潦并無增減。《榆林府册》。在鎮靖堡北,水如趵突,冬夏淵渟。《延綏志》。

橫水　在懷遠縣北,套內。古朔方縣南。會昌二年,回鶻烏介可汗入雲朔,剽橫水,殺掠甚衆。《唐書·回紇傳》。① 橫水五十九里,至什賁故城。《唐書·地理志》。②

鹽澤　在懷遠縣北,套內。金連鹽澤、青鹽澤皆在朔方縣南。《唐書·地理志》。③ 朔方縣有二鹽池,其鹽大而青白,名曰青鹽,[95] 一名戎鹽,入藥分。《水經注》。④ 鹽澤在什賁城西南,又長澤縣有胡洛鹽池,在縣北五百里,周回三十里,亦謂之"獨樂池"。漢有鹽官。《元和志》。⑤ 朔方縣南有蓮花城,紅鹽池在其東,長鹽池在其西。《延綏志》。

地斤澤、安慶澤　在懷遠縣北,[96] 套內。太平興國七年,李繼捧入朝,其族弟繼遷自銀州奔入地斤澤。澤距夏州東北三百里。又淳化初,繼遷與繼捧戰於安慶澤。《宋史·夏國傳》。⑥ 按:安慶澤當亦在榆林府北界。

余吾水　在懷遠縣北,套外。北鮮之山鮮水出焉,北流注余吾水。《山海經》。漢天漢四年,貳師將軍李廣利出朔方,匈奴聞之,悉遠其輜重於余吾水北,單于自率衆待水南,接戰連日,引還。征和三年,廣利復出五原,單于悉遣其輜重,徙趙信城北邸郅居水。左賢王驅其民度余吾水六七百里,居兜銜山。單于自將精兵度姑且水,追漢軍至浚稽山,轉戰九日,漢兵卻敵,殺傷甚衆。至蒲奴水,匈奴不利,還去。

----

① 參見《新唐書》卷二一七下《回鶻傳下》,第 6150 頁。
② 參見《新唐書》卷四三下《地理志七》,第 1148 頁。
③ 參見《新唐書》卷三七《地理志一》,第 973 頁。
④ 參見《水經注校證》卷三《河水》,第 76 頁。
⑤ 參見《元和郡縣圖志》卷四《關内道四》,第 101 頁。
⑥ 參見《宋史》卷四八五《夏國傳上》,第 13984 頁。

《漢書·匈奴傳》。① 余吾水,名在朔方北。顏師古注。

　　諸水　在榆林府北,套外。漢元帝初,元初都尉韓昌、光禄大夫張猛使匈奴,與單于登諾水東山,刑白馬爲盟。《漢書·匈奴傳》。② 諾水,即今突厥地諾真水。顏師古注。夏州北渡烏山,經賀麟澤、拔利干澤,過沙,次内横刬,[97] 沃野泊、長澤、白城,百二十里至可朱渾水源。又經故陽城澤、横刬北門、突紇利泊、石子嶺,百餘里至阿頫泉。又經大非苦鹽池,六十六里至賀蘭驛。又經庫也干泊、彌鵞泊、榆禄渾泊,百餘里至地頫澤。又經步拙泉故城,八十八里渡烏那水,經胡洛鹽池、紇伏干泉,四十八里度庫結沙,一曰普納沙,二十八里過横水,五十九里至十賁故城,又十里至寧遠鎮。又涉屯根水,五十里至安樂,戍在河西壖,[98] 其東壖有古大同城。今大同城故永濟栅也。北經大泊,十七里至金河。又經故後魏沃野鎮城,傍金河,過古長城,九十二里至吐俱麟川。傍水行,經破落汗山、賀悦泉,百三十一里至步越多山。又東北二十里至纈特泉。又東六十里至賀人山,山西磧口有詰特犍泊。吐俱麟川水西有城,城東南經拔厥那山,二百三十里至帝割達城。又東北至諾真水汊。又東南百八十七里,經古可汗城至鹹澤。又東南經烏咄谷,二百七里至古雲中城。又西五十五里有綏遠城。皆靈、夏以北蕃落所居。《唐書·地理志》。③

　　鹿渾海　在榆林府北,套外。後魏登國五年,西征,次鹿渾海,襲高車袁紇部。④ 八年,西征侯吕鄰部,至苦水,皆大破之。《魏書·道武帝紀》。⑤

　　鸊鵜泉,在榆林府北,套外,唐中受降城北。唐貞觀中,以回紇歸附,詔於磧南,鸊鵜泉之陽置郵。《唐書·回紇傳》。中受降城正北如東八

---

① 參見《漢書》卷九四上《匈奴列傳上》,第3778、3779頁。
② 參見《漢書》卷九四下《匈奴列傳下》,第3801頁。
③ 參見《新唐書》卷四三下《地理志下》,第1147、1148頁。
④ 參見《魏書》卷二《道武帝紀》,第23頁。
⑤ 參見《魏書》卷二《道武帝紀》,第25頁。

十里,有呼延谷,谷南口有呼延栅,北口有歸唐栅,車道也,入回鶻使所經。又五百里至鸊鵜泉,又十里入磧,經麚鹿山、鹿耳山、錯甲山,計千五百里,至回鶻衙帳。又別道自鸊鵜泉北經怛羅思山、赤崖、鹽泊、渾義河、爐門山、木燭嶺,千五百里亦至回鶻衙帳。《唐書·地理志》。①

額根河 在榆林府北,套外。後魏太平真君四年,討蠕蠕,帝出中道,至鹿渾谷,與賊相遇,吳提遁走,追至額根河,破之,車駕至石水而還。《魏書·蠕蠕傳》。②

栗水 在榆林府北,套外。後魏神䴥二年,討蠕蠕,出黑山,次於沙漠南,輕騎至栗水,大檀西奔。帝緣栗水西行,過竇憲故壘。次於兔園水,去平城三千七百里。《魏書·蠕蠕傳》。③

大葭蘆水、小葭蘆水 在神木縣北,套内。大葭蘆水在榆林縣西二百二十里,小葭蘆水在縣西二百四十里,[99]地甚良沃。《元和志》。④ 唐榆林即勝州,治在府谷縣北。

湳水 在神木縣北,套内。湳水出美稷縣,東南流,俗亦謂之"遄波水"。[100]東南流入長城東,鹹水出長城西鹹谷,東入湳水。湳水又東南,渾波水出西北窮谷東,南流注湳水。又東經西河富昌縣故城南,又東流入河。《水經注》。⑤ 富昌故城在勝州南。

虎澤即武澤,一名紫澤。 在府谷縣北,套内。西河郡穀羅縣有武澤,在西北。《漢書·地理志》。⑥ 按:此疑即虎澤。後漢永初三年,南單于圍中郎將耿种於美稷。明年,度遼將軍梁慬赴救,至屬國故城,與戰,破之。單于引還虎澤,慬又與种進攻虎澤,單于乞降。《漢書·梁慬傳》。⑦ 美稷屬西河郡。又按:《上林賦》"紫淵經其北",文穎曰:"穀羅縣西北有紫澤。"則虎澤又即

---

① 參見《新唐書》卷四三下《地理志下》,第1148頁。
② 參見《魏書》卷一〇三《蠕蠕傳》,第2294頁。
③ 參見《魏書》卷一〇三《蠕蠕傳》,第2293頁。
④ 參見《元和郡縣圖志》卷四《關内道四》,第110頁。
⑤ 參見《水經注校證》卷三《河水》,第82頁。
⑥ 參見《漢書》卷二八下《地理志》,第1618頁。
⑦ 參見《後漢書》卷四七《班梁傳》,第1592、1593頁。

紫澤也。

右陝西省界,後則山西省界矣。

焦家坪渡

娘娘灘渡

太子灘

羊圈子渡

唐家會渡　口在偏關西七十里,陝西往來渡此。濱河州縣歲鑿冰以防套,萬恭爲築墻四十里。

【校勘記】

[1] 羅:上圖本作"魯"。參見下文"鎮虜堡"之小注"鎮虜,今易名鎮羅",即鎮羅堡、鎮虜堡、鎮魯堡皆爲同一堡。

[2] 營:上圖本無此字。

[3] 市:原作"寺",據下文改。

[4] 縣:原作"協",據上圖本及下文改。

[5] 九:原作"凡",據《秦邊紀略》卷五改。

[6] 初築:《秦邊紀略》卷五作"非驅石築城猶無邊圍也邊圍初築"。

[7] 起於黃河東岸石嘴:《秦邊紀略》卷五無"東岸石"三字。

[8] 三:《秦邊紀略》卷五作"二"。

[9] 橫:《秦邊紀略》卷五作"紅"。

[10] 極衝要:《秦邊紀略》卷五作"極衝要害"。

[11] 田不蕾畬:《秦邊紀略》卷五作"田不蕾畬元昊離宮於此是遵何説與"。

[12] 不可不防:《秦邊紀略》卷五作"不可不防他盜"。

[13] 内有游擊:《秦邊紀略》卷五作"有游戎"。

[14] 東南一帶高平三十里則至花馬池營矣:《秦邊紀略》卷五作"東南至高平三十里至花馬池"。

[15] 同:《秦邊紀略》卷五無此字。

[16] 爲花馬池之患:《秦邊紀略》卷五作"城外楊柳廢堡爲花馬池之患"。

[17] 置增:《秦邊紀略》卷五作"增置"。

[18] 盡於黃甫川:《秦邊紀略》卷五作"東盡於黃甫川"。

[19] 忻:《秦邊紀略》卷五作"恒"。

[20] 順寧川：《秦邊紀略》卷五作"順寧川有古塞焉"。
[21] 鶯窩山：《秦邊紀略》卷五作"鶯窩山有戰場焉"。
[22] 三：《秦邊紀略》卷五作"二"。
[23] 城：《秦邊紀略》卷五作"戍"。
[24] 收：《秦邊紀略》卷五作"攷"。
[25] 倍：原作"陪"，據上圖本改。
[26] 魯：《秦邊紀略》卷五作"虜"，清初多把"虜"改作"魯"。
[27] 收：《秦邊紀略》卷五作"攷"
[28] 魯：《秦邊紀略》卷五作"虜"。
[29] 東西：《秦邊紀略》卷五無"西"字。
[30] 塞：《秦邊紀略》卷五作"寨"。
[31] 慌：《秦邊紀略》卷五作"荒"。
[32] 四里：《秦邊紀略》卷五作"五里"。
[33] 險圁水出塞外之白城兒至此與堡之恍忽都河水：此二十字原漫漶不清，據《秦邊紀略》卷五、上圖本補。
[34] 人馬踐之：此四字原漫漶不清，據《秦邊紀略》卷五、國圖本補。
[35] 五：上圖本作"六"。
[36] 山原：《秦邊紀略》卷五作"平原"。
[37] 堡以爲石：《秦邊紀略》卷五作"堡以名焉"。
[38] 上：《秦邊紀略》卷五作"山"。
[39] 膚：《秦邊紀略》卷五作"虜"。
[40] 大兒鵲堡：《秦邊紀略》卷五作"大兔鵲堡"。
[41] 甚：《秦邊紀略》卷五作"勝"。
[42] 東控土門西引三捷然沿邊之外：此十三字原漫漶不清，據《秦邊紀略》卷五、國圖本補。
[43] 上門塞：《秦邊紀略》卷五作"土門寨"。
[44] 波羅：此二字原脱，據《秦邊紀略》卷五補。
[45] 響水魚河直其南：《秦邊紀略》卷五作"響水直其南"。
[46] 大川口：《秦邊紀略》卷五作"自大川口"。
[47] 常：原作"長"，據《秦邊紀略》卷五及下文改。
[48] 市：原作"寺"，據《秦邊紀略》卷五改。下同。
[49] 北：《秦邊紀略》卷五作"地"。
[50] 虞：《秦邊紀略》卷五作"慮"。
[51] 市：原作"寺"，據《秦邊紀略》卷五改。下同。
[52] 迎：《秦邊紀略》卷五作"匝"。
[53] 過：《秦邊紀略》卷五作"郭"。

[54] 市：原作"寺"，據下文改。
[55] 且族類不一：《秦邊紀略》卷五作"族類不一過此以往未知或知也"。上圖本作"族類不一過此以往未可知也"。
[56] 緞：《秦邊紀略》卷五作"草緞"。
[57] 羊：《秦邊紀略》卷五作"騾驢"。
[58] 至：《秦邊紀略》卷五作"置"。
[59] 芻：《秦邊紀略》卷五作"沙"。
[60] 草：《秦邊紀略》卷五作"茭"
[61] 之水：《秦邊紀略》卷五無此二字。
[62] 至：《秦邊紀略》卷五作"置"。
[63] 墻：《秦邊紀略》卷五作"橋"。
[64] 東：《秦邊紀略》卷五作"東南"。
[65] 塞：《秦邊紀略》卷五作"寨"。
[66] 野灣：《秦邊紀略》卷五作"野麻灣"。
[67] 野馬灣：《秦邊紀略》卷五作"野麻灣"。
[68] 攻：《秦邊紀略》卷五作"豇"。
[69] 南：《秦邊紀略》卷五作"東南"。
[70] 塞：《秦邊紀略》卷五作"寨"。
[71] 峪：《秦邊紀略》卷五作"谷"，下同。
[72] 三：《秦邊紀略》卷五作"二"。
[73] 亦：《秦邊紀略》卷五作"以"。
[74] 北：《秦邊紀略》卷五作"九"。
[75] 村：《秦邊紀略》卷五作"勝"。
[76] 西：《秦邊紀略》卷五作"南"。
[77] 二：《秦邊紀略》卷五作"一"。
[78] 堡：此字原脱，據上文補。
[79] 從東勝州：《秦邊紀略》卷五作"從塞外至東勝州"。
[80] 只防套彝：《秦邊紀略》卷五作"止於防套"。
[81] 略：上圖本作"約"。
[82] 唐：原作"康"，據上文改。
[83] 附：疑當作"市"。
[84] 善能雲舉：原脱"善能"二字，據《水經注校證》卷三《河水》補。
[85] 河水左合："左合"二字漫漶不清，據《水經注校證》卷三《河水》推測爲該二字。
[86] 滿夷谷：原作"蒲夷谷"，據《後漢書》卷二三《竇憲傳》改。
[87] 追擊：原作"邀擊"，據《新唐書》卷一三三《郭知運傳》改。

[88]跋:原作"紽",據上文改。
[89]骨羅山:此三字漫漶不清,據後文補。
[90]五十一里:原作"五十里",據《元豐九域志》卷四《河東路》改。
[91]九十九里:原作"九十里",據《元豐九域志》卷四《河東路》改。
[92]在府谷縣北套內:此七字原漫漶不清,據前文補。
[93]窳渾澤:原作"渾澤",據《水經注校證》卷三《河水》改。
[94]東:此同《〔嘉靖〕陝志》卷一〇,《秦邊紀略》卷六、上圖本均作"西"。
[95]名曰青鹽:原作"青者名曰青鹽",據《水經注校證》卷三《河水》改。
[96]地斤澤安慶澤在懷遠縣北:此十一字原漫漶不清,據國圖本補。
[97]次内:原作"坎内",據《新唐書》卷四三下《地理志下》改。
[98]戍:此字原脱,據《新唐書》卷四三下《地理志下》補。
[99]四十:原作"二十",據《元和郡縣圖志》卷四《關内道四》改。
[100]遒:原作"湍",據《水經注校證》卷三《河水》改。

河套志卷第四

河套内古迹

富平故城,在慶陽府安化縣西南,省嵬城西北。

渾懷障,[1]在忻都城東北,隋靈武廢縣。

朔方臨戎縣故城,在哑把湖北。

臨河縣故城,在高闕東。

河目縣故城,在河南。

朔方郡城,在河南。[2]

渠搜縣故城,在朔方郡東。[3]

河陰縣故城,在西安縣東。

沙南縣故城,在渠搜縣東。[4]

唐龍鎮,在勝州,東至黄河二十里。

洪門鎮,夏州地,唐邠寧節度使張獻甫築洪門鎮城,置兵以防番寇。宋太宗雍熙中,廢夏州,其地屬趙德明,①號洪州。

石堡鎮,本延州西邊鎮塞,宋太宗至道中,[5]陷於元昊,②號龍州,在今中衛縣。

東古城,在犁元山北。

金宿城,在犁元山西北。

石牌樓,在沙領兒東。[6]

---

① 此句疑有誤。宋雍熙中,趙德明尚年幼,其時党項首領爲其父李繼遷。

② 此句疑有誤。宋至道中,元昊尚未出生,其時党項首領仍爲李繼遷。

連城,在沙領兒西。[7]

東勝州,在河北。

武花城,在沙濠西。

尅留運城,在武花城西北。

紅子城,[8]在月兒海子東南。[9]

黃羊城,在牛心山西北。

林州城,在黃羊城西北。

古城子,在海山東。[10]

石窑川城,在紅鹽池西北。[11]

白城子,在北海子西。

交城子,在白城子西。

狄青牢,在佛堂寺東。

佛堂寺,在鴛鴦湖東。

忻都城,在叉罕腦兒城西。

叉罕腦兒,[12]在駱駝山東。[13]

舊花馬池,在忻都城西北。

峰城兒,在舊花馬池城西。

省嵬城,在中衛縣省嵬山下,麥垛山西北,西夏所築。

雞鹿塞,在朔方盛渾縣西北。

河套內物產

白鹽,出長鹽池。

紅鹽,出紅鹽池。

金,出麥垛山,雖有,未見取者。

銀,出麥垛山,雖有,未見取者。

鐵,出麥垛山,套彝常取用。

石煤,出麥垛山,雖有,未見取者。

良馬，出紫河。

野馬，不甚多，或有一二。

駱駝，地煖，宜於養駝。

黄牛。

羊。

青羊。

黄羊。

雉。

兔，甚多，套馬皆貫於射兔。

狐。

狼。

魚，黄河内甚多。

河柳，可爲箭杆。

紅柳，大者合抱，細者緻堅。

短松，即青木香。

甘草，大而甘。

酥油草，馬、牛食之，易肥壯。

艻苦草，甚高廣而粗。考明《朔方新志》："嘉靖十五年，有艻苦灘之捷。"①而《字彙》《正字通》俱無"艻苦"二字，蓋土語也。《康熙字典》增"艻"字，注：本草，野艻草。李時珍曰："摘去方治痞滿。"而"苦"字未增，姑闕，以俟知者。

白茨，甚廣。

蒿柴，甚廣，番名什巴，可以爲薪。

河套内地勢興廢略

按河套之北，黄河環繞，此天地設險以界中外之所。[14]虞夏叙貢，

---

① 參見《朔方新志》卷二《外威·俘捷》，第160頁。

未嘗外焉。自是以來，中國咸有其地。明初亦然，蓋因河套居山陝之上流。向南，水陸俱可達陝省太原；向北，由大青山、兩郎山直通北彝部落；向東，近歸化城，由殺虎、張家二口即抵大同、宣化；向西，自賀蘭山內外，直達甘涼肅西寧；由此又可達青海、哈密等處，毫無大山峻嶺之阻。四至八達之通衢，在此，宜扼天地之險，設立將士，阻河以守，誠乃防外虞、靖中夏之要地也。後委之，匈奴巢穴於內，因而侵犯內地邊鄙，幾無寧歲矣。

昔秦取其地，募內郡貧民充實其中，後沒入匈奴。漢武時，復取其地，朔方郡縣，募民十萬口。及山東大水，徙其貧民於中者，又七十餘萬口。自是隴西、北地、河西北寇益少。然當其時，皆仰給縣官，使者分護，省費以億計。後亦沒入匈奴。唐張仁愿捫御史大夫，代朔方總管，築三受降城，受降之外有青山邐迤，東西二千餘里，山之上置斥候千八百座。突厥不敢逾山牧馬，減鎮數萬，省費以億計。是山之北，方為境外。至宋仁宗時，為夏元昊所并。及元滅夏，不以河套居，彝猶立西夏中興尚書省，以隸之。明洪武初，捨受降而衛東勝，已失一面之險矣，其後又撤東勝以就延綏，則以一面之地遮千餘里之衝。當是時，套無一賊者，以兵威尚盛故也。至正統十四年，以後套彝侵擾邊隘之事，不可枚舉，據河套為巢穴，使耕牧、樵采之利盡失。在套，則犯延寧，出套，則犯宣大，西犯甘涼，其為邊患，猶四肢之疾也。至嘉靖二十九年東渡，糾眾數萬，由古北犯，順畿輔乃為心腹之病矣。大抵河套地勢居山陝上流，其內不可容一彝住牧，必復張仁愿之所經略，挈榆鎮守哨之軍，置大青山，見在墩臺，則烽火明矣。移榆林一帶城堡人民五分之三安插，開墾、整理沿河故址，則保障固矣。采套中材木以擇匠氏，則公廨、兵房、民屋建矣。因套中之鹽池以設監司，則國課興矣。治地分田以興舊日，四野之土，則屯田舉矣。立置設郵，以開三面之路，則王命傳矣。由蘭州、寧夏直抵保德、潼關，木牌船隻往來黃河中不絕，則水路通矣。又展榆林、寧夏之官弁、兵丁，阻河防守。誠乃西北一大雄鎮，全陝全晉永無邊患。若如此，方能消四肢之疾，除心腹之病，斯爲一勞永逸、久安長治之上策也。

延綏鎮

延綏鎮，今在榆林衛。榆林古無鎮，有之自明始。明初亦無鎮，有之自王禎、余子俊始。延綏之間，安内攘外者，莫善於唐，其次則宋，莫不善於明。鎮名延綏者，合延安、綏德而名之也。明正統間，東勝州失守，移置綏德，謂之延綏鎮。正統中，都督王禎始於出哨之水頭，曰"榆林莊"，築榆林堡。成化中，始置衛，故曰"明初無鎮也"。余子俊爲巡撫，成化八年，乃移鎮。東起清水堡之紫城，西至定邊之鹽場，千二百里，棄河套於此，而内增三十六城堡，今爲東、西、中三路，築邊墻墩堡。[15] 其高山深崖，因其形勢，下厚者剗削，稍衍者累築。每三里起對角敵樓，連比不斷，空處築墙，至今仍之。然而邊墻崖塹不修，皆可超越矣。

夫榆林，西連寧夏，東通三晉，南引慶延，北跨河套，東西一千二百餘里之遥，乃畫壤守砂磧不毛之地，示彝以割套，不取之意，及今二百年而莫之改，惜哉！榆林西至寧夏之花馬池六百三十里，東至山西之岢嵐州、樓子營五百四十里。慶陽府在西南四百八十里，延安府在東南四百五十里，[16] 河套在城北十里。榆林西、中二路多黄沙環雍，[17] 中路多山而皆瘠薄不毛之地。

何善乎唐也？延綏之邊，唯北面，唐初因河爲守，仍秦漢也。既而逾河築三城，越出榆林北七百里，未聞轉餉於内地，非善之善乎？宋雖銀、夏、綏、宥、静委於夏，而麟州以及延、鄜皆爲版圖。及元昊日尋干戈，終宋之世莫能平者，據可守之地，得轉餉之方故也。銀、夏、綏、宥、静五州，按銀州即今銀州關也；夏州即赫連氏之統萬，在河套中；宥州亦河套，漢之三封縣，唐之長澤縣，天寶中始名宥州；唯綏、静二州今無可考。麟州，今永興堡。延今延安府。鄜今鄜州。自麟州斜而西南以至延、鄜，其地皆可耕種，且依山阻水，可守。歐陽文忠公謂："麟州用糧七萬餘石，草二千一萬束。"[18] 又云："運輸過河供餽，即此可見轉輸有方也。"

力有餘者當法唐，力不足者當法宋，不再計而决焉。明初，特以大將駐延安，以其爲西北要地。及城東勝，則東受降城之故壤也。雖未盡唐制，而黄河之内，莫非王土。綏德猶且無鎮，而況榆林乎？洪武二十七年，築東勝，在黄河外，即唐之東受降城，俗謂"白城子""黑城子"是也。守東勝則東南與山西之偏頭關、寧武、雁門相爲唇齒，而西南可以屏蔽河套一面矣。東勝西四百里爲中受降城,更西四百里爲西受降城,未復唐制耳。其時套内延綏、寧夏之人,耕牧其中,樵采圍獵,無不往焉。且亦修城設守,防其侵踐。故延、慶之間不知彝患,有河套之屏故也。其時兵屯東勝,故不但榆林無鎮,即延綏亦無兵焉。

東勝不復,則河套空虛之地,宜其或往或來,然未嘗爲巢穴也。[19]當余子俊之時,即不能逾河復三受降城,但因秦、漢故疆,以河爲界,其費與城榆林等,兵不加多而足守。饒野之地可以耕;順流之舟可以挽,[20]三邊皆安,萬世之利也。東勝不復,天順六年,毛里孩、阿羅出、孛羅忽始入河套。猶貢馬獻琛,未爲邊害。未幾即去。成化初,又同癿加思蘭入,[21]始抄掠,即追逐之,北渡。嗣後或一歲一入,或間歲一入。出套則犯大同、宣府,宋永等討之,[22]皆無功,亦未嘗以河套爲巢穴也。今河套内地,乃秦之新秦、河南、上郡,漢之定襄郡,唐之六州,城郭頗多,因河爲塞也。余子俊築邊,東起榆林之清水,西止寧夏之横城,亦一千六百餘里,故曰"與河套等"。有言:"套内沙深土淺,不宜耕稼,不知秦、漢、唐兵民所食何物?且今套内彝類衆近十萬户口、百萬生畜,資何爲生耶?況上游即有河蘭、固原、寧夏,下流即有水西,如遇水旱,皆可鼓棹浮舟也,守河套則偏頭、延綏、寧夏皆無彝患矣。"

苟彝已據,才力不勝,以俟後之人可耳。乃敵有所不争,地有所可守忽焉?而去黄河内地數百里,反在嶇崎磽磝間累築,綿引相接爲長城,延長二千里,外不足爲屏藩之功,[23]内不得有地利之勢,此何爲者哉?徐亨論王禎之失,而余子俊固陷之矣。[24]雖文貴更增大邊,以護屯田,因仍補救,亦何益耶!成化八年,套中無彝住牧,彼此視爲甌脱。雖逾河城受降,[25]彝不及争,況城河南乎?河南以河爲險,有地可耕,誠可守之地。延長二千里,合榆林、寧夏言之,皆爲防河套也。自寧夏之横城至榆林而東,則多山崖,雖少沙患,而瘠不能盡地力矣。[26]雖有王越、曾銑之才,不以爲邀功,則以爲起釁,[27]蓋以榆林有邊故也。彝因築邊,知套内乃中國所棄之地,不事兵革,公然巢穴其中。居比鄰之地,但相隔數尺之墻,小寇大舉,無日無之。故進不如唐,退不如宋,唯有就砂磧間,據垣株守而已,且榆林之兵甚多,坐食窮邊,豈不妄費國帑乎?成化九年,總督王越因滿都魯、孛羅忽等自套入寇韋州,越知子女輜重在套之紅鹽池,乃率兵襲燒焚殺之,[28]彝被大搶,[29]號突渡河北去,不復敢渡者二十餘年。嘉靖間,彝大猖獗,總督曾銑大舉搜套,殺獲甚多,彝皆踉蹡北去,而嚴嵩指爲開釁,銑斬東市,嗣是言搜套復東勝者絶響矣。於是小王子、火篩、俺答、吉囊、火落赤、吉能、銀定等紛紛入套。其後爲患於榆林,於秦、於晉,殺戮動以萬計,邊吏止以邊墻爲界，不敢逾越尺寸，或嬰城自守，或擁兵自衛，彝益驕恣，攻城擴野，[30]邊將邊兵死者不可勝數。天啓元年，插漢入套，套中舊部懼其吞并，多降中國。今之套魯，[31]昔之降彝也。

河　套

自寧夏橫城之東北石嘴子起，至榆林之黃甫川正北止，北面一帶皆名河套也。

河套在寧夏之東北，而黃甫川之正北也。[32]其地東距河則山西之偏頭關，西距河則寧夏府，[33]延長二千里有奇。長城限其南，三面有黃河之阻，其廣或八九百里，或一二百里。[34]荒廢之城郭，州郡往往錯雜其間。河套本中國地，古未有河套之名也。自明築榆林之長城，棄其地於外，而始有河套之名。其地戰國屬於趙，秦爲河南、新秦、上郡、九原地。沿河築城，爲縣三十有奇。漢置五原郡，主父偃所謂河南地肥饒，外阻河，蒙恬城之，內省輸運戍漕，廣中國邊備也。晉因漢，領縣十，後屬符秦。[35]晉末始據於赫連氏，其後宇文泰據有其地。隋置勝州，榆林郡，更築長城。唐初破突厥，以處頡利之來降者，置六州，而以唐人爲刺史。武后并爲二州。中宗置蘭池都督府，分六州爲縣，又改爲寧朔郡。以六縣爲六州，又續增宥州。唐張仁愿北逾黃河，因趙武靈王故址，築三受降城。及靈武中興，而武臣帶甲多出於此。唐末，拓跋思恭、思忠，以討黃巢功，賜姓拜爵，奄有寧夏綏、豐、勝、宥、麟五州地。延五代及宋，遂建國爲夏。及元昊僭號，以夏竦、韓琦、范仲淹爲經略，种世衡、狄青爲將，未能平復。蓋土地廣大，根蒂盤結，非一朝一夕之故，終宋之世，而莫如之何矣？元滅夏，置中書省，亦謂之"中興路"。

明追元敗將於察罕腦兒，王保[36]遂城東勝州，此千里之地，墻塹墩臺，居然腹裏，何嘗有河套之名乎？明東勝不守，毛里孩等往來踐踏，及乩加思蘭糾合滿都魯等，樹黨日多，寇邊日甚，而大同、延綏、寧夏數千里，烽燧不息，鼙鼓相聞者，因彝以河套爲巢穴故也。昔虞詡有言："三郡沃野千里，水草豐美，土宜產牧，宜城邑、耕屯，[37]灼灼明矣。"自葉盛倡誕謾之論，遂堅棄河套之心。嗟乎！古郡縣其中者皆移粟於他所乎？當日延、寧耕植其中者，皆種豆成箕乎？河套户口、畜牧十倍延、寧，昔甚易而今何以難乎？一言喪邦，葉盛之謂也。於是，余子俊、王瓊陰用其言，設重兵於榆林舊堡，築長城。東起黄甫川，西至寧夏石嘴子，乘障列隊，畫壤分疆，[38]舉北面千餘里而棄之，此河套至今不爲内地也。英宗、憲宗之世，未嘗不謀搜河套、復東勝。然當時膺閫外之寄者，則朱勇、趙輔、劉聚之徒，所用非其人。宜其相繼無功，而以搜之復之爲難。及王越搗巢，則河套之易復亦明矣。極有可乘，而卒不能者，因循久而畏懼生，議論多而求備甚，宜乎河套之終於棄也。孝宗之際，火篩入套，肆爲侵陵，延寧、大同數千里間，覆軍殺將。略地攻城，則圖搜套復勝，屯田尤可爲也，[39]而逆黨又從而阻之。正德間，是以有臨洮、固原、鞏昌之禍。迨至嘉靖，視河套爲久棄之地，而平凉、固原、延綏、環慶、寧夏，以至涇州、三原、涇陽咸遭侵虐，[40]動以萬計。宋之王庶有言：延安陷，則南侵三輔，河套之地，勢居上流，如順而下，勢若建瓴。明棄河套而全陝騷動，固如是也。河套之不可棄，彰明較著矣。

夫河套在河山之内，自古爲中國地。亦明所世守者，[41]自築長城後，凡逾短垣，謂之出塞，委河套於敵，而自遺腹心憂。不知復河套而後延、綏、寧，復東勝而後河套守，此必然之勢，中國之利也。唐築受降城，乃禦彝於黄河之外；明築榆林長城，[42]則養彝於黄河之内。[43]自損其腹裏之地，使彝横處其中，豈非棄利就害，徒爲天下後世惜哉！明曾銑雖有壯猷，兵出有功，旋遭嚴嵩、仇鸞之構，遂使主者、效力者，盡於一網。河套者，非彝能取之，乃明棄而與之；非不能復，乃禁人之復耳。東勝之廢纔數十年，棄之非久也。去偏頭關、寧夏纔二三百里，地形非難知也。唐守受降城，明初守東勝，非别屯一軍以助也。河套雖長二千里，然三面距河，黄河爲塹，非綿亘無際也。城郭未盡傾，土壘未盡廢，非如沙漠無可居也。土地肥美，自古迄今，皆利種植,非無委積也。不鼓勇前行,而但守一牆以爲固,塞内之兵民,歲貢其殺戮,可謂據全勝而取敗,反逸爲勞矣。沿河雖有二千餘里,較之邊垣,僅多五百里。移沿寧夏榆林守邊之兵於沿河,因河爲隍,繕壘爲城。一歲而耕,再歲而穫,其利百倍。復套移營,耕墾沃壤,大有益於内地,可知也。

邊　防

陝西防邊之法,考唐三城守之於河外,上策也。蓋守之於河外則險在我,而易爲力;守之於河南則險在虜,而難爲功也。修夾道之牆,時出精兵以搜套,中策也。其下策來則浪戰,去則坐守而已。《苑洛集》。[①] 延綏初築東勝等城,戍守河外。正統間,失東勝,退守黄河。後失河套,又棄河守牆,鎮城舊在綏德,捐米脂、魚河等地於外幾三百里。成化中,徙鎮榆林。東起黄甫川,西至定邊營,千二百餘里。聯墩勾堡,橫截河套之口,遂稱雄鎮。但鎮城不産五穀,芻糧皆仰給腹裏。《明會典》。[②] 榆林舊治在綏德。成化時,余肅敏子俊廣開城垣,增置三十六營堡,其邊牆東起黄甫川,西至定邊營,長千二百餘里,橫絶河套之口,侈其功者曰:鎮包米脂、魚河三百里膏腴地,東連牛心堡,便可應援,[44]西截河套衝,可便耕牧,千三百里樹藝、圍獵、樵采之地,吾得擅而有焉?據險衛内,誠雄鎮也。引爲罪者曰:榆林東有雙山堡,虜由此而寇綏德。我兵之在東者,以無險而不能守也。榆林西南有定邊、花馬池,虜由此而寇固原,[45]我兵在西南者,以路遠而不能援也。且鎮既移,則綏德之兵寡,其不能禦虜必也。憂其危者曰:軍所恃者,食也。自虜據套而耕牧絶,耕牧絶而轉輸艱,轉輸艱而士伍耗。榆林之軍不患不勇,而患恒饑也。惟陝州有河,可通綏德,若計沿河

---

① 參見《苑洛集》卷一九《見聞考隨録二》。
② 參見《大明會典》卷一三〇《鎮戍五·各鎮分例二·延綏》。

郡縣,改徵本色,悉以輸之庶少蘇耳。且夫亂峰墩、野豬峽是直衝魚河之徑,虜若駐兵魚河,則斷榆林、綏德爲兩矣。又自定邊營,西抵寧夏東黃河岸橫城堡三百里,中多平漫沙漠,虜賊大舉,[46]多由此入,當慎之矣。有王者起復河套而守東勝,彼榆林之或有或無,正不足深論也。朱思本《輿地圖》。

榆林地險而防嚴,將士戰不貫冑,虜呼爲駱駝城。舊以陝西左、前、後、右護衛,延安、綏德、慶陽三衛,并河南南陽衛、潁上千户所、直隸潼關、寧山二衛官軍輪班哨守。延安府府谷、安定、安塞、保安四縣,并綏德衛屯種柳樹、會拜堂兒、麻葉河,俱在近邊地方,止是人民屯軍圡兵人等居住。若定委千百户所管屯管一員會同各縣編成行伍,給領軍器,常川操練,就於本縣防守,可代邊軍。河套地方千里,虜數萬入居其中,趁逐水草,四散畜牧。欲大舉南寇,則令人傳示諸部落,約日聚衆而進。既聚衆至二三萬,夜宿火光連亘數十里,我之墩軍夜不收,瞭望先知,我兵可設備矣。虜衆臨牆止宿必就有水泉處安營飲馬。今花馬池牆外有鍋底湖、柳門井,興武營外有蝦蟆湖等泉,定邊營外有東柳門等井,餘地無井泉。又多大沙凹凸,或產蒿深沒馬腹,賊數百騎或可委曲尋路而行,多則不能。故設備之處有限。《明九邊考》。① 新邊自靖虜衛界黄河索橋起,至莊浪界土門山,共長四百里。而蘭莊浪千四百里之衝邊始安。[47]第蘆塘、三眼井等處土疏易圮,時費修築。若按明初舊址,自鎮番直接寧夏中衛,通樹長邊,則外鑰尤壯矣。《五邊考》。

凉州府古浪縣東石硤關爲大靖城要隘,距邊三十里,又距邊三十里。明沙嘴又距邊三十里,小海子又距邊六十里,白澇池又距邊八十里,青羊水又距邊一百二十里,十三個井又距邊一百二十里,土裏無素又距邊一百二十里,黑羖羊湖又距邊二百二十里。三道鹹槽,以上境外九隘口。東通賀蘭,北達北套,西抵鎮番,皆係彝人分道游牧之

---

① 參見《皇明九邊考》卷七《榆林考》,第3、12、13頁。

處。昔人謂於此處按伏，防守哨瞭，則賊之出沒可以預知，而甘寧□□俱保無虞，誠扼要塞險之上策也。

寧夏府寶豐縣西南五十里鎮遠關，舊爲寧夏北境極邊之地關，南五里爲黑山營。《九邊考》。平虜當北而之衝，而鎮遠關，實爲外險，自鎮遠關以至火沙溝，皆有臺堡相接，以斷夷人西行之路。正德初，棄之於外，以致夷人出入無忌。後於王玘口自河抵山，築北門關，北去平羅四十里。寧夏西長城起自靖遠蘆溝界，迆北接賀蘭山，山迆北接北長城，至大河，河迆而南，逾河而東有東長城，長三百六十里，至定邊界，凡周一千一百七十里。

按：《朔方志》云：「夏之邊左河右山，而鎮遠關鎖其交，東西長城絡其端，誠天險也。」明巡撫楊守禮疏略謂：「平虜城百七十里，有鎮遠關在山河之交，最爲要地。南五里故有黑山營，西沿山四十里有打磴口，東西聊屬，烽火嚴明，賊難輕入。弘治前餉缺，卒逋關營不守，打磴口山水俱從此出，竟至衝塌，迹尚可考。正德間，大賊奔入，或從旁乾關、棗兒溝、桃坡等口入，或渡河而過。雖有平虜城，軍馬不足，實難戰守，以故於平虜城北十里許，自山至沙湖築城，東西約五十里。盡西又設臨山堡，居人始敢樵牧。」

明陝西邊城增築

洪武初，撥綏德衛千户劉寵屯榆林莊，莊北由河套直至黃河，千有餘里。正統中，賊入河套擾邊，特敕右府都督王禎鎮守，始奏築榆林城及沿邊塞堡墩臺，以控制之。成化七年，巡撫王銳奏置榆林衛。八年，巡撫余子俊築大邊城，東自延綏黃甫川，北距河西至寧夏紅山堡，下至黃河四十里。弘治間，總制秦紘築二邊城，北爲河套，東至黃甫川，[48]西過乾澗，[49]又西過徐斌水，又西過青沙峴，又西過靖邊衛，[50]又西過花兒岔。[51]乃後大邊城至橫城堡側賊復數入，總制楊一清西距河，東接大邊城，築新城，凡四十餘里。後大邊城清水至定邊營一帶，賊復數入，總制王瓊南距乾澗、乾溝，北過定邊，又西過花馬池北，又西過興武營，北接新邊城，築二百三十餘里。後花馬池、定邊營地離城壞，賊復數入，總制唐龍中改築城四十餘里。[52]後乾澗、乾溝賊復數入，總制劉天和北起乾溝，南過乾澗，接二邊，築六十餘里，總三百里，號新邊城。總制楊守禮初修邊牆四十里，以北皆爲河套。

邊　市

　　世宗嘉靖三十年七月，延綏鎮巡等官張愚等言："本鎮自開國以來，未經開市，法宜慎始，且東西相距千五百里，無邊牆爲限，雖定邊稍有邊牆而地多平漠。惟花馬池界在延、寧二鎮之中，有邊牆三百餘里，可以爲據。宜合二鎮，同此立市，限以日期，先後互易。總督大臣用防秋例，駐此以便調度。兩鎮撫鎮各帶兵馬分布防禦，仍乞比照大同事例，給發帑銀充用。"從之。郜光先奏延、寧二鎮互市應行事宜六條：一議處撫賞，一議定市期，一處置市貨，一議給馬價，一分定市地，一優贍通丁。《世法錄》。① 嘉靖中，俺答開市凡十一處，在延綏者一，曰紅山寺堡。《續文獻通考》。神宗萬曆時邊市，距鎮城之北十里許，爲紅山市。又東爲神木市，又東爲黄甫川市，皆屬國互市處也。正月望後，擇日開市，間一日一市，鎮人習蒙古語者，持貨往市。有土城，不屋，陶穴以居，或施帳焉。其貨則湖茶、蘇布、草段、鹽、烟，不以米，不以軍器。蒙古之至者，則羊絨、駝毛、狐皮、羔皮、牛、羊、兔，不以馬。鎮城及營堡俱有市，而沿邊村落亦間有之，如黄甫川之呆黄坪，清水營之尖堡子，神木營之紅寺兒，清水坪、高家堡之豆峪、萬户峪，建安、雙山之大會坪、通秦砦、金河寺、柳樹會、西寺子，波羅迤西之土門子、白洛城、卧牛城、威武，清平之石人坪，麻葉河，鎮靖之筆架城，[53]靖邊、寧塞迤西之鐵角城、順寧、園林驛、吴旗營、把都、永濟、新

---

① 參見《皇明世法録》卷七三《衝邊嚴備‧陝西》，第16頁。

安邊迤西之鎖骨朵城、張寡婦寺、李家寺、沙家掌、五個掌者是也。其稅少,止數錢,多不過二兩而已。各堡之守備把總司之,於春、秋兩季,解布政司充餉。《延綏鎮志》。①

邊　餉

延綏東起黃甫川,西止定邊營,邊長地遠,爲套虜充斥之地。考之先朝經略,如余子俊、楊一清、王瓊輩,其所建置,修築先焉。蓋設險衛民,實保塞至計也。然竊有説此中軍士更番入衛,疲於奔命,而又以地多沙漠,種植爲難,芻糧不充,曾不宿飽。萬一虜駐魚河,糧道險遠,鎮城坐困,可不爲之經理哉?議者欲於府谷至葭州,由黃河而上,造舟轉運,以濟清水、木瓜、孤山等處,亦爲甚便。近雖題行,而建置倉庾,改徵本色。未聞議及,皆今日之所宜汲汲者。《續文獻通考》。②

霍韜曰:"延綏軍士月糧一石,[54]折銀四錢。成化中,米一石,價銀二石。軍士得銀四錢,買米二石,食烏得不足也。今則銀一錢,僅買米二升,[55]銀四錢,僅買粟八升矣。[56]軍士數口之家,日食八升之粟,[57]如之何可足也?空腹守邊,寒苦交迫,無怪其然矣。[58]然粟價所以先廉而後厚者,何也?成化以前,邊防嚴固,猛將林列,故邊地盡耕,邊粟自多。今則將庸卒弱,不堪支持。地之出粟者寡,人之食粟者衆。成化以前,鹽引皆輸邊粟,故富商自招流民,自墾邊地。其米價自平,而食自足。弘治以後,鹽引輸銀,故富商大賈得輸銀之便,而不復開墾邊地。粟之所以貴,而食之所以不足者,殆爲此也。"《圖書編》。③

九邊舊無客兵,止有主兵。歲輸、民運、屯鹽足以自給,未嘗有兵餉也。即余子俊初開榆林衛時,增置城砦,以民運不繼,奏請江南折糧銀以備緩急。不過一時之權計也。[59]自後軍政不修,屯鹽漸廢,請

---

① 參見《〔康熙〕延綏鎮志》卷二之四《食志·市集》,第92頁。
② 參見《續文獻通考》卷二三二《邊關上》,第9、10頁。
③ 參見《圖書編》卷八八《議邊權附》,第55頁。

發帑金,歲以爲常。嘉靖末,延綏一鎮軍餉年例費以二十七萬計,況萬曆以後哉?夫以九邊數十萬之衆,不耕而仰食於民,國家之力幾何而不困也?《延綏鎭志》。①

今關陝所需,皆山西、河南所給。而三方之地,俱近黃河。其間雖有三門、析津、龍門之險,然昔漢、唐糧餉由此而通,即今鹽船木筏,往來無滯。且以今戶部所計,山西米豆必令運貯楡林及保德州縣諸倉,河南米豆必令運貯潼關衛及陝州諸倉。其諸州、衛地皆瀕河,可通舟楫。踵往古故迹而行,免當今陸運之害,公私之利悉當萬萬也。況今河道當潼關之北數十里,接連渭河,可通陝西及鳳翔、鞏昌。渭河西流數十里,[60]接連洛河,可通延安。及北上源可通邊堡。渭河西流三百餘里接連涇河,可通慶陽。又龍門之上舊有小河,徑通延綏。倘加修濬,必可行舟。此宜簡命水部之臣,示以必行之意,相度地形,[61]按求古迹某處避險可以陸運,某處可立倉以備倒運,某處可造船以備裝運。淤塞悉加導滌,漕河務在疏通,毋憚乎一時之勞,而失永久之利。如是則不但三方之困可紓,雖四方之物亦無不可致矣。明吏部尚書倪岳《邊漕略》。[62]

禦邊莫先於足兵,募兵莫先於足食;而足食之計,唯有理河運、廣爲儲蓄而已。若黄甫川、清水營、木瓜園、孤山、鎭羌、永興六堡,則皆近河者也。臣舊爲岢嵐副使時,嘗一通河運以濟偏頭關支儲。而晉之興臨、保德,秦之葭州、吳堡,舟皆直達於邊,近者止隔二三十里,遠者不過五六十里,如京運間支通倉事例也。當時謂臣所舉,出於尋常心思之外,咸以爲便。臣愚謂今日足食以濟府谷一縣、黄甫川六堡之急計,莫有善於此者。蓋府谷、黄甫川地勢稍南,尤便於偏頭關耳。合無容臣量造運船二三十隻,每隻約載五六十石,一面動發官銀,於山西興臨、保德,各積粟地方易買,仍行之彼處,撫按衙門轉行。府、州、縣官員,當念恤鄰之義,勿得遇羅自便。一面聽臣行文陝西布政

---

① 參見《〔康熙〕延綏鎭志》卷二之四《食志·賦餉》,第83頁。

司,將撫屬葭州、吳堡縣應解本鎮錢糧,改納本色,俱聽臣運赴府谷縣量,蓋倉廒收貯,以濟一縣六堡之急。蓋府谷爲總會之處,去河止隔一里,無盤剝之費。黃甫川、清水營去河止二十五里,[63]因而挖運及之,亦無寇鈔之擾。惟孤山去府谷四十里,鎮羌、永興、木瓜園去府谷六十里,雖跋涉稍遠,若乘時放之,及量爲運送,較之商販不至,糴買不出者,亦大有間也。或者謂船多,恐敵緣之而渡,貽害河東。然造船非自今日始也,各處渡口官造渡船甚多,民間亦有裝載柴米船隻,節年未聞有窺伺之者,[64]況臣前在岢嵐所造船隻因破此議,[65]止堪渡人,不堪渡馬,群情始釋,此見在尤可考者也。[66]明巡撫延綏都御史王遴《黃河運道疏》。①

鹽法抄

洪武中,招商中鹽,每鹽一引,納銀八分。官之徵至薄,商之獲至厚,故鹽價平賤,民受其賜。永樂間,每鹽一引,輸邊粟二斗五升,商稅雖加,邊糧仰足,民猶利賴之也。永樂中,下輸粟於邊之令,凡富商大賈於三邊自出財力,自招游民,自墾荒田,自藝菽粟,自築墩臺,自立堡伍。田日熟,年穀屢豐。至天順、成化間,甘肅寧夏粟石直銀二錢,而邊以大裕。成化中,户部尚書葉淇言:商人輸粟二斗五升,支鹽一引,是以銀五分得鹽一引,於爲利已,泰請更其法,課輸銀於運司,銀四錢一分,支鹽一引,文銀二錢,可得粟一石,是鹽一引,得粟二石也。以一引之鹽致八倍之獲於國利,而銀納運司,道近而便安,是上下交利之道。奏可。於是,商人引鹽,悉輸銀於運司彙解户部,鹽銀歲驟增至百萬餘兩。然輸粟於邊之法既廢,西北商徙家於淮,以便鹽。於是,田作坐廢,墩臺坐穨,保伍坐圮,游民日散,邊地爲墟,邊儲枵然。邊以大困,此又安邊足用之長策,大弊而不可復者也。《廣治

---

① 參見《〔康熙〕延綏鎮志》卷六之一《藝文志·經理黃河運道疏》,第467、468頁。

平略》。

　　國初，召商中鹽，量納糧料實邊，不煩轉輸而食自足。謂之"飛輓"。後因積納數多，價直亦賤，興利之。臣遂改議，上納折色，行之既久，習以爲常。彼時改折，糧料有餘而價亦賤，計以所入。爲贏利，未爲不可。近來糧料不足，而價以騰貴，徒煩轉糴邊用索矣。大率鹽一引，納銀五錢，先時可糴米一石，今多不過三四斗，或二三斗，故商人所納數倍於前，而國初之所資以餉軍者，實則無增於舊。彼此虧費其弊益滋，是故多得銀不如少得米，省和糴之擾也。杜浸剋之弊也，慰待哺之望也，漸墾邊地以致殷富也，一舉四善具焉。説者又謂曾開納本色，召商不至，蓋向者上納本色，時商自募民耕種，塞下而得穀爲易。又塞下之積甚多，而價輕又無戎虜之患，今則耕種廢矣，塞下之積虛矣。穀價騰湧，强虜出没，勢不安居。商人安得糧料，應召募乎？欲復本色，非減斗頭利商人，使商人趨利而開墾邊地不可也，然必遲之四五年而後得其利。河東之鹽惟在天時，非苦雨水深而鹽不結，則池涸水乾，而鹽不生，是產鹽之利不易也。鹽不易生而課銀不減，是以商與竈丁俱困，而國與民俱病也。且河東之鹽多苦，不可食。轉之於秦官，派之而定其價，民出其直，而鹽歸於無用，是行鹽之地固病之者也。

　　嘗按花馬池一帶皆有產鹽之地，此鹽出之於土，即爲鹽根，自成爲鹽，是不必須之於天時者也。爲今之計莫如改河東之鹽於花馬池一路，即移河東、西，分司居之，將河東發陝西鹽引二十二萬有餘，約銀之萬餘兩，免其徵派，即令商人照河東價銀三錢二分，糴買糧草，施之平延諸郡，以供三邊之費，扣其銀兩數目，即以太倉發陝西年例銀徭，發山西以補陝西原派鹽課之數。如此不更便乎？事雖更張，實無紛亂於國計民生，所爲裨益者，蓋不淺矣。況此鹽一開，則延平之際，商賈輻輳齊民貿易，雖凶荒猝至，可以不患也。《圖書編》。[1]

---

① 參見《圖書編》卷九一《議改河東鹽課》，第46、47頁。

【校勘記】

[1] 渾：原作"鄆"，據《水經注·河水》和《漢書·地理志》改。

[2] 河南：原作"南河南"，據《〔嘉靖〕陝志》改。

[3] 在朔方郡東：《〔嘉靖〕陝志》《〔萬曆〕延志》作"在朔方郡城東"。

[4] 渠搜縣：《〔嘉靖〕陝志》《〔萬曆〕延志》作"河陰縣"。

[5] 太宗：原作"仁中"，據上圖本、《〔嘉靖〕陝志》改。

[6] 沙領兒：《〔嘉靖〕陝志》《〔萬曆〕延志》作"沙嶺兒"。

[7] 同上。

[8] 紅子城：《〔嘉靖〕陝志》《〔萬曆〕延志》作"紅城子"。

[9] 子：《〔嘉靖〕陝志》無此字。

[10] 海山：《〔嘉靖〕陝志》作"海子山"。

[11] 在紅鹽池西北：《〔嘉靖〕陝志》《〔萬曆〕延志》作"在海子山西"。

[12] 叉罕腦兒：《〔嘉靖〕陝志》作"叉罕腦兒城"。

[13] 東：《〔嘉靖〕陝志》作"西"。

[14] 中外：《〔嘉靖〕陝志》作"華夷"。

[15] 築邊墻墩堡：《秦邊紀略》卷五作"築邊墻連墩勾堡"。

[16] 東南：《秦邊紀略》卷五作"西南"。

[17] 西中：《秦邊紀略》卷五作"西南"。

[18] 千：《秦邊紀略》卷五作"十"。

[19] 巢穴：《秦邊紀略》卷五作"王庭"。

[20] 順流：《秦邊紀略》卷五作"水次"。

[21] 乱加思蘭：《秦邊紀略》卷五作"乱的思蘭"。

[22] 宋永：《秦邊紀略》卷五作"朱永"。

[23] 屏藩：《秦邊紀略》卷五、上圖本作"蕃屏"。

[24] 陷：《秦邊紀略》卷五作"蹈"。

[25] 城受降：《秦邊紀略》卷五作"受降城"。

[26] 力：《秦邊紀略》卷五作"利"。

[27] 起：《秦邊紀略》卷五作"啓"。

[28] 襲燒焚殺：《秦邊紀略》卷五作"襲殺焚燒"。

[29] 搶：《秦邊紀略》卷五作"創"。

[30] 擴：《秦邊紀略》卷五作"掠"。

[31] 魯：《秦邊紀略》卷五作"虜"。

[32] 黃甫川之正北：《秦邊紀略》卷六作"榆木山之北"。

[33] 府:《秦邊紀略》卷六作"衛"。
[34] 或一二百里:《秦邊紀略》卷六作"狹隘或一二百里"。
[35] 符:《秦邊紀略》卷六作"苻"。
[36] 王保:《秦邊紀略》卷六作"王保保"。
[37] 耕屯:《秦邊紀略》卷六作"事耕屯"。
[38] 畫:《秦邊紀略》卷六作"劃"。
[39] 屯田:《秦邊紀略》卷六作"開屯田"。
[40] 侵虐:《秦邊紀略》卷六作"虔劉"。
[41] 亦:《秦邊紀略》卷六作"有"。
[42] 長城:《秦邊紀略》卷六作"堡"。
[43] 黃河:《秦邊紀略》卷六作"河套"。
[44] 便可:《〔雍正〕陝志》卷三五《兵防》作"可便"。
[45] 虜:《〔雍正〕陝志》卷三五《兵防》作"彼"。
[46] 虜賊:《〔雍正〕陝志》卷三五《兵防》作"敵人"。
[47] 蘭莊浪:《〔乾隆〕甘志》卷一〇作"蘭靖莊浪"。
[48] 至:《〔嘉靖〕陝志》作"自"。
[49] 西過乾澗:《〔嘉靖〕陝志》作"南距河西過乾澗"。
[50] 靖邊衛:《〔嘉靖〕陝志》作"靖虜衛"。
[51] 西過:《〔嘉靖〕陝志》作"西北至"。
[52] 中:《〔嘉靖〕陝志》無此字。
[53] 靖:原作"清",據《〔康熙〕延綏鎮志》卷二之四《食志·市集》改。
[54] 延綏:《圖書編》卷八八《議邊權附》作"甘肅延綏"。
[55] 米:《圖書編》卷八八《議邊權附》作"粟"。
[56] 銀四錢僅買粟八升矣:此九字原脱,據《圖書編》卷八八《議邊權附》補。
[57] 日:《圖書編》卷八八《議邊權附》作"月"。
[58] 空腹守邊寒苦交迫無怪其然矣:此十三字原脱,據《圖書編》卷八八《議邊權附》補。
[59] 權計:《〔康熙〕延綏鎮志》卷二之四《食志·賦餉》作"權宜計"。
[60] 十:原作"千",據《陝西通志》卷三八、《〔康熙〕延綏鎮志》卷六之一《藝文志·邊漕疏》改。
[61] 地形:《〔康熙〕延綏鎮志》卷六之一《藝文志·邊漕疏》作"地勢"。
[62] 邊漕略:《〔康熙〕延綏鎮志》卷六之一《藝文志》題作"邊漕疏",參見《〔康熙〕延綏鎮志》卷六之一《藝文志·邊漕疏》,第456、457頁。
[63] 去河:此二字原脱,據《〔康熙〕延綏鎮志》卷六之一《藝文志·經理黃河運道疏》補。
[64] 有:此字原脱,據《〔康熙〕延綏鎮志》卷六之一《藝文志·經理黃河運道疏》補。
[65] 在:原作"任",據《〔康熙〕延綏鎮志》卷六之一《藝文志·經理黃河運道疏》改。
[66] 在:《〔康熙〕延綏鎮志》卷六之一《藝文志·經理黃河運道疏》無此字。

河套志卷第五

藝文一　奏　疏

議復三郡[1]　漢　虞詡

臣聞子孫以奉祖爲孝，君上安民爲明，此高宗、周宣所以上配湯、武也。《禹貢》雍州之域，厥田惟上，且沃野千里，穀價殷積，又有龜茲、鹽池以爲民利。上郡龜茲縣有鹽官，即今榆林府地。水草豐美，土宜產牧，牛馬銜尾，群羊塞道。北阻河山，乘陁據險。因渠以漑，水舂河漕，用功省少，而軍糧饒足。故孝武皇帝及光武築朔方，開西河，置上郡，皆爲此也。而遭元元無妄之災，衆羌内潰，郡縣兵荒二十餘年。夫棄沃壤之饒，損自然之財，不可謂利。離河山之阻，守無險之處，難以爲固。今三郡未復，安定、北地、上郡。園陵單外而公卿選懦，容頭過身，張解設難，但計所費，不圖其安。宜開聖德，考行所長。

備邊疏　宋　張齊賢

清遠軍陷沒以來，青岡砦燒棄之後，靈武一郡，援隔勢孤，此繼遷之所覬覦而必至者也。以事勢言之，加討則不足，防遏則有餘。其計無他，蕃部大族首領素與繼遷有隙者，若能啗以官爵、誘以貨利，結之以恩信而激之以利害，則山西之蕃部族帳，靡不傾心朝廷矣。臣所領十二州軍，見二萬餘人，若緣邊料柬本城等軍，更得五萬餘人，招致蕃部，其數又逾十數萬。但彼出則我歸，東備則西擊，使之奔走不暇，何能爲我患哉？今靈武軍民不翅六七萬，陷於危亡之地。若繼遷來春於我兵未舉之前，發兵救援靈武，盡驅其衆，并力攻圍，則靈州孤城必難固守。萬一失陷，賊勢益增，縱多聚甲兵，廣積財貨，亦難保必勝矣。臣所以乞封潘羅支爲六谷王而厚以金帛者，恐繼遷旦暮用兵斷彼賣馬之路也。苟朝廷信使得達潘羅支，則泥埋等族、西南遠蕃不難招集。西南既禀命，[2]而緣邊之勢張，則鄜、延、環、慶之淺蕃，原、渭、鎮戎之熟户，自然歸化。然後使之與對替甲兵及駐泊軍馬互爲聲援，則萬山聞之，必不敢於靈州、河西頓兵矣。萬山既退，則賀蘭蕃部亦稍稍叛繼遷矣。若曰名器不可以假人，爵賞不可以濫及，此乃聖人爲治之常道，非隨時變易之義也。

靈州事宜疏　張齊賢

靈州斗絶一隅，當城鎮完全、磧路未梗之時，中外已言合棄。自繼遷爲患以來，危困彌甚。南去鎮戎約五百餘里，東去環州僅六七日程，如此畏途，不須攻奪，則城中之民何由而出，城中之兵何由而歸？欲全軍民，理須應接。爲今之計，莫若增益精兵，[3]以合西邊屯駐、對替之兵，從以原、渭、鎮戎之師。率山西熟户，從東界而入，嚴約師期，兩路交進。設若繼遷分兵以應敵，我則乘勢而易攻。且奔命道途，首尾難衛，千里趨利，不敗則禽。臣謂兵鋒未交，而靈州之圍自解。[4]然後取靈州軍民，而置砦於蕭關、武延川險要處，以僑寓之。如此則蕃漢土人之心有所依賴，裁候平寧，却歸舊貫。然後縱蕃漢之兵，[5]乘時以爲進退，則成功不難矣。

經制西邊疏　張齊賢

臣在先朝，常憂靈、夏兩鎮終爲繼遷并吞，言事者以臣所慮爲太過，略舉既往之事以明本末。當時臣下皆以繼遷祇是懷戀父祖舊地，[6]別無他心。先帝與以銀州廉察，庶滿其意。爾後攻劫不已，直至降麟府州界。八部族蕃酋又脅制賀蘭山下，帳族言事者猶謂封獎未厚。洎陛下賜以銀、夏土壤，寵以節旄，自此奸威愈滋，逆志尤暴。屢斷靈州糧路，復撓緣邊城池，數年之間，靈州終爲吞噬。當靈池、[7]

清遠軍垂欲陷没，臣方受經略之命。臣思繼遷須是得一兩處強大蕃族與之爲敵，此乃以蠻夷攻蠻夷，古今之上策也。遂請以六谷名目封潘羅支，俾其展效。其時近臣所見，全與臣謀不同，多爲阻撓。及繼遷爲潘羅支射殺，邊患謂可少息。今其子德明依前攻劫，柝逋游龍鉢等盡在部下，[8]其志又似不小。臣慮德明乘大駕東幸之際，去攻六谷，則瓜沙、甘肅、于闐諸處漸爲控制矣。向使潘羅支尚在，則德明未足爲虞。今潘羅支已亡，厮鐸督恐非其敵，望委大臣經制其事。

言邊事　宋琪

臣頃任延州節度判官，經涉五年，雖未嘗躬造夷落，然嘗令蕃落將和斷公事，歲無虛月，蕃部之事，熟於聞聽。大約党項、吐蕃風俗相類，其帳族有生户、熟户。接連漢界、入州城者謂之熟户，居深山僻遠、橫過寇略者謂之生户。其俗多有世讎，不相來往。遇有戰鬥，則同惡相濟，傳箭相率，其從如流。雖各有鞍甲，而無魁首統攝，并皆散漫山川，居常不以爲患。党項界東自河西銀、夏，西至靈、鹽，南距鄜、延，北連豐、會。厥土多荒隙，是前漢呼韓邪所處河南之地，幅員千里。從銀、夏至青、白兩池，地惟沙磧，俗謂平夏，拓拔，蓋蕃姓也。自鄜、延以北，多土山栢林，謂之南山野利，蓋羌族之號也。

從延州入平夏有三路：一，東北自豐林縣葦子驛至延川縣接綏州，[9]入夏州界；一，正北從金明縣入蕃界，至蘆關四五百里，方入平夏州南界；[10]一，西北歷萬安鎮經永安城，出洪門至宥州四五百里，是夏州西境。我師如入夏州之境，宜先招致接界熟户，使爲鄉道。其強壯有馬者，令去官軍三五十里，踏白先行。緣此三路土山，柏林溪谷相接，而復隘陝，不得成列，躡此鄉導，可使步卒多持弓弩鎗鋸隨之，[11]以二三千人登山偵邏，俟見坦途寧静，可傳號勾馬遵路而行，我皆嚴備，保無虞也。長興四年，夏州李仁福死，有男彝超擅稱留後。當時詔延州安從進與李彝超換鎮，彝超據夏州，固不奉詔。朝廷命邠州藥彥稠總兵五萬，送從進赴任。時頓兵城下，議欲攻取，軍儲不繼，遽命班師。而振旅之時，不能嚴整，失戈棄甲，遂爲邊人之利。

臣又聞党項號爲小蕃，非是勍敵，若得出山布陣，止勞一戰，便可盪除。深入則餽運艱難，窮追則窟穴幽隱。莫若緣邊州鎮，分屯重兵，俟其入界侵漁，方可隨時掩擊。非惟養勇，亦足安邊。凡烏合之徒，勢不能久，利於速鬥，以逞兵鋒。莫若持重守疆，以挫其銳。彼無城守，衆乏糇糧，威賞不行，部族分散。然後密令覘其保聚之處，預於麟、府、鄜、延、寧、慶、靈武等州約期會兵，四面齊進，絕其奔走之路，合勢擊之，可以剪除，無噍類矣。仍先告諭諸軍，[12]擊賊所獲生口、資畜，許爲己有。彼爲利誘，則人百其勇也。靈武路自通達軍入青岡峽五百里，皆蕃部熟户。向來使人、商旅經由，并在部族安泊，所求賂遺無幾，謂之打當，亦如漢界逆旅之家宿食之直也。此時大軍或須入其境，則鄉道踏白，當如夏州之法。況彼靈州，便是吾土，芻粟儲蓄，率皆有備。緣路五七程，不煩供餽，止令逐部兵騎，[13]裹糧輕齎，便可足用。諺語所謂"磨鎌殺馬"，劫一時之力也，旬浹之餘，固無闕乏矣。

攻守方略疏　陳執中

元昊乘中國久不用兵，竊發西陲，以游兵困勁，卒甘言悅守臣，一旦連犯亭障，延安幾至不保。此蓋范雍納詭說，失於戒嚴。劉平輕踰，喪其所部。上下紛攘，遠近震駭。自金明李士彬族破，而并邊籬落，皆大壞。塞門、金明相距二百里，宜列修三城。城兵千人，[14]益募弓箭手，寇大至則退保，小至則出鬥。選閤門祗候以上爲塞主，[15]都監，以諸司使爲蘆關一路都巡檢，以兵二千屬之，使爲三砦之援。

熟羌居漢地久者，委邊臣拊存之，[16]反覆者，破逐之。至於新附點羌，如涇原康奴、滅臧、大蟲族，久居内地，常有叛心，不肆剪除，恐終爲患。今軍須之出，民已愁嘆，復欲遍修城池，如河北之制，及夏須成，使神運之，猶恐不能，民力其堪此乎。陝西地險，非如河北，惟涇州、鎮戎軍勢稍平易，若不責外守而勞內營，非策之上也。宜先并邊城池，其次如延州之鄜，同環、慶之邠、寧，不過五、七處，量爲營葺，則科率減,民力蘇矣。今賊勢方張,宜靜守,以驕其志,蓄銳以挫其鋒,增土兵以備守禦,省騎卒以減轉饟,然後徐議盪平、改張制度,[17]更須主張將臣,橫議不入,則忠臣盡節而捐軀矣。

論西事劄子　范仲淹

臣聞兵家之事,在先觀虛實之勢,實則避之,虛則攻之。今緣邊城寨有五七分之備,而關中之備無二三分。若昊賊知我虛實,必先脅邊城,不出戰則深入,乘關中之虛,小城可破,大城可圍。或東阻潼關,隔兩川貢賦。緣邊懦將不能堅守,則朝廷不得高枕矣。爲今之計,莫若且嚴邊城,使永久可守,[18]實關內,使無虛可乘。西則邠州、鳳翔爲環、慶、原、[19]渭之聲援,北則同州、河中府扼廊、延之要害,東則陝府、華州據黃河、潼關之險,中則永興爲都會之府,各須屯兵三二萬人。若寇至,使邊城清野,不與大戰。關中稍實,豈敢深入。復命五路修攻取之備,張其軍聲,分彼賊勢,使弓馬之勁無所施,牛羊之貨無所集。三二年間,彼自困弱。待其衆心離叛,自有間隙,則行天討,此朝廷之上策也。

又聞邊臣多請五路入討,臣竊計之,恐未可以輕舉也。太宗朝以宿將精兵北伐西討,艱難歲月,終未收復。緣大軍之行,糧車甲乘,動彌百里。敵騎輕捷,邀擊前後,乘風揚沙,一日數出。進不可前,退不可息。水泉不得飲,沙漠無所獲,此所以無功而有患也。況今承平歲久,中原無宿將精兵,一旦興深入之謀,擊難制之虜,[20]臣以國之安危,[21]未可知也。

然則漢唐之時,能拓疆萬里者,蓋當時授任,[22]與今不同。既委之以兵,又與之稅賦,而不求速效,故養猛士、延謀客,日練月計,以待其隙。進不俟朝廷之命,退不觀有司之責,[23]觀便乘勝。如李牧之守邊,可謂善破敵者,惟陛下深計而緩圖之。

論夏人納鹽易茶[24]　包拯[25]

臣伏見西虜再遣楊守素詣闕請命,而朝旨方議,納其誠款,此亦安民禦邊之長策也。風聞道路云：元昊欲歲納青鹽，貿易茶貨，然未審虛實。緣元昊數州之地財用，所出并仰給於青鹽。自用兵以來，沿邊嚴行禁約者乃困賊之一計，爾今若許以歲進數萬石，必恐禁法漸弛，奸謀益熾。不惟侵奪解鹽課利，亦慮浸成大敝，關防或未能制。若稍行捉捕，則棄前恩結後怨，此亦必然之勢也。

議者復欲令運於關東支用，或許客人裨販，則又不免配率車乘，轉成騷擾。固朝廷所宜慎重，此舉如不獲已，則不若於前來許賜帛繒、茶貨，數量與增加，亦可以弭亡厭之求，兼此劇賊，猖狂難保，沿邊塞柵，備禦之具，亦不可少懈。

論麟州事宜劄子　歐陽修

臣昨奉聖旨至河東與明鎬商量麟州事。緣臣未到間，鎬已先有奏議。尋再准樞密院劄子，備錄鎬等所奏，令臣更切同共從長相度。臣遂親至河外相度利害，與明鎬等再行商議，乞那減兵馬人數，可以粗減兵費，已具連署奏聞。此外臣別有短見，合盡條陳其利害措置之說，列爲四議。一曰辨衆説，二曰較存廢，三曰減寨卒，四曰委土豪。如此則經久之謀庶近禦邊之策，謹具畫一如後。[26]

一曰辨衆説。臣竊詳前後臣僚起請，[27]其說有四：或欲廢爲寨名，或欲移近河次，或欲抽兵馬以減省饋運，或欲添城堡以招輯蕃、漢。然廢爲寨而不能減兵，則不若不廢。苟能減兵而省費，則何害爲州？其城堡堅完，[28]地形高峻，乃是天設之險，[29]可守而不可攻。其至黃河與府州，各纔百餘里，若徙之河次，不過移得五七十里之近，而棄易守難攻之天險，以此而言，移、廢二説，未見其可。至如抽減兵馬，誠是邊議之一端。然兵冗不獨麟州，大弊乃在五寨，若只減麟州而不減五寨，與不減同。凡招輯蕃、漢之民，最爲實邊之本，然非朝廷一時可自爲，[30]必須委付邊臣，許其久任，漸推恩信，不限歲年，使得失不擊於朝廷之急，而營緝如其家事之專，[31]方可收其遠效，非二年一替之吏所能爲也。[32]臣謂減兵添堡之說，近之而未得其要。

二曰較存廢。今河外之兵，除分休外，尚及二萬。大抵盡河東二十州軍，以贍二州、五寨。爲河外數百邊户而竭數百萬民財，賊雖不來，吾已自困。使賊得不戰疲人之策，而我有殘民歛怨之勞。以此而思，則似可廢，然未知可存之利。今二州、五寨雖云空守無人之境，然賊亦未敢據吾地，是尚能斥賊於二三百里外。若麟州一議移廢，則五寨勢亦難存，兀爾府州便爲孤壘而自守不暇，是賊可以入據我城堡，耕牧我土田，夾河對岸，爲其巢穴。今賊在數百里外，沿河尚費於防秋，若使夾岸相望，則泛舟踐冰，終歲常憂寇至，沿河内郡，盡爲邊戍。以此而慮，則不可不存，然須得存之之術。

三曰減寨卒。臣勘會慶曆三年一年用度，麟州用糧七萬餘石，草二十一萬餘束。五寨用糧一十四萬餘石，草四十萬餘束，其費倍於麟州。於一百二十五里之地列此五寨，除分兵歇泊外，尚有七千五百人，别用二千五百人負糧，又有并、忻等十州軍百姓輸納外，及商旅入中往來，其冗長勞費，不可勝言。逐寨不過三五十騎巡綽伏路，其餘坐無所爲。蓋初建五寨之時，本不如此，寨兵各有定數，建寧置一千五百人，其餘四寨，各止三百至五百，今之冗數，并是後來增添。臣謂今事宜稍緩，不比建寨之初，然且約舊數，尚不至冗費。臣請只於建寧留一千人，置一都巡檢，其鎮川、中堠、百勝三寨，各留五百。其餘寨兵所減者，屯於清寨堡，[33]以一都巡檢領之。緣此堡最在近東，隔河便是保德軍，屯兵可以就保德軍請糧，則不煩輸運過河供饋。若平日路人宿食諸寨，五百之卒巡綽有餘。或些小賊馬，則建寧之兵可以禦捍；若賊數稍多，則清寨之兵不失應援。[34]蓋都不去百里之内，非是減兵，但那移就食而已。如此則河外省費，民力可紓。

四曰委土豪。今議麟州者，存之則困河東，棄之則失河外。若欲兩全而不失，莫若擇一土豪，委之自守。麟州堅險，與兵二千，其守足矣。况所謂土豪者，乃其材勇獨出一方，威名既著，敵所畏服，又能諳敵情僞，凡於戰守不至乖謀。若委以一州，則其當自視州如家，[35]擊已休戚，其戰自勇，其守自堅。又其既是土人，與其風俗情接，人賴其勇,亦喜附之,則蕃、漢之民可使漸自招集。是外能捍賊而戰守,内可輯民以實邊,省費減兵,無所不便,比於命吏而往,凡事仰給於朝廷,利害百倍也。必用土豪,非王吉不可。吉見在建寧寨,蕃、漢依吉而耕於寨側者已三百家,其材勇則素已知名,況其官序自可知州。一二年間,視其後效。苟能善守,則可世任之,使長爲捍邊之守。

右臣所陳,乃是大計。伏望聖慈特賜裁擇。若可以施行,則紓民減費之事,容臣續具條列。取進止。

論復置豐州劄子　司馬光

臣等伏見,國家復置豐州故城,仍差人知州,此誠河西險要之地,修之甚便。然其地勢孤絶,外迫寇境,曩者王氏知州之時,所部蕃族甚衆,有永安、來遠、保寧三寨,皆以蕃族守之。慶曆初,拓跋元昊攻陷州城,州民及三寨蕃族盡爲所虜,掃地無遺。今州城之中,但有丘墟瓦礫,環城數十里,皆草莽林麓而已。若建以爲州,則須復設外寨備置。官吏廣屯兵馬,多積芻糧,皆應調發内地之民,以奉之勞費甚大,此所謂"狥虛名而受實弊也"。頃年,朝廷欲修豐州城,河東經略司嫌其單外,乃於其南數十里築永寧堡,其地窪下居兩山間,疏惡難守。今既修豐州,[36]則永寧堡深在腹内,無所復用。臣等以爲不若遷永寧堡於豐州故城,其兵馬、芻糧不須增益,[37]但擇使臣有材略者使守之,不必假以知州之名,仍召募蕃漢之民,使墾闢近城之田,俟民物繁庶皆如其舊,然後陞以爲州,亦未晚也。取進止。

言陳述古劄子 治平二年正月　司馬光

臣竊聞,陝西都轉運使陳述古昨因巡邊妄奏稱邊鄙寧静,不足爲慮,後因權涇原路經略司事,聞副總管劉几稱西人點集,將謀入寇,請出兵防禦。[38]述古恐與前奏相違,因此怒,几奏稱不協軍情,張皇生事,擅移几知鳳翔府。數日之間,西人果大舉犯邊,殺掠弓箭手及熟户、蕃部。述古亦不即時發兵救援,致陷没。數千户近者雖知朝廷已差臺官勘述古罪狀，然竊聞所坐止於擅移劉几，及奏狀有不實之處，若以文吏議之，罪不至重，若以國計言之，爲害實深，何則國家承平日久，人不習戰。雖屯戍之兵亦臨敵難用，唯弓箭手及熟户、蕃部皆生長邊陲，習山川道路，知西人情偽，材氣勇悍，不懼戰鬥。從來國家賴之以爲藩蔽，今述古知西人欲來侵擾，而自避翻覆之辜，順成欺罔之謀，抑遏將官不許救護。遂以數千户生民委於虎口，使父子流離、骨肉塗炭。豈惟已陷没者深可哀痛？臣恐自今以後，諸路弓箭手皆不敢於極邊居，止熟户、蕃部皆有叛國從賊之心。以此觀之，其害豈小哉？況述古出於門蔭，材氣庸鄙。自歷官以來，所至之處縱恣胸臆，殘虐吏民，不顧憲典，輕侮王命，驕暴狠狡，天下共知。屢會坐事黜降，[39]旋復收用。叨竊名位，一朝至此誠過其分量，故天奪之魄，舉措乖謬，駭人視聽，陷敗民命，挫辱國威，内外之人無不憤疾。臣聞舜誅四凶而天下服，如述古平生所爲，亦可以謂之凶人矣。陛下縱不欲明加斧鉞以謝邊民，亦當投之荒裔以禦魑魅，庶使封疆之臣少加警懼。取進止。

乞罷刺陝西義勇第四劄子　司馬光

臣近日已三次上言，乞罷刺陝西義勇，事未蒙朝廷采納，臣欲止而不言，則不忍坐視一路之民橫受困苦，而自圖一身之安。又恐遷延日久，則無及於事。是以不敢避斧鉞之誅，繼上封奏，爲陛下極陳其害。臣比日以來，熟思此事，誠於民有世世之害，於國無分毫之利。何謂於民有世世之害？臣竊見河北、陜西河東自景祐以前，本無義勇，凡州縣諸般色役并是上等有物力户，人支當其鄉村下等人户，除二税之外，更無大段差徭，自非大饑之歲，則温衣飽食，父子兄弟熙熙相樂。自寶元、慶曆之間，朝廷因趙元昊叛亂、契丹壓境，遂於三路鄉村人户之中不問貧富等第，但有三丁之家，即揀一丁充鄉弓手及强壯，其時西邊事宜尤急，尋將陜西一路鄉弓手盡刺面充保捷，指揮正軍。其河北、河東事宜稍緩，遂只將鄉弓手及强壯刺手背充義勇。自此三路之人始騷，然愁苦矣。其河北、河東之民比於陝西，雖免離家去鄉戍邊死敵之患，然一刺手背之後，則終身拘綴，或欲遠出幹事，糴賤販貴；或遇水旱凶荒欲分房逐熟；或典賣田產欲浮游作客，皆慮官中非時點集，不敢東西，又當差點之際，州縣之吏寧無乞覓教閱之時，人員教頭寧無斂掠，是於常時色役之外，添此一種科徭也。若果如議者之言，無害於民，則民皆樂從官中，何必更刺其手背以防逃竄乎？以此觀之，義勇爲害於兩路之民已可知矣。況陝西於慶曆年中，民家已各喪一丁，刺充保捷，流落不歸。今又取其次丁，刺充義勇，不亦甚乎！朝廷近年分命朝臣遍往諸路，減省諸般色役。至於弓手、壯兵、解子、驛子之類，州縣所不可闕者，亦皆減放，謂之寬恤民力。今乃無故，一旦刺一路之民十有餘萬，以爲義勇，何朝廷愛之於前而忍之於後？憫之於小而忘之於大乎？且今日既籍之後，則州縣義勇皆有常數，每有逃亡、病死，州縣必隨而補之，則義勇之身既羈縻以至老死，而子孫若有進丁，又不免刺爲義勇，是使陝西之民子子孫孫常有三分之一爲兵也。臣故曰於民有世世之害也。

何謂於國無分毫之利？太祖、太宗之時，未有義勇，至於正軍，亦不及今日十分之一。然而太祖取荊湖、平西川、下廣南、克江南，太宗取兩浙、克河東，一統天下。若振槁拾遺，此豈義勇之力也哉？蓋由民政修治軍令，嚴肅將帥得人士卒，精練故也。康定、慶曆之間，趙元昊負累朝厚恩，無故逆命，侮慢不恭，侵犯邊境。朝廷竭天下之力，以奉邊鄙。劉平、任福、葛懷敏之師相繼覆沒，士卒死者動以萬數，正軍不足，益以鄉兵，外府不足，繼以內帑，民力困極，財物殫盡，終不能出。一旅之衆涉甌脫之地，[40] 以討其罪而不免含垢忍恥。假以寵名，誘以重賂，僅得無事。當是之時，三路新置鄉兵共數十萬，何嘗得一人之力乎？以此觀之，義勇無用亦可知矣。賈誼有言曰："前車覆後車。"戒康定、慶曆禦戎之策，國家當永以爲戒，今乃一一檢當時體例而行之，是後車，又將覆也。有難臣者必曰："古之兵皆出民間，豈民兵可用於古而不可用於今乎？"臣則對曰："三代之時，用井田之法以出士卒，車馬居則爲比閭族黨，州鄉行則爲伍兩卒旅，師軍爲之長者皆卿大夫也。"唐初府兵各有營府，不屬州縣，有將軍、郎將折衝果毅以相統攝，是以令下之日，數萬之衆可以立，具無敢逃亡避匿者，以其綱紀素備故也。今鄉兵則不然，雖有軍員節級之名，皆其鄉黨族姻平居相，與拍肩把袂、飮博鬪毆之人非如正軍有階級上下之嚴也。若安寧無事之時，州縣聚集教閱，則亦有行陣旗鼓，關弓礦弩坐作叫噪，眞如可以戰敵者，彼若聞胡寇大入邊，兵已敗，邊城不守，胡騎殺掠蹂踐，卷地而來，則莫不迎望風聲，奔波迸散，其軍員節級將鳥伏鼠竄，自救之不暇，豈有一人能爲縣官，率士卒而待寇乎？以臣觀之，此正如兒戲而已，安有爲國家計，驚騷一路之民，使之破家失業而爲兒戲之事乎？臣故曰於國無分毫之利也。

凡此利害之明，有如白黑。伏望陛下不以臣愚賤而忽其言，少留聽察其刺陝西義勇事，早賜寢罷，則一方幸甚。取進止。

論西羌夏人事宜[41]　　蘇軾

臣竊見近者熙河路奏生擒鬼章，百官稱賀，中外同慶。臣愚無知，竊謂安危之機，正在今日。若應之有道、處之有術，則安邊息民，必自是始。不然，將驕卒惰，以勝爲災，亦不足怪。故臣區區欲乞陳前後致寇之由，次論當今待敵之要，雖狂愚無取，亦臣子之常分。

昔先帝用兵累年，雖中國靡弊，然夏人困折，亦幾於亡。橫山之地，沿邊七八百里，不敢耕者至二百餘里。歲賜既罷，和市亦絕，彼中疋帛至五十餘千，其餘老弱，轉徙牛馬，墮壞所失，蓋不可勝數。饑羸之餘，乃始款塞。當時執政大臣謀之不深，因中國厭兵，遂納其使。每一使賜予貿易，無慮得絹五萬餘疋，歸鬻之其民疋五六千，民大悅。一使所獲，率不下二十萬緡，使五六至，而累年所罷，歲賜可以坐復。既使彼因吾資以德其民，[42]且飽而思奮，又使其窺我厭兵欲和之意，以爲欲戰欲和，權皆在我，以故輕犯邊陲，利則進，否則復求和，無不可者。

若當時大臣因彼之請，受其詞不納其使，且詔邊臣與之往返商議，所獲新疆，取捨在我，俟其詞意屈服，約束堅明，然後納之，則彼雖背恩反覆，亦不至如今日之速也。彼雖有易我意，然不得西蕃解仇結好，亦未敢動。夫阿里骨、[43]董氈之賊臣也。[44]挾制其公主以弒其君之二妻。[45]董氈死，匿喪不發，逾年稟定，乃詐稱嗣子，僞書鬼章、溫溪心等名以請於朝。[46]當時執政，若且令邊臣審問鬼章等以阿里骨當立與否，[47]若朝廷從汝請，遂授節鉞，阿里骨真汝主矣，汝能臣之如董氈乎？[48]若此等無詞，則是諸羌心服，既立之後，必能統一都部，吾又何求？若其不服，則釁自彼生，爵命未下，曲不在吾。彼既一國三公，則吾分其恩禮，各以一近上使額命之，[49]鬼章等各得所欲，宜亦無患。當時執政不深慮此，專以省事爲安，因其妄請，[50]便授節鉞，阿里骨自知不當立，而憂鬼章之討也，故欲借力於西夏以自重，於是始有解仇結好之謀。而鬼章亦不平朝廷之以賊臣君我也，故怒而盜邊。夏人知諸羌之叛也，故起而和之。此臣所謂"前後致寇之由，明主不可以不知"者也。雖既往不咎，然可以爲方來之鑑。元昊本懷大志，長於用兵；亮祚天付凶狂，輕用其衆，故其爲邊患皆歷年而後克定。[51]今梁氏專國，素與人多不協，方內自相圖其能，以創殘呻吟之餘，久與中國敵乎？料其奸謀，蓋非元昊、亮祚之比矣。意謂二聖在位，恭默守成，仁恕之心，著於遠邇，必無用武之意，可肆無厭之求。蘭、會諸城，鄜、延五寨，好請不獲，勢挾必從。猖狂之後，求無不獲，計不過此耳。今者竊聞朝廷降詔諸路，敕勵戰守，深明逆順曲直之理，[52]此固當今之急務，而詔書之中，亦許夏人之自新。臣切以爲開之太易，[53]納之太速，曾未一戰，而厭兵欲和之意已見乎外，此復蹈前日之失矣。臣甚惜之。

今若聞鬼章之捷，或漸有款塞之謀，必將爲恭狠相半之詞，而繼之以無厭之情。若朝廷復納其使，則是欲戰欲和，權皆在彼，有求必獲，不獲必叛，雖婾一時之安，必起無窮之釁。故臣願明主斷之於中，深詔大臣，密敕諸將，若夏人款塞，當受其詞而却其使，然後明敕邊臣，以夏人受恩不貲，無故犯順，今雖款塞，反覆難保。若實心向化，當且與邊臣商議，苟詞意未甚屈服，約束未甚堅明，則且却之，以示吾雖不逆其善意，亦不汲汲求和也。彼若心服而來，吾雖未納其使，必不於往返商議之間，遽復盜邊。若非心服，則吾雖蕩然開懷，待之如舊，能必其不叛乎？今歲涇原之人，豈吾待之不至耶？但使吾兵練士飽，斥堠精明，彼無大獲，不過數年，必自折困，今雖小勞，後必堅定，此臣所謂當今待敵之要，亦明主不可以不知者也。

今朝廷意在息民，不憚屈已，而臣獻言，乃欲艱難其請，不急於和，似與聖意異者。然古之聖賢欲行其意，必有以曲成之，未嘗直情而徑行也。將欲翕之，必固張之；將欲取之，必固予之。夫直情而徑行，未有獲其意者也。若權其利害，究其所至，則臣之愚計，於安邊息民，必久而固，與聖意初無小異。然臣竊度朝廷之間，似欲以畏事爲無事者，[54]臣切以爲過矣。夫爲國不可以生事，亦不可以畏事。畏事之弊與生事均。譬如無病而服藥，與有病而不服藥，皆可以殺人。夫生事者，無病而服藥也。畏事者，有病而不服藥也。乃者阿里骨之請，人人知其不當予，而朝廷予之，以求無事，然事之起，乃至於此，不幾於有病而不服藥乎？今又欲遽納夏人之使，則是病未除而藥先止，其與幾何？臣於侍從之中，受恩至深，其於委曲保全，與衆獨異，故敢出位，先事而言，不勝恐悚待罪之至。

條列陝西利害疏 九條選四　范純仁

臣前次上殿，親奉德音。以臣曾任陝西，令臣具陝西利害聞奏。臣才識淺拙，慚無長策。上裨聖猷，謹具管見，條例如左：

一，陝西有沙苑等處，監牧草地七八千頃，自來養馬，別無增息，虛占良田。今來陝西四塞之地，不通漕運。若得彼中自出穀食，則屯聚大兵，易爲供贍。今乞罷陝西監牧，將上件地開爲營田，募民耕種，一頃歲收公私無慮二百石，則歲可得一百五十餘萬石，以助關右兵民之食，爲利不細。其所得芻稭自可秣馬，以助軍計。

一，方今陝西苦於城寨太多，及冗兵冗官爲害，又朝廷時有試中武藝等人，并與班行殿侍送，沿邊指使城寨多則分却兵糧，[55]冗官多則坐耗邊用。及班行等各懼替歸本，難得差遣。故人人皆思僥倖，以爲身謀，交搆邊事，無所不至。今乞將閑慢城寨、冗官冗兵檢。會臣前來劄子，委帥臣監司減省。其試中武藝等人，即乞且送。陝西内地易得糧草處，差使緩急，旋行勾抽，不惟惜得軍儲兼免，妄生邊事。

一，解鹽之法，是爲邊備根本。近因法壞，朝廷雖曾遣張靖體量，亦不能深究利病。朝廷以未見弊源，重於更制，臣恐三二年間，糧草亦更虧少。今乞檢會。臣前來劄子，令轉運司通管公共，講求長久之法，庶幾范祥時糧草之數漸可復補。

一，邊人好食西界青鹽，雖嚴禁所不能止。販者多是邊上強人，事敗，悉遭遠配，邊上強人漸少，甚非中國之利。今乞於沿邊置榷場，以茶并雜貨，博易青鹽，盡收入官，與解鹽同賣，仍通入解鹽課額，其合用茶，乞自朝廷賜與其他雜貨，即令解鹽司管認。如此，則不惟省刑愛人，亦可以固戎心、息邊患。

論鹽法[56]　元　帖木兒

近蒙委巡歷奉元東道，至元元年各州縣户口額辦鹽課，其陝西運司官不思轉運之方，每年豫期差人，分道齎引，遍散州縣，甫及旬月，杖限追鈔，不問民之無有，竊照諸處運司之例，皆運官召商發賣，惟陝西等處鹽司，近年散於民户。且如陝西行省食鹽之户，該辦課二十萬三千一百六十四錠有餘。於内鞏昌、延安等處認定課鈔一萬六千二百七十一錠，慶陽、環州、鳳翔、興元等處歲辦課一萬七千九百八十五錠，其餘課鈔，先因關陝旱饑，民多流亡，准中書省咨，至順三年鹽課十分爲率，減免四分，於今三載，尚有虧負。[57]蓋因户口凋殘，十亡八九，縱或有復業者，家産已空，邇來歲頗豐收，[58]而物價甚賤，得鈔爲艱。本司官皆勒有司征辦，無分高下，一概給散，少者不下二三引，每引收價銀三錠，富家無以應辦，貧民安能措畫？糶終歲之糧，不酬一引之價，緩則輸息而借貸，急則典鬻妻子。縱引目到手，力窘不能裝運，[59]止從各處鹽商勒價收買。舊債未償，新引又至，民力有限，官賦無窮。

又寧夏所產韋紅鹽池，不辦課程，除鞏昌等處循例認納乾課，從便食用外，其池鄰接陝西環州百餘里，紅鹽味甘而價賤，解鹽味苦而價貴，百姓私相販易，不可禁約。以此參詳，河東鹽池，除撈鹽戶口食鹽外，辦課引數，今後宜從運官設法，募商興販。但遇行鹽之數，[60]諸人毋得侵擾韋紅鹽法。運司每歲分輪官吏監視，[61]聽民采取，立法抽分，依例發賣，每引收價鈔三錠。自黃河以西，從民食用，通辦運司元額課鈔。因而夾帶至黃河東南者，同私鹽法罪之，陝西興販解鹽者不禁。如此庶望官民兩便，而課亦無虧矣。

請陝西兼食韋紅鹽疏　胡通

陝西百姓許食解鹽，近脫荒歉，流移漸復，正宜安輯。而鹽吏不察民瘼，止以恢辦爲名，不論貧富，散引收課或納錢入官，動經歲月，猶未得鹽。蓋因地遠，腳力艱澀。

今後若因大河以東之民，分定課程，買食解鹽；其以西之民，計口攤課，[62]任食韋紅之鹽，則官不被擾、民無蕩產之禍矣。且解鹽結之於風，韋紅之鹽產於地，東鹽味苦，西鹽味甘，又豈肯捨其美而就其惡乎？使陝西百姓，一概均攤解鹽之課，令食韋紅之鹽，[63]則鹽吏免巡禁之勞，而民亦受惠矣。[64]

論西北邊備節[65]　明　倪岳

往歲虜酋毛里孩、[66]阿羅出、孛羅忽、乩加思蘭大爲邊患，蓋緣河套之中，水草甘肥，易於駐劄，[67]腹裏之地，道路曠遠，難於守禦。是以轄於榆林者，若孤山、寧寨、安邊、定邊諸路，轄於寧夏者，若花馬池、興武、高橋、萌城諸路，皆其入寇之所，迤東則延安、綏德、鄜州諸路，迤西則環慶、平涼、固原諸路，皆其騷掠之處。擁衆長驅，遠者逾千里，近者不下數十百里。沿邊諸將，或嬰城以自守，或擁兵以自衛。輕佻者以無謀而挫衂，怯懦者以無勇而退避。既不能折其前鋒，又不能邀其歸路。所以任其源源而來，恣其洋洋而去，使之進獲重利，退無後憂，取於我者，得衣食之原，屢起盜心，處於彼者，得窟穴之固，遂無去志。虜勢不輯，邊患不寧，上厪廟慮，遣將狙征，奈何四年三舉，一無寸功。或高卧而歸，或安行以返，乃析圭儋爵，優游朝行。輦帛輿金充牣私室，且其軍旅一動，輒報捷音，賜予濫施，官爵輕授。殺傷我士卒，悉泯弗聞，掇拾彼器械，虛張勝勢。[68]甚者至濫殺，被虜平民妄稱。逆虜首級未嘗致其敗北，輒以奔遁爲言，未嘗有所斬獲。輒以鈎搭爲解。考其功籍所載、賞格所加者，非私家之子弟即權門之厮養，而骨委戰塵，血膏野草者，非什伍之卒，即征行之民。[69]誰復知之良可悼也，況夫京營之兵，素爲冗怯，臨陣退縮，反隳邊兵之功，望敵奔潰，久爲虜人所侮。此宜留鎮京師，以壯根本；顧乃輕於出禦，以瀆天威。且延綏，邊也，去京師遠；宣府、大同，亦邊也，去京師近。於彼有門庭之喻，則此當爲陛楯之嚴矣。頃兵部建議，遂於宣府出兵五千，大同出兵一萬，并力以援延綏，而不計其相去既遠。往返不時，[70]人心厭於轉移，馬力罷於奔軼。況聲東擊西，虜人之常搗虛，批亢兵家之算，精銳既盡而西。老弱乃留於北，萬一此或有警，彼未可離，首尾受敵，遠近坐困，謂爲得計乎？

臣又聞軍旅之用，[71]糧食爲先。今延綏之地，兵馬屯聚，芻粟之費，日賴資給。乃以山西、河南之民，任飛芻輓粟之役，仰關而西，徒步千里，夫運而妻供，父輓而子荷。道路愁怨，井落空虛。幸而至也，束芻百錢，斗米倍直；不幸遇賊，身已虜矣，他尚何計？輸將不足則有輕齎，輕齎不足又有預徵。嗚呼！水旱不可先知，豐歉未能逆卜，預征也者，豈宜然哉？乃至立權宜之法，則令民輸芻粟以補官，然媚權貴、私親故者，或出空牒而授之，而倉庾無升合之入。立開中之法，則令民輸芻粟而給鹽，然恃豪右專請託者，率占虛名而鬻之，而商賈費倍蓰之利。官級日濫，鹽法日沮，而邊儲所由不充也。

又朝廷出帑藏以給邊者，歲爲銀數十萬，山西、河南之民輸輕齎於邊者，歲亦不下數十萬銀。日積而多則銀益賤，粟日散而少則粟益貴矣。而不知者遂於養兵之中，寓其養狙之智，或以茶鹽，或以銀布，名爲准折糧價，實則侵剋軍儲。故朝廷有糜廩之虞，士卒無飽食之日。至於兵馬所經，例須應付，平居之時，一日之數，人米一升，馬草一束，此其常也。追逐所過，一日之間，或一二堡，或三四城，豈能俱給哉？而典守者陰懷竊取之計，巧爲影射之謀。凡其經歷之方，悉開支給之數。背公以營私，罔上而病下，莫此爲甚。由是觀之，賊勢張而無弭之之道，兵力敝而無養之之實。徒委西顧之憂於陛下，誰果爲之盡心者乎？

采之建白者之策，察之論議者之言，則又紛紛不一。故夫據指掌之圖，肆胸臆之見者，率謂復受降之故險，守東勝之舊城。則東西之聲援可通，彼此之犄角易制，是非不善也。第二城之廢棄既久，地形之險易不知。況欲復地於河北以爲之守，必須屯兵於塞外以爲之助。然以孤遠之軍，涉荒漠之地，輜重爲累，餽餉爲艱。彼或佯爲遁逃，潛肆邀伏，或抄掠於前，躡襲於後。曠日持久，露行野宿，人心驚駭，軍食乏絕，進不可得而城，退不可得而歸。萬無所成，一敗塗地必矣。其有懷敵愾之心，馳伊吾之志者，[72]率謂統十萬之衆，裹半月之糧，奮揚威武，掃盪腥膻，[73]使河套一空，邊陲永靖，是亦非不善也。然帝王之兵，以全取勝；孫吳之法，以逸待勞。今欲鼓勇前行，窮搜遠擊，乘危履險，徼幸萬一。[74]運糧遠隨，則重不及事；提兵深入，則孤不可援。況其間地方千里，綿亘無際，既無城郭之居，亦無委積之守。彼或往來遷徙，以罷我於馳驅或掩襲衝突，以撓我之困憊。虜酋安望於成擒，中國復至於大創。失坐勝之機，蹈覆没之轍，必矣！

至有欲圖大舉以建奇功者，謂必東剪建州之衆，北除朵顏之徒，乘勝而西，遂平河套。夫祖宗之於建州、朵顏諸衛，不過羈縻保塞，以固吾圉耳。今若是將使戎狄生心，藩籬頓壞，遺孽難盡，邊釁益多，是果何知？誠爲無策。甚者至謂昔以東勝不可守，[75]既已棄東勝；今之延綏不易守,不若棄延綏,則兵民可以息肩,關陝得以安枕。[76]夫一民尺土,[77]皆受之於天與祖宗,不可忽也。向失東勝,故今日之害萃於延綏,而關陝騷動;今棄延綏,則他日之害鍾於關陝,而京師震驚。賊逾近而莫支,禍愈大而難捄,此實寡謀,故爾大謬也。嗚呼!一倡百和,牢不可移。甲是乙非,卒莫能合。成功既鮮,高談奚取焉?

以臣論之,不若即古人已用而有成,及今日可行而未盡者,舉而措之,其爲力也少,其致功也多。曰重將權,以一統制而責成功。曰增城堡,廣斥堠,以保衆而疑賊。曰募民壯、去客兵,以弭患而省費。曰明賞罰、嚴間諜,以立兵紀而覘賊情。曰實屯田、復漕運,以足兵食而紓民力。

請選差主事赴榆林揀選官軍　馬文升

榆林邊城控關中之管鍵,扼虜寇之咽喉,近者有警,守將輒請調遣大同、宣府并京營軍馬,并力戮殺,[78]然道途遼遠,軍未集而虜已去,徒費供億,無益於事。爲今之計,惟揀將、[79]練兵、豐財、足食。據險以扼其深入,燎荒以絕其孳牧。四事有備,則虜必慴服而地方可寧。近年以來,榆林總兵平時不能申嚴號令,臨事罔有身先士卒,[80]欲望虜寇之慴難矣。[81]乞推選素有名望、智謀驍勇者代之。仍遣主事二員親詣榆林,[82]會同巡撫等官,將各堡官軍,[83]逐一揀選,精壯者存留,老弱者更代。所選官軍分爲三撥,[84]馬匹亦分爲三等,攻戰守禦,則虜寇不敢數來侵犯。然將雖得人,兵雖可用,使糧草不足則亦難以成事。[85]乞敕所司計算榆林各堡軍馬若干,每年該用糧草若干,設法措置。仍遣主事一員督軍采辦,不至勞民饋運則吾兵食可足矣。又沿邊一帶山坡重複,崖澗深陡,賊馬之來必緣大川而行。[86]宋人禦夏,俱於川口修築城堡。乞尋故迹,相度形勢,及時修補。蓋造倉廠,收積糧草在內。將延慶二府土兵、民壯俱留本府操練。過冬,專委都指揮一員會同僉事提督相兼備冬操習。選都指揮二員赴陝西都司到任管事,遇警督操,則腹裏皆有兵備而虜不敢輕入。且虜騎犯邊,每年燒荒，將官視爲虛文，虜騎得以牧馬。乞於冬初草枯虜騎未入之時，[87]挑選精兵結布營陣，臨邊三五百里，[88]務將達賊出入去處野草焚燒盡絕，則寇雖近邊，馬不得南牧矣。

復河套疏　曾銑

　　夫夷狄之叛服無常，[89]而中國之制馭有道，要在圖難於易，庶幾杜漸防微。仰惟皇上聰明聖治，法古憲天，禮樂文章一新昭代之制，文事武備，殆曠世所莫及者，是宜舞干羽於兩階。內治修而遠人服，顧茲北虜，[90]乃敢梗化，往犯山西宣大。二三年來，入寇榆林內地，殘傷遠邇驚懼。夫醜虜雖衆，[91]不過漢一大縣，而猖獗廼爾，豈國家之兵力不能支，而制禦之者或未得其要歟？臣竊計之，蓋我失其險，賊得所據巢穴，[92]既固驅除，遂難顧其因循。日甚一日，故制馭上策莫如復套。不是之圖而徒周章於防禦之末，譬猶揚湯止沸，而不知抽薪，外患未能已也。

　　臣謹按河套古朔方地，三代以來悉麗中國。《詩》曰："天子命我，城彼朔方。"赫赫南仲獫狁於襄，漢武帝遣衛青出塞，取河南地爲朔方郡，築城繕塞，[93]因河爲固，後世稱之曰雄才大略。唐初，朔方軍以河爲境，嗣是張仁愿取河南地，於河北築三受降城，突厥不敢逾山牧馬，朔方亦無寇，歲省費億計。[94]至宋李繼遷叛走斤澤，[95]進陷靈肅，河套復爲虜有，率不能制。我太祖高皇帝，順天應人，成祖文皇帝時，薄海內外皆入版圖，豈界河套已乎？後以東勝孤遠，撤之內守，復改榆林爲鎮城。方初徙時，套內無虜，土地沃膏，草木繁茂，禽獸生息。當事之臣不以此時據河守，乃區區於榆林之築。此時虜勢未大，猶可委也，失此不爲。

　　弘治八年，虜編筏渡河，[96]剽掠官軍牧馬。十二年擁衆入寇，自後常牧套內，侵擾中原。孝廟有欲復之志，而未逮。至武廟常欲征之，而未能，故使虜酋吉囊得以據爲巢穴，禍根既種，竊發無時出套，則寇宣大三關。京師震恐入套，則寇延、寧、甘、固生民荼毒，此撥亂之功，天將有意於我皇上乎？夫河套自三代以迄於今，中國所守以界夷夏，又我聖祖之所留也。一統故疆，三邊沃壤，其理宜復。頃年不守，遂使深山大川勢顧在彼，而寧夏外險反南備河，虜得出没自由，東西侵掠徒勞，守禦無補緩急。蓋套虜不除，則中國之害，日熾浸淫，虛耗將來之禍。有臣子所不忍言者，其勢所宜復也。我皇上德邁三皇，功光列聖，選將練兵，宵旰日切，歲發帑銀，以濟邊圉，凡所以攘却外患以保安兆民者，天心實鑒祐之。而當時封疆之臣，曾無有爲國家深長之思，以收復祖宗舊業，爲生民立命者，蓋軍旅之興，國家之重務。圖近利則壞遠謀，小有挫失、媒蘖其短者，繼踵而至，鼎鑊刀鋸，面背森然其不改心易慮者，幾希況復，所見不同，甲可乙否，若待來年便已遷延不振，日復一日長寇貽禍。臣雖愚昧，豈不知兵凶戰危，未易舉動。

但近年以來，得之見聞，常懷憤激，今復親履其地，目擊此虜跳梁地方危殆，切齒痛心，實有寢不安席、食不下咽焉者。昔葛伯仇餉成湯，往征淮蔡一隅之寇耳。裴度尚以爲不與此賊共戴天，陛下德過成湯，而在位之臣文武足備，又匪但裴度之比可，使裔夷猖肆，[97]蒼生阽危，一至此哉。夫獮豕之牙，[98]爲力尚易，猛虎負嵎，則有莫之敢攖者，其勢則然也。故敢冒昧輒具短見，上塵御覽，[99]伏乞敕下該部將臣此奏，與修築榆林邊牆之奏，會集廷臣，詳議可否？如蒙采納，特賜該部修邊復套，次第施行。蓋選將材、除戎器、備芻糧、練兵馬，非朝夕可辦，所貴及時修舉，則臨期無誤。武功底成，或曰榆林邊牆方議修築，今乃輒有復套之議，會極歸要，顧當何如？臣曰築邊之議爲四十年之謀也。虜在套中，生長日盛，病根尚在，爲患無期，不防則爲無險，防之則兵力坐困。有餘在賊，不足在我，譬之作堤，壅水一朝潰決，則汎濫不支矣。若夫復套，振武揚威，殲彼醜虜，驅其餘黨，置諸大漠。臨河作障，天險爲池，皇靈既昭，賊膽應裂，狼顧脅息。誰敢輕肆侵軼？譬之大禹治水，以海爲壑，而水歸其所不至橫流。此社稷之計、聖子神孫之所永圖也。然河套既復，猶兼修邊之工，若距榆林以爲邊，則河套永棄，虜患何時而息乎？[100]今神聖在上，英俊在旁，時所當乘，機不可昧。見可而動，相時以成，此臣犬馬之忠也。謹將復套數事開列，[101]伏惟皇上裁擇。

一曰立綱紀。[102]綱者，大綱也，規模之謂也。紀者，條理也，節目之謂也。規模欲其大，節目欲其詳，綱紀既立，則戎事可興也。復套之舉，國之重務，人之謀曰：須得兵三十餘萬，馬步水陸齊驅并進，裹糧二百萬石，兼折銀三百萬兩，一舉破賊，[103]驅之出境，即沿河修築城垣界守，此一説也。臣以爲此謀雖善其勢，實難。今三邊之兵可用者不滿六萬，如調他鎮，顧此失彼。三十萬衆徒爾煩勞，其難一也；倉庫空乏，[104]上下交困，銀穀累五百萬，一朝畢集，勢不易能，其難二也；一戰勝賊，賊未膽落，輒興板築，師徒易撓，其難三也；臣則以爲憫生民之陷溺，而與之除暴，疾醜虜之猾夏，[105]而因之正名。爰整雄師張皇義旅，奚煩兵力之多，惟在兵精食足以時而春蒐於套，秋守於邊。如是三年，虜勢必折，俟其遠遯，然後拒河爲城，分番哨守，則人力不困、財用不竭，而河套可復，既而移撫鎮以制之，立行都司并衛所，州郡以屬之。又設巡守兵備道以理之，凡江淮之北各省，有犯該邊衛及烟瘴充軍者，皆定發於衛所，犯該口外爲民者，皆定發於州郡。將套中之地預爲踏撥，多立魚鱗籍册，以防日後弊端。每軍民一户，給田二頃，俾之歲耕一頃、閑一頃，是爲閑田，以養餘力。其沿邊軍民亦出召募有願守邊者，皆給以田。引黄河之水爲大、小之渠，渠以灌田，可備旱澇。高黍下稻，任土所宜，數年之後，套地可盡墾而又倣井田之意。廣溝洫之制，吾民易於稼穡、勇於驅馳，既臨河設險，夏、秋決難侵犯我得耕稼矣。比及河凍，農事已竣，乃於講武之時，爲禦虜之計。民不告勞、農不告費，行之既久，則河湟之地不異中州，此規模、節目之大略也。乞敕該部預爲料理，三年之後舉而措之，有未盡者容臣次第敷奏。[106]雖然屢年邊事廢弛，將士怯懦，甲兵未練，整頓實難，須及時飭治。來年春月，先將鄰邊賊巢剿除，以倡我軍之氣。俟其膽略漸雄於焉，昭盛明無外之度，闡皇上救民之仁，多給榜文標示牌額遍置套中，[107]以開來降之路，以歸被虜之民，然後興問罪之師，舉三年之役，則順天以動豫在師中吉矣。

三曰審機宜。天下之事，有機時與勢爲之也。孟軻氏曰：雖有智慧，不如乘勢，雖有鎡基，不如待時。知機論也。得其機而乘之，勝算在我，何往不濟？虜之據有河套也，逐水草以住牧，獵禽獸以馳騁，秋高馬肥，弓矢勁利，糾合黨類，動數十萬長驅深入，彼聚而攻，我分而守此。虜寇之時勢，我不得而與之也。及其入套，深冬沍寒，水草枯凍，又皆各就住牧，其勢自分，且馬無宿藁，漸至羸瘠。比及春深，賊因以弱，我則訓練強兵，攢槽秣馬，營伍整肅，火器精利，此我之時勢，虜不得而與之也。今之禦邊者，虜弱不乘，因仍怠怯。虜強莫禦，苟且支吾，坐失軍機，所以有敗而無勝，臣願練兵六萬，再調山東鎗手二千，多備矢石。每於春夏之間，水陸并進，直抵虜巢，乘其無備，我聚而攻，彼分而守材，官驥發矢道同的。砲火激烈，電掣雷轟。賊縱有援，旬月斯集目前震蕩，勢必難支，此窺敵觀變，潛深參伍之術，臣亦計之審矣。仍乞命下宣大山西總督、撫鎮等官，調度各鎮兵馬，嚴加堤備，耀武揚威，以防河東住牧之寇。倘套虜敗亡，必將逾河而逃，厲兵秣馬又可以收斬獲之功。所謂犄角之勢，以全取勝之道也。然後班師而歸，守我分地。秋高之時，賊如復讎而來，我軍據險以守，況得勝之兵，勇氣自倍，不待臨墻，可使撻伐。如是三年，虜勢自衰，將遠遜之不暇，而又敢據我河套也耶。至是，則祖宗故地已復，因河爲險，修築塹隍，[108]一如榆林修守之議，且講求屯政建置，衛所處分戍卒，填實邊民，墻塹既固，耕獲可饒。全陝之轉輸漸省，而內帑之給發亦寬。三秦重地，可保萬萬年安固矣。不然，賊之強也，來不能禦；賊之弱也，去不能懲。機事大失，公私俱困，臣不知其所終也。

八曰備長技。《漢書》匈奴之長技三，中國之長技五，兩軍相爲表裏，斯爲萬全之術。今虜賊之長技，不異於昔時，而在我之長技，復有如漢時之五者乎？臣不得而知也，欲求相爲表裏，殆又難矣。抑求其次，莫先於火器，蓋天之所以保國家而衛生民者也。但有之而不能用,用之而不盡其利,與無技等耳。安望其有摧擊之功乎？臣昔提督山西三關,嘗造盞口砲、毒火飛砲。具式奏請,伏蒙皇上發銀數千兩以資成。[109]比年,禦虜賴焉。今秋於寧塞、定邊,亦嘗藉此兩挫虜寇,故來降人口云虜中甚畏此器。言每年響子不似今年,響子利害,打死人馬數多,此其明驗也。今欲復套,須備熟鐵盞口砲六十個,長管鐵銃一萬五千把,手把小鐵鎗二萬根,[110]長鎗二千根,生鐵作砲十萬個,焰硝十五萬觔,硫黃三萬觔,砲鐵鉛子大小二十五萬觔,弓矢盾架相爲表裏,庶可恢復故壞。然此特一年之具爾,三四年間,如飛砲、硝黃鉛子之類,又須陸續補其缺壞。今京造火器種種具備,防邊可矣。但或宜於此,而不宜於彼,或可以守而不可以攻。大者質重而難於致遠,生者日久而多所毀裂,留以別用,各有所長。若曰：神機不可外造盔甲、神鎗等器,原爲私藏者例也。[111]而盞口砲、長短鐵銃,律條既無,該載而實爲籌邊破虜之公器。特敕該部不以爲例,速發帑銀二三萬兩,給各該撫鎮官於山西、陝西等處買辦置造,以爲復套之資。蓋成造而後教演,服習而後運用。語云："工欲善其事,必先利其器。"此之謂也。不然,虜技精強,我軍莫恃,萬全之功未可必也。

請開市賞[112]　　涂宗濬

　　臣惟河套之勢與河東不同。河東之勢統於一,故約誓一定,三十年而不變,然且有五路之警。河套之部分爲四十二枝,各相雄長,彼此涣無統攝。卜失兔雖爲套主,然徒寄空名於上,實無統馭之才。四十二枝者中西路則爲火落赤,而鐵雷、把都等其羽翼也。中路則爲擺言太,痛父明安之死,要挾中國,而本拜等其同惡也。東路則爲沙計,妄爭監市職名,挾索虎皮蟒衣,從來不受羈靮,而抄忽兒、七台吉等則其朋謀狂逞者也。東路莊禿賴又取強取黠,常與卜失兔爭疆,每與火落赤、擺言太、沙計等主謀,入犯套中。議款以來,乍款乍叛,倏順倏逆,無寧歲者。職此之由,臣去歲七月入鎮之時,火落赤因四月間被創之憤,志在報復,全套蠢動,遠近洶洶。秦晋邊民,訛言相驚,以爲必無延慶矣。

臣思三路邊長一千二百餘里，秋高馬肥，假使同時入犯，則防禦爲難。於是因莊禿賴之投稟於臣，臣諭以皇上威德，使之安心聽撫，毋得助兵火落赤，自取滅亡。牌行神木道左布政陳性學、路將石尚文等隨宜撫處，五日一市，以釋其疑，示以恩信，以結其心。莊禿賴回心聽撫，中路監市官切盡反成，亦復傾心向慕，不復助兵西行矣。惟擺言太報父之讎難以化誨，七月終旬以三千騎入犯，我兵挫之於保寧，而擺言太始破膽矣。火落赤八月初旬以萬騎入犯，我兵挫之於安邊，而火落赤始落魄矣。九月中旬，沙計以二千騎入犯，我兵挫之於常樂，而沙計始惕息矣。當時督臣徐三畏親率大兵臨邊調度，於是黃婦始率火落赤叩關乞憐，鑽刀設誓，乞求續款。督臣姑許悔過，咨行於臣。

臣思套寇乞款，非不卑詞乞哀也，非不鑽刀設誓也。而口血未乾，輒復背盟，豈可以信義結哉？計惟有分之而已矣。套衆號十萬，分爲四十二枝，每枝多者不過二三千騎，少則一二千騎而已。彼分爲四十二，我專爲一，以專敵分，必勝之策也。前此求款，此東彼西，各部未必皆來，來亦未必同時。於是責成套主卜失兔，而卜失兔威令不行，且撫夷官急於成款，或密許增賞，或陰行交質。[113]而講折之時，恐疑事不成，則語多因循，苟且籠絡，必至敗盟，則弊所從來矣。

今其使見臣，臣面與之約，有信牌以分別順逆，審界限以識別地方。順者先來，先給號牌，則臨邊駐牧無恐；逆者不來，不給號牌，則大兵剿殺無遺。於是千二百里之長邊，分爲四十二段之畫壤，而冬深馬瘦，雪厚草枯，正中國得志之時。後至者，畏思我兵之出搗其巢也，於是鐵雷、把兔、炒忽兒、七台吉、本拜、本把什力等，密稟於臣，自分地界，願先輸順。今託卜言太等俱以九九進矣。莊禿賴亦見諸部效順，數差其使投稟於臣，叙永矢恭順之意，不復再助各部爲逆矣。各部自求保全，彼此不暇通謀。即其使之來，臣密問其情形，輸款皆出真意。數十年反覆之警，至今始成全局矣。

臣等案查，萬曆三十年二月內本部覆議，延、寧兩鎮應與市賞，馬價俱應力持定額，仍遵明旨。十年恭順，方准一年市賞。如其陽順陰逆，查係某部落某頭目是實，即將某頭目市賞停革，勿輕聽罰服，苟且開釁。今查各部所討市賞，萬曆三十年者，雖經前撫臣鄭汝璧會疏，題明應給之數，祗緣火落赤作反，停革未與。今應照例補給，其三十一年以後，係恭順年分者，亦應挨次給賞，合無將火落赤、擺言太、沙計三頭目，姑念悔悟自新，准復續款，以示天朝無外之仁。其原停市賞在三十年間者，照例補給。三十一年以後係恭順年分者，亦准挨次給賞，以示羈縻而已。

然今日河套雖已續款，臣等亦豈能必其終守盟約，而無再犯之時乎？所恃廟謨宏遠，分別順逆。可撫則撫，可剿則剿，但以血戰為功，不以起釁為罪。[114]毋以款為必可恃，毋以戰為必邀功，伸縮由臣等之相機事權。無群言之掣肘，[115]則將士愈加效力，敵人益增畏懷，保固疆圉之道，不出於是矣。

請復茶馬舊例疏　楊一清

臣於花馬事例知我聖祖神宗睿謀英略，度越前代也。自唐世回紇入貢，以馬易茶。至宋熙寧間，乃有以茶易蕃馬之制。所謂以摘山之利而易充廄之良。戎人得茶不能為我害，中國得馬足以為我利，計之得者無越於此。至我朝納馬，謂之差發，如田之有賦，身之有庸，必不可少。彼即納而酬以茶觔，我體既尊彼欲，亦遂較之前代，曰互市，曰交易，得失輕重，較然可知。且金城之西綿亘數千里，北有狄，南有番，狄終不敢越番而南。以番人為之世仇，恐議其後，此天所以限別區域，絕內外者也。國初，散處降夷各分部落，隨所指撥地方安置住劄，授之官秩，聊絡相承。以馬為科差，以茶為酬價。使知雖遠外小夷，皆王官王民，志向中國，不敢背畔，且如一。背中國則不得茶，無茶則病且死。以是羈縻之賢於數萬甲兵矣。

此制西番以控北邊之上策，前代略之，而我朝獨得之者也。頃自金牌制廢，私販盛行，雖有撫諭巡茶之官，莫之能禁，坐失茶馬之利，垂百六十年。豈徒邊方缺馬，將意外之慮，或從此生。乞敕該衙門將金牌舊額查出，仍遣廷臣，齎捧前來，會同臣等，昭示番族，使知朝廷珍復舊制，[116]各當本等差發，不許違背。附近番族調取原降金牌，前來約馬給茶，[117]賞勞有不受約束，招調者官兵誅剿，以警其餘。庶幾恩威并施，番人懷畏，永爲藩籬之固。

陳邊計疏　劉天和

訪得漢人歷年被驅掠在虜中者常數萬人，每虜騎南牧近邊，則脫身而歸，然以守墩官軍殘忍貪功，遇有到邊則僞舉火砲，殺取首級，冒報功次，希圖陞賞。是以來歸者尚少查得舊例，遇有到邊鎮巡官查取姓名、鄉貫，差人伴送寧家。夫彼皆中土良民，我不能衛之。保安致彼被掠，彼不忘我，冒死逃歸。我不加恤，又從而利其盜得之物，此何理也。

切念先年曾因邊方缺軍懸賞召募，每軍一人，給銀五兩，能召及百人者陞一級，其所召者多老弱、遣囚之人，然走回人口少小而去，強壯而歸。虜之伎倆，知之稔矣，其耐寒暑，習戰鬬，猶夫虜也。[118]以此赴敵，所謂以虜禦虜也。[119]乃縱之使歸，民伍謂之何哉？

近來各鎮將官亦有私蓄，以備爪牙者，緣未著爲令，故所收者不多，合無通行。各該鎮巡官曉諭守墩官軍，但有虜中走回人口，隨即收送鎮巡官處，時刻不許遲留，除老弱婦女，照舊伴送寧家，其精壯男子及十四五歲幼童若係本鎮附近軍民，俱倍加撫恤，編入衛所，與正軍一體食糧。無妻者，官爲娶妻；無屋者，官爲買屋，發游兵部下，名爲先鋒軍。每遇出戰，用以當先使之踴躍，呼譟以倡士氣，先登陷陣以挫賊鋒。虜中騎回馬匹有堪以出戰者，官給時價收買，不堪者聽其自行變賣，收送墩軍，夜不收，仍給官銀三兩以塞其貪功妄殺之心。其視用銀五兩，召募不堪之人以耗邊餉，似有間矣。若有貪功妄殺者，下手之人抵命該管官，知情者問發充軍，仍行各該撫臣出給告示，發各墩懸掛曉諭，或別行召誘，庶風聞塞外，來歸者日衆。每鎮若得千人以上，鼓譟於軍中，則三軍氣勝，所向不怯，而武功大振矣。

查處屯田計安地方疏　楊博

臣以庸劣，誤蒙聖明，付以邊撫重寄。任事以來，其於地方利弊，靡不悉心，講求大要。河西事體重且大者，莫過於屯田一事，遂即案行守巡兵備四道各將境内荒蕪田地，通行查出，或上下水利不通，應該挑濬；或人力牛種不敷，應該處給；或從來抛荒未種，應該開墾。逐一議處，明白每處畫一小圖，貼説其上，陸續送閱。果有父子、兄弟相率力田者，即以姓名開呈，動支官錢買辦羊酒、花紅犒賞。惰農自安者，各舉數人，量加懲治，以警其餘。去後節據分巡西寧道副使鍾鑑先將鎮城，迤南荒田開報到官，如黑河木龍壩則有荒田二十餘頃，洞子渠則有荒田一十三頃，馬子渠則有荒田一頃，大滿渠則有荒田四頃，即鎮城一面荒蕪之田。至於如此其他十五衛所，可概知矣。臣即督同鍾鑑前去各該地方，逐一踏勘，召人承種，不見有響應者會集。父老問之，咸以爲往年興復屯田，或種未入土，名已入册，或人已在逃，糧猶如故。不知虜至，則不得耕牧，水淤則不能灌漑其從來抛荒之地。

雖節奉事例，永不起科，官司一概追征，更無分別，未受富饒之利。先罹剥膚之害，以故寧甘貧窶，不敢承認。臣惟甘肅地方與延綏事體大略相同。先年，河東民運皆係本色，後因輸納不便，改本爲折，遂致二鎮漸次蕭索。延綏守臣無歲不討内帑者，以其計無所出，不得不仰給也。甘肅苟且支持，未嘗率意陳乞者非守臣之才，過於延綏以其地土肥饒，猶可耕牧故也。臣自入境以來，見所至荒田不下萬頃，遂極力經理，[120]期於少效，乃今備咨輿情，始知其受病源委全在於催科之不法，而法令廢閣，實由於勸懲之未至。若不急爲處分，河西生計日就窮蹙。臣恐萬不得已，又將如延綏之奏討矣，以内帑有限之財，應諸鎮無厭之請，非惟該部難以區畫，亦非臣等邊臣體國之忠也。

昔漢趙充國、唐郭元振在河西，咸卓然著聲。考其所爲，充國則上屯田便益以逸待勞。元振則修通河渠，盡水陸之利。今時雖云異勢不甚殊，倣二臣之意，而不泥於其迹，固亦存乎其人焉耳？如蒙乞敕該部將原奉各邊，抛荒地土，聽其盡力開墾，永不起科。其舊曾起科，荒蕪年久，仍要用力開耕，應納籽粒一體，蠲免事例，再加申明，行臣遵守仍聽。臣將在城甘州左等五衛并山丹衛高臺所行分巡副使鍾鑑，涼州鎮番永昌，莊浪、古浪五衛所行分守參政張璽，肅州衛鎮夷所行兵備副使趙得祐，西寧衛行兵備副使王繼芳，各會同副參、游守等官督，同衛所掌印管屯官員，及兹邊警少緩之時將一應荒田查議停當，候明年春煖，刻期舉行。合用錢糧、人工等項并未盡事宜。臣當往來調度，次第整理各官，果能加意區畫，有益地方事宜，查上勞勩該部一并錄叙，怠惰誤事者具實論劾其衛所。官吏知數人等若仍敢將荒田作弊，朦朧起科，嚴行挐問，從重治罪。中間如有應完籽粒，亦許從實查免，不得徒事虛文。庶政有條理，人自樂從。臣猶恐議者必以爲永不起科，大便小民爲疑，不知損上益下，藏富於民，實自古經略之長策。若使民果富饒，臣欲鹽糧，則鹽糧有餘，臣欲銀糧，則銀糧有餘，臣欲清補接年屯糧，則屯糧有餘。所謂投之所向，無不如意，不然則民方餬口，不給遑恤。其他萬一虜騎充斥，倉廩匱竭，河西不幾於坐困乎？此臣之所以早夜圖維不能已於有言也，臣不任懇切，覬望之至。

救荒弭患疏　張倫

奏爲救荒弭患事，切見陝西三年，雨雪愆期，赤地千里，饑窘枕藉，流移亡數，賑貸罄倉廩之儲，勸借竭富家之積，誠可痛哭流涕。且外控三邊，內制番夷。自古用武之地，俗多强悍，軍民雜處，有回回、土達、[121]河西西番、委兀兒、[122]囉哩諸種族，雖係附籍，當差狼子野心，終不能保。成化四年，開城縣土達、滿四相聚爲盜，[123]據險石城，特勞大軍剿滅，費出萬計。即今之患，又非滿四之比，況虜賊猖獮,[124]各邊防禦,誠恐風聞。

　　山西饑饉,倉廩空虛,謀大舉深入,動調邊民截殺,則軍餉何以備之？轉輸何以處之？此可慮者一也；平慶地方盜賊蜂起,誠恐勢至燎焰,不可撲滅,此可慮者二也；流民俱在漢中荊襄萬山,患出不測,又非劉千勔比,此可慮者三也；王府祿米不足,啼饑號寒,此可慮者四也。故曰思患預防,有備無患。臣有一得之愚,非身家利,上爲朝廷,下爲民命。内防激變,外防邊患。昧死規畫條陳。

　　一曰救荒,無善政,興水利而已。臣見河南客船俱從黃河達淮,直抵南京新河。水利莫此爲便,照得南京常平倉、烏龍潭等倉糧米不下數百餘萬。且近年歲頗豐稔,乞敕内外守備、南京戶部總督、糧儲等官會議,將前項倉糧借撥五十餘萬石於南京江淮、[125]濟川二衛,馬快船撥一千,駕船軍人給口糧、盤纏,查取應天府官銀。雇民船一千,載運至河南孟津縣等處。水次收貯,仍敕戶部將南方折糧銀、太倉銀運至孟津縣,督有司雇騾車二千,運至潼關倉,并合空閑處,如法堆放,以賑陝西、山西、河南各司府州縣。官斟酌緩急難易,設法運賑,務在盡心殫力,俾民得實惠。庶幾人心安而外患可防也。二曰浙淮長蘆存積官鹽,所獲私鹽通賣銀,運至南直隸蘇、松等府,又各府庫銀督令有司以禮召積粟之家,依時估給米價。船脚令其自行,載運至前項水次,有能仗義輸米五百石者,給與七品散官,三百石者,冠帶榮身,庶官民兩利。三曰慶陽、靈州鹽課司池鹽敕陝西巡鎮等官,召商納米於缺糧處,上納斟酌,米鹽低昂,定價如米貴糴買無出。依時價納銀,别行區處糴賑。四曰河州、西寧等處官茶并獲,私茶許客商於缺糧去處納米、領茶備賑。五曰陝西司府州縣官隸銀免征以贓罰,銀物減半支給,以蘇民困,待豐年簽補。六曰加意招撫復業將官,銀易牛犋,種子給招流亡,將拖欠糧草官物及一應不急之務暫令寬免,有司體詢民瘼,曲加撫字。七曰專委布政司官督有司修理預備倉,多方蓄積。行問刑衙門贖罪,納米備賑。八曰終南、華吳山一帶深谷之中多有無藉,假以僧道潛住,或聚衆爲盜,或造爲妖言煽惑人心,今飢民流移，誠恐被其誑誘，謀爲不軌，宜出榜嚴加禁約。

豁免屯糧賠累疏　朱笈

臣伏讀皇上登極詔書一：陝西沿邊及兩廣等處軍民田地，先年被賊踐踏拋荒者，及各處荒閑官民田地，各該巡按御史勘實具奏[126]，該徵夏秋稅糧，戶部悉與蠲免，又各處水坍沙壓等項民屯田地，稅糧負累，軍民賠納，曾經撫按官查勘明白具奏者，該部即與除豁。欽此。臣有以仰窺皇上損上益下，而軫恤民艱，甚大惠也。是故海內臣民歡欣鼓舞，[127]莫不翹首拭目，願太平之治。謹以夏民負累屯糧疾苦瀝情上懇。

照得寧夏孤懸河外，逼鄰虜巢，地土磽薄，膏腴絕少。而當時定稅，遽擬一斗二升，其後因缺馬缺料，加增地畝草束，賦日益重。又其後河勢遷徙，衝沒良田，遂至河坍、沙壓、高亢、宿水、荒蕪、無影等項，而田不得耕矣。繼又加以雜差，則挑渠、修壩、采草、納料、捲埽、起垛等項，而勞者弗息矣。比先當事臣工不忍前項田糧苦累，節經具題，未蒙豁免。由是歲無豐凶，例取登足，故糧有拖欠，撒派包賠。包賠不過，勒逼逃竄。逃竄不已，則又摘丁頂補，派及嬰孩。年復一年，以有限之丁，受無窮之累。馴至戶口流亡，生齒凋耗。臣先任寧夏，頂田軍餘見在二萬八千餘人，每衛所開報逃亡輒爲踧踖。自臣去大同丁憂起，復仍涖斯土，距今僅四年，而逃移者又不啻五千餘矣。屢經前撫臣招徠復業，畢竟傷弓之鳥，驚棲不定，但聞清派，相繼逃移，遂使市井蕭條，村落荒廢，有不忍言者。夫國保於民，民保於食，今罔念夏民貽累之殘傷，而乃攖情於催科之殿最，追逋負之稅者，逐見在之民，撒拋荒之田者，毆安堵之衆。

臣不佞，切有條陳民瘼之計。先已行寧夏兵糧道僉事劉之蒙查報勘過，河坍、沙壓、高亢、宿水、拋荒、無影等田共一千六十頃三十五畝九分三釐，計徵糧一萬二千一十一石一斗八合四勺，[128]穀草一萬七千五百四十二束六分二釐七毫八絲、[129]地畝銀一百一兩八錢四分四釐七毫一絲，[130]折糧草銀四十三兩二錢。[131]造册呈繳，到臣覆查。間忽睹邸報，因該兵科給事中劉鉉題爲摘陳邊民困耗之狀，懇乞聖明破格蠲恤，荷蒙皇上敕下該部查勘。臣竊私憂夏鎮素有江南之名，惟恐溺於舊聞者，見此蠲免，必曰："夏有水利，稅不可免，軍餉歲用，額不可縮。"不蒙亟賜蠲恤，輒復不識忌諱，爲皇上陳之。

夫夏方何爲而敝也？以糧差繁重之累也。糧差何爲而累也？以"塞北江南"之稱也。諺曰："耳聞不如目見。"彼擬寧夏於江南者，果經歷其地而灼見乎？亦使夏人冒魚米之虛名，受徵斂之實禍乎？且江南財賦之地，泉貨所通，寧夏戎馬之區，較於陸海，本相霄壤，而顧有聲於寰宇之內，自有"小江南"之名。故夏鎮鹽引，曾議增淮減浙，而計部亦謂地饒糧賤，藉口滋駁，故淮引不添、浙引不減。請給內帑，亦不肯多發也。臣先任撫夏，思爲邊氓告哀。今奉查勘，據該道勘實造册前來，并勘實各項賠糧田地文册一本，進呈御覽。伏望聖明敕該部，通將包賠糧草原額悉與開除。其高亢等項，量爲減徵。流民復業，官助開墾，待後地闢財豐，漸次補復舊額，一以盡損上益下之愛，一以昭聚人導利之公，庶脱之於湯火之中，而登之於袵席之上。無事必謹惟正之供，有事必攄敵愾之志。臣所謂固護人心而保安地方者，此之謂也。

請墾屯田疏　雒遵

恭惟皇上念邊人之疾苦也，計多得良，司牧頃言官部。臣請增科額即可其奏，蓋廣羅才儁，重邊牧甚，至德也。臣竊惟得可用之人，即爲可爲，於可爲之時，今時可爲，莫急於九邊之屯田，而其廢舉，係司牧焉。敬爲皇上陳之，西起燉煌，東距遼海邊陲，延袤萬餘里者，初立軍衛時，軍各予屯田，雖坐落地方遠近不一，其數相當，不至少缺。相沿至今，邊軍多缺伍，而田以屯徵課者每每告匱，不能餉什之二三。夫度田非益寡，而計兵未加，益以口量地。視昔猶有餘而食之甚不足者無，乃屯田之失其初也。

近來議復屯田者不知有幾，訖未見效而復其舊者，其説固多，大較不過有二焉。一則戎馬之出没無常，[132]邊人畏而不敢耕；一則佃屯之頂補多差，邊人苦而不肯耕。時虜釋桀，心未有騷於邊境，失此不復，後難爲力。今復屯田相近而實不同，田以屯名，豈非以屯兵而名耶？見屯、見佃者依舊辦課，不容復議，比訪之邊人及經彼守令皆云：沿邊舊田今多荒棄，間有願自開墾者禁之。何未食新田之粒，先有頂軍之苦？是能棄良田爲荒蕪，不能捨荒蕪而許耕耘。[133]執此籌邊，臣愚竊謂非計也。然與其額征而禁民之耕，孰若弛禁以盡益窮卒乎？臣反復永思，必須重望。科甲之人布列沿邊州縣，方可藉以舉行，但往年議者重惜科甲，多畏邊地孤危，授官稀鮮，豈知志士垂勛，念不異遠；忠臣報主，義不辭難。況入官一時之苦，易邊塞萬姓之福，而先試諸難，又作成人才之一要機也，有識之士伊誰憚而不救耶？

　　伏願皇上勿忘邊備之單弱，推廣臨軒之德意，敕吏部遵照，欽依查將沿邊一帶州縣每遇選期，先盡進士相應者選授正官，如員缺太多，間從見例擇年力精健舉人稍填補之。分符專牧，廣托民社之寄，星列棋布，密堅捍禦之司，其前項傍邊近地，逃絶、抛荒凡可田去處，悉令各正官聽督撫委用，親自履行，相度地理得便宜，懸令不論官軍、土著、流民各色人等願佃者，許其開墾，即以所墾田爲永業，不起科復其他徭，量給租種或相險阨以結團堡，或挑溝畛以遏衝突，諸可。備邊安百姓者任設方略，互爲永圖，不必屑屑然，數日計功，則荒塞餘民困弊可蘇。又況未耜之農夫，即皆保障之力士，不數年間，邊食既豐，兵丁亦足。萬一有警，呼吸成聚，家自爲守、人自爲戰。可恃紓宵旰之憂者，策未出此也。再乞仍敕兵部速咨各邊督撫，責令司道官不許沿襲故套，聽委軍職概隱見屯，巧作抛荒，惟許專令州縣正官分區畫域，親踏荒地，急爲開墾。毋令後時其寬課，如議不得分毫科擾，統待三年，考績奏報，酬以異格，不次超擢，倘督責於上者發文移，爲了事奉行於下者，呈文移而報完，不求實效壞我邊事，許各該巡按御史的查參奏,重治不少,貸則皇上增額之德,意流溢塞下,而墾田之實政可及時振舉矣。

收復蕃族疏　鄭洛

據西寧兵備道、按察使石檟呈,會同贊畫主事梁雲龍、僉事萬世德,議照西寧,古湟中地也,乃甘肅涼莊之右臂、河州洮岷之前户,萬山回合二千餘里,諸蕃羅列,奚酋數萬。顧附近境内,而歲納、茶馬者謂之曰屬蕃,其散出山外而易茶。屬蕃者謂之生蕃種類不一、遠近攸分,要之皆爲中國之藩籬,向未款之。先松套諸虜遠,莫敢犯,間有海虜諸寇,諸蕃兵力既足,相抗又畏漢兵之尾。其後步擣其巢穴,以故忽來忽去,未爲大害。第自數年以來,虜借中國之款,不獨海上,而延寧、松套諸虜會盟蟻聚,[134]長驅大進,始而搶山外之蕃矣。在該鎮則曰此生蕃也,非吾族類坐視荼毒,恬不爲異,以故生蕃俛首歸順,歲納添巴,願爲部落,如紅帽兒姑古,只等不知其幾已,繼而搶境内之蕃矣。在該鎮則曰此雖屬蕃,非吾百姓也。曲爲隱忍,莫之一救,以故屬蕃甘心順從,亦歲納添巴,而招中漸廢,如俺官、阿落受等族,又不知其幾已。諸蕃既順,又因而搶土漢之民矣,陰實劫奪,陽爲誤及。在將領亦曰蕃漢雜處,原無分別,互相容隱,量爲岁須罰服,粉餚塘報,以邀重賞、細梭等物,利不止於數倍。故土民無依,亦倣效諸蕃添巴之例,而歲納不缺,甚至有土官爲土民,而賞給有差者,亦添巴之別名也。年復一年,剥削日甚,以麥豆、青稞口食取之蕃也,褐疋、毛布、輕煖取之蕃也。迨其搶掠,或令爲嚮導,或驅爲前鋒,兵力亦取之蕃也。且往年該路將領既不能保蕃,又能害衆,如以鼠竊小事,輒率兵攻打堡帳,希圖牛羊資財之利,其偷趕達子、馬匹,本爲報復,則又代爲追還,倍加罰服。内困於法,外困於虜,諸蕃蹙額之情,誠仰天而莫訴矣。然虜黨日增,則虜謀叵測,漸生不軌之心,故一犯而西寧殺副總兵李魁等,再犯而洮州殺副將李聯芳,又犯而河州殺游擊李芳。長驅洮渭,騷動三秦,擄掠之慘,道路痛心。

今特令大臣經略、贊畫司道分猷剿虜招蕃。招回生屬蕃人共一百六十族,部落該七萬四千七百一十餘名傾心歸順,各無異詞等因。到臣議得兩河皆蕃,而河西爲甚。河西四郡皆蕃,而西寧爲甚。蓋緣遠連青海、近接河湟,古先零罕开,遺種在焉。其於匈奴種類既殊,住居各異,故甘肅一鎮北則匈奴,南則羌蕃,漢稱河西五郡,斷匈奴右臂者,以虜不能越此而南牧也。祖宗略地西陲,緣俗立教,加意諸羌,故大建梵宇,特賜專敕蕃僧爲衆推服者,大者國師,小者禪師。其諸豪有力者,或指揮千户、百户,各授有差,各寺崇奉敕書,及原領金玉印章在焉,又以諸蕃資茶爲命,故許納馬中茶,以示羈縻。屬蕃無異編民,生蕃雖不敢内嚮,而所資茶篦則轉資於屬蕃。二百年來,分方住牧,内外相安。若時有跳梁,或撫或剿,旋即安定。其松套諸虜雖嘗垂涎搶掠,然以甘鎮斥堠聯絡,虜即潰墻而南畏,[135]我乘之旋即宵遯,且虜敢掠蕃,蕃亦殺虜,利害得失,亦略相當,故蕃人爲我保疆,無敢異志。

自款貢以來,虜王南牧,許之借途,因而收蕃。此後虜騎因仍不爲禁制,遂致虜縱蹂躙,蕃失憑藉,子女、牛羊皆虜所有,生死予奪惟虜所制,日招月引,蕃安得不盡歸之虜也。以故虜捨故巢,率趨西海,豈獨水草豐美,實以諸蕃可利。初尚利蕃之財物,繼則利蕃爲爪牙,久之則利爲心腹矣。蓋虜驅蕃以掠漢,而其禍本胚胎,則漢爲虜而驅蕃也。臣細問積弛,皆謂蕃虜交通,大防已潰,西海四郡何地非蕃、何地非虜？驅之不能,招之不可,蓋驅蕃則明以予敵,招蕃又恐陰爲虜應,即地方官員亦謂此輩浸淫日久,必不可招,招則引賊入室,難與共居,將付之無可奈何而已。臣竊謂蕃虜之勢不分,則心腹之患無已,故欲蕩兩川,須清西海,欲清西海,須鼓諸蕃,乃大修播告,廣詢群策,乘其極困,誘以真情,略其往愆,開之新路,乃各蕃遠近,傳聞風勢,感動始而爾加七族。自虜逃回,既而紅帽一族賨妻送返。

臣至西寧,凡蕃首投見者,皆進之臺階,撫之善語,慰其苦楚,賞以口食。各蕃無不感激泣下,願歸故巢。奮勇殺虜者,臣益加鼓舞,乃守備祁德遍歷蕃巢，游擊曾光祖多方樹幟，按察使石槚悉心區畫，主事梁雲龍、僉事萬世德極力經營，且條分縷析，部落有數，中馬有額，安插有所，保護有方，不惟屬蕃復歸，即生蕃亦附，不惟蕃慕義而逃歸，即虜亦畏威而速返。千里之藩籬既撤而復附，數萬之戎羌既叛而復歸。從此土宇如常，邊疆無改，戎羌安堵，胡虜不侵。張天朝之靈寵，擅國家之盛事。

蓋收此羌戎有六利焉，蕃不附虜，虜必讎蕃，虜既讎蕃，蕃益叛虜，其約既解，其勢即分，虜既難侵，蕃亦易制，利一也；虜越甘涼，惟蕃是掠，今我保蕃，蕃氣自壯，或偷趕馬畜，或竊殺虜級，使虜不寧居，流寇自息，利二也；羌富畜牧、觓角、皮革，可供軍需，利三也；牛羊、氈酪繹絡來市，邊民財貨，日通閭閻無匱，連年殘壞，可以甦息，利四也；山林通道，樵牧來往，蕃漢無猜，小而薪爨，大而材木，源源資給，利五也；我既示恩，蕃必懷感，日與土人相親相睦，不出五六十年，與西納等族俱可化爲良蕃，利六也；而其安危喫緊，尤在於彼此勢分，[136]虜難深入者，此皆事理，易見土俗之人俱能言之，然臣之所以皇皇爲善後之慮，固不在今日安插之妥，而特爲後日紛更之慮也。

密陳防邊要務疏　本朝　李鵬鳴

邊垣爲內外之防，部議通行修葺。奉有俞旨，凡屬臣工敢不祇遵立督，告成以仰副我皇上綢繆未雨之至計。臣接准部咨，隨即備行各該鎮將等官各照該管疆界，作速修舉并移各該巡撫及各邊道，就近督催，務期早竣，聽候。特遣重臣巡閱，仍行飭催間，除坍塌無多已報鳩工者不計外，其餘有稱年遠，頹圮已盡，物料無資。可動者有稱邊長工程甚大，操作無人可役者，甚至有稱沙土埋沒，隨扒隨積，山水衝塌，基址無存，萬難施力者。臣思封疆重務，豈容借詞推諉，復嚴飭舉行，而各鎮道之呈請如故，不得不行令估議批，據藩司彙詳統計。

秦境邊垣自延綏而寧夏、而固原、而甘肅西寧，延袤五千餘里，并要隘敵樓、墩臺、鋪舍等項傾廢，應修者大率過半。在昔葺補之制雖無案可稽,而明季按汛各有屯軍,更班應役專力邊墻。迨天啓年間,班軍裁撤,暨我朝定鼎,迄今已共四十餘載,修葺之舉缺焉不講,今一旦而欲修數十年之未修葺、千百里之未葺,良匪易易。往日設有專工,何憂不舉,今則軍已盡裁矣;往日有坍即築不難爲力,今則坍者數多矣;往日年年興工人心相安,今則無事日久,一經督責,共駭聽睹矣。且各鎮邊垣依山傍水,[137]地峻則工料難,前流急則衝激可慮。加之風沙不測,落成爲艱,況舊例小修則動支部額,大修則并發帑金。當此軍興費繁之際,時絀恐難舉贏,將專責之兵修而各鎮營士卒已經抽調赴楚。會剿以及分汛設防,存營者無多,抑或濟以民力。而此嚴疆殘黎久罹寇虐,蕩析無遺。加之饑荒,疫死見在者幾何?雖驅全陝之兵民以供版築,竭三秦之賦稅以備物料,責功於旦夕,亦必不得之數也。

臣思時已及春,遣員不遠,催舉則不能,議停則不敢。兹據該司册估約用人夫七千八百七十五萬五千一百有奇,需費銀米五百三十餘萬,此外未據報到估計者尚不與焉,工大費繁,臣不敢不據實直陳,以俟睿裁。

覆查黃甫川烟稅疏　李鵬鳴

臣思稅課一項必舊有,商集貨市自可遞年徵稅,以佐國用。查黃甫川委係褊小邊隅,偶因先年茶商順帶之黑烟,希圖墊納茶課,乃緣坐稅。又致罄本賠納,隨即星散。前撫臣張中第目擊其艱,故有每包徵銀一分之請,蓋冀其稅輕或可招商復來不意。迄今商貨兩絶,杳無一至。非惟遞年之稅課無望,而從前之逋欠亦萬難追征矣。今經臣查駁,該道廳營路各官僉稱無商無貨,甘心具結。夫孰無身家功名之念而代商隱稅,自干罪戾耶?且黃甫川逼近殺虎口,地方若果有商有貨,道路之萬耳、萬目共睹共聞,自所難掩。前撫臣林天擎必不敢兩請題豁於先,今撫臣賈漢復亦必不敢繼請蠲免於後也,此項烟稅委係無征。仰懇皇上俯念邊隅之賠苦爲難,屢查之情確非謬,特賜蠲免,在朝廷不致徒懸稅額之空名,而地方臣民可免追徵逋課之實累矣。

【校勘記】

[1] 議復三郡:《〔乾隆〕甘志》卷四五《藝文》題作《屯田疏》。
[2] 西南:此同《宋史》卷二六五《張齊賢傳》,《長編》卷四九作"西蕃"。
[3] 莫若:此同《〔乾隆〕甘志》卷四五《藝文·上靈州事宜疏》,《長編》卷五〇作"曷若",《宋史》卷二六五《張齊賢傳》作"若能"。
[4] 圍:此同《宋史》卷二六五《張齊賢傳》,《長編》卷五〇作"危"。
[5] 縱:此字原脱,據《長編》卷五〇、《宋史》卷二六五《張齊賢傳》補。
[6] 衹是:"是"字原脱,據《宋史》卷二六五《張齊賢傳》、《長編》卷六八補。
[7] 靈池:此同《宋史》卷二六五《張齊賢傳》,《長編》卷六八作"麟州"。
[8] 析逋:此同《宋史》卷二六五《張齊賢傳》,《宋史》卷四九二《吐蕃傳》作"折逋"。
[9] 延川:原作"延州",據《宋史》卷二六四《宋琪傳》、《長編》卷三五。參見《長編》卷三五校勘記[六]。
[10] 方入平夏州南界:此同《〔乾隆〕甘志》卷四五《藝文·論邊事疏》、《宋史》卷二六四《宋琪傳》。《長編》卷三五作"方入平夏是夏州南界",疑是。參見《宋史》卷二六四《校勘記》[八]。
[11] 鎗鋸:原作"搶鋸",據《長編》卷三五改。
[12] 告諭:原作"告語",據《宋史》卷二六四《宋琪傳》、《長編》卷三五改。
[13] 部:原同《〔乾隆〕甘志》卷四五《藝文·論邊事疏》,《宋史》卷二六四《宋琪傳》作"都",據《長編》卷三五改。參見《宋史》卷二六四《校勘記》[十]。
[14] 城兵千人:《歷代名臣奏議》卷三二三《禦邊》作"城屯兵千人"。
[15] 主:《歷代名臣奏議》卷三二三《禦邊》作"上"。
[16] 拊:《歷代名臣奏議》卷三二三《禦邊》作"撫"。
[17] 制度:《歷代名臣奏議》卷三二三《禦邊》作"節度"。
[18] 永:《〔乾隆〕甘志》卷四五《藝文·論西事劄子》作"之"。
[19] 原:原作"源",據《〔乾隆〕甘志》卷四五《藝文·論西事劄子》改。
[20] 虜:《〔乾隆〕甘志》卷四五《藝文·論西事劄子》作"敵"。
[21] 臣以國之安危:《〔乾隆〕甘志》卷四五《藝文·論西事劄子》無此六字。
[22] 授:《〔乾隆〕甘志》卷四五《藝文·論西事劄子》作"受"。
[23] 觀:《〔乾隆〕甘志》卷四五《藝文·論西事劄子》作"關"。
[24] 論夏人納鹽易茶:《包孝肅奏議集》卷九《議邊》題作《論楊守素》。
[25] 包拯:《〔雍正〕陝志》卷八六《藝文·論夏人納鹽易茶》作"前人"。

[26] 一曰辨衆說二曰較存廢三曰減寨卒四曰委土豪如此則經久之謀庶近禦邊之策謹具畫一：此三十七字原脫，據《歷代名臣奏議》卷三二六《禦邊》補。《〔康熙〕延綏鎮志》卷六之一《藝文志·論麟州事宜劄子》作"謹具畫一"。

[27] 僚：《文忠集》卷一一五作"寮"。起：《文忠集》卷一一五作"啓"。

[28] 堡：《歷代名臣奏議》卷三二六《禦邊》、《文忠集》卷一一五作"壁"。

[29] 是：《歷代名臣奏議》卷三二六《禦邊》無此字。

[30] 時：《歷代名臣奏議》卷三二六《禦邊》、《文忠集》卷一一五及《〔康熙〕延綏鎮志》卷六之一《藝文志·論麟州事宜劄子》均作"力"。

[31] 緝：《歷代名臣奏議》卷三二六《禦邊》及《〔康熙〕延綏鎮志》卷六之一《藝文志·論麟州事宜劄子》均作"輯"。

[32] 之：此同《歷代名臣奏議》卷三二六《禦邊》，《〔康熙〕延綏鎮志》卷六之一《藝文志·論麟州事宜劄子》作"一"。

[33] 寨：《文忠集》卷一一五作"塞"。

[34] 寨：《歷代名臣奏議》卷三二六《禦邊》及《文忠集》卷一一五均作"塞"。

[35] 其當：此二字原脫，據《文忠集》卷一一五、《歷代名臣奏議》卷三二六《禦邊》及《〔康熙〕延綏鎮志》卷六之一《藝文志·論麟州事宜劄子》補。

[36] 今：《〔雍正〕陝志》卷八六《藝文·論復置豐州劄子》作"令"。

[37] 須：《傅家集》卷二三《章奏·論復置豐州劄子》作"更"。

[38] 禦：《傅家集》卷三三《章奏·言陳述古劄子》作"扞"。

[39] 會：《傅家集》卷三三《章奏·言陳述古劄子》作"曾"。

[40] 匾：《傅家集》卷三四《章奏·乞罷刺陝西義勇第四劄子》作"區"。

[41] 論西羌夏人事宜：《東坡全集》卷五四《奏議》題作《因擒果莊論西羌夏人事宜劄子》，《宋文鑑》卷五五《奏疏》題作《因擒鬼章論西羌夏人事宜劄子》。鬼章：即果莊，西北少數民族首領名。下同。

[42] 彼：《東坡全集》卷五四《奏議·因擒果莊論西羌夏人事宜劄子》、《宋文鑑》卷五五《奏疏·因擒鬼章論西羌夏人事宜》作"敵"，下同。

[43] 阿里骨：《東坡全集》卷五四《奏議·因擒果莊論西羌夏人事宜劄子》作"阿里庫"，下同。阿里骨，一作阿里庫，北宋時期河湟地區青唐吐蕃政權第三代大首領。

[44] 董氈：《東坡全集》卷五四《奏議·因擒果莊論西羌夏人事宜劄子》作"棟戩"，即董氈，下同。

[45] 挾制其公主：《東坡全集》卷五四《奏議·因擒果莊論西羌夏人事宜劄子》及《文章辨體彙選》卷一七二《劄子·因擒鬼章論西羌夏人事宜劄子》作"挾契丹公主"。

[46] 心：《東坡全集》卷五四《奏議·因擒果莊論西羌夏人事宜劄子》作"沁"。

[47] 與否：《東坡全集》卷五四《奏議·因擒果莊論西羌夏人事宜劄子》、《宋文鑑》卷五五《奏疏·因擒鬼章論西羌夏人事宜》作"不立"。

［48］毡：原作"氇"，據"董毡"爲專用名詞改。
［49］上：原作"土"，據《東坡全集》卷五四《奏議·因擒果莊論西羌夏人事宜劄子》及《文章辨體彙選》卷一七二《劄子·因擒鬼章論西羌夏人事宜劄子》改。
［50］其：《東坡全集》卷五四《奏議·因擒果莊論西羌夏人事宜劄子》作"爲"。
［51］克：《宋文鑑》卷五五《奏疏·因擒鬼章論西羌夏人事宜》作"足"，《東坡全集》卷五四《奏議·因擒果莊論西羌夏人事宜劄子》及《文章辨體彙選》卷一七二《劄子·因擒鬼章論西羌夏人事宜劄子》無此字。
［52］深：此字原脱，據《東坡全集》卷五四《奏議·因擒果莊論西羌夏人事宜劄子》及《文章辨體彙選》卷一七二《劄子·因擒鬼章論西羌夏人事宜劄子》補。
［53］切以爲開之太易：《東坡全集》卷五四《奏議·因擒果莊論西羌夏人事宜劄子》作"竊以謂開之太急"，《文章辨體彙選》卷一七二《劄子·因擒鬼章論西羌夏人事宜劄子》作"切以爲開之太急"。
［54］欲：此字原脱，據《東坡全集》卷五四《奏議·因擒果莊論西羌夏人事宜劄子》及《文章辨體彙選》卷一七二《劄子·因擒鬼章論西羌夏人事宜劄子》補。
［55］寨：原作"塞"，據《歷代名臣奏議》卷三三〇《禦邊·條列陝西利害》及《范忠宣集·奏議卷上·條列陝西利害》改。
［56］論鹽法：《〔乾隆〕甘志》卷四五《藝文》題作《鹽法疏》，《山西通志》卷一八六《藝文》題作《河東陝西分界食鹽疏》。
［57］虧：原作"逋"，據《〔乾隆〕甘志》卷四五《藝文·鹽法疏》及《山西通志》卷一八六《藝文·河東陝西分界食鹽疏》改。
［58］頗：《〔乾隆〕甘志》卷四五《藝文·鹽法疏》作"額"。
［59］裝：原作"自"，據《〔乾隆〕甘志》卷四五《藝文·鹽法疏》及《山西通志》卷一八六《藝文·河東陝西分界食鹽疏》改。
［60］數：《〔乾隆〕甘志》卷四五《藝文·鹽法疏》作"處"。
［61］司：《〔乾隆〕甘志》卷四五《藝文·鹽法疏》作"使"。
［62］攤：原作"灘"，據《〔雍正〕陝志》卷八六《藝文·請陝西兼食韋紅鹽疏》及《〔乾隆〕甘志》卷一八《鹽法》改。下同。
［63］令：原作"合"，據《〔乾隆〕甘志》卷一八《鹽法》改。
［64］而民亦受惠矣：《〔雍正〕陝志》卷八六《藝文·請陝西兼食韋紅鹽疏》無此六字。
［65］論西北邊備節：《〔康熙〕延綏鎮志》卷六之一《藝文志》題作《言邊事疏》。《清谿漫稿》卷一三《奏議》題作《論西北備邊事宜狀》。
［66］往：《〔康熙〕延綏鎮志》卷六之一《藝文志·言邊事疏》作"近"。
［67］駐劄：《〔康熙〕延綏鎮志》卷六之一《藝文志·言邊事疏》作"屯扎"。
［68］勝：《〔康熙〕延綏鎮志》卷六之一《藝文志·言邊事疏》作"聲"。
［69］征行：《〔康熙〕延綏鎮志》卷六之一《藝文志·言邊事疏》作"轉餉"。

[70] 時:《〔康熙〕延綏鎮志》卷六之一《藝文志·言邊事疏》作"迨"。

[71] 旅:原作"旋",據《〔康熙〕延綏鎮志》卷六之一《藝文志·言邊事疏》改。

[72] 其有懷敵憿之心馳伊吾之志者:《〔康熙〕延綏鎮志》卷六之一《藝文志·言邊事疏》無此十三字。

[73] 腥膻:《清谿漫稿》卷一三《奏議·論西北備邊事宜狀》作"烽烟"。

[74] 徵:《〔康熙〕延綏鎮志》卷六之一《藝文志·言邊事疏》作"僥"。

[75] 者:《〔康熙〕延綏鎮志》卷六之一《藝文志·言邊事疏》無此字。

[76] 枕:原作"堵",據《〔康熙〕延綏鎮志》卷六之一《藝文志·言邊事疏》、《清谿漫稿》卷一三《奏議·論西北備邊事宜狀》改。

[77] 土:《〔康熙〕延綏鎮志》卷六之一《藝文志·言邊事疏》作"地"。

[78] 戮:《明憲宗實錄》卷七八作"截"。

[79] 揀:《明憲宗實錄》卷七八作"選"。

[80] 有:《明憲宗實錄》卷七八作"肯"。

[81] 懾難矣:《明憲宗實錄》卷七八作"懾服難矣"。

[82] 二:《明憲宗實錄》卷七八作"一"。

[83] 將各堡官軍:《明憲宗實錄》卷七八無此五字。

[84] 爲:《明憲宗實錄》卷七八作"所"。

[85] 糧草不足:《明憲宗實錄》卷七八作"糧草一有不足"。

[86] 繇:《明憲宗實錄》卷七八作"循"。

[87] 虜騎:《明憲宗實錄》卷七八作"賊寇"。

[88] 臨:《明憲宗實錄》卷七八作"離"。

[89] 夷狄:《圖書編》卷四六《曾總督復河套疏》作"遠人"。

[90] 北虜:《圖書編》卷四六《曾總督復河套疏》作"强敵",下同。

[91] 醜虜:《圖書編》卷四六《曾總督復河套疏》作"敵寇",下同。

[92] 賊得所據巢穴:《圖書編》卷四六《曾總督復河套疏》作"人得所據根本"。

[93] 塞:原作"寨"據《圖書編》卷四六《曾總督復河套疏》、《御選名臣奏議》卷二四《請復河套疏》改。

[94] 省:原作"損",據《圖書編》卷四六《曾總督復河套疏》、《御選名臣奏議》卷二四《請復河套疏》改。

[95] 斥:原作"斥",據《圖書編》卷四六《曾總督復河套疏》、《御選名臣奏議》卷二四《請復河套疏》改。

[96] 虜編筏:《圖書編》卷四六《曾總督復河套疏》作"敵帥筏"。

[97] 裔夷:《圖書編》卷四六《曾總督復河套疏》作"套衆"。

[98] 獯豕之牙:《圖書編》卷四六《曾總督復河套疏》作"蔓草未滋"。

[99] 上塵御覽:《圖書編》卷四六《曾總督復河套疏》作"上陳睿覽"。

［100］虜患：《圖書編》卷四六《曾總督復河套疏》作"邊患"。
［101］開列：《圖書編》卷四六《曾總督復河套疏》作"開坐具本"。
［102］一：《圖書編》卷四六《曾總督復河套疏》作"二"。
［103］賊：《圖書編》卷四六《曾總督復河套疏》作"敵"。
［104］倉：原作"蒼"，據《圖書編》卷四六《曾總督復河套疏》、《御選名臣奏議》卷二四《請復河套疏》改。
［105］醜虜之猾夏：《圖書編》卷四六《曾總督復河套疏》作"敵寇之猖獗"。
［106］敷：《圖書編》卷四六《曾總督復河套疏》作"陳"。
［107］示：原作"土"，據《圖書編》卷四六《曾總督復河套疏》改。
［108］隍：《圖書編》卷四六《曾總督復河套疏》作"煌"。
［109］以資成：《圖書編》卷四六《曾總督復河套疏》作"以資成功"，《御選名臣奏議》卷二四《請復河套疏》作"以資成造"。
［110］二：原作"三"，據《圖書編》卷四六《曾總督復河套疏》、《御選名臣奏議》卷二四《請復河套疏》改。
［111］原：原作"恐"，據《圖書編》卷四六《曾總督復河套疏》、《御選名臣奏議》卷二四《請復河套疏》改。
［112］請開市賞：《〔康熙〕延綏鎮志》卷六之一《藝文志》題作《收撫已叛請開市賞疏》。
［113］增賞或陰行交質：此七字原漫漶不清，據國圖本、《〔康熙〕延綏鎮志》卷六之一《藝文志·收撫已叛請開市賞疏》補。
［114］起：《〔康熙〕延綏鎮志》卷六之一《藝文志·收撫已叛請開市賞疏》作"啓"。
［115］肘：《〔康熙〕延綏鎮志》卷六之一《藝文志·收撫已叛請開市賞疏》無此字。
［116］珍：《〔乾隆〕甘志》卷四五《藝文·請復茶馬舊例疏》作"修"。
［117］約：《〔乾隆〕甘志》卷四五《藝文·請復茶馬舊例疏》作"納"。
［118］虜：《〔乾隆〕甘志》卷四五《藝文·陳邊計疏》作"彼"。
［119］以虜禦虜：《〔乾隆〕甘志》卷四五《藝文·陳邊計疏》作"用我所長"。
［120］至荒田不下萬頃遂極力：此十字原漫漶不清，據國圖本、《〔乾隆〕甘志》卷四五《藝文·查處屯田計安地方疏》補。
［121］土達：《〔乾隆〕甘志》卷四五《藝文·救荒弭患疏》作"土默特"。下同。
［122］委兀兒：《〔乾隆〕甘志》卷四五《藝文·救荒弭患疏》作"輝和爾"。
［123］滿四：《〔乾隆〕甘志》卷四五《藝文·救荒弭患疏》作"穆蘇"。下同。
［124］虜賊：《〔乾隆〕甘志》卷四五《藝文·救荒弭患疏》作"敵騎"。
［125］五：《〔乾隆〕甘志》卷四五《藝文·救荒弭患疏》作"二"。
［126］巡撫御史：《朔方新志》卷一《屯田》作"巡撫御史按察司官"。
［127］臣民：此同《〔乾隆〕甘志》卷四五《藝文·豁免屯糧賠累疏》，《朔方新志》卷一《屯田》作"臣工"。

[128] 一斗八合四勺：此六字原脱，據《朔方新志》卷一《屯田》補。
[129] 一萬七千五百四十二束六分二釐七毫八絲：原作"一萬七千五百餘束"，據《朔方新志》卷一《屯田》補。
[130] 八錢四分四釐七毫一絲：此十字原脱，據《朔方新志》卷一《屯田》補。
[131] 二錢：此二字原脱，據《朔方新志》卷一《屯田》補。
[132] 没：《〔乾隆〕甘志》卷四五《藝文·請墾屯田疏》作"入"。
[133] 蕪：《〔乾隆〕甘志》卷四五《藝文·請墾屯田疏》作"田"。
[134] 虜：《〔乾隆〕甘志》卷四五《藝文·收復蕃族疏》作"部"。
[135] 虜：《〔乾隆〕甘志》卷四五《藝文·請墾屯田疏》作"彼"。
[136] 尤：《〔乾隆〕甘志》卷四五《藝文·請墾屯田疏》作"猶"。
[137] 鎮：《〔雍正〕陝志》卷八六《藝文·密陳防邊要務疏》作"處"。

河套志卷第六

藝文二　表、議、策、記、賦、書、銘

鑿艾山渠表　魏　刁雍

臣蒙寵出鎮，奉辭西蕃，總統諸軍，户口殷廣。又總勒戎馬，以防不虞，督課諸屯，以爲儲積。夙夜惟憂，不遑寧處。以今年四月末到鎮，時以夏中，不及東作。念彼農夫，雖復布野，官渠乏水，不得廣殖。乘前以來，功不充課，兵人口累，率皆饑儉。略加檢行，知此土稼穡艱難。夫欲育民豐國，事須大田。此土乏雨，正以引河爲用。觀舊渠堰，乃是上古所制，非近代也。富平寧夏靈州有富平廢城。西南三十里有艾山，南北二十六里，東西四十五里，鑿以通河，似禹舊迹。其兩岸作溉田大渠，廣十餘步，山南引水入此渠中。計昔爲之，高於水不過一丈，河水激急，沙土漂流。今日此渠高於河水二丈三尺，又河水浸射，往往奔頹。[1]渠溉高懸，水不得上。雖復諸處，按舊引水，水亦難求。今艾山北，河中有洲渚，水分爲二。西河小狹，水廣百四十步。臣今求入，來年正月，於河西高渠之北八里、分河之下五里，平地鑿渠，廣十五步，深五尺，築其兩岸，令高一丈。北行四十里，還入古高渠，即循高渠而北，復八十里，合百二十里，大有良田。計用四千人，[2]四十日功，渠得成訖。所欲鑿新渠口，河下五尺，水不得入。今求從小河東南岸斜斷到西北岸，計長二百七十步，廣十步，高二丈，絕斷小河。二十日功，計得成畢，合計用功六十日。小河之水盡入新渠，水則充足，溉官私田四萬餘頃。一旬之間，則水一遍，水凡四溉，穀得成實。

官課常充，民亦豐贍。

運屯穀付沃野表　刁雍

奉詔高平、安定、統萬及臣所守四鎮，出車五千乘，運屯穀五十萬斛，付沃野鎮以供軍糧。臣鎮去沃野八百里，道多深沙，輕車來往，猶以爲難。設令載穀，不過二十石，每涉深沙，必致滯陷。又穀在河西，轉至沃野，越度大河，計車五千乘，運十萬斛，百餘日乃得一返，大廢生民耕墾之業。車牛艱阻，難可全至，一歲不過二運，五十萬斛乃經三年。臣前被詔，有可以便國利民者動靜以聞。臣聞鄭白之渠，遠引淮海之粟，泝流數千，周年乃得一至，猶稱國有儲糧，民用安樂。今求於牽屯山河水之次，造船二百艘，二船爲一舫，一船勝穀二千斛，一舫十人，計須千人。臣鎮內之兵，率皆習水。一運二十萬斛，方舟順流，五日而至，自沃野牽上，十日還到，合六十日得一返。從三月至九月，三返，運送六十萬斛。計用人功，輕於車運十倍有餘，不費牛力，又不廢田。

河西修城表[①]　刁雍

臣聞安不忘亂，先聖之政也。況綏服之外，帶接邊城，防守不備，無以禦敵者也。臣鎮所綰河西，爰在邊表，常懼不虞。平地積穀，實難守護，兵人散居，無所依恃。脫有妖奸，必致狼狽。雖欲自固，無以得全。今求造城儲穀，置兵備守。鎮自建立，更不煩官。又於三時之隙，不令廢農。一歲二歲不訖，三歲必成。立城之所，必在水陸之次，大小高下，量力取辦。

議攻　宋　范仲淹

臣謂進討未利，則又何攻？臣竊見延安之西、慶州之東，有賊界

---

① 本志載刁雍三表，按上表時間順序，依次是：太平真君五年（444）《鑿艾山渠表》，七年（446）《運屯穀付沃野表》，九年（448）《河西修城表》。本志按此順序排序。

百餘里侵入漢地，中有金湯、白豹、後橋三寨，阻延、慶二州，經過道路，使兵勢不接，策應迂遠。自來雖曾攻取，無招降之恩，[3]據守之謀，漢兵纔回，邊患如舊。臣謂西賊更有大舉，朝廷必令牽制，則可攻之地，其在於此。可用步兵三萬，騎兵五千。鄜延路步兵一萬二千，騎兵三千。涇原路步兵九千，騎兵一千。環慶自選馬步一萬八千，軍外番兵更可得七八千人。軍行入界，當先布號令，生降者賞，殺降者斬；得精强者賞，害老幼婦人者斬。拒者并兵以戮之，服者厚利以安之。遁者勿追，疑有質也；居者勿遷，俾安土也。乃大爲城寨以據其地。如舊城已險而增修，非守地則別擇要害之處，以錢召帶甲之兵、熟户、强壯，兼其土役。昨奉朝旨，令修緣邊城寨，臣以民方稔事，將係官閑雜錢，并勸令近上人户у顧夫錢，散與助功兵士充食錢，其帶甲兵士翕然情願，諸寨并以畢功。俟城寨堅完，當留土兵以守之。

方諸舊寨，必倍其數。使范全、趙明以按撫之。范全，今爲騏驥副使、慶州北都巡檢。趙明，今爲東頭供奉官、柔遠寨蕃部巡檢。必嚴其戒曰："賊大至則明斥候，召援兵。"金湯，東去德靖寨四十里，西去東谷寨八十里，西南去柔遠八十里。白豹，西去柔遠五十里，南至慶州一百五十里。堅壁清野以困之，小至則扼險設伏以待之，居常高估入中及置營田以助之。如此，則可分彼賊勢，振此兵威，通得延、慶兩路軍馬，易於應援。所用主兵官員，使勇決身先者，居其前。王信、狄青、劉拯、劉貽孫、張建侯、范全。可用策應者居其次。任守臣、王達、王遇、張宗武、譚嘉震、王文恩、王文。使臣中可當一隊者參於前後。張信、王遇、張忠、郭逵、張懷寶。有心力幹事者營立城寨。周美、張璨、劉兼濟、李緯、張繼勳、楊麟。臣觀後漢段紀明以騎五千、步萬人、車三千兩、錢五十四億，三冬二夏，大破諸羌。又觀唐馬燧造戰車，行則載甲兵，止則爲營陣，或塞險以遏奔衝。臣以此路山坡大，車難進，當用小車。二十兩銀，絹錢二十萬，以賞有功將吏及歸降番部，并就糴芻粟，亦稍足用。

其環州之西，鎮戎之東，復有葫蘆泉一帶番部，與明珠、滅臧相接，阻環州、鎮戎徑過道路。明珠、滅臧之居，北接賊疆，多懷觀望。又延州南安去故綏州四十里，在銀、夏川口，今延州兵馬東渡黃河，北入嵐、石，却西渡黃河，倒來麟府策應。蓋以故綏州一帶，賊界阻斷徑過道路。已上三處內麟府一路,臣不曾到彼,乞下本處訪問,及畫圖即見山川道路次第。如取下一處城寨,平定則更圖一處,爲據守之策。比之朝去暮還,此稍爲便。

議守　范仲淹

臣觀西戎,居絕漠之外,長河之北,倚遠而險,未易可取。建官置兵,不用祿食,每舉衆犯邊,一毫之物,皆出其下,風集雲散,未嘗聚養。中國則不然,遠戍之兵,久而不代,負星霜之苦,懷鄉國之望,又日給廩食,月給庫縉,春、冬之衣,銀、鞋,餽輸滿道,千里不絕。

國用民力,日以屈乏,軍情愁怨,須務姑息。此中原積兵之憂,異於西戎也。[4]臣謂,戎虜縱降,塞垣鎮守。[5]當務經遠,古豈無謀?臣觀漢趙充國,興屯田,大獲地利,遂破先零。魏武於征伐之中,分帶甲之士,隨宜墾闢,故下不甚勞,大功克舉。數年之中,所在積粟,倉廩皆滿。唐置屯田,天寶八年,河西收二十六萬石,隴西收四十四萬石。孫武曰:"分建諸侯,以其利而利之,使食其地之毛實,役其人氓之力。"故賦稅無轉徙之勞,徭役無怨曠之嘆。臣昨在延州,見知青澗城种世衡,言欲於本處漸興田利,今聞僅獲萬石。臣觀今之邊寨,皆可使弓手、土兵以守之,因置營田,據畝定課,兵獲餘羨,中糴於官,人樂其勤,公收其利,則轉輸之患久,可息矣。且使其兵徙家寨下,重田利,習地勢,父母、[6]妻子而堅其守,比之東兵不樂田利,不習地勢,復無懷戀者,功相遠矣。少田處許蕃部進納,荒田,以遷資酬獎,或量給價直。倘朝廷許行此道,則委臣舉擇官員,約古之義,進今之宜,[7]行於邊陲,庶幾守愈久,而備愈充。雖戎狄時爲邊患,不能困我中國。此臣所以言假土兵、弓手之力,以置屯田爲守之利也。

然臣觀前漢高帝之盛,臣有蕭、張,決勝千里,下有百戰之師,以四十萬之衆,困於平城,乃約匈奴和親。至高后、文、景,代代如之,不絕其好。匈奴屢變,往往犯塞,殺戮吏民,不勝其酷。至於書問傲慢,下視中國。而人主以生民之故,屈已含容,不爲之動。孝文即位,將軍陳武請議征討，以一封疆，孝文曰："兵，凶器也。雖克所願，[8]動亦耗病，謂百姓遠方何？今匈奴內侵，軍吏無功，邊民父子，荷兵日久，朕動心痛傷，何日忘之，未能消距。願且堅邊設候，結和通使，休寧北陲，爲功多矣。且無議兵。故百姓無內、外之繇，得息肩於田畝，天下富實，雞鳴犬吠，烟火萬里，可謂和樂者乎。"司馬遷以文帝能和樂天下，協於大樂，故著於律書，爲後代法。臣謂國家用攻，則宜取其近，而兵勢不危；用守，則必圖其久，而民力不匱。然後取文帝和樂之德，無孝武哀痛之悔，則天下幸甚，天下幸甚！

城古威州議　鄭文寶

威州在清遠軍西北八十里，樂山之西。唐大中時，靈武朱叔明收長樂州，邠寧張君緒收六關，即其地也。故壘未圮，水甘土沃，有良木薪秸之利。[9]約葫蘆、臨洮二河，壓明沙、蕭關兩戍。東控五原，北固峽口，足以襟帶西涼，咽喉靈武，城之便。然環州至伯魚、伯魚抵青岡、青岡距清遠，皆兩舍。而清遠當群山之口，扼塞門之要，絮車野宿，行旅頓絕。威州隔城東隅，堅石盤互，不可浚池。地中舊乏井脈，[10]又飛鳥泉去城尚千餘步。一旦緣邊警急，賊引平夏勝兵三千，據清遠之衝，乘高守險，數百人守環州甜水谷、獨家原、傳箭野貍十族，脅從山中熟戶，党項孰敢不從。又分千騎守磧北清遠軍之口，即自環至靈七百里之地，非國家所有，豈威州可禦哉？請先建伯魚、青岡、清遠三城，爲頓師歸重之地。古人有言："金城湯池，非粟不能守。"俟二年間，秦民息肩。臣請建營田積粟實邊之策，修五原故城，專三池鹽利，以金帛啖党項酋豪子弟，使爲朝廷用。不惟安朔方、制豎子，至於經營安西、綏復河湟，此其漸也。

屯田議　明　張鍊

自古英賢之君、奇智之士，當諸侯割據、華夏分爭之代，以師行而糧從。餽運不繼，相其臨戎廣野，使戍卒耕稼其間。耕而有獲，以十一二輸官，以十八九自贍。由來以爲良法美意者，屯田是也。趙充國以二羌反叛，廣田金城，期年之間，使先零坐斃。曹操以征伐四方，屯田許下，墾荒積穀，無遠運之勞。諸葛亮與魏將嚴拒，乃從容渭濱，分兵屯田，司馬懿畏而斂避。鄧艾與吳爲鄰，開河渠溉田，通於江淮，大爲伐吳之資。嗣是歷世因之，其法寖備，其利寖溥。於今強敵陸梁，非兵無以禦敵，非糧無以養兵。百計集兵，千方足食，而獨不及屯田者，何也？我太祖體國經野，屯田遍天下，而西北邊最多。開屯之例，軍以十分爲率，以七分守城，三分屯種。墾田之令，邊方閑田許軍民開種，永不起科。限畝輸租者爲額內之田，不起科者爲額外之田。然法久弊生，弊久法盡。瘠田荒蕪不治，腴田爲豪強兼并、爲官校侵奪、爲巧慧移邱易畝，汨没於田，混亂於籍。徵輸徒有其名，芻粟不爲國用。至於招商開中，責令募兵墾田，保伍屯聚，視功力給牒，予鹽酬值。初時上下同利，今復爲敝商蠹壞，泥而不行。然經界在田中，開列在紙上，非高遠難行之事，無幽隱不可究之理，但求憂國敏事之臣，專任責成，待以不次之位。其規畫措置一事，聽其自爲，直以期年爲限，使田額如舊，課程如舊，無占種、影射、包賠如舊。隨處有田，隨處行師，芻糧如峙，内省帑運，外省民輸。有卒徒將領以足兵，有溝洫隴畛以助險，有樹藝園林以護耕。轉盼之間，變荒磧爲豐壤，易流莩而樂康阜，民足國，未有善於此者。

　　昔唐德宗問李泌復府兵之策，以兵多食少，欲減京西戍兵。泌請發左藏積繒，因党項易牛，鑄農器，糴麥種，分賜緣邊軍鎮夏秋耕荒田而種之，沃土久荒，收入必多。戍卒獲利，則願耕者衆。既因田致富，則不思歸。及戍期將滿，下令有願留者，即以所開田爲永業。家人願來者，本貫給食而遣之。是後收入既腴，耕者願留，家人願來，變關中之疲敝爲富強。泌之一言，即日行之，如彼其速，即年獲效，如彼其厚，矧在今日。大修屯政，簡付得人，今年舉之，則明年報功，决食其利矣。其他籌邊遠略，十百千萬，無如此事爲急要也。

鹽法議 張鍊

　　夫食鹽，山澤自然之利，天地所以養民也。上古無徵，近古薄徵，以佐國用。要在先不病民，而後利國，爲可貴耳。關中食鹽，一出於河東，一出於花馬池，一出於靈州，一出於西漳。靈州、西漳，去三輔絕遠，專供靈、夏、洮、岷西北兵民之用，無容議矣。

　　花馬池鹽，北供延、慶、平三府，寧、榆二鎮，南與河東鹽并行於三輔間。河東鹽，上下公行，謂之官鹽。花馬池鹽，私自貿易，謂之私鹽。民間便於私鹽，而不便於官鹽者，百年於茲矣。

　　必欲行河東官鹽，其弊有四：蓋行鹽郡、縣，各有分界，所司徒知紙上陳迹，河東鹽行三省，不可越縮，若究其實，在山西、河南未知何如，其在關中，自長安以西，河東美鹽絕迹不至。間有至者，皆泥滓苦惡，中人不以入口，惟耕夫、寡婦，黽勉食之。計其所售，無幾也。名雖謂行，其實未嘗行之。一也。往來商人，慮惡鹽不售，告發郡、縣，使所在輦運外，加樣鹽包，封印記之。及以給民，封者自佳，輦者自惡。唱户分鹽，畏如飲鴆。計帳徵價，峻於正稅。今雖暫止，既爲故事，恐不能已。二也。商人賣鹽與販夫，隨以小票，鹽盡，票不收毀。官鹽不至，西路則無票，無票則通責店肆、負販。細人請東路自買未毀之票繳官，公人亦幸免責，不問由來，互相欺抵。三也。買票日久，奸人依式，私製盜賣。饒倖者冒利，敗露者破家。雖有防禦，迄今未已。四也。

　　必欲禁花馬池私鹽，其弊有五：關中民貧，衣食驅遣，賦稅催切，罄家所有，走北地販鹽，冀牟斗升之利。一爲公人所獲，則身入陷阱，家計盡空。一也。貧人既爲囚繫，内無供饋，冬月多斃於獄。考驛遞囚帳，鹽徒居半，死者又居强半，民命可恤。二也。小販懼捕，結聚大夥，經山溪要隘，偶遇公人，勢强則抵敵，勢弱則冒險奔迸，投崖落澗，人畜死傷塗地。三也。公人與有力慣販者交關，終歲不捕，反爲導護。惟單弱貧瘠者捕之，或以升斗惡鹽，强入路人筐袋，執以報功，使無辜受害。四也。眾役工食,悉有定例,惟巡捕工食,私幫公費,歲增十倍。官吏比銷,徒御勞悴,動經時月,候文曠職,旅食空囊,或罰或貸,俱爲無補。五也。

夫物力不齊,物之情也;好美惡惡,趨利就便,民之情也。所欲與聚,所惡勿施,哀多益寡,因俗成務,司國計者之情也。以物力言,河東舊商,帶支坐困,新商起納無幾,[11]澆曬徒勞,增課未減,公私俱稱歉矣。河東一池,雖差大,供三省則不足。花馬二池,雖差小,供三郡、二鎮則有餘,自然之勢也。以人情言,河東鹽,百方督之使行,至以泥沙勒售,假票甘罪,而終不能行。花馬池鹽,百方禁之,使不得行,至於比屋破產、接踵喪生,而終不能禁者,民之大欲、大惡,不可強也。以國計言,河東歲課一十九萬有奇,花馬二池歲課不盈數千。河東鹽一引三錢有奇,二池鹽一石六分有奇。如是相懸者,意河東與天下六運,自祖宗朝俱有定額,由來久遠。二池迫近塞垣,棄、取不時,故課亦微渺。後來因循取足,原辦而止耳。夫河東鹽,既不能及遠;二池鹽,卒不能禁,民間又不可一日無鹽,而盜買盜賣,終非常理。今當直開二池鹽禁,使西、鳳、漢中沛然通行。計三府所當,常食河東鹽一十二萬有奇,歲課,即照河東,責三府代辦,以其事權統歸河東巡鹽御史,則達觀無異,督禁有程,兩地歲徵,四鎮年例,保無纖爽,而關中可少事矣。

夫居害者,擇其寡;興利者,取其多。儻今不弛二池鹽禁,則愚民被逮,供餽爲費,罪贖爲費,奸人騙詐爲費,兵民歲增工食爲費,官吏比銷爲費,一切顯隱猥雜,不可會。計財,足抵河東、花馬二池正課出。於千瘡百痛,徒然費之。而下殘民命,上損國體,又餘殃也。儻今一弛二池之禁,則愚民被逮,供餽可省,罪贖可省,奸人騙詐可省,歲增工食可省,官吏比銷可省,一切顯隱猥雜,不可會。計財,足抵河東、花馬二池正課出,於不識不知,漠然省之。而下活民命,上全國體,又餘福也。夫人情不甚相遠,比聞鹽法侍御,皆一時英碩,表表長者。使其聞見,悉如關中人,習知利、病,則亦何憚而不爲良處哉!但其受命而來也，惟以行官鹽、禁私鹽爲職而反是，則駭矣。地非素履，事未前聞，雖聖人，有所不知者，何可遽望改易其常耶？雖然安國家，利百姓，大夫出疆義也。究理從長，議政從便，人心不昧，因革有時，此又關斯民之幸不幸也。

陝西守策　范仲淹

元昊自來通順之時，歲受恩賜，朝廷撫納甚厚，未嘗有失，尚猶時擾邊境，殺戮將吏。暨叛命以來，累次大舉，曾無沮敗乃求通順，實蓄陰謀，非屈伏之志也。朝廷若以權宜許之，更當嚴其備守。其陝西久屯大兵，供費殫竭，減兵，則守備不足；不減，則物力已困。

臣等請緣邊城寨愈加繕完，使戎虜之心無所窺。[12]倘又久守之計，須用土兵各諳山川，多習戰鬥，比之東兵，戰守功倍。然緣邊、次邊土兵數少，分守不足。更當於要便城寨招置土兵，若近裏土兵願改隸邊寨者，即遷其家而團集之。[13]況昨來慶州，創起大順城，欲置振武保捷兵兩指揮，仍於永興華耀土兵中召其願守寨者，而應募甚衆，何則？關內諸州土兵多在邊上，或得代歸營。而數月之間，復出遠戍，豈徒星霜之苦極，傷骨肉之恩。征夫不保其家，離婦頗多犯法，人情不免久則怨起。如得并遷其家於緣邊住營，更免出軍，父母、妻子樂於完聚。戰則相救，守則相安。或謂若土兵攜家居於塞下，則全分請給，其費尤多，不然土兵月給差少，又素號精強，使之戍邊於東，兵數復可減，然於逐路漸爲增益。二年已來，方能整習，固非一朝可驟改也。

又陝西新刺保捷土兵，其中尫弱不堪，戰陣者宜沙汰之，使歸於田畝，既省軍費，復增農力。然後東兵三分，中一分屯邊以助土兵之勢；一分移入次邊或屯關，輔以息饋餉之困；一分歸京師以嚴禁衛之防。彼如納款未變，則東兵三分中更可減退。又緣邊無稅之地，所招弓箭手必使聚居險要，每一兩指揮共修一堡，以完其家，與城寨相應。彼戎小至，則使屬戶、蕃兵暨弓箭手與諸寨土兵共力禦捍；彼戎大舉，則二旬之前必聞舉集，我之次邊軍馬盡可勾呼，駐於堅城以待敵之進退。緣邊山岅重復，彼之大兵必循大川而行，先求疾速，俟其得勝，[14]使我師沮而不出，方敢散兵虜掠，過越險阻，更無顧慮。我若持重不戰，則彼之重兵行川路中，糧草無所給，牛羊無所獲。不數日，人馬困敝。彼之重兵更不敢越險，又未能決勝，必不得已而散兵擄掠。我於山谷村落中伏精銳以待之，彼散掠之兵輕而寡弱，可擊可逐，使散無所掠，聚不得戰。欲長驅深入，我則使諸將出奇以躡其後；欲全師以歸，我則使諸城出兵以乘其敝，彼將進而有禍，不三兩舉，勢必敗亡，此守策之要也。

陝西攻策　范仲淹

元昊巢穴實在河外，河外之兵懦而罕戰，惟橫山一帶蕃部，東至麟府，西至原渭二千餘里，人馬精勁，慣習戰鬥。與漢界相附，每大舉入寇，必爲前鋒，故西戎以山界蕃部爲強兵，漢家以山界屬户及弓箭手。爲善戰，以此觀之，各以邊人爲強，理固明矣。所以秦漢驅逐西戎，必先得山界，[15]彼則遠遁，[16]然後以河爲限，寇不深入。

儻元昊歸款，則請假和策以待之。如未通順，或順而翻覆，則有可攻之策，非窮兵黷武，角勝於絶漠之外也。臣等嘗計陝西四路之兵，總數幾三十萬，非不多也。然各分守城寨，故每歲戰兵大率不過二萬餘人，坐食芻糧，不敢動舉，歲歲設備，常如寇至，不知賊人之謀果犯何路，賊界則不然。種落散居，衣食自給，忽爾點集并攻一路，故犬羊之衆動，[17]號十餘萬人。以我分散之兵拒彼專一之勢，衆寡不敵。遂及放敗，[18]且彼爲客當勞而反逸，我爲主當逸而反勞。我若復用此計，彼勞我逸則取勝必矣。

臣等請於鄜延、環慶、涇原路，各選將佐三五人、使臣一二十人、步兵二萬、騎兵三千以爲三軍，以新定陣法訓練。歲餘，俟其精勇，然後觀賊之隙，使三軍掠於橫山，[19]更進兵。降者，納質厚賞，各令安土；拒者，并兵急擊，必破其族。假若鄜延一軍先出，賊必大舉來應，我則退守邊寨,或據險要不與大戰。不越旬日,彼自困敝,勢將潰歸,則我環慶之軍復出焉。彼若再圖點集來拒王師,則又有涇原之師乘間而入,使賊奔命不暇,部落攜怨,則我兵勢自振。如宥州、綏州、金湯、白豹、折薑等寨皆可就而城之。其山界蕃部去元昊且遠,求援不及,又我以堅城據之,以精兵臨之,彼既樂其土,復逼以威,必須歸附以圖安全。三五年間,山界可以盡取,此春秋時吳中用三師破楚之策也。元昊若失橫山之勢,可謂斷其右臂矣。矧漢唐之舊疆,豈今日之生事也。

西陲禦備策 慶曆八年　魚周詢

　　陛下患西陲禦備,天下驛騷,趨募兵士,急調軍食,雖常有增,而經用不足。[20]臣以爲唐季及五代強臣,[21]專地中國,所制疆域非廣。及祖宗有天下,俘兵楚蜀晉,[22]北捍獫鬻,中服戎羌。[23]所用甲兵,所入租賦,[24]比之於今,其數尚寡,然而摧堅震敵,府庫無空虛之弊,[25]縣官無煩費之勞。蓋賞信罰,必將選兵精之效也。

　　近元昊背惠,四方宿師,[26]朝廷用空疏闒茸者爲偏裨,以游惰怯懦者備行伍。[27]故大舉即大敗,小戰輒小奔徒,日費千金,度支不給,賣官鬻爵,淆雜仕流,以銕爲錢,隳壞國法。而又官立鹽禁,驅民齎辇,蕩析恒產,怨咨盈路。去秋水旱繼作,今春饑饉相屬,生靈重困於茲爲劇。

　　今元昊幼子新立,乃朝廷寬財用、惜民力之時也。速宜經度以紓匱乏,[28]願委安撫,使與本路守邊掌計、臣僚同議,裁減冗兵,節抑浮費,禁止橫斂,廩假貧民。去武臣之庸懦,出守宰之貪殘。[29]仍冀特發宸衷,[30]出內帑錢助關陝經費。使通鹽商之利,改錢幣之法。宣布德澤,與民休息,然後勸勉農桑,隱括稅籍,收遺利,[31]抑兼并,則公有羨財、私有餘力矣。

榆問　明　張珩

　　懷德公問於憂心子,曰:"嘗聞王晉溪議余肅敏遷鎮失策,何如?"

憂心子曰：“鎮城原設綏德州，本秦上郡地也。其形勢則雕山疏屬，嶕嶢橫峙，無定大理，潋灎奔流。有葭蘆、府谷、神木之險，搤之於左，有響水、土門、筆架之阻。環之於右，中自米脂、魚河直抵河套，一千二百餘里皆屬内地，足堪戰守。縱有猖獗，中有榆林百里沙磧，我主彼客，我逸彼勞，何能爲哉？”

懷德公曰：“晋溪以河套爲内地，果何所考？”

憂心子曰：“河套，古朔方郡地。《詩》所謂‘天子命我，城彼朔方’者，此也。歷秦漢，皆郡縣其地。唐張仁愿攝御史大夫，代朔方總管，築三受降城。受降之外有青山迤邐，東西二千餘里，山之上置斥堠千八百座，突厥不敢逾山牧馬，減鎮兵數萬，省費以億計。是山之北方爲境外。[32]至宋仁宗時，爲夏所并。及元滅夏，立西夏尚書省以隸之。逮我洪武，捨受降而衛東勝，已失一面之險。其棄東勝以就延綏，則以一面之地遮千餘里之衝，所幸者邊境帖然耳。[33]及正統十四年，乘土木之變，阿羅出等始入河南入犯。敕都督王禎鎮守延綏，提輕騎三千，晝夜兼行五百里，即追出境，遂奏築榆林城，南作延綏之屏翰，北保河套之沃壤，以爲重險耳。至成化七年，巡撫王公鋭奏立榆林衛。八年，余肅敏代鋭，始遷綏德鎮於榆林，故晋溪謂失策，正在於此，何也？天下之事，有理有勢。理可爲也，值勢有所阻，雖豪傑不能以有濟。今考自正統十四年一犯之後，歷景泰以至肅敏遷鎮時，十五年間絕無警報。正所謂天未陰雨，綢繆牖户之時也。使肅敏果欲立萬世之業，即復張仁愿之所經略者，掣榆鎮守哨之軍，置青山見在墩臺，則烽火明矣；移榆鎮畚鍤之夫，築沿河塞垣故址，則保障固矣；采套中之材木，則公廨建矣；因套中之鹽池，則國課興矣；治地分田，則屯田舉矣；立置設郵，則王命傳矣。豈不爲久安長治之策哉？奈肅敏智不及此，顧乃屑屑以就河套之利，置重鎮於沙磧之間。譬如棄珠玉於道途，終必爲人所得。河套之利，又安可保哉？果至弘治十四年，火篩入套，迄今吉囊據爲巢穴，已爲門庭之寇，深抱蠶食之憂。及覽肅敏奏議，原議榆林將士耕種於套以省民運，牧馬於套以省内帑。今兩利俱失,而且外困於兵、內困於食,皆肅敏失策之所致也。"

公曰:"往事難咎矣。套利既失,通變宜民,必有其道,願吾子思之。"

憂心子曰:"青山之北爲境外,彼既逾我青山,復據我河套。河套之南爲墾臺,彼既攻我墾臺,復掠我樵牧,又不時輒至我內地,於東路侵三角城、花石崖、荅兒山等處,於西路侵白洛城、蘆關嶺、金湯寨等處,於中路侵碎金驛、銀州關、魚河峁等處。至秋高馬壯,輒爲大舉。如嘉靖七年,入涇、邠;十九年,入固、靖;二十二年;入綏德、清澗;二十四年,入保安;二十五年,入環、慶。榆林雖有防秋之備,而侵軼之患不能一朝居也。"

懷德公曰:"子今計將安出?"

憂心子曰:"余觀今日榆鎮,與前迥然不同,苟不急爲之圖,必致燎原莫遏。竊不自量,會題城堡二官經畫腹裡。遴選能幹武職處置臨邊,使隨處堅壁,[34]人皆賈勇,自爲戰守,以保身家,亦唐府兵遺意也。至於三十五城營堡,每空四十餘里,地勢平漫,無墻可據,則地利尚矣。復於石門鎮、石門子、野豬硤、禪梯嶺關、背干川、開光堡、棗灣兒、黃草墕、白畫山、[35]順寧司、五谷城,俱有峻嶺深溝,爲大舉必經之路,乃挑築城塹,嚴兵伏遏,庶得用少守險之要,使彼不得南下。更於各路選鋒,令驍將統領,預發通事,夜不收監。哨水頭如見大衆聚結,分投飛報,相機而擊之。是我守險者步兵,[36]當鋒者精騎。彼聚衆以攻,我合兵以拒,勢亦不分,此防秋之計也。若彼夜伏邊外,伺旦竊掠,我偵知要擊,有功者即具題陞賞,以示鼓舞。人皆爭戰,彼自不敢近邊矣。倘或陡逼塞垣,覘我虛實,哨探得實,速發驍健擊之,彼將膽落心寒,必遠我邊三四百里。不但樵牧之人可保無虞,河套之利亦得少資萬一。余昔撫榆林鎮,嘗集議主剿,大將劉文、周尚文、偏裨梁震、白爵,三年間頗多斬獲。至於梁震,直搗其營,今彼中猶稱'梁太師來',以止兒啼云。"

懷德公曰:"彼未入犯,乘吭搗穴,豈非搆怨啓釁乎?"

憂心子曰："考之別鎮，出大邊爲境外，榆林青山之外爲境外，見載蕭敏題准事例。有馬官軍，夏秋牧馬於套，每軍復采秋青草，以備春冬之用，無馬官軍亦然。嘉靖七年，有神木參將王效入套，奪馬百餘匹，被豪民薛天禄者挾財，不遂。赴登聞鼓，奏效隱匿邊釁，[37]下陝西撫按會勘，有云果如薛天禄所奏，王效當正典刑。但不知所謂境外指何地而言？若是河套，乃我祖宗內地。王效仍當論功行賞。薛天禄從重發遣，此余巡按陝西時事也。且河套內地，備載《陝西通志》。官軍牧馬采草，明載《余肅敏奏議》。總督楊邃菴《經略三疏》亦論及之，俱可考證。夫以境外視河套者，固失考國家故實。其冒昧復套者，又不察事機之會，可勝嘆哉！今彼據我河套，使我耕牧樵采之利盡失。在套則犯延寧，出套則東犯宣大、西犯甘凉，猶爲四肢之疾。至二十九年東渡，與俺答小王子糾衆數萬，由古北口直犯畿輔上，厪我皇上宵旰之憂，以致調各鎮精兵入衛，又於都門之外，議築重關，是腹心之病矣。今日者，臨邊斬獲，遠振軍威，而謂之搆怨啓釁，可乎？"

公改容曰："子之言是。"

大順城碑[38]　宋　張載

記曰："兵久不用，文修武縱。[39]天警我宋，羌蠢而動。恃地之强，謂兵之衆。傲侮中原，如撫而弄。"

天子曰："嘻，是不可捨。養奸縱殘，何以令下。講謨於朝，講兵於野，[40]鋸刑斧誅，選付能者。皇皇范侯，開府於慶，北方之師，坐立以聽。"

公曰："彼羌地武兵勁，我士未練，宜勿與競，當避其强，徐以計勝。吾視塞口，有田其中，賊騎未近，[41]卯横午縱。余欲連壁，以禦其衝，保兵儲糧，以俟其窮。將吏曹掾，[42]軍師走卒，[43]交口同辭，樂贊公命。月良日吉，將奮其旅，出卒於營，出器於府，出幣於帑，出糧於庚。"

公曰："戒哉，無敗我舉。汝礪汝戈，汝鑿汝斧，汝干汝誅，汝勤汝輿。既戒既嚴，[44]遂及城所，索木箕土，編繩奮杵。敵騎之來，[45]百十其伍。[46]自朝及晨，[47]粢積我倍。"

公曰："無讙，是亦何害？彼奸我乘，及我未備，勢雖不敵，吾有以恃。爰募強弩，其衆累百，依城而陣，以堅以格。戒曰謹之，無鬥以力，去則勿追，[48]罷我以役。[49]賊之逼城，傷死無數，莫大我加，因潰而驚。"[50]

公曰："可矣，我功汝全，無怠無遽，城之惟堅。勞不累日，池埤以完。深以如泉，[51]巋焉如山。[52]百萬雄師，莫可以前。"

公曰："濟矣，吾議其旋，擇士以守，釋民而遷。[53]書勞賞才，以斂以筵。圖列而上，[54]薦聞於天。"

天子曰："嗟！我嘉汝賢，錫號大順，因名其川。于金于湯，保之萬年。"

鐵柱泉記　　明　管律

去花馬池之西南、與武營之東南、小鹽池之東北，均九十里交會之處，有水甘冽，[55]是爲鐵柱泉，日飲數萬騎弗涸。左右數百里，[56]又皆沃壤可耕之地。北虜入寇，往返必飲於茲。而散掠靈、[57]夏，長驅平、鞏，實自茲始。[58]以其嬰是患也，委沃壤爲曠土者百七十年矣。[59]

嘉靖十五年丙申，都察院左都御史兼兵部左侍郎松石劉公，奉天子命，制三邊軍務，乃躬涉諸邊，意在悉關隘之夷險、城砦之虛寔、兵馬之強弱、道路之緩急，[60]而畫禦戎之策，以授諸將。是故霜行藿食，弗避厥勞。至鐵柱泉，駐瞻移時，喟然諭諸將曰："禦戎上策，[61]其在茲矣。可城之使虜絕飲，固不戰自憊，何前哲弗於是是圖哉？"維時巡撫寧夏右副都御史字川張公，謀與公協，乃力襄之。即年秋七月丙申，按察僉事譚大夫闇，度垣墉，量高厚，計丈尺。鎮守總兵官都督王效率師徒，具楨幹，從畚鍤，[62]人樂趨事，競效乃力。越八月丁酉，城成，環四里許，高四尋有奇，而厚如之。城以衛泉，隍以衛城，工圖永堅。百七十年要害必爭之地，一旦成巨防矣。置兵千五，兼募土人守之。設官操馭，皆檢其才且能者。慮風雨不蔽之患，則給屋以居之，因地之利而利，則給田以耕之。草萊闢，禾黍茂，又可以作牧而庶孳畜。[63]棄於百七十年者，一旦大有資矣。其廨宇倉場，無一不備，[64]宏綱細節，無一不舉，又肇來者，無窮之益，是皆出於公之卓識特見，而能乎人所未能。

今年丁酉，①去茲泉南百里許，亙東西爲墻塹，於所謂梁家泉者亦城之。重關疊險，禦暴之計益密矣。借虜騁驕亡忌入境，[65]騎不得飲，進則爲新邊所扼，退則爲大邊所邀，天授之矣。用是以息中原之擾，休番戍之兵，寬饋餉之役，功在社稷，與黃河、賀蘭實相悠久，[66]公之功，[67]謂有紀極哉！松石名天和，湖北麻城人。字川名文魁，中州蘭陽人。俱正德戊辰進士。② 譚闇，西蜀蓬溪人，正德辛巳進士。[68]王效，陝西榆林人，正德丁丑武舉，③法得備書。

中路寧河臺記　王家屏

河從崑崙、積石，歷河州，注於峽口，流經寧夏東南，直北穿障下。其於寧夏，猶襟帶之固也。顧自東勝既棄，虜入據套中，時時猖獗侵我，瀕河諸砦，疆事滋棘矣。[69]會大中丞羅公以文武儁望，被上簡命，鎮撫寧夏。至之日，率諸將暨憲大夫按行塞，西望賀蘭，北眂高闕，東瞰洪流，南游目於環慶之野。還至渡口，見津人操舟渡焉，渡者蟻集河壖，而無亭以守之，則顧謂諸將曰："嗟乎！天設之險以扞蔽區夏，而棄與虜共之，又弛要害不爲備，奈何欲卻虜使毋數侵也？吾茲揣虜所嚮，一旦有變，不逾河而西繞賀蘭之北，以臨廣武，則有乘長城，遡流而南下，以窺橫城之津耳。然逾河之虜，有河山以闌之，有列屯以間之，我知而爲備，猶距之外戶也。虜即南下，地無河山之闌、列屯之

---

① 丁酉：嘉靖十六年（1537）。
② 正德戊辰：正德三年（1508）。
③ 正德丁丑：正德十二年（1517）。

間,颷馳而狖至,賊反居內,我顧居外,急在堂奧間矣。計宜益築長城塞,用遮虜,使不南下,而建亭堠於河之東涯,以護橫城之津,此要害之守也。"諸將敬諾,乃約日發卒築長城塞,橫亘凡五百餘里。別徵卒築臺河上。臺高五丈五尺,周環四倍之上,構亭三楹、廂房四幔。前施迤橋數級,上嶟嶟翼翼如也。外列雉爲城,城周環九十餘丈,高二丈四尺。繚以重門,設津吏及堠卒守焉。

是役也,卒皆見兵,材皆夙具,不五旬而告成事。衆且以爲烽堠,且以爲津亭。登眺其上,而山巖隴坂,委蛇曲折,歷歷在目。偉哉!誠朔方一壯觀矣。憲大夫解君馳狀徵記王子,王子曰:"昔南仲城朔方而獫狁襄,重在守也。趙阻漳滏之固,用能抗秦。漢據白馬之津,終以蹙項,則守要之謂矣。今瀕河亭堠,牙錯棋布,守非不堅,顧徒知守疆,而不知守要。要地不固,即列堠數萬,舉烽蔽天,安所用之?寧夏雖邊鎮,而京朝之使、藩集之長、[70]列郡之吏,下逮行商游士、工技徒隸之人,往來境上者繩相屬也。有如津吏不戒,猝直道路之警,曾不得聚廬而託處,安能問諸水濱,豈惟客使是虞。橫城之津厄則靈州之道梗,靈州之道梗,則內郡之輸輓不得方軌而北上,而寧夏急矣。此公所計爲要害者也。人見是臺之成,居者倚以爲望,行者恃以爲歸,乃指以爲烽堠,以爲津亭。嗚呼!公之意豈直爲烽堠、津亭計哉?公甃坌鎮城,石甃閘壩,築控夷堡,修勝金關,建庠興學,疆理之功,不可殫述。述其防河者如此,後之登斯臺者,尚有味乎余言。"

靈州河堤記[71]　張九德

靈州阻河而城,[72]其西南當河流之衝,復趨而北可十里。每夏秋湍激,受害不啻剝膚,雖秦、漢二渠溉田至數千頃,[73]而利與害錯,[74]其侵城實甚。粤稽洪武甲子迄今,①城凡三徙,皆以河故,而河亦益徙而東。自不佞來受事,不一載,去城僅數十武矣。先是,禦河,歲役夫

---

① 洪武甲子:洪武十七年(1384)。

三千，束薪十萬。亡慮數百千金，率委諸壑。人情洶洶，議徙民、徙城以爲長策。不佞則謂禦河猶禦虜也，虜闌入不俱之去，更延之入乎？且勢若建瓴，而僅僅積薪委土與陽侯爭，此助之決耳。計非巨石砥柱之不可，獨慮費且不訾。計無出，不佞即捐月俸二百金爲役者先。[75]而謀之薦紳邑令戴君任及諸生輩，議堤以石，無所事薪，改徵河西年例柴價五百金。軍民願輸地基銀八十兩，暨諸捐助，驗庫藏之羨，[76]合之得千四百有奇。貲用集矣，則議民間量地畝出夫，[77]量田里出車，調兩河營卒，更番受役。工力備矣，乃造船百艘，運硤口石，往來不絕。材具庀矣，遂請於先撫寧夏今制臺少司馬介石李公、前制臺今大司徒瞻予李公，俱報"可"，則以守備張大綏董堤務，指揮孟養浩司出納，經歷李盛春程工作，大與石堤之役。而議者紛若，謂濱河皆流沙，不任受石，恐卒無成功。適旋築旋潰，衆口愈嚻。予堅持之曰："此根虛易傾耳，水豈能負石而趨耶？"益令聚石投之，[78]一日盡八百艘，三日基始定。於是，從南隅實地始，纍石爲堤，首四十餘丈，用過水衛。繼以次迤西而北，[79]其纍石亦如之。計堤長六千餘丈。功甫成，而河西徙，復由故道。視先所受囓地淤爲灘，可耕可藝，去城已十數里矣。

　　是役也，經始於天啓癸亥之正月，①告成於天啓乙丑之四月，②凡費時二年有半，費金九百一十兩有奇，費米麥六十石，而貯尚有餘。羨念往歲議堤，請帑金萬二千，業奉旨下部覆不果。今議約三千金，猶慮不足。至廑少司馬公捐俸金百兩，而同守盧君自立、參戎高君師孟等，亦醵助有差。然卒以有餘羨，故繭還。是皆百執事殫心經畫，[80]靡有虛糜之成效也。

　　憶不佞初抵靈行河，籌之再三，始而秦渠堤隤，[81]水暴洩，不能灌溉，[82]爲築長堤瀦之，歲比稔。而漢伯渠又苦無尾閭，腴田皆成巨浸，

---

① 天啓癸亥：天啓三年(1623)。
② 天啓乙丑：天啓五年(1625)。

因以治堤之餘,爲開蘆洞,長十三丈五尺,高廣各三丈五尺。自秦渠北岸抵窐橋,疏渠道三十里,瀉水入河,復故田數百頃,增稅額數千石。凡費金五十六兩有奇,而椿銀諸費不與焉。古有言:"河者,天下之大利大害也。"故《周禮》慎水政,以防止水,以潴蓄水,以溝蕩水,其法甚備。自堤石而城無受嚙,庶幾於河之害遠矣。而二渠之役,亦借以收其利。不佞三年於此,未事則憂物力,方事則憂成勞,已事則憂久遠。今幸三憂且釋,得藉手告終事矣。抑天下事,惟賢者能慮始,其次莫若因。是三役者,因法於古,因石於山,因力於民,因能於衆,因主裁於上,獲迨喜事之辜,[83]是皆今日所以成功之本也。例不可以無記,[84]遂次其終始,以系之銘,銘曰:

渾渾經瀆,亘以金堤,順流而西,潛於靈府。禔福下土,聿鞏靈武,爰固我圉圄,昌我稷黍。匪處白璧,而崇紺益。是維川後之仁,俾無逢其蓄害,亦越千禩,曰寧以泰。

河東兵備道張公去思碑記[85]　　沈猶龍

靈州自秦漢以來,或稱州,或稱郡,或稱軍,與鎮城僅隔一河,而東、西兩道并建,蓋其重也。神廟之季,天下紛然用兵矣。廷議遴選才德宿望之臣,分涖九邊,而曙海張公以按察副使飭河東兵備。當是時,遼左川貴并軍興,多調邊兵爲援,繹騷無寧日。[86]本鎮援卒方遣行,而悍丁金白、張威等路殺領兵官,僞署左、右將軍,焚掠而前,遠近震駭。公至固原,聞變,星馳進,大書前導曰:"戍士遠役誠可念,即有所需,何不以情請?而輕蹈國憲,且父母、妻子各在城,而自貽族滅,何也?軍門發兵擒剿,汝進退何以自全?幸本道未受事,可開汝一面。如悔罪者速投戈,隨本道蒞鎮,以明無叛志也。"衆環跪而哭,聲震山谷間,叩頭請死,有流血者,公隨路慰遣原營安插,而密擒渠魁寘之法,寧鎮以安其定變有如此者。銀定賓歹擁衆牧邊,聲言搶花馬池。公曰:"彼素利我市賞,且中國無釁不敢叛,可不勞師而服也。"因計誘通事僧人,宣諭朝廷恩威。通事曰:"無他也,意求增歲賞耳。"公怒曰："國家定制，誰敢議增，必欲增者，當決一戰。後雖稽顙求貢，豈可得哉！"乃勒兵令遍觀營伍而縱之歸，二部各誅帳下一人以謝過焉。其制勝有如此者。熊經略廷弼，威震九邊，得便宜調發。有僞充經略使者，勒取馬價，傳鼓而入，甚倨。公曰："鎮故市馬，然不取馬而價者，何也？"其人曰："道遠恐疲，折價至近關，買易爲便耳。"公疑之，簡故牒，印文小異，遂伏罪。其發奸有如此者。鎮臨極邊，武備盛而文事寡。公攝學政，月有課，歲有較，朔、望涖黌宮，講業論道。辛酉獲雋疊雙，①邊方侈爲盛事。其育材有如此者。復創設商學，以便商賈子弟肄業。於是群商輻輳，歲課羨溢。其柔遠有如此者。靈州瀕河而城，歲費薪夫數千金以禦河。壬戌，②河大決，居民屢夜驚，議他徙。公相度水勢，從十里外建石堤，爲一勞永逸策，歲省薪價工役無算，而向所衝淤轉成腴壤。其保障有如此者。秦家渠常苦涸，漢伯渠常苦漲。三農失業，輟耒而嗟。公築長湃以護秦，別開蘆洞以洩漢。計疏渠道三十里，復蕪田數百頃，而歲額驟增數千石。時號"張公堤"。又創制水戽，利民灌溉，號"張公車"。其裕農有如此者。

公爲政，大抵先事綢繆，臨機制變，聲色不動，而指揮若神、目光如電。坐堂上，人從轅門外窺，閃閃如雙燈。故雖色笑親人，而人不敢干以私。若夫內靖寇氛，外銷邊釁，談笑折衝，豈不賢於甲兵百萬哉？公庚申以按察副使受事，③壬戌長按察使，④甲子加右布政使。⑤履任六年，而攝河西者再。至乙丑，⑥凡兩考卓異，擢巡撫都御史去。

先是，城北有二賢祠，祀楊公一清、王公瓊，以報修邊之功也。及公去任二年，而鎮人思公之功不下楊、王，於是貌公像而三之，更其額曰"三賢"。今年春，寧夏舉人張君先春、沙君圻、貢士沈君諫等，以計

---

① 辛酉：天啓元年(1621)。
② 壬戌：天啓二年(1622)。
③ 庚申：明光宗朱常洛泰昌元年(1620)。
④ 壬戌：天啓二年(1622)。
⑤ 甲子：天啓四年(1624)。
⑥ 乙丑：天啓五年(1625)。

偕至京師,謁予請爲文,以留公愛。夫龍向奉命閱邊,已疏公治狀入告,[87]則所爲聞且見之,[88]而非無徵不信者矣。前二十年,公守雲間,[89]全活飢民數百萬,獎育士類,龍亦廁門下,知公非一日也,又烏敢以不文辭哉！今上即位,公以少司馬陳《新政六要》,上嘉納,召對,行見秉中樞如王公,掌綸扉如楊公,事業彪炳,真堪鼎足而立矣。公諱九德,字咸仲,別號曙海,[90]浙江慈溪人,登萬曆辛丑進士。①

三賢祠碑記[91]　南居仁

　　成天下事者,豈不存乎其人哉？今之人見古之人豐功駿烈可傳後世者,或遡瞻廟貌,未嘗不敬而慕之,以爲吾亦可以爲此也。及乎臨事,則又畏縮遜謝,謂此殆有天授,抑或邁時會之便以成厥功,而非吾所能及。嗟乎！豈古今人若是遼絕哉！

　　昔武廟初,楊公邃庵以都御史臨邊,奏築延、寧二鎮長城,爲復東勝計。會逆瑾阻之,功雖未竟而先聲馳塞外,戎馬褁足。及寘鐇謀叛,就家徵起公。鎮人聞公至,鬥氣百倍,至則鐇已就擒,遂留制三邊,逾二十年。而王公晉溪位大司馬,督三邊軍事,循楊公之緒,拓城四百餘里。夏人念二公功不忘,合祠靈州城北,所由來久矣。又百年,而張公曙海以藩臬長備兵河東,適陽侯鼓怒,吞噬城闉,民將棄厥居而巢窟是棲。先是,河屢決而東,城亦屢避而東且迤北。洪武以來,三徙城矣。張公曰："若此,是無靈州也。城可徙而東,水獨不可徙而西乎？"乃循河故道,躬理畚鍤,築石堤長六千丈。初,河流甚駛,少投石則旋傾,張公曰："此力弱,不能勝耳。石能砥水,水豈能浮石乎？"遂排群議,爲艘者百,從峽口運石,積而頓投之,一日罄八百艘。石堤克鞏,河乃西徙,城賴以全。由前言之,夏人之不捐於鋒鏑,楊、王二公之所留也。由後言之,夏人之不泪爲魚鼈,張公之所生也。於是躋張公與楊、王并祀,旌曰"三賢"。嘻！亦盛矣。

----

①　萬曆辛丑：萬曆二十九年(1601)。

予因思兵猶水也，治水與治兵孰難？意者堤猶水之城與，水決而移民以避之，猶兵交而割地以求和也。雖欲永保其不壞，詎可得哉？且疆場之事，吉凶存亡，我與敵共者也。或望塵而避焉，若夫驚濤迅湍，一掃而為黿鼉之窟，豈有幸乎？況兵但避其害，而水更收其利。張公又築長湃於秦渠，開蘆洞於漢渠，使涸者有所蓄，而潦者有所洩。今兩渠間翼翼彧彧，綠野如雲，伊誰賜與？至於挺而走險者，感片語以投戈，是劉弘一紙書勝十部從事也。狡焉啓疆者，懾天威而稽顙，是趙充國以威信服罕开也。業業乎無形之長城也哉。楊、王振卓軌於前，張公接芳躅於後，孰謂古今人不相及耶。楊公諱一清，丹徒人。王公諱瓊，太原人。張公諱九德，慈溪人。頌曰：

屹屹金墉，區分昂畢。燧寢鋒銷，天險是設。文襄創始，司馬紹述。倬彼二公，[92] 俎豆有秩。張公繼起，循禹之迹。昔也洪流，今蓺黍稷。買犢棄劍，計安反側。鼎鼎三賢，貞珉永勒。

防邊碑記　陳棐

關中出崤函之西，去今京師二千七百里。皋蘭大河所經，與禹導水積石相接，去關中一千二百里。而張掖去皋蘭復一千二百里，酒泉尤遠六百里。撐突河外，孤懸絕塞，開一路以通西夷之貢。所謂"斷北虜之臂，[93] 義則次矣"。乃我境開拓於戎狄之區，而迤邐祁連，北阻龍荒，南遮青海，西引陽關之外、瓜沙之墟，皆自古甋甍息喙之區。千里戾途，三面鄰虜。今之勝算不在於能逐之，在能禦之耳。禦之，方城守為上，而河西城堡土沙鹹，而制低薄，全無磚石，券洞皆板門。關無鐵，挖之即穨，燒之即煨。乃知金墉玉關徒為稱美，全無事實也。

予歲丁巳夏，以陝臬廉訪奉命撫兹。上大以弗稱為懼，[94] 渡河即行。四道各將令於大小城堡，俱築垣陴、浚池、湟券，更甓石門，表鐵葉切慮。近歲囊俺點酋導以周邱攻城，輒以鉤竿、梯繩，紮架挖磴，填壕洞堤，鑿門燒櫓。諸巧并力，環以甲騎層射陣人。陣人不敢倚堞而瞰，彼即毀堞登陣。雖垣塹稍修，仍不足恃。乃鎮城先築敵臺，屹倚城外。臺圍夾墻,墻開放火器孔洞,向外者遠擊。出壕堤,向兩傍者順,城雉而擊孔洞留三層,下層用石鑿,孔徑五七寸,可放將軍砲,擊賊近城下者;中層用木刳通,中孔徑三四寸,可放盞口諸砲,擊賊附城而上者;上層孔可放快槍、強弩,擊賊已攀近睥睨者。每臺周圍洞孔開向八方,而城每面六臺,則火器往來交擊,繞一城矣。

鎮城先築東南面十二臺,乃照式行各衛所。城堡各設四隅,四座雖小堡,亦各二座。河西新設敵臺,一時僅千座,以聯接不可,無大墩。因敵臺之式,推廣之。先製木墩爲式,令各築大墩,中建實臺,用懸洞天橋而上。墩外築城垣,四面暗砌鐵門,放將軍大砲,多安放火槍孔券,名曰鐵城迅擊臺。復廣前墩之式,於墩之圍城外二隅建火洞砲眼,敵臺二座,臺制如城堡者,而差小厝火器向外點放,二臺護城四面,名曰轟電却胡臺。復廣前墩之式,中建一臺,即安火砲,鐵門券洞於臺之下,通出四面,以大將軍砲,諸火器向外擊賊。臺上有房,多儲器糧。臺中之底,鑿井防久攻困,名曰玉空飛震臺。復廣前墩之式,中建墩臺,四隅築二實臺、二虛臺。虛臺中設火洞砲眼,懸空安門置梯,從此以上下名曰風雷太極臺。造轉軸、翻拍鹿角、陷馬、品字、坑木、鑽地網,總名曰阨邊六險。以城堡敵臺,雖增而守之,不可無械。乃造諸械,一曰夜叉懸木偶幷架,一曰懸石幷架,一曰流星鐵飛砲幷架,一曰鈎頭銃,一曰鐵巨斧,一曰四股飛義,總名曰守城六將。鎮城造一千二百座件,衛所次之。雖城堡小者,亦造六十座件計,河西各城堡總造萬餘。又鑄鐵飛砲萬餘,以諸械雖可守而行可爲陣,止可爲營,尤莫便於火車。乃竭智殫思,先造飛輪,游刃八面,應敵萬全。霹靂火車一百輛,召選家丁、勇士千二百,立一營,考火車陣圖爲書,付主者習演。修整舊旋風砲、火車百輛,令洪水、黑城等五堡共造百輛。修整衝槍飛火獨脚車四百輛,諸種車通行各道。各衛照樣製各千餘輛,安置兵火器各萬餘。名爲破虜三車以勝敵,莫利於火器,而大砲尤可以擊厚敵、破堅陣。乃奏討京制大將軍、二將軍砲各十位,三將軍十五位,討京製鳥觜銃二十杆,隨用火藥什物,及皮袋藥規、藥管等皆備。再行分巡道行局,用京降式造鳥觜銃造金剛腿,諸大砲連珠雙頭、諸槍及鑄生鐵石榴砲共二千餘。行分守兵備三道各造砲數,稱是再發價,山西造快槍等近千件,以火器尤資於硝黃、馬子,行閫鎮地方各熬硝、各俾人赴局學製。未幾,各處俱能熬硝製火藥。藥逾數萬,且令局鑄石榴砲一千餘、鑄生鐵、馬子三萬。各處俱令鑄鐵及磨石者而尤慮,鉛則難繼,泥則易碎。有獻計謂磁窯造磁,子可多辦,試之大小八等,堅圓光滑可用。乃令鎮城燒百萬個,每萬個量一石,今已造五十餘石。行各道俱如式造,先是委官向京領年例硫黃,逾年未返,予遣騎督責,乃領硫黃三千斤來,而往晉省造火器者亦鬻硫黃二千斤,至顧火器已夥,煮硝更繁,硫足配合,鐵磁子盈屋堆積,剩供習放,於是河西火器雄甲諸鎮矣。

　　此皆分巡王副使繼洛協謀,效力分守張參政玭、兵備陳副使、其學太僕寺黎卿堯勳,咸資畫理,諸務稍次第而總戎。徐雙峰公仁適至將城垣,敵臺未完者相與督責築完,即議并堡浚壕。凡閫鎮之堡,城隘人尠者歸大堡,而堡垣之趾俱浚,壕深闊以三丈爲準,足堪障禦。

　　予惟在昔哲,臣問學功業,致極中和,寅亮天地。而今膺籌邊之寄者祇從事於制度、修爲之間,雖悉心綜理,未免馳情機械。宜乎來曲智之評,而非輔世之略。然漢之諸葛孔明,宋之范文正,稱百代殊絕人物,諸葛之治軍,流馬木牛,以供運餉,制作精妙,後世莫傳。而營成八陣,開合奇正。予觀魚復江邊之壘,見者稱爲天下奇才。文正之治,邊通斥堠,城十二砦,細微纖悉。予觀其峽山之屯取水,祕井偵卒間,道舊迹故在也。二公當中,夏稍弱虜敵方張,[95]故於此求殫心盡職,隨事補裨,固開誠布公之運用、先憂後樂之敷施,豈可以煩細而議二臣哉?不此從事而清談廢事,沉洶玩時,以惜陰爲俗吏,以名教爲贅物。卒至荒媮,墮落靡可收拾。此晉魏之所宜戒,而近世亦或崇尚浮虛。論議空寂,鈎奇延譽。至目經略,爲曲智彼。自謂弃知之學,不自覺其爲不智之歸矣。以若人而任之鎖鑰,其能克副哉?後來者以兹爲鑒,庶修此防邊之緒,而不使墜焉矣。

惠農渠碑記　本朝　單疇書

　　黃河發源於崑崙，歷積石，經銀川，由石嘴而北繞鄂爾多斯六部落，入黃浦川。逾潼關，會泗沂，合淮歸海，源遠流長。而朔方一帶，導引灌溉，厚享其利焉。獨查漢托護地方，沃野膏壤，因漢、唐二渠餘波所不及，遂曠爲牧野。我皇上軫念寧夏爲邊陲重鎮，建新城，設將軍，領兵駐防，特命侍郎臣通智，會同督臣岳鐘琪、寧夏河西河東副使道臣陳履中，詳細踏勘。嗣命臣通智、偕侍郎單疇書，[96]專董是役。復揀選在部、[97]道、府、州、縣十五員，命赴工所分司其事。又奏請調取守備、官牟、武舉等十有二人，共勷厥工。

　　乃相土宜，度形勢，以陶家觜南花家灣爲進水口，近在葉昇堡之東南也。黃流自青銅硤口而下支派分流，至此而滔滔汩汩，順流遠引，足溉數萬頃之田。其渠口石子層累，底岸維堅。由此而東北，遍歷大灘。擇地脉崇阜處，開大渠三百里，口寬十三丈，至尾收爲四五丈。底深丈一二尺以至五六尺不等。高者窪之，卑者培之。引入西河尾，并歸於黃。建進水正閘一，曰惠農閘。建退水閘三，曰永護，曰恒通，曰萬全。節宣吐納，進退無虞。設永泓、永固暗洞二，以通上下之交流。設彙暗洞一，以接漢渠之餘水。正口加幫石囤，頭閘堅造石橋，則渠源不患冲決。特建尾閘，以蓄洩之，外累石節，以鞏固之，則渠稍可以永賴。

　　大渠口以東，俱引灌大渠水。其田勢高處，刳木鑿石爲槽，以飛渡漢枝渠之水而東之，仍不失其已然之迹。西坂渠尾以南，直抵渠口，其西岸不能歸暗洞之小退水，特留獾洞，放之大渠一帶出之，亦絕無漲漫之患。任春、葉昇二堡，爲往來孔道，於正閘覆造橋房，旁列數楹，可爲守者居，兼爲行者憩。建龍王廟，立碑亭，以記工程，并壯觀瞻。沿渠之橋二十有二，西河之橋十六，行旅往來，賴以普濟。其枝渠四達，長七八里以至三四十里者百餘道，均作徒口飛槽，而戶口人民沿渠又各制小徒口、小獾洞千餘道，以相引灌。自此溝塍繡錯，二萬余頃良田無不霑足。

於渠之東，循大河涯築長堤三百二十餘里，以障黃流泛溢。於渠之西，疏通西河舊淤三百五十餘里，以瀉漢、唐兩渠諸湖鹼水。各閘旁建水手房四十二所，以司啓閉。遍置塘房三十七處，稽察邊汛。而大渠長堤以至西河，兼恃防護渠堤。兩岸俱夾植垂楊十萬餘本，其盤根可以固湃岸，其取材亦可以供歲修。至於東北隅一帶，其地尤廣，其土尤沃，改六羊河爲渠一百一十餘里，以佐大渠所不及。奏請建縣城二：其一在田州塔南，爲新渠縣；其一在省嵬城西，爲寶豐縣。立縣令以胙民社，設通判以司水利，建學校以育人材，置營牟以備防汛。移市口於石觜，漢夷皆便；建城堡於山後，守禦相資。

茲役也，蒙皇上特頒帑銀十六萬兩，以爲工匠車船、一切物料之用，纖微不累於民。肇始於丙午之孟秋，①工竣於己酉之仲夏。② 向之曠土，今爲樂郊。復蒙皇恩廣被，又頒帑銀十五萬兩，以爲招徠戶口恒產耕種之資。由是億兆歡呼，爭先趨附。闢田園，葺廬舍，犁雲遍野，麥浪盈疇。勤耕鑿者歌帝力，安隴畝者頌高深。奏之九重，錫以嘉名，曰惠農渠。遐陬赤子，盡戴光天，邊塞黎民，欣逢化日。誠國家萬年之基，而民生世享之業也。爰立石而爲之記。

欽定昌潤渠碑記　　單疇書[98]

雍正四年，歲次丙午。皇帝命侍郎臣通智、單疇書，會督臣岳鍾琪、寧夏河西河東副使道臣陳履中，[99]經營查漢托護地方，開大渠以資灌溉，築長堤以障狂瀾，易畜牧爲桑麻者三百餘里，但大渠之東北隅，灘形廣闊，水難遍及。有黃河之支流，名"六羊河"者，口形如列指，汊游數里，復合爲一。迤邐而北，經大小方墩，越葫蘆細，歷省嵬城，而仍歸於大河。沃野腴壤，綿亘百餘里。因迤黑龍溝而西，故水

---

① 丙午：雍正四年（1726）。
② 己酉：雍正七年（1729）。

勢順下，漫無停蓄，不能引之，灘中河之下流遂淤。率諸執事，循其已然之迹，順其勢而利導之。凡湃岸之傾圮者，培之使平；河流之淤塞者，濬之使通。爰於渠口建正閘一，曰昌潤，閘外設退水閘，曰清安，使水有所瀉，以備歲修堵口也。內設退水閘，曰清暢，使水有所分，以殺湍流漲溢也。相地制宜，分列支渠二十餘道，中多高壤，不能盡達，復設逼水閘三，曰永惠、永潤、永屏。束之使其勢昂而盈，科而進，仍由故道以入於河。諸閘既建，俱跨橋以通耕牧往來。正閘之上，覆以橋房，其旁則立有龍王廟碑記亭。渠兩旁，俱插柳秧，資其根力以固湃岸。自此啓閉以時，蓄洩有方，而大渠以東遂無不溉之田矣。

欽定名曰昌潤渠，以昭示來兹，垂之永久。是役也，用以仰副我皇上仁育萬物、無遠弗屆之至意。渠之兩旁，良田萬頃。比户千家，白叟黃童，均沾聖德。青山綠水，悉載皇仁。誠盛世之弘模，而萬年之樂利云。

黃河賦[100]　晉　成公綏

覽百川之弘壯兮，莫尚美於黃河。潛崑崙之峻極兮，出積石之嵯峨。登龍門而南游兮，拂華陰於曲阿。[101]凌砥柱而激湍兮，逾洛汭而揚波。[102]體委蛇於後土兮，配靈漢於穹蒼。貫中夏之幾甸兮，經朔北之遐荒。[103]歷二周之北境兮，流三晉之南鄉。秦自西而啓壤兮，齊據東而畫疆。殷徒涉而永固衞，遷濟而遂強。趙決流而却魏，嬴引溝而滅梁。思先哲之攸嘆，何水德之難量。

黃河賦　明　薛瑄

吾觀黃河之渾渾兮，乃元氣之萃蒸。濬洪源於西極兮，注天派於滄瀛。貫後土之龐博兮，杳玄溝之晶明。過積石而左轉兮，龍門呀而峻傾。薄太華而東鶩兮，撼砥柱之崢嶸。入大陸而北徙兮，迷不辨夫九河之故形。經兩海而紀衆流兮，擅浮沉之濯靈。覽頹波而懷明德兮，又何莫非姒氏所經營。

登崑崙而俯視兮，固仿佛其初迹。馭高風而騁望兮，遂周游其曲直。何末流之混濁兮，始清澂而湜湜。差澹瀨而徐趨兮，勢沄沄而自得。觸險石以鬥暴兮，詑雷轟而觳擊。天宇擴其沉潄兮，渺上下之蒼黃。[104]霧雨霏霏而溘集兮，混邃古之洪荒。微風蕩拂而渙散兮，天機組織其文章。頽淼浩而汹湧兮，百怪垂涎而簸揚。腥雲濁浪以盪汨兮，恍忽顛倒夫舟航。靈曜升而赫照兮，乘正色於中央。望舒在御而下臨兮，列宿涵泳其光芒。若乃震秉符以行令兮，百谷淫淫其凍釋。山澤沮洳以上氣兮，增混瀁之洋溢。魚龍乘濤以變化兮，杳莫測其所極。祝融載節以南届兮，雷雨奮達以霧霈。[105]潢支流而股合兮，百川奔而來會。木輪囷而漂撥兮，蔽雲日而淘汰。狂瀾汹而囓岸兮，塊土焉塞夫衝。漬霜戒嚴而木脱兮，少昊執矩以司秋。洲渚緬邈而石出兮，始殺湍而安流。霰雪紛其四集兮，顓頊乘坎以奮神。大塊噫氣而靡軋兮，流澌下而龍鱗。層冰横絶而山委兮，河伯驅石以梁津。羗險易而明晦兮，[106]變朝暮與四時。飈風起而衛木兮，蟒怪駭其難推。睹圓方之一氣兮，恒來往而密移。昔尼父之嘆逝兮，跨百世而罕知。顧川流之有本兮，與終古以爲期。啓龍圖而翫龍六一兮，悟主宰之所爲。喟余心之未純兮，感道妙之如斯。聊誦言以自明兮，庶晝夜之靡虧。

朔方風俗賦　　叟奎

西夏有玄虛居士，賢而隱。文子偕華先生客夏，[107]耳其名，以刺謁之。款叙既已，文子乃稱曰："蓋聞過高唐者必聆清商，游睢渙者必觀藻繢。蒙躡蹻海内有年，所至處無不習交其賢豪長者，因獲周知謡俗矣。語云：'百里不同風，千里不同俗。'君世家於夏，且翺翔文學之囿，棲遲載籍之林，上燭往古，下鏡來今，其於朔方建置之巓末，[108]洎山川風物，畢載於腹，敢以爲請，毋予靳哉！"居士謖爾興曰：[109]"僕也恂愚，未嘗蘇於故，[110]間從長老後而竊聞其概焉。夫草昧方袪，睢盱無詔，軒唐闡繹，上哉夐乎，靡得而究。已自姬王命使來城，[111]嬴氏因河爲塞,權輿於葩經之詠,昭著於太史之載。按職方爲雍州區,考天官分井柳界,甫要服於中華,繼編户於炎代。啓於青而築於建,郡於漢而縣於唐。爲宋、隋之州鎮,爲僞夏之都邦。面陽明而翼赤縣之衞,背陰陸而抵户遂之防。右酒泉兮控引,左雲谷兮相望。徼櫓星繁,[112]雉堞雲長。勢形繡若,天險孔張。泂九圍之無匹,展四野之獨臧。[113]

"其山則賀蘭擅其奇,金積標其勝,拓跋之所避暑,瞿曇之所演乘。綿亘則百舍不止,穹崇則萬尋未竟。傑壁霞搆,攢峰鶴立,邃壑莽蒼,靈岑屻屶。根連金母之瑶房,椒載上清之玉色。干秋雲而叵度,礙朝日而行遲。猱不敢扳,鳥不能飛。逖而望之,訝煉石兮撐碧落;就而仰之,猶鼇足兮奠四維。至若黄草葳焉欲衰,黑鷹翛乎將鷟。伏地飲河,狼眠虎踞,特秀觜起,敦邱瓜聚。登惇子而流覽無窮,訪天都而難覓其處。

"其水則瀞瀞瀁瀁,汗汗汩汩,黑水沃日,靈河漲天。方其趣乎峽口,瀉乎石瀨,旁薄驚騰,轟隊澎湃,山摧嶽舞之勢,排江傾海之派。及其寓安流没,追埼軋盤,涌裔咸夷,邐迤朔波凌湍,虹洞無紀,環郛帶郭,散漫縈紆。枝而爲渠,瀦而爲湖。其爲渠也,溢蠦蜽,駕螭虬,條分縷析,曲折周流。經城市而脉脉,道渝洫而潗潗。溉千林之果蓏,浸萬頃之塍疇。其爲湖也,萑葦之場,蒹葭之藪,晶晶無垠,涵藏百有,芻牧者馳鶩,茭藁者奔走。

"其産則溢池神液,因風自生,調鐺濟味,國計苽盈。馬芽地掬,犛尾沙尋,鑪旄連丹,三幣五金。旃裘膠革,舳角豫章,以全民用,作貢尚方。土植有山礬江蘺、[114]沙葱石竹、射幹彤胡、流彝苜蓿,淺渚平原,菁菁郁郁。香有金錢,甘有青玉,棗實鷄心,槐生兔目,龍珠稱百果之宗,烏椑藴七絶之淑。淥池并蒂而苓,青門合莖而熟。露長苴蓮,蔓孳蘡薁。來禽種於漢苑,馬乳抵於西域。薔薇鬱於東山,牡丹富於金谷。碧梧棲鸞鳳之柯,金桃啄鸚鵡之肉。薦雕俎於芳筵,蒔瓊砌於華屋。兼以秋黄之蘇、白露之蕺、益人之蒜、禦饑之茼、青稞、胡麻、[115]薌秔、美菽，可釀可炊，粒珠顆玉。又枸櫞成林，蘦菖若稼，幹不冬彫，花不寒謝，[116]曳趾咀之療人，偓佺煉之羽化。至於鱗虫羽族，壙走穴居，若《圖經》之所逸，若《爾雅》之所無。指百詘而未盡，剡十襲而難書。爰耳目之所睹，記衹能憶其大都。鼠珍貂貓，馬異騏駼。舣突㹠犴，趫捷龐盧，[117]远足則三窟之兔，風迹則九尾之狐。麝餐柏而香遠，麔戴玉而班殊。趨則儦儦，行則於於，橐駝可服，大武善樓，既以引重，亦以長驅。集觀乘雁，蚩睹雙鳬，交精屬玉，旋目庸渠。觺觺之翼，駑駑之雛，毲毲之啄，𪁉𪁉之呼。黃陵之廟，青草之湖，頡之頏之，以游以娛。丁首莘尾，皷鬐清流，躍瀲灂兮爲樂，齧荇藻兮沈沈。問其名兮鱮鯉，取不竭兮鮎鰷。詹何引兮獨繭，漁子泛兮孤舟。烟消日出兮欵乃，聚綏罟兮渡頭。鱠飪紅縷細，味與丙穴丛，蒸嘗以品，賓客用羞。

"其宫室則飛觀基諸元昊，臺榭創自狄公。[118]崔嵬千祀，故址猶崇。且鬱鬱兮仙人之館，矗矗兮帝子之宫。蘭堂生霧，桂榭凌颸，金壇隤朗，珠刹玲瓏。[119]廊櫺纆纆，薨棟隆隆。疏窈窕而沙紫，瑣翕艳而泥彤。文櫨華桷，玉碭鏤題。籠以朱網，覆以琉璃。照耀星漢，揮霍雲霓。甲第名園，參差城郭。戶植羽葆，門懸鐘鐸。金波蕩漾，麗景聯絡。艤畫鷁於圍塘，[120]飾翠鵁於簾箔。市廛孔道，萬落重闉。青帝飄雨，紅樓媚人。烟花不夜，歌管長春。陟麗譙而睇盼，第見乎廣厦之粼粼。

"其人則飛英於國史之著，厠名於金櫃之藏。傅燮以黃金而取譽，傳昭以學府而流芳。宇文赫赫於彀略，侯程燁燁於居喪。三史偉於行師，三傅神於折訟。勳績擅於喬梓，功名炳於伯仲。稱豹變則韓游瓌，[121]論汗馬則史敬奉。是皆人世之龍，塵寰之鳳，遐邇景風，今古雅重。迨我明時，譽髦尤衆，忠者、義者、孝者、節者，有芝英雲氣片藤拱璧者，有黼黻河漢隻語千金者，有嫻儒雅而師表士林者，有持風裁而正色立朝者，有倚劍崆峒抑天驕之横者，有寧衒刀都市不易慮以生者，有蟬蛻壒埃而翔區外以舒翼者。卯角而茂者雲翔，華顛而彥者鱗萃。金韶右蟬,纓緌紳珮。嚘喑之胄,翩翩鈴閣之前;偶旅之儒,濟濟闕里之内。鴻漸肅雍雍之儀,虎螭振桓桓之概。冠蓋交於道途,軒馬填於閩闡。譬猶鐘山之阜,泗水之澨,累圭璧不爲之盈,采浮磬不爲之匱。

"其俗則四民雜居,五技贅聚,玃石洒削,甄冶古鑄。日者星人,覡史駔儈,與夫俳伶優侏之儕,咸旁午而交臂。自高門鼎貴,下比齊民,靡不羹鮮飲鑿,茹毻含醇。曼揄被服,輕煖綿純。當夫春日載陽,布穀催種,民狎其野,耙鋤并用,室無懸器,田無膡塦。新景啗韶,華明錦軸,則有弱冠王孫,游閑公子,飾冠劍,聯裯襦,引類呼朋,吹竽搏筑,走狗鬥鷄,六博蹋鞠。馳逐於章臺之紅,嬉戲於郊圻之緑。及序屆朱明,流金倏甚,篁製絁輕,筍舒葹錦。支公於是乎手談,羲皇於是乎高枕。乃有武力鼎士,絡駮札柳,諸伎畢逞,絶倫超醜。金注觶浮,爭先競首。農者戴蒲茆,衣襏襫,抱桔橰,沃阡陌,禾黍百里,蘠蕠矴矴。行者出圃草之陂,憇灌木之樾,來封夷之常羊,忘祝融之爍烈。疑姍姍於畫圖,儼偃偃於閫闥。迄夫商吹鬋發於林皋,霄露厭涾於芋草。[122]翹然勁者離披,蔚然茂者枯槁。萬樹千畦,生成垂實,剪摘芟穫,塲圃狼籍。離離穰穰,咈咈磴磴,於橐於囊,盈簣滿楅。稀膏棘軸,銜尾相屬,塞於莊馗,輑輑殷殷,縱横絡繹。已而貢禹畢,玄英蒞,塲功竣,畚挶偫,狐貉成,葢藏既,則見畜牧被野,風駿霧鬣,魚目龍文,蒲梢汗血,蘭筋權奇,群奔互齧,抉壑厲山,玄黄雜遝。於是赳赳矯矯之士,臂夏服手,烏號罙削,格載畋獠,星流景集,颷奮霆擊,決眥弆心。覆草蔽地,兔伏陵窘,充牣車騎。無飛不有,靡走不備。伏臘歲時,迎鳌賽社,人事紛筟,莫可覼縷。夫夏之黔黎,既戡鉴寙逋蕩,夏之土壤,又盡膏腴美利。此所以豐樂甲於關中,聲稱浹乎寓内也。"

文子曰:"美哉!邊陲若此者罕矣。"[123]居士曰:"未也。青銅之峽,雷斧劈劃,斷山爲兩,衝流激石。招提百座,森聳乎其上;檜柏千章,掩映乎其側。莎羅之峰,崟峩萬仞,三泉地湧,渟泓澄潤。精爽招徠乎遠近,膏澤遍敷於靈蠢。西山屹秀,翠若薄苔,惟絶巘之積雪,歷四時而不開。即溽暑兮伊鬱,常色澤兮皚皚。牛首飛霞,洞天弘敞。天下之苾芻蜂合,四外之泥緼斗仰。其中有龍淵噴玉,石罅珠濺,若倒囊與傾瓮,貫桐枝兮爲綫,放遠池兮猶沸,當祁冬兮可湎。又氣肅天高,[124]撼石動地,則曰靈武秋聲。青蠡入雲,素華涵影,則曰玉關白雪。沙明水映,乾坤錦燦,則曰羚羊落照。疏星的歷,乍見乍没,則曰石空夜火。望之則有,即之則無,此官橋之奇木也。明河在天,星斗在地,此月湖之殊景也。表立則順,影墮則逆,此浮圖之幻迹也。晴日鐘鳴,風雨鏞振,此沙關之異響也。以至靈豨變兮吉善臻,神駒刷兮夜光燼,玄兔進兮飛龍閑,金牛現兮白馬寺。秋童儺蹢於劉晨,安門媲德於公藝。朱大夫齊名於謫仙,程先生等節於孔伋。靖王有東平、河間之風,仇侯有驃姚、車騎之績。斯亦殊尤絕軌也,寧非世之所稀覯。"文子嘆曰:"偉哉! 不謂西夏有此。"

朔方形勝賦[125]　曹璉

繫夏州之大郡,實陝右之名邦。當三邊之屏翰,闢千里之封疆。廓岡阜而爲坦,潛川澤而爲湟,角黿鼉而爲道,卧蟣蝀而爲梁。帶河渠之重阻,[126]奠屯戍之基張。墾良田之萬頃,撐喬木之千章。鹽池混潆瀆其隈,菊井馥郁罄其傍。桑梓相接,棟宇相望。若率土而論其邊陲,則非列郡之所擬方也。今焉載瞻其四維也,漢隴蟠其西,晋洛梗其東,北跨沙漠之險,南吞巴蜀之雄。山奔突而若馳,水旋繞如寰雍,鄜遐郊其坦夷,聳孤城之崇窿。内則敞街衢兮輻輳,紛輿馬兮交通;外則經溝塍兮刻鏤,畇原隰兮腴豐。任土作貢而域雍兮,星分井鬼;罷侯置守而隸靈兮,民雜漢戎。出河朔山川之外,臨藩落境界之中。青窺華嶽之隱隱,翠挹岷峨之重重。遥躋西嶺之屹屹,近俯東湖之溶溶。營與廣武,坊旌效忠,壩濱積石,關邇臨潼。橋橫通濟兮,接寶之舖連棟,[127]園開麗景兮,望春之樓凌空。澹清潭兮,天光雲影;翠秀色兮,綠水芙蓉。赫連春曉兮,日烘桃李;靈武秋高兮,風墜梧桐。殘陽夕照荒坰兮,落花啼鳥;飛瀑晴懸峭壁兮,[128]玉澗垂虹。轆轳咿軋兮,影落蘆溝之夜月;漁歌欸乃兮,響穹古渡之秋風。於是高臺日上,長塔烟浮。晴虹之影乍弄,蒲牢之聲初收。大河之水未波,蠡山之雲不流。藹華實之蔽野,漫黍稷之盈疇。石關雪積兮,銀鋪曲徑;漢渠春漲兮,練拖平丘。騏驥如雲兮,花馬之池;鱒鯽盈肆兮,應理之州。平虜城兮執訊護醜,[129]鳴沙州兮落雁浮鷗。城傾黑水兮,頹雉殘堞;津問黃沙兮,短櫂輕舟。神槎湮兮,[130]猶存博望之迹;石碛鑿兮,尚傳大禹之游。高塚巍峩兮,元昊之魂已冷;古刹煨燼兮,文殊之像常留。表賀獻俘而忠貫日月兮,唐將之精靈耿耿;書抗偽號而名重邱山兮,宋賢之遺韻悠悠。此名天下、播海陬,而爲西夏之勝概,可與江南之匹儔者。然猶未也。

若乃考其四時也,春則杏塢、桃蹊,霞鮮霧靄;秋則鶴汀、鳧渚,月朗風微;夏則蓮濯碧沼之金波,嬌如太液池邊之姬媵;冬則柏傲賀蘭之晴雪,[131]癯若首陽山之下之夷齊。與夫觀鷹鸇之雄度,則凜凜乎周家之尚父也;睹芝蘭之蔥倩,則奕奕乎謝庭之子姪也。[132]對松竹之森立,則挺挺乎汲黯之剛直也;翫鷗鷺之瑩潔,則皎皎乎楊震之清白也。以至芳林鶯語,柳樹蟬聲,鏗鏗鏘鏘,[133]又有若回琴點瑟之立夫孔楹也。此皆翫耳目、娛心志,而爲夏之美觀、不減江南之佳致者。是使騷人墨客、碩士英賢,尋幽覽勝,游樂流連。於以羅珍饌,列綺筵,飛羽觴,奏管絃,品題詞藻,繡句錦篇,觥籌交錯,屢舞僛僛。撫乾坤之坱圠,掃亭障之烽烟。[134]詢古今於故老,稽成敗於遺編。方其王命南仲,往城於方,此何時乎?迨漢郭璜,繕城置驛,浚渠溉田,省費萬計,蓋一盛也。整居焦濩,[135]侵鎬及方,此何時乎?迨唐李聽,興仆舉廢,[136]復田省餉,人賴其利,又一盛也。嗟夫!時有盛衰,治有隆替,天道循環,斯亦何泥?方今聖主,啓運應符,丕建人極,重熙皇圖。混車書於六合,覃恩威於九區,登斯民於懷葛,躋斯世於唐虞。

矧兹夏州,超軼往古,詩禮彬彬,衣冠楚楚。建學立師,修文偃武。尚陶匏,貴簪組,祛異端,禦狎侮,抑工商之浮華,敦士農之寒苦。沙漠塵空,[137]閭閻安堵。白叟黃童,謳歌鼓舞。熊羆奮勇於陣行,麋鹿潜行於巢所。[138]弓矢藏於服韔，干戈戢於庫府。[139]而况蔭土封者，惟德惟義，遠超樂善之東平；握將柄者，有嚴有翼，端繼爲憲之吉甫。予也一介之書生，敢擬韓范之参伍。聊泚筆而紀行，議者幸勿誚其狂魯。[140]

上巡撫言渠務書　本朝　王全臣

唐、漢兩渠，寧夏民命攸關。康熙四十八年正月，内蒙飭水利都司王應龍盡力春工，而令職全賛理其事，幸睹成效。兹蒙以各渠情形及修濬利弊下詢，謹詳陳之。

寧夏，古朔方也。黄河遶於東，賀蘭峙於西，相距或四五十里，遠者亦不過百餘里。南至唐壩堡之分守嶺，北至威鎮堡之邊墙，僅二百七十五里。延袤不甚寬廣，而所屬寧夏衞并左、右二衞及平羅所，共轄五十二堡，約計田地九千八百二十九頃有餘。其正供除麥饌等項納銀二千六百五十兩有零外，田土之賦，計納糧九萬八千三百八十餘石，納七斤穀草并年例秋青草共三十八萬三百餘束，零納壩草六十一萬，零納地畆銀八百六十餘兩，其湖灘又納潮鹻銀一千五百九十兩，賦亦綦重矣。況地大半盡屬沙鹻，必得河水乃潤，必得濁泥乃沃。古人於黄河西岸開濬唐、漢兩渠，誠萬世利也。四十七年春，職全蒞任之時，值春工方興，隨本道鞠宸咨親詣各渠，細勘竊查黄河自南而北，其入寧夏之處，兩岸俱係石山，名曰硤口。河初向東北流入硤，微折注於西北，不一二里即仍向東北出硤。硤之盡處有一觀音堂，古人於此傍石山之麓，開唐渠一道。渠口寬十八丈，深七尺。至明代，寧夏道汪文輝於右衞之唐壩堡，距渠口二十里，建石正閘一座。閘之外，建石退水閘四座。正閘下，入渠之水以五寸爲一分，止以十分爲率。水小則閉塞退水各閘，使水入渠。水大則開退水以洩其勢。其正閘係六空，西四空爲唐渠，東兩空爲貼渠，每空各寬一丈。

唐渠自閘以下，西北至玉泉橋，名曰上上段，寬八丈，深三五尺，長五十里。自玉泉橋向東北流，復微轉西至良田渠口，名曰上段，寬七丈,深五六尺,長七十里。自良田渠口西北至西門橋,名曰上中段,寬六丈,深七尺,長四十里。自西門橋西北至站馬橋,名曰下中段,寬六丈,深七尺,長六十里。自站馬橋北至威鎮堡稍止,名曰下段,寬三丈,深三四尺,長一百三里,合計共長三百二十三里。其貼渠一道,寬三丈五尺,深六尺。至郭家寺地方分爲兩稍:一至漢壩堡稍止,長四十里,名曰舊貼渠;一至蔣鼎堡稍止,長五十里,名曰新貼渠。此因唐渠正閘之東岸,地土甚高,故引此渠。雖閘分兩派,而實與唐渠同口,蓋唐渠之附庸也。渠兩岸之堤及堵水之壩,俱名曰湃。沿湃居民,挖小渠以引水入田,名曰枝渠,大者或百餘里,小者或數十里,及七八里不一。各於湃上建小木閘,以便蓄洩,名曰陡口。唐渠東、西兩岸共陡口四百三十六道。

舊例百姓有田一分者,歲出夫一名,計力役三十日,又納草一分,計四十八束,每束重十六斤,又納柳椿十五根,每根長三尺,此輸將定額也。其或需用紅柳、白茨、席萁,則於草內折收,每草一分,折紅柳四十八束,或折白茨或折席萁亦各四十八束,每束重七斤,總名曰顏料。或石灰亦於草內折銀燒造,每草一束折銀一分,其草曰壩草,以備於險要處和土築湃,及啓閉各閘堵疊渠口也。椿曰沙椿,或釘閘底,或釘湃岸,使土堅固也。渠內水衝之處,必用土草築一墩以逼水。而外用紅柳、白茨護之,更釘以沙椿,名曰馬頭。席萁則繩纜之具也。或修理閘底,亦必用紅柳、白茨鋪墊,而以沙椿釘之,乃蓋以石條,使無衝動之患也。每歲河凍之時,將渠口用草閉塞,名曰捲掃。至清明日,派撥夫役赴渠挑濬,各官分段督催。以一月爲期,名曰春工。至立夏日,掣去所捲之埽,放水入渠,名曰開水。開水之後,田地澆灌其法,先委官閉塞上流各陡口,以逼水至稍,其名曰封。封之之際,各陡口仍酌量留水一二分,其名曰俵。俗作"泛"。迨水已至稍,乃開上流各陡口任其澆灌。既足,又逼令至稍。封與俵,周而復始,上流下稍,皆澆灌及時也。唐渠、貼渠原灌寧、左、右三衛及平羅所,共三十四堡,田地六千二頃有餘。衛所各官,分段封俵。一歲須輪灌數,次乃獲豐收。

　　至於漢渠，在唐渠之下，左衛陳俊堡四道河口地方，距唐渠口三十里，地形低窪，直迎河流，水勢易入。其渠口寬三十一丈，深七尺五寸。明汪文輝於漢壩堡距渠口十二里，建石正閘一座，計四空，每空寬一丈。閘外建石退水閘三座。自正閘北至唐鐸橋，名曰上段，寬五丈，深六七尺，長六十五里。自唐鐸橋西北至張政橋，名曰中段，寬四丈五尺，深六七尺，長七十五里。自張政橋北至殷家夾道稍止，名曰下段，寬三丈，深五六尺，稍末寬一丈，長九十八里。共長二百三十八里。渠之東、西兩岸共陡口三百六十九道，原灌溉寧、左、右三衛所屬十八堡，田地共三千八百二十七頃有餘。後因開導西河，水勢變遷，何忠堡竟隔在河中，各自開引小渠，灌田三十餘頃。今漢渠止灌溉十七堡田地，共三千七百九十七頃有餘。其挑挖封俵，與唐渠一例。此渠得水甚易而又稍短田少，所以通利如故。

　　比年以來，唯唐渠淤塞過甚，瀕於廢棄。居民雖紛紛借助於漢渠，不過稍分餘瀝，地之高者竟屢年荒蕪，而漢渠亦因以受困。職全細按唐渠之大病有三：一苦於渠口之不能受水也。相傳先年唐渠口下，河中有一石子沙灘，障水之勢以入渠。厥後灘漸消沒，河流偏注於東，而渠口竟與河相背，其入渠者不過旁溢之水耳。水之入渠也無力，遂往往有澄淤之患。一苦於地渠之不能通水也。唐壩以下，自杜家嘴至玉泉營，盡係淤沙，每大風起，輒行堆積。唐渠經由於此，實為咽喉，向者以風沙不時，旋去旋積，遂相與名曰"地渠"，蓋因兩岸無洴，與平地等，故名之也。此處自來不在挑濬之列，因循既久，竟致渠底與兩岸田地齊平，甚有渠底高於兩岸田地者，較唐壩閘底，約高三四尺。河水汛漲時，入渠之水非不有餘，乃自入閘以來，至此阻梗，由是旁灌月牙，倒沙兩湖。迨兩湖既滿，然後溢於渠內。徐徐前行，不知費幾許水力、經幾許時日，乃得過玉泉橋也。況有此阻梗，水勢紆回，水未前行，而挾入之濁泥已淤積閘底數尺矣。一苦於渠身之過遠也。水之入口者，原自無多，而又苦於咽喉之不利，以有限之水，流三百餘里,供數百陡口之分洩,其勢自難以遍給。若遇河水減落,則束手無策矣。

　　唐渠有此三大病,而又加以年年挑濬之法,積弊多端。如渠夫、渠草,除紳衿優免外,豪衿地棍,及奸胥猾吏肆意侵蝕,每將百姓應納草束、沙椿,折收銀錢代爲買備輸納,名曰"包納"。草則多係朽爛,椿則盡屬短小。又巧立名色,隱射規避。若橋梁,若陡口,倘有損壞,俱屬官修。乃藉稱須人看守,每處免夫草一二分,名曰"看丁",又曰"坐免"。甚至徒杠亦有坐免,有力盡爲看丁。即曰陡口須人啓閉,未聞天下橋梁俱須人看守也。是渠夫、渠草祇爲奸積之利窟,而渠工已受病實多矣。每年興工之時,并不查明某處淤塞,某處阻梗,量度工程之輕重,酌用夫役之多寡。唐渠自口至稍止,分三工五段。漢渠自口至稍止,分兩工三段。如某工舊例用夫五百名,年年撥給五百。某段舊例用夫三百名,年年撥給三百。工輕之處,夫多怠玩,工重之處,夫實短少。且催納顏料之役,必故爲遲延,及時至工迫,各段督工者,即令挑渠之夫役采取顏料,兩岸園林莊柳,任其砍伐,微論止半供渠工,半充私橐。額徵顏料,盡被乾沒,而所撥三百五百之夫,亦止虛有其數而已。

　　渠道灣曲之處,東岸高者西必低,西岸厚者東必薄,以高厚者力逼水勢,刷洗對岸也。每年挑濬之法,如夫一百名止,有三四十名在渠內取土,餘五六十名俱排列高厚岸上,遞相轉運,一鍫之土,經七八人之手。而對面低薄之岸,必不肯加幫尺寸,謂低薄岸底必有刷洗深溝,恐因加幫撒土填塞。以致高厚者愈增,低薄者愈減,是以每年有衝崩之虞。或水由湃底鑽俗作"未"。潰,或水由湃上漫俗作"坔"。倒,皆不肯加幫低薄所致也。

　　至渠夫,則止由衛所經承派撥,名曰"安渠"。賄囑者,派之路近而工輕;貧窮者,派之路遠而工重。且將一段之夫雜派數十堡之人,聽其自赴工所,管工者莫知誰何。中有逃者,報官查册,拘提往返動至半月。而一堡之夫,又分派數處,必遠至百里,或二百里以外,使之奔走不遑。更將撥夫單內故意填寫錯亂，使之赴各工段自行查問。總欲令民不得不致遲誤，以便定取罰工。又各工段設立委管、渠長等役，各五六人，或七八人。每人免渠一二分。彼俱係用賄鑽營充當者。一到工所，每人包折夫役一二十名不等。更有豪衿地棍，指稱旁枝小渠。請討人夫，多至五六十名，少亦二三十名，官必如數撥給，實無一名赴彼所請之處，伊等竟折錢分肥。是以額夫雖一萬一千有零，而在渠挑濬者，僅可得半，又率以老弱充數。官司查渠，止走大路。沿途問夫在何處，就彼查點。委管、渠長人等探知，即雇附近莊農應名，點後即散。甚且預知官司到來，令人夫於渠內挖土，堆積如塔形。以堆土之高，詐爲挑挖之深，使高低莫辨。官司一見，便誇稱工好，并不問及上段如何、下段如何。官司去後，夫役仍將所堆之土攤平渠內。其運上高岸者，不過數十鍬。八段之內，官司必由之處，或挑挖數里，其僻遠不到之處，亦夫役足跡之所不到也。總因兩渠分爲八段，每段必遠至數十里，無一定之責成，無一定之程式，而奸棍折去。夫役因循延至一月，遂相率而散。其未經挑挖者，雖有十之六七，祇謂工多夫少，付之無可如何。渠道之淤塞，實由於此。

　　職全於蒞任之初巡視渠工，見漢渠口之上有一小渠，名曰：賀蘭渠，寬數尺，長十餘里，乃前任寧夏道管竭忠據居民所請開濬者。別引黃河之水灌田數頃，職全上下相度，見河水直衝渠口，而第苦於口低身小，導引不得其方，莫能遠達。乃謀諸司水王應龍，請於本道，欲借此渠形勢另開一渠，以助漢、唐水力之所不逮。本道謂："此渠曾奉前撫憲據士民呈請，飭委惠安堡鹽捕通判王惠民勘驗形勢，甚有裨益。後以工程浩大，約計用夫萬餘，一月尚不能竣，又慮修理閘壩，需費不貲，遂爾中止。吾有志久矣，汝第力行之。"職全謂："用夫不得其法，雖數里亦覺艱鉅。若量土以計工，量工以計夫，此數十里之渠，計日可成。渠若告成，閘壩自易易也。"本道乃令職全與都司役用額夫，距舊賀蘭渠口之上三里許，直迎水勢，另開一口，至馬家莊地方引入舊渠，而擴之使寬。行三四里，至陳俊、漢壩兩堡之交，即棄舊渠而西，引水由高處行，以達於唐渠。雖遠至數十里，而莊園、墳墓皆繞以避之，毫無所傷。其所損田畝盡爲除厥差徭，居民莫不懽忻樂役，於四十七年九月初七日興工，至十三日渠成。十五日，本道親詣渠口開水，不崇朝而遍注田間。自來高亢之地，一旦水盈阡陌，婦女孩童，咸出聚觀，驚喜之狀，若有意外之獲。

其渠口上距唐渠口二十五里，下距漢渠口五里，乃右衛唐壩堡所屬剛家嘴地方。口寬八丈，深五尺，渠身長七十五里二分。上三十里，寬四丈，深六七尺。下三十里，寬三丈五尺，深五六尺。稍末十五里二分，寬一丈六尺，深五尺。東、西共陡口一百六十七道，灌溉陳俊、蔣鼎、漢壩、林皋、瞿靖、邵剛、玉泉、李俊、宋澄九堡田地，共一千二百二十三頃有餘。至宋澄堡地方，仍滙入唐渠。本道以此渠閱十數年聚議，止爲道旁之築者，今告成於七日，且相度形勢，較王惠民向所勘驗，引水更易，不覺喜形於色，謂移此用夫之法，以修唐、漢兩渠，不難坐令各渠疏通也。於是於四十八年，竟以此渠聞之憲臺。當蒙倡捐俸資，於陳俊堡地方建石正閘一座，計兩空，每空寬一丈，閘外建石退水閘三座。工既成，蒙命其閘曰"大清閘"，渠曰"大清渠"。職全復於閘上建橋房五間，左側建游亭一所，其規模竟與漢、唐兩壩鼎峙矣。此建閘之處，乃舊貼渠經由之地。貼渠較清渠高六尺有餘，竟爲清渠截斷。職全乃造木筧置諸閘後兩旁石牆之上，中更用大木架之，傍橋房之欄，以渡貼渠之水自西而東。筧寬四尺，長三丈，名曰"過水"。此不特貼渠無傷，而閘上、閘下，水流交錯，波聲互應，風景殊有可觀也。

彼陳俊等九堡田地，乃素用唐渠之水者。清渠既成，則不須唐渠灌溉，其入唐渠之水，可使之直趨而下。而所省灌溉九堡之水，實足以補唐渠水利之不足，不患渠身之過遠矣。況清渠餘水滙入唐渠者，又能大助其勢耶。唐渠之病去其一。至於唐渠口，則於黃河內築迎水埤一道，用柳囤數千，內貯石子，排列兩行，中間用石塊、柴草填塞，上復用石草加疊，過於水面，更用大石塊襯其根基，其埤寬一二丈，高一丈六七尺不等。自觀音堂起至石灰窑止，共長四百五十餘丈，逆流而上，直入硤內，中劈黃河五分之一，以爲渠口。口寬至二十餘丈，較舊渠口約高數尺，挽河流東注之勢，逼令西折入渠。是迎水㴑之力，已能逆水使之高、束水使之急，吞噬洪流，勢若建瓴，不患澄淤矣。而口又加寬，受水實多，渠內之水，賴以倍增。唐渠之病又去其一。歷年不挑之地渠，則多用夫役挑濬，使之低於閘底，以通水路。兩旁復立高厚㴑岸，使渠流至此得以疾趨，不致繞道於湖。水行既疾則沙隨水走，莫能淤積。唐渠之病又去其一。由是口內洋溢，咽喉無阻。[141] 向之唐渠以有限之水灌溉三十四堡田地，常慮不足者，今以有餘之水，又省九堡之分洩，止灌溉二十五堡，自無不充裕矣。不須借助於漢渠，而漢渠亦并受其益矣。

至若奉委協助都司挑濬各渠，則革盡從前積弊，唯以新渠用夫之法爲例，於清明興工前一月，將漢、唐各渠自口至稍，逐細查丈，更用水平量其高低，如：某處渠道淤塞，應挖深若干、寬若干；某處㴑岸低薄，應築高若干、厚若干；某處工重，應用夫若干；某處工輕，應用夫若干。預造一工程册，乃以額夫合算，除修理閘壩、迎水，及各大枝渠用夫若干外，計挑挖唐、漢、大清各渠實止夫若干，於是量土派夫。每夫一日以挖方一丈，深三尺爲率，夫數既定，乃自下而上，挨堡順序。如威鎮堡在唐渠之稍，該堡額夫若干名，以土合算，應挖若干里，即定以里數，分立界限，開明寬、深丈尺，令從稍末挖起。至分界處，接連即用平羅堡之夫，又接連，即用周澄堡之夫。餘俱逐堡順派，以近就近。各照分定界限挑挖。其夫即用本堡，堡長督率，每工開一丈尺細單，務令挑挖如式。挑挖之土，俱令加疊低薄㴑岸。高厚之處，不許妄排多人，致妨正工。其枝渠之大者，俱度量工程，撥給夫役。但往歲於各堡中混派，今則止令受水之民自行挑挖。夫數或稍減於舊額，而用工則不啻數倍。至十餘里及三五里之小枝渠，即算入正渠工程之內一并挑挖，不另撥夫役，以杜隱射、包折之弊。職全復每日於渠身內往返巡查，如：某堡分工幾里，其挑挖不合單開丈尺，致渠底不平，或低薄之岸疊築不堅，即責究堡長。工程無包折之弊，夫役無遠涉之勞，而逐段皆有責成，皆有程式，自相率盡力，不敢怠玩。況興工之後，復蒙憲臺遣標下守戎王捷督查其工，又蒙廉察壩草六十一萬，不無侵漁，特對半減免三十萬有餘。民間有田一分，舊例納草四十八束者，今止納二十四束。以是寧民踴躍趨事，爭先恐後。各渠疏通無阻，湃岸又極堅固。所以立夏開水之日，黃河水不加增。而每年開水月餘水不能到稍者，今不過四五日，稍末即澆灌遍足矣。鎮城以北往年不沾涓滴者，今且遍種稻、稗矣。

寧鎮各渠之情形及修濬之利弊如此，此皆差員王捷所目擊者也。獨是職全革弊太盡，立法太嚴，委管、渠長盡遭革除，豪衿地棍勢難包折，隱射之弊俱爲清出，枝渠之夫不能分肥，而奸胥猾吏歲歲恃渠工以填谿壑者，今且無所施其巧。是數萬生靈雖云受利，而積年奸宄未免側目矣。竊思古人之於渠務，額設有夫，力役有期，物料有備，分五工八段，使各盡其力。立法何嘗不善，迄於今非徒無益，而又害之，總皆趨利之輩作弊於所忽，壞法於不覺，竟使利民者反以累民，古人立法之美意泯沒殆盡。職全亦何人斯，安保其所立之法不即壞於旋踵耶？伏乞嚴飭司水利者，每年以去歲春工爲例，而再爲神明變通於其間，不使已效之法復致更張，已通之渠復致淤塞，憲恩直與河流并永矣。

三受降城碑銘 并序　唐　吕温

夏后氏遏洪水，驅龍蛇，能禦大菑，以活黔首；周文王城朔方，逐獫狁，能捍大患，以安中區。[142]若非高岸峻防，重門擊柝，雖有盛德，曷覩成功？然則持璿璣而馳張萬象，昊穹之妙用；扼勝勢以擒縱八極，王者之宏圖。道雖無外，權責有備。變化消息，存乎其人。

三受降城者，皇唐之勝勢也。[143]昔秦不量力，北築長城，右扼臨洮，左馳碣石，生人盡去，不足乘障。兩漢之後，頹爲荒丘，退居河潙，歷代莫進。矯亡秦之弊則可矣，盡中國之利則未然。唐興因循，未暇經啓。有拂雲祠者在河之北，地形雄坦，控扼樞會。虜伏其下以窺域中，禱神觀兵，然後入寇。甲不及擐，突如其來。鯨一躍而吞舟，虎數步而擇肉。塞草落而邊甿懼，河冰堅而羽檄走。爰自受命至於中興，國無寧歲。景龍二年，默啜強暴，瀆鄰構怨，掃境西伐，漠南空虛。朔方大總管韓國公張仁愿躡機而謀，請築三城，①奪據其地，跨大河以北嚮，制胡馬之南牧。中宗詔許，橫議不撓。於是留及瓜之戍，斬奸命之卒，六旬雷動，三城岳立。以拂雲祠爲中城，東西相去各四百里。過朝那而北關，斥堠迭望，幾二千所。損費計億，[144]減兵萬人，分形以據，同力而守。東極於海，西窮於天。納陰山於寸眸，拳大漠於一掌。驚塵飛而降火燿，孤雁起而刁斗鳴。涉河而南，門用晏閑。[145]韓公猶以爲未也，方將建大斾，提金鼓，馳神竿，[146]鞠虎旅，看旄頭明滅，與太白進退。小則貢琛賮，[147]受厥角，定保塞一隅之安；大則倒狼居，竭瀚海，空苦塞萬里之野。大略方運，元勳不集，天其未使我唐無北顧之憂乎？厥後賢愚迭任，工拙異勢，剛者黷武，柔者敗律。城隍險固，寇得凌軼，或驅馬飲河而去，或控弦俾壘而旋。吾知韓公不瞑目於地下矣。今天子誕敷文德，茂育群生，戢兵和親，七狄右衽。然而軍志有"受降如敵"，大《易》有"安不忘危"。崇墉言言，其可弛柝，亦宜鎮以元老，授之廟勝，[148]鬮述舊職而恢遺功。外勤撫綏，內謹經略，使其來不敢仰視，去不敢反顧。永讋猛氣，無生禍心，聳威馴恩，禽息荒外，[149]安固萬代，術何加焉。敢勒銘城隅，庶儆復隍而光烈不昧。銘曰：

　　韓侯受命，志在朔易。北方之強，制以全策。亙漠橫塞，[150]揭茲雄壁。如三門龍，躍出大澤。并分襟帶，各閉風雷。俯視陰山，仰看昭回。一夫登陴，萬里洞開。日晏秋盡，纖塵不來。時惟韓侯，方運神妙。觀釁則動，乃誅乃弔。廓平窮荒，盡日所照。天乎未贊，不策

---

①　張仁愿築三受降城時間：本志同《資治通鑑》卷二〇九，載在唐中宗景龍二年(708)，《舊唐書》卷九三、《新唐書》卷一一一《張仁愿傳》均載在神龍三年(707)。

清廟。我聖耀德，罷扃北門。優而柔之，用息元元。曷若完守，推亡固存。于襄于夷，[151]永裕後昆。

种世衡墓銘　宋　范仲淹

君諱世衡，字仲平，國之勞臣也。不幸云亡，其子泣血，請於予。予嘗經略陝西，知君最爲詳，懼遺其善，不可不從而書之。

初，康定元年春，夏人犯延安，我師不利，朝廷以保障衆多，有分兵之患，其間遠不足守者，既命罷之。寇驕而貪，益侵吾疆，百姓被其毒。君時爲大理丞，任鄜州從事，建言延安東北二百里有故寬州，請因廢壘而興之，以當寇衝，左可致河東之粟，右可固延安之勢，北可圖銀夏之舊，有是三利，朝廷從之，以君董役事。君膽勇過人，雖俯逼戎落，曾不畏憚，與兵民暴露數月，且戰且城。然處險無泉，議不可守，鑿地百有五十尺，始至於石，工徒拱手曰："是不可井矣。"君曰："過石而下，將無泉耶？爾攻其石，屑而出之，凡一畚償爾百錢。"工復致其力，過石數重，泉果沛發，飲甘而不耗。萬人歡呼曰："神乎！雖敵兵重圍，吾無困渴之患矣。"用是復穿數井，兵民馬牛皆大足，自茲西陲保障患無泉者，悉倣此，大蒙利焉。既而朝廷署故寬州爲青澗城，授君內殿承制知城事，復就遷供備庫副使，旌其勞也。

塞下多屬羌，向時將帥不能恩信，羌皆持兩端，君乃親入部落申勞，問如家人，意多所周給，常自解佩帶，與其賢豪可語者有得敵中事，來告於我，君方與客飲，即取坐中金器以獎之。屬羌愛服，皆願效死。青澗東北三舍，而遠距無定河，河之北有敵寨，敵常濟河爲患，君屢使屬羌擊之，往必破走。前後取首級數百，牛羊萬計，未嘗勞士卒也。故攻多而費寡，建營田三千頃，歲取其利，募商賈使通其貨，或先貸之，本速其流轉，歲時間其息十倍，乃建白凡城。中芻糧錢幣暨軍需城守之具，不煩外計，一請自給愛養。士卒病者，遣一子視其湯餌，常戒以笞責，期於必瘳，士卒無不感泣。今翰林承旨，王公堯臣安撫陝西，言君治狀，上悅，降詔褒之曰："邊臣若此，朕復何憂？"

二年，就兼鄜延路，駐泊兵馬都監，制置本路糧草，遷洛州副使。慶曆二年春，予按巡環州，患屬羌之多而素不爲用，與夏人等相助爲邊患，乃召蕃官慕恩與諸族君長，犒於城下，與之衣物繒綵，以悅其意。又采忠順者，增銀帶馬羢以旌之，然後諭以好惡，立約束而俾之遵向。然悍猾之性久失馭，其非智者處之外慮。復爲變時，青澗既完，人可循守，乃請於朝，願易君理環。朝廷方以青澗倚君，又延帥上言，人重其去命，予更擇之。予謂："夏人日夜誘吾屬羌，羌愛其類，益以外向，非斯人親之，不能革其心。"朝廷始如其請。君既至環，安邊之利病，大要在屬羌難制，懼合夏人爲暴發之患。又地瘠穀貴，屯師爲難，聚糧則力屈，損兵則勢危，斯急病也。君乃周行境内，入屬羌聚落，撫以恩意。如青澗焉有牛家族首奴訛者，倔強自處，未嘗出見官長，聞君之聲，始來郊迎。君戒曰："吾詰朝行勞爾族。"奴訛曰："諾！"是日大雪三尺，左右曰："此羌凶詐，嘗與高使。"君繼嵩挑戰，又所處險惡，大雪非可前。君曰："吾方與諸羌樹信，其可失諸！"遂與士衆緣險而進。奴訛初不之信，復會大雪，謂君必不來。方坦臥帳中。已至，蹙而起之。奴訛大驚曰："我世居此山，漢官無敢至者，公了不疑我耶？"乃與族衆拜伏額手。曰："今而後，惟父所使。"自是屬羌咸服於君。

有兀二族，受夏戎僞署。君遣人招之，不聽，即使慕恩出兵誅之，死者半，歸者半，盡以其地暨牛羊嘗諸有功，其僭受僞署，如兀二族者百餘帳，咸股慄請命，納其所得，文券、袍帶，由是屬羌無復敢貳。君戒諸族，各置其烽火，夏戎時來抄掠，則舉烽相告，衆必介馬而待之。破賊者數四，涇原帥葛懷敏定川之敗，戎馬入，縱於渭。予領慶州蕃漢兵，往扼邠城，又召君分援涇原。君即時而赴，羌兵從者數千人，屬羌爲吾用自此始。君曰："羌兵即可用矣。"乃復教土人習弧矢，以佐官軍。吏民有請某事、辭某事者，君咸使之射，從其中否，而與奪之。坐過失者，亦用此得贖，吏農工商無不樂射焉。由是，緣邊諸城，獨環不求增兵，不煩益糧，而武力自振。夏戎聞屬羌不可誘，土人皆善射，烽火相望，無日不備，乃不復以環為意。前後經略使交薦君之才能，朝廷益知可倚，明年遷東染院使，充環慶路兵馬鈐轄，仍領環州。西南古原州之疆，有明珠、滅臧、康奴三種居，屬羌之大，素號強梗。在原為孽寢及於環，撫之狠不信我，伐之險不可入。北有二川，交通於夏戎，朝延患焉，其二川之間，有古細腰城。復之，可斷其交路，又明年，予為宣撫使，乃諭君與原守蔣偕共幹其事。君久悉利病，即日起兵。會偕於細腰，使甲士晝夜築之。夏戎固忌此城，君遣人入敵中，以計款之，兵遂不至。又召明珠等三族豪長犒撫之，俾以禦寇，彼既出其不意，又無外援，因而服從君之謀也。君處細腰月餘，偪以苦寒，城成而疾作。慶曆五年正月七日甲子啓手足，神志不亂，享年六十一，葬於京兆萬年縣之神和原。

　　君之先，河南洛陽人也。曾祖存啓，河南壽安令。祖仁詡京兆長安令，贈太常博士。父昭衍，登進士第，累贈職方員外郎。季父放，字明逸，初隱於終南山。君少孤，依之服勤左右，以力學，稱明逸，道高德純。太宗朝再召，以事親不起，真宗復加聘禮，起拜左司諫直昭文館，累遷尚書工部侍郎。大中祥符五年，君用工部廕得，將作監主簿五，遷至太守中舍，初監秦州太平監，以母老求養，又監京兆府渭橋，君邛州惠民監知涇之保定，京兆之武功、涇陽三邑。在武功毀淫祠崇夫子廟，以來學者在涇陽有里胥王知謙者，奸利事露，逃之逼郊，禮乃出。君曰："送府則會恩，益以長惡。"從所坐杖脊於縣庭，而請待罪。府君李公諝奏，釋之。自是豪黠莫不斂手，其嫉惡如此。又邑有三白渠，比年浚疏，用數邑力，主者非其才而勞逸弗等，功利日削。君使勤惰齊其力，故功倍，貧富均其流，故利廣，至今民能言之。歷通判鎮戎軍環、鳳二州，鳳之守王蒙正托章憲外姻以利干君，復欲以賄污君，君正色不納，蒙正大怨之，乃使人諭王知謙訟君，蒙正內為之助，獄成流賓州，上親政量移汝州。君之弟世材以一官讓，君乃除孟州司馬龍圖閣直學士。李公紘雪於朝授衛尉丞，主隨州權酤，又禮部尚書宋公綬、工部侍郎狄公棐，皆言君非辜，改知虔州贛縣。君辭得監京兆軍資庫，以同鄜交辟，改僉署同州判官事，又移鄜州，因從軍延安，乃有故寬州之請。

君少尚氣節，昆弟有欲析其家者，君推資產與之，惟取季父圖書而已。蒞官能摘惡庇民，青澗與環人皆畫君之像而享事之。[152]及終，吏民暨屬羌豪長，朝夕臨柩前者數日。朝廷深惜之，賜二子恩君娶劉氏，[153]封萬年縣。君男八人，長曰詁，文雅純篤，養志不仕，有叔祖明逸之風；次曰診，試將作監主簿；曰詠，同州澄城尉；曰諧，郊社齋郎；曰諤，三班奉職，皆有立。訴、記、誼三子尚幼。一女適西頭，供奉官田守政。君在邊數年，聚貨食，教弧矢，撫養士伍，牢籠羌夷，無賢不肖，皆稱之。又出奇以濟幾事，嘗遣諜者入敵中，凡半歲間，而羌誅兵用事二三人，諜者還言，某謀得行，會君已沒。又天子方事懷來，故其績不顯。銘曰：

嗚呼种君，出於賢門。吾志必立，吾力是陳。寧以剛折，果由直伸。還自瘴海，試於塞垣。權以從事，意其出人。捍羌之患，又邊之民。夙夜乃職，星霜厥身。生則有涯，死宜不泯。邊俗祀之，子子孫孫。

【校勘記】

[1] 奔：此同《〔乾隆〕甘志》卷四五《藝文·鑿艾山渠表》，《魏書》卷三八《刁雍傳》、《歷代名臣奏議》卷二四九《水利》作"崩"。

[2] 四千：原作"六千"，據《魏書》卷三八《刁雍傳》、《〔乾隆〕甘志》卷四五《藝文·鑿艾山渠表》改。

[3] 恩：《范文正集》卷五作"意"。

[4] 西戎：此同《〔雍正〕陝志》卷八七《藝文·議守》，《范文正集》卷五《議守》作"夷狄"。

[5] 鎮：原作"須"，據《范文正集》卷五《議守》改。

[6] 父母：此同《〔雍正〕陝志》卷八七《藝文·議守》，《范文正集》卷五《議守》作"顧父母"。

[7] 進：此同《〔雍正〕陝志》卷八七《藝文·議守》，《范文正集》卷五《議守》作"酌"。

[8] 雖：此同《〔雍正〕陝志》卷八七《藝文·議守》，《范文正集》卷五《議守》作"難"。

[9] 秸：原作"桔"，據《宋史》卷二七七《鄭文寶傳》改。

[10] 地中:《宋史》卷二七七《鄭文寶傳》作"城中"。

[11] 起納:《〔康熙〕陝志》卷三二《藝文·鹽法議》作"超納"。

[12] 虜:《范文正奏議》卷下《邊事·陝西守策》作"狄"。

[13] 遷:此同《歷代名臣奏議》卷三二四《禦邊·陝西守策》,《范文正奏議》卷下《邊事·陝西守策》作"遣"。

[14] 俟:此同《歷代名臣奏議》卷三二四《禦邊·陝西守策》,《范文正奏議》卷下《邊事·陝西守策》作"使"。

[15] 山界:此同《歷代名臣奏議》卷三二四《禦邊·陝西攻策》,《范文正奏議》卷下《邊事·陝西攻策》作"山界之城"。

[16] 則:此同《歷代名臣奏議》卷三二四《禦邊·陝西攻策》,《范文正奏議》卷下《邊事·陝西守策》作"既"。

[17] 犬羊:《歷代名臣奏議》卷三二四《禦邊·陝西攻策》作"貔貅",《范文正奏議》卷下《邊事·陝西守策》作"所統",《宋名臣奏議》卷一三四《邊防·攻策》作"虎狼"。

[18] 放:《歷代名臣奏議》卷三二四《禦邊·陝西攻策》作"散",《范文正奏議》卷下《邊事·陝西守策》作"於"。

[19] 掠於橫山:此同《歷代名臣奏議》卷三二四《禦邊·陝西攻策》,《范文正奏議》卷下《邊事·陝西守策》作"互掠於橫山"。

[20] 足:《歷代名臣奏議》卷三一《治道》、《長編》卷一六三作"給"。

[21] 爲:《歷代名臣奏議》卷三一《治道》作"謂"。

[22] 兵:《長編》卷一六三作"吳"。

[23] 中:《歷代名臣奏議》卷三一《治道》作"西"。

[24] 租賦:《歷代名臣奏議》卷三一《治道》作"租稅",《長編》卷一六三作"稅賦"。

[25] 虛:《歷代名臣奏議》卷三一《治道》作"乏"。

[26] 四方:《長編》卷一六三作"四邊"。

[27] 以:《歷代名臣奏議》卷三一《治道》、《長編》卷一六三作"募"。

[28] 度:《歷代名臣奏議》卷三一《治道》、《長編》卷一六三作"製"。

[29] 出:《歷代名臣奏議》卷三一《治道》作"及"。

[30] 衷:《歷代名臣奏議》卷三一《治道》、《長編》卷一六三作"斷"。

[31] 收:《長編》卷一六三作"籠"。

[32] 方:此同《〔雍正〕陝志》卷八七《藝文·榆問》,《〔康熙〕延綏鎮志》卷六之二《藝文志·榆問》無此字。

[33] 帖:此同《〔雍正〕陝志》卷八七《藝文·榆問》,《〔康熙〕延綏鎮志》卷六之二《藝文志·榆問》作"貼"。

[34] 處:《〔康熙〕延綏鎮志》卷六之二《藝文志·榆問》作"外"。

[35] 畫：《〔雍正〕陝志》卷八七《藝文·榆問》作"晝"。
[36] 險：此同《〔雍正〕陝志》卷八七《藝文·榆問》,《〔康熙〕延綏鎮志》卷六之二《藝文志·榆問》作"隘"。
[37] 邊：此同《〔雍正〕陝志》卷八七《藝文·榆問》,《〔康熙〕延綏鎮志》卷六之二《藝文志·榆問》作"爲"。
[38] 大順城碑：《張子全書》卷一三《文集》題作《慶州大順城記》。
[39] 修：《張子全書》卷一三《文集·慶州大順城記》作"張"。
[40] 兵：《張子全書》卷一三《文集·慶州大順城記》作"士"。
[41] 近：《張子全書》卷一三《文集·慶州大順城記》作"迹"。
[42] 曹掾：《張子全書》卷一三《文集·慶州大順城記》作"掾曹"。
[43] 走卒：《張子全書》卷一三《文集·慶州大順城記》作"卒走"。
[44] 嚴：《張子全書》卷一三《文集·慶州大順城記》作"言"。
[45] 敵騎：《張子全書》卷一三《文集·慶州大順城記》作"胡虜"。
[46] 百十其伍：《張子全書》卷一三《文集·慶州大順城記》作"百千其至"。
[47] 晨：《張子全書》卷一三《文集·慶州大順城記》作"辰"。
[48] 勿：此字原漫漶不清,據《〔乾隆〕甘志》卷四七《藝文·大順城碑》及國圖藏本補。
[49] 罷我以役：此四字原漫漶不清,據《〔乾隆〕甘志》卷四七《藝文·大順城碑》補。《張子全書》卷一三《文集·慶州大順城記》作"往終我役"。
[50] 鶩：《張子全書》卷一三《文集·慶州大順城記》作"去"。
[51] 以：《張子全書》卷一三《文集·慶州大順城記》作"矣"。
[52] 崞：《張子全書》卷一三《文集·慶州大順城記》作"高"。
[53] 釋：《張子全書》卷一三《文集·慶州大順城記》作"擇"。
[54] 圖列而上：《張子全書》卷一三《文集·慶州大順城記》作"圖列而止"。
[55] 有水：《朔方新志》卷四《詞翰·鐵柱泉記》、《〔嘉靖〕寧志》卷三《寧夏後衛》均作"水湧"。
[56] 左右：《朔方新志》卷四《詞翰·鐵柱泉記》、《〔嘉靖〕寧志》卷三《寧夏後衛》均作"幅幀"。
[57] 而：《朔方新志》卷四《詞翰·鐵柱泉記》、《〔嘉靖〕寧志》卷三《寧夏後衛》均作"是故"。
[58] 實自兹始：《朔方新志》卷四《詞翰·鐵柱泉記》、《〔嘉靖〕寧志》卷三《寧夏後衛》均作"實深藉之"。
[59] 委沃壤爲曠土者：《朔方新志》卷四《詞翰·鐵柱泉記》、《〔嘉靖〕寧志》卷三《寧夏後衛》均作"并沃壤視爲棄土"。
[60] 緩急：《朔方新志》卷四《詞翰·鐵柱泉記》、《〔嘉靖〕寧志》卷三《寧夏後衛》均作"急緩"。
[61] 上策：此二字原脱,據《朔方新志》卷四《詞翰·鐵柱泉記》、《〔嘉靖〕寧志》卷三《寧夏後

衛》補。
[62] 從畬錙：《朔方新志》卷四《詞翰·鐵柱泉記》作"役鑱錙"。
[63] 又可以作牧而庶孳畜：原作"孳畜蕃"，據《朔方新志》卷四《詞翰·鐵柱泉記》、《〔嘉靖〕寧志》卷三《寧夏後衛》改。
[64] 無：《朔方新志》卷四《詞翰·鐵柱泉記》、《〔嘉靖〕寧志》卷三《寧夏後衛》作"匪"，下同。
[65] 境：《朔方新志》卷四《詞翰·鐵柱泉記》、《〔嘉靖〕寧志》卷三《寧夏後衛》作"之"。
[66] 悠久：《朔方新志》卷四《詞翰·鐵柱泉記》、《〔嘉靖〕寧志》卷三《寧夏後衛》作"遠邇"。
[67] 公之功：《朔方新志》卷四《詞翰·鐵柱泉記》、《〔嘉靖〕寧志》卷三《寧夏後衛》均無此三字。
[68] 辛巳：原作"辛未"，據《明朝進士題名碑錄》、《〔嘉靖〕寧志》卷三《寧夏後衛》改。正德辛巳：正德十六年（1521）。
[69] 瀕河諸砦疆事滋棘矣：《朔方新志》卷四《詞翰·中路寧河臺記》"瀕"作"并"，無"疆"字。
[70] 集：《朔方新志》卷四《詞翰·中路寧河臺記》作"臬"。
[71] 靈州河堤記："靈"字原脱，據上下文補，《朔方新志》卷四《詞翰》題作《新築靈州河堤碑記》。
[72] 城：《朔方新志》卷四《詞翰·新築靈州河堤碑記》作"成"。
[73] 雖：《朔方新志》卷四《詞翰·新築靈州河堤碑記》作"若"。
[74] 而：《朔方新志》卷四《詞翰·新築靈州河堤碑記》作"蓋"。
[75] 即：《朔方新志》卷四《詞翰·新築靈州河堤碑記》作"既"。
[76] 驗：《朔方新志》卷四《詞翰·新築靈州河堤碑記》作"念"，疑誤。
[77] 地畝：《朔方新志》卷四《詞翰·新築靈州河堤碑記》作"地分"。
[78] 益：《朔方新志》卷四《詞翰·新築靈州河堤碑記》作"乃"。
[79] 繼：《朔方新志》卷四《詞翰·新築靈州河堤碑記》作"餘"。
[80] 是：《朔方新志》卷四《詞翰·新築靈州河堤碑記》作"則"。
[81] 始而：《朔方新志》卷四《詞翰·新築靈州河堤碑記》作"先以"。
[82] 不能：《朔方新志》卷四《詞翰·新築靈州河堤碑記》作"無所"。
[83] 喜事：《朔方新志》卷四《詞翰·新築靈州河堤碑記》作"任事"。
[84] 例：《朔方新志》卷四《詞翰·新築靈州河堤碑記》作"是"。
[85] 河東兵備道張公去思碑記：《朔方新志》卷四《詞翰》題作《河東兵備道張九德去思碑記》。
[86] 繹：《朔方新志》卷四《詞翰·河東兵備道張九德去思碑記》作"驛"。
[87] 公治狀：《朔方新志》卷四《詞翰·河東兵備道張九德去思碑記》均作"公治行第一"。
[88] 則：據《朔方新志》卷四《詞翰·河東兵備道張九德去思碑記》補。

［89］公守雲間：《朔方新志》卷四《詞翰・河東兵備道張九德去思碑記》作"公爲吾雲間守"。
［90］曙海：《朔方新志》卷四《詞翰・河東兵備道張九德去思碑記》作"曙海先生"。
［91］三賢祠碑記：此同《〔乾隆〕甘志》卷一七《藝文》，《朔方新志》卷四《詞翰》題作《靈州三賢祠碑記》。
［92］倬：《朔方新志》卷四《詞翰・靈州三賢祠碑記》作"焯"。
［93］虜：《〔乾隆〕甘志》卷四七《藝文・防邊碑記》作"敵"。下同。
［94］上：《〔乾隆〕甘志》卷四七《藝文・防邊碑記》作"土"。
［95］虜敵：《〔乾隆〕甘志》卷四七《藝文・防邊碑記》作"敵勢"。
［96］偕侍郎：此三字原缺，據《〔乾隆〕甘志》卷四七《藝文・惠農渠碑記》補。
［97］揀：此字原缺，據《〔乾隆〕甘志》卷四七《藝文・惠農渠碑記》補。
［98］單疇書：《〔乾隆〕甘志》卷四七《藝文・欽定昌潤渠碑記》作"通智"。
［99］寧夏河西河東副使道臣陳履中：《〔乾隆〕甘志》卷四七《藝文・欽定昌潤渠碑記》無此十三字。
［100］黄河賦：此同《山西通志》卷二一九《藝文》、《〔乾隆〕甘志》卷四六《藝文》，《漢魏六朝百三家集》卷五二及《御定歷代賦彙》卷二五均題作《大河賦》。
［101］於：此同《山西通志》卷二一九《藝文・黄河賦》，《漢魏六朝百三家集》卷五二《大河賦》、《御定歷代賦彙》卷二五《大河賦》及《〔乾隆〕甘志》卷四六《藝文・黄河賦》均作"與"。
［102］洛汭：此同《山西通志》卷二一九《藝文・黄河賦》及《〔乾隆〕甘志》卷四六《藝文・黄河賦》，《漢魏六朝百三家集》卷五二《大河賦》、《御定歷代賦彙》卷二五《大河賦》均作"汭洛"。
［103］北：此同《山西通志》卷二一九《藝文・黄河賦》，《御定歷代賦彙》卷二五《大河賦》及《〔乾隆〕甘志》卷四六《藝文・黄河賦》作"狄"，《漢魏六朝百三家集》卷五二《大河賦》作"秋"。
［104］擴其沆瀁兮渺上下之蒼黄：此十一字原漫漶不清，據國圖藏本及《敬軒文集》卷一《黄河賦》抄本。蒼黄：《敬軒文集》卷一《黄河賦》作"玄黄"。
［105］霶霈：《敬軒文集》卷一《黄河賦》作"滂沛"。
［106］易：《敬軒文集》卷一《黄河賦》作"夷"。
［107］偕：此同《〔康熙〕陝志》卷三二、《〔乾隆〕甘志》卷四六《藝文・朔方風俗賦》，《朔方新志》卷四《詞翰・朔方風俗賦》作"階"。
［108］巔末：此同《〔康熙〕陝志》卷三二、《〔乾隆〕甘志》卷四六《藝文・朔方風俗賦》，《朔方新志》卷四《詞翰・朔方風俗賦》作"頭末"。
［109］爾：此同《〔乾隆〕甘志》卷四六《藝文・朔方風俗賦》、《朔方新志》卷四《詞翰・朔方風俗賦》，《〔康熙〕陝志》卷三二、《〔乾隆〕甘志》卷四六《藝文・朔方風俗賦》均作"而"。

[110] 故：此同《〔康熙〕陝志》卷三二、《〔乾隆〕甘志》卷四六《藝文·朔方風俗賦》、《朔方新志》卷四《詞翰·朔方風俗賦》。

[111] 來城：此同《〔康熙〕陝志》卷三二、《〔乾隆〕甘志》卷四六《藝文·朔方風俗賦》，《朔方新志》卷四《詞翰·朔方風俗賦》作"往城"。

[112] 徹：此同《朔方新志》卷四《詞翰·朔方風俗賦》，《〔乾隆〕甘志》卷四六《藝文·朔方風俗賦》、《〔康熙〕陝志》卷三二《藝文·朔方風俗賦》均作"徹"。

[113] 四野：此同《〔康熙〕陝志》卷三二、《〔乾隆〕甘志》卷四六《藝文·朔方風俗賦》，《朔方新志》卷四《詞翰·朔方風俗賦》作"四遐"。

[114] 礬：此同《〔乾隆〕甘志》卷四六《藝文·朔方風俗賦》，《〔康熙〕陝志》卷三二《藝文·朔方風俗賦》、《朔方新志》卷四《詞翰·朔方風俗賦》均作"樊"。

[115] 胡麻：《朔方新志》卷四《詞翰·朔方風俗賦》作"葫蘇"。

[116] 花：原作"華"，據《朔方新志》卷四《詞翰·朔方風俗賦》改。

[117] 龐盧：原作"尨盧"，據《朔方新志》卷四《詞翰·朔方風俗賦》、《〔康熙〕陝志》卷三二《藝文·朔方風俗賦》改。

[118] 臺樹：此同《〔康熙〕陝志》卷三二《藝文·朔方風俗賦》、《〔乾隆〕甘志》卷四六《藝文·朔方風俗賦》，《朔方新志》卷四《詞翰·朔方風俗賦》作"高臺"。

[119] 玲瓏：此同《〔康熙〕陝志》卷三二《藝文·朔方風俗賦》、《〔乾隆〕甘志》卷四六《藝文·朔方風俗賦》，《朔方新志》卷四《詞翰·朔方風俗賦》作"珍瓏"。

[120] 圍塘：此同《〔康熙〕陝志》卷三二《藝文·朔方風俗賦》、《〔乾隆〕甘志》卷四六《藝文·朔方風俗賦》，《朔方新志》卷四《詞翰·朔方風俗賦》作"圍唐"。

[121] 豹變：《朔方新志》卷四《詞翰·朔方風俗賦》作"變豹"。

[122] 芋草：原作"芉草"，據《朔方新志》卷四《詞翰·朔方風俗賦》、《〔康熙〕陝志》卷三二《藝文·朔方風俗賦》改。

[123] 邊陲：此同《〔康熙〕陝志》卷三二《藝文·朔方風俗賦》、《〔乾隆〕甘志》卷四六《藝文·朔方風俗賦》，《朔方新志》卷四《詞翰·朔方風俗賦》作"邊垂"。

[124] 又：原作"及"，據《朔方新志》卷四《詞翰·朔方風俗賦》、《〔康熙〕陝志》卷三二《藝文·朔方風俗賦》改。

[125] 朔方形勝賦：《〔嘉靖〕寧志》卷八《文苑·文》題作《西夏形勝賦》。

[126] 阻：原作"沮"，據《〔嘉靖〕寧志》卷八《文苑·文·西夏形勝賦》、《朔方新志》卷四《詞翰·朔方形勝賦》改。

[127] 舖：《〔嘉靖〕寧志》卷八《文苑·文·西夏形勝賦》作"舘"。

[128] 睛懸：原作"暗懸"，據《〔嘉靖〕寧志》卷八《文苑·文·西夏形勝賦》、《朔方新志》卷四《詞翰·朔方形勝賦》改。

[129] 平虜城：原作"平羅城"，據《〔嘉靖〕寧志》卷八《文苑·文·西夏形勝賦》、《朔方新志》

[130] 槎：《〔嘉靖〕寧志》卷八《文苑·文·西夏形勝賦》作"溠"。
[131] 晴雪：原作"暗雪"，據《〔嘉靖〕寧志》卷八《文苑·文·西夏形勝賦》改。
[132] 奕奕：此同《〔乾隆〕甘志》卷四六《藝文·朔方形勝賦》，《〔嘉靖〕寧志》卷八《文苑·文·西夏形勝賦》、《朔方新志》卷四《詞翰·朔方形勝賦》均作"燁燁"；《〔康熙〕陝志》卷三二《藝文·朔方形勝賦》作"華華"。
[133] 鏗鏗鏘鏘：此四字原脱，據《〔嘉靖〕寧志》卷八《文苑·文·西夏形勝賦》改。
[134] 亭障之烽烟：此同《〔乾隆〕甘志》卷四六《藝文·朔方形勝賦》，《〔嘉靖〕寧志》卷八《文苑·文·西夏形勝賦》、《朔方新志》卷四《詞翰·朔方形勝賦》均作"犬戎之腥膻"。
[135] 焦溇：此同《〔乾隆〕甘志》卷四六《藝文·朔方形勝賦》，《〔嘉靖〕寧志》卷八《文苑·文·西夏形勝賦》、《朔方新志》卷四《詞翰·朔方形勝賦》均作"焦穫"。
[136] 仆：《〔嘉靖〕寧志》卷八《文苑·文·西夏形勝賦》作"什"。
[137] 沙漠塵空：此同《〔乾隆〕甘志》卷四六《藝文·朔方形勝賦》，《〔嘉靖〕寧志》卷八《文苑·文·西夏形勝賦》、《朔方新志》卷四《詞翰·朔方形勝賦》均作"烽燧息烟"。
[138] 麋鹿：此同《〔乾隆〕甘志》卷四六《藝文·朔方形勝賦》，《〔嘉靖〕寧志》卷八《文苑·文·西夏形勝賦》、《朔方新志》卷四《詞翰·朔方形勝賦》均作"獵狁"。
[139] 戩：此同《〔乾隆〕甘志》卷四六《藝文·朔方形勝賦》，《〔嘉靖〕寧志》卷八《文苑·文·西夏形勝賦》、《朔方新志》卷四《詞翰·朔方形勝賦》均作"載"。
[140] 議者：此同《朔方新志》卷四《詞翰·朔方形勝賦》，《〔嘉靖〕寧志》卷八《文苑·文·西夏形勝賦》作"識者"。
[141] 無阻：此二字原漫漶不清，據《〔乾隆〕甘志》卷四八《藝文·上巡撫言渠務書》補。
[142] 中區：此同《唐文粹》卷五九《三受降城碑并序》、《四六法海》卷一一《三受降城碑銘》，《吕衡州集》卷六《碑銘·三受降城碑銘并序》作"中國"。
[143] 三受降城者皇唐之勝勢也：《吕衡州集》卷六《碑銘·三受降城碑銘并序》作"三受降城皇唐之勝勢者也"。
[144] 損費計億：《吕衡州集》卷六《碑銘·三受降城碑銘并序》作"省費億計"。
[145] 閑：此同《四六法海》卷一一《三受降城碑銘》，《吕衡州集》卷六《碑銘·三受降城碑銘并序》、《唐文粹》卷五九《三受降城碑并序》作"閉"。
[146] 竿：此同《吕衡州集》卷六《碑銘·三受降城碑銘并序》、《四六法海》卷一一《三受降城碑銘》，《唐文粹》卷五九《三受降城碑并序》作"策"。
[147] 貢：此同《唐文粹》卷五九《三受降城碑并序》、《四六法海》卷一一《三受降城碑銘》，《吕衡州集》卷六《碑銘·三受降城碑銘并序》作"責"。
[148] 勝：此同《唐文粹》卷五九《三受降城碑并序》、《四六法海》卷一一《三受降城碑銘》，《吕衡州集》卷六《碑銘·三受降城碑銘并序》作"算"。

[149] 禽息：此同《唐文粹》卷五九《三受降城碑并序》、《四六法海》卷一一《三受降城碑銘》、《吕衡州集》卷六《碑銘·三受降城碑銘并序》作"安居"。

[150] 漠：《唐文粹》卷五九《三受降城碑并序》、《四六法海》卷一一《三受降城碑銘》、《吕衡州集》卷六《碑銘·三受降城碑銘并序》均作"漢"。

[151] 夷：《全唐文》卷六三〇作"裔"。

[152] 畫：《〔乾隆〕甘志》卷四八《藝文》作"盡"，疑誤。

[153] 二：《〔乾隆〕甘志》卷四八《藝文》作"三"。

跋

乙巳歲,①吾兄奉命監司寧夏,予留滯春明,中間天各一方者,凡十五年。迨己未歲,②復得握手。兄弟緒語,各道別來梗概。嗚咽之餘,爰出一編見示,蓋手輯《河套志》也。按寧夏爲邊陲沃壤,疆圉要區。歷代以來,變亂百端,守禦非一,是以論天下形勢者,首推秦中,而秦中又以寧夏爲最,則其地有足紀者。惟是蒐羅掌故,薈萃爲難,遂使成書闕如,良可慨惜。吾兄殷然念之,遂於蒞事之暇,輯爲是志。蓋數閱寒暑而後成,釐爲六卷,自唐虞三代以及興朝山川風土、建置沿革、兵防漕餉、河道鹽法,靡不備舉。展閱之下,瞭如指掌,厥功偉矣。吾兄寧夏之役,豈虛也哉?嗚呼!後之讀是編者,其亦知吾兄之志乎。

乾隆七年,歲次壬戌夏五,③同懷弟履平敬跋。

---

① 乙巳:雍正三年(1725)
② 己未:乾隆四年(1739)。
③ 壬戌:乾隆七年(1742)。

參考文獻

一、古代文獻

（一）陝甘寧舊志

《〔嘉靖〕陝西通志》：（明）馬理、吕柟等纂，華東師範大學圖書館藏明嘉靖二十一年（1542）刻本；三秦出版社 2006 年版董健橋等校注本。簡稱《〔嘉靖〕陝志》。

《〔康熙〕陝西通志》：（清）賈漢復、李楷等纂，中國國家圖書館藏清康熙六年至七年（1667—1668）刻本。簡稱《〔康熙〕陝志》。

《〔雍正〕陝西通志》：（清）劉於義、沈青崖等纂，中國國家圖書館藏清雍正十三年（1735）刻本。簡稱《〔雍正〕陝志》。

《〔弘治〕延安府志》：（明）李宗仁、楊懷等纂，弘治十七年（1504）刻本，1962 年陝西省圖書館西安古舊書店據北京圖書館藏明弘治十七年（1504）刻本膠捲影印。

《〔順治〕綏德州志》：（清）王元士纂，順治十八年（1661）刻本。

《〔順治〕清澗縣志》：（清）廖元發纂，順治十八年（1661）刻本。

《秦邊紀略》：（清）梁質人纂，清同治十一年安徽藩署敬毅齋刻半畝園叢書本。

《〔康熙〕延綏鎮志》：（清）譚吉璁纂，陝西省榆林市地方志辦公室整理，上海古籍出版社 2012 年版。

《〔康熙〕延安府志》：（清）陳天植、劉爾樨等纂，康熙十九年（1680）修，康熙四十三年（1704）增刻本（卷首有吴存禮序）。

《〔光緒〕延安府志》：（清）洪蕙、洪亮吉等纂，清光緒十年（1884）刻本，據清嘉慶七年（1802）刻版重修。

《〔乾隆〕甘肅通志》：（清）許容等修撰，中國國家圖書館藏清乾隆元年（1736）刻本；影印文淵閣《四庫全書》本，臺灣商務印書館 1986 年版。簡稱《〔乾隆〕甘志》。

《〔弘治〕寧夏新志》：（明）胡汝礪撰，《天一閣藏明代方志選刊續編》影印明弘治刻本，上海書店 1990 年版；中國社會科學出版社 2015 年版胡玉冰、曹陽校注本。簡稱《〔弘治〕寧志》。

《〔嘉靖〕寧夏新志》：（明）管律等修，《天一閣藏明代方志選刊》影印明嘉靖刻本，上海書店 1961 年版；中國社會科學出版社 2015 年版邵敏校注本。簡稱《〔嘉靖〕寧志》。

《〔萬曆〕朔方新志》：（明）楊壽等編，《故宮珍本叢刊》影印明萬曆刻本，海南出版社 2001 年版；《寧夏歷代方志萃編》影印明萬曆刻本，天津古籍出版社 1988 年版；中國社會科學出版社 2015 年版胡玉冰校注本。簡稱《朔方新志》。

（二）經部

《周易正義》：（晋）王弼等注，（唐）孔穎達等正義，北京大學出版社 2000 年版。

《尚書正義》：（漢）孔安國傳，（唐）孔穎達等正義，北京大學出版社 2000 年版。

《毛詩正義》：（漢）鄭玄箋，（唐）孔穎達等正義，北京大學出版社 2000 年版。

《周禮注疏》：（漢）鄭玄注，（唐）賈公彥疏，北京大學出版社 2000 年版。
《爾雅注疏》：（晋）郭璞注，（宋）邢昺疏，北京大學出版社 2000 年版。
《論語注疏》：（魏）何晏等注，（宋）邢昺疏，北京大學出版社 2000 年版。
《孟子注疏》：（漢）趙岐注，（宋）孫奭疏，北京大學出版社 2000 年版。

（三）史部

《史記》：（漢）司馬遷撰，中華書局 2013 年版。
《漢書》：（漢）班固撰，中華書局 1962 年版。
《後漢書》：（南朝宋）范曄撰，中華書局 1965 年版。
《三國志》：（晋）陳壽撰，（宋）裴松之注，中華書局 1959 年版。

《晉書》：（唐）房玄齡等撰，中華書局 1974 年版。
《宋書》：（梁）沈約撰，中華書局 1974 年版。
《梁書》：（唐）姚思廉撰，中華書局 1973 年版。
《陳書》：（唐）姚思廉撰，中華書局 1972 年版。
《魏書》：（北齊）魏收撰，中華書局 1974 年版。
《北齊書》：（唐）李百藥撰，中華書局 1972 年版。
《周書》：（唐）令狐德棻等撰，中華書局 1971 年版。
《隋書》：（唐）魏徵等撰，中華書局 1973 年版。
《南史》：（唐）李延壽撰，中華書局 1975 年版。
《北史》：（唐）李延壽撰，中華書局 1974 年版。
《舊唐書》：（後晉）劉昫等撰，中華書局 1975 年版。
《新唐書》：（宋）歐陽修、宋祁撰，中華書局 1975 年版。
《舊五代史》：（宋）薛居正等撰，中華書局 1976 年版。
《新五代史》：（宋）歐陽修撰，徐無黨注，中華書局 1974 年版。
《宋史》：（元）脫脫等撰，中華書局 1977 年版。
《遼史》：（元）脫脫等撰，中華書局 1974 年版。
《金史》：（元）脫脫等撰，中華書局 1975 年版。
《元史》：（明）宋濂等撰，中華書局 1976 年版。
《明史》：（清）張廷玉等撰，中華書局 1974 年版。
《清史稿》：趙爾巽等撰，中華書局 1977 年版。
《竹書紀年》：影印文淵閣《四庫全書》本，臺灣商務印書館 1986 年版。
《古本竹書紀年輯證》：（清）朱右曾輯，王國維補，上海古籍出版社 2005 年版。
《資治通鑑》：（宋）司馬光編，中華書局 1956 年版。
《續資治通鑑長編》：（宋）李燾撰，中華書局 2004 年版。簡稱《長編》。
《資治通鑑綱目》：（宋）朱熹撰，影印本，北京圖書館出版社 2005 年版。
《新校資治通鑑注》：（宋）司馬光撰，（宋）胡三省注、章鈺校，世界書局 2009 年版。
《通鑑續編》：（元）陳桱撰，影印文淵閣《四庫全書》本，臺灣商務印書館 1986 年版。

《資治通鑑外紀》：（宋）劉恕撰，上海古籍出版社 1987 年版。

《宋元通鑑》：（明）薛應旂撰，《四庫全書存目叢書》影印嘉靖四十五年自刻本，齊魯書社 1997 年版。

《通鑑紀事本末》：（宋）袁樞撰，中華書局 1965 年版。

《宋史紀事本末》：（明）陳邦瞻撰，中華書局 1977 年版。

《明史紀事本末》：（清）谷應泰撰，中華書局 1997 年版。

《十六國春秋》：舊本題（魏）崔鴻撰，影印文淵閣《四庫全書》本，臺灣商務印書館 1986 年版。

《名山藏》：（明）何喬遠撰，張德信、商傅注釋，福建人民出版社 2010 年版。

《明實錄》：臺灣"中央研究院"歷史語言研究所校印，1962 年版。

《天下郡國利病書》：（清）顧炎武撰，《四部叢刊三編》影印本，商務印書館 1936 年版。

《通典》：（唐）杜佑撰，王文錦等點校，中華書局 1988 年版。

《通志》：（宋）鄭樵撰，浙江古籍出版社 2000 年版。

《文獻通考》：（元）馬端臨撰，中華書局 1986 年版。

《續文獻通考》：（明）王圻撰，浙江古籍出版社 1988 年版。

《續通典》：（清）嵇璜、劉墉等奉敕撰，紀昀等校訂，浙江古籍出版社 1988 年版。

《清朝文獻通考》：劉錦藻撰，浙江古籍出版社 2000 年版。

《山海經》：（戰國）佚名撰，方韜譯注，中華書局 2009 年版。

《山海經傳》：（戰國）佚名撰，（晉）郭璞注，宋淳熙七年池陽郡齋刻本。

《水經注集釋訂訛》：（清）沈炳巽撰，影印文淵閣《四庫全書》本，臺灣商務印書館 1986 年版。

《水經注疏》：（清）楊守敬撰，段熙仲點校，陳橋驛復校，江蘇古籍出版社 1989 年版。

《水經注校證》：（北魏）酈道元注，陳橋驛校證，中華書局 2007 年版。

《禹貢錐指》：（清）胡渭撰，鄒逸麟整理，上海古籍出版社 2006 年版。

《括地志輯校》：（唐）李泰撰，賀次君輯校，中華書局 1980 年版。

《元和郡縣圖志》：（唐）李吉甫撰，賀次君點校，中華書局 1983 年版。

《元豐九域志》：(宋) 王存撰，王文楚、魏嵩山點校，中華書局1984年版。

《輿地廣記》：(宋) 歐陽忞撰，李勇先、王小紅校注，四川大學出版社2003年版。

《廣輿圖記》：(元) 朱思本撰，(明) 羅洪先增纂，河南省圖書館藏明嘉靖三十二年至三十六年(1553—1557)刻本。

《讀史方輿紀要》：(清) 顧祖禹撰，中華書局2005年版。

《大明一統志》：(明) 李賢等撰，影印明天順監刻本，三秦出版社1990年版。

《大清一統志》：影印文淵閣《四庫全書》本，臺灣商務印書館1986年版。

《四庫全書總目》：(清) 永瑢等撰，中華書局1965年版。

《商丘縣志》：(清) 劉德昌撰，康熙四十四年(1705)刻本。

《歸德府志》：(清) 陳錫輅撰，乾隆十九年(1754)刻本。

《山西通志》：(清) 覺羅石麟撰，中國國家圖書館藏雍正十二年(1734)刻本。

《新安志》：(宋) 羅願撰，影印文淵閣《四庫全書》本，臺灣商務印書館1986年版。

《皇明九邊考》：(明) 魏煥撰，見：《四庫全書存目叢書·史部》第226冊。

《皇明世法錄》：(明) 陳仁錫撰，臺灣古籍出版社1993年版。

《宜興亳裏陳氏家乘》：宜興市檔案館藏。

《十三州志》：(漢) 闞駰撰，《叢書集成初編》第3083冊，商務印書館2011年版。

(四) 子部

《儒林公議》：(宋) 田況撰，影印文淵閣《四庫全書》本，臺灣商務印書館1986年版。

《東軒筆錄》：(宋) 魏泰撰，影印文淵閣《四庫全書》本，臺灣商務印書館1986年版。

《册府元龜》：(宋) 王欽若等撰，中華書局1960年版。

《蔣廷錫校記》：(清) 陳夢雷撰，《古今圖書集成》，中華書局1985年版。

《圖書編》：(明) 章潢撰，影印文淵閣《四庫全書》本，臺灣商務印書館1986

年版。

《廣治平略》：（清）蔡方炳撰，影印清刊本，江蘇廣陵古籍刻印社 1989 年版。

（五）集部

《柳河東集》：（唐）柳宗元撰，影印文淵閣《四庫全書》本，臺灣商務印書館 1986 年版。

《吕衡州集》：（唐）吕温撰，影印文淵閣《四庫全書》本。臺灣商務印書館 1986 年版。

《范文正奏議》：（宋）范仲淹撰，影印文淵閣《四庫全書》本，臺灣商務印書館 1986 年版。

《宋名臣奏議》：（宋）趙汝愚撰，影印文淵閣《四庫全書》本，臺灣商務印書館 1986 年版。

《傳家集》：（宋）司馬光撰，影印文淵閣《四庫全書》本，臺灣商務印書館 1986 年版。

《東坡全集》：（宋）蘇軾撰，影印文淵閣《四庫全書》本，臺灣商務印書館 1986 年版。

《張載集》：（宋）張載撰，中華書局 2006 年版。

《明經世文編》：（明）陳子龍撰，中華書局 1962 年版。

《篁墩文集》：（明）程敏政撰，影印文淵閣《四庫全書》本，臺灣商務印書館 1986 年版。

《文章辨體彙選》：（明）賀復徵撰，影印文淵閣《四庫全書》本，臺灣商務印書館 1986 年版。

《歷代名臣奏議》：（明）楊士奇撰，影印文淵閣《四庫全書》本，臺灣商務印書館 1986 年版。

《敬軒文集》：（明）薛瑄撰，影印文淵閣《四庫全書》本，臺灣商務印書館 1986 年版。

《漢魏六朝百三家集》：（明）張溥撰，影印文淵閣《四庫全書》本，臺灣商務印書館 1986 年版。

《全上古三代秦漢三國六朝文》：（清）嚴可均輯，上海古籍出版社 2009

年版。

《存研樓文集》：（清）儲大文撰，影印文淵閣《四庫全書》本，臺灣商務印書館1986年版。

二、現當代文獻

（一）著作

《中國地方志綜録（增訂本）》：朱士嘉撰，商務印書館1958年版。

《中國地方志聯合目録》：中國科學院北京天文臺編，中華書局1985年版。

《中國地方志總目提要》：金恩暉、胡述兆編，漢美圖書有限公司1996年版。

《中華古文獻大辭典·地理卷》：吳楓、王兆明、傅郎雲撰，吉林文史出版社1991年版。

《西北史籍要目提要》：田澍、陳尚敏撰，天津古籍出版社2010年版。

《吳豐培邊事題跋集》：吳豐培著，馬大正等整理，新疆人民出版社1998年版。

《內蒙古方志概考》：張守和撰，吉林省地方志編纂委員會1985年版。

《忠雅堂集校箋》：（清）蔣士銓撰、邵海清校、李夢生箋，上海古籍出版社1993年版。

《四庫提要辨證》：余嘉錫撰，中華書局1980年版。

《榆林方志通覽》：高峻、張俊誼撰，西安地圖出版社2006年版。

《中國邊疆行紀調查記報告書等邊務資料叢編（初編）》：叢書編委會編，蝠池書院出版有限公司2009年版。

《明代蒙古漢籍史料彙編》：薄音胡、王雄編，內蒙古大學出版社2006年版。

《河套史》：王天順撰，人民出版社2006年版。

《明清著名藏書家·藏書印》：林申清撰，北京圖書館出版社2000年版。

《內蒙古歷史地理》：周清澍撰，內蒙古大學出版社1994年版。

《商丘史話》：尚起興、尚驥撰，新華出版社2001年版。

《巴彥淖爾史料》：巴彥淖爾盟行政公署地方志編修辦公室1985年版。

《延安府志校注》：姬乃軍、韓志侃校注、高希聖審校，陝西旅游出版社 1999 年版。

《延綏攬勝（上、下編）》：曹穎僧輯著、中國邊疆學會主編，史學書局 1945 年版。

《中州藝文錄校補》：李敏修輯錄、申暢校補，中州古籍出版社 1995 年版。

《明初河套周邊邊政研究》：周松撰，甘肅人民出版社 2008 年版。

《商丘文學通史》：王增文、劉同般、王增斌撰，中原農民出版社 2005 年版。

《中州詩鈔》：（清）楊淮輯，張忠良、申少春校勘，中州古籍出版社 1997 年版。

《中國地學大事典》：陳國達撰，山東科學技術出版社 1992 年版。

《宋州古今學人》：李廣瑞撰，新華出版社 1989 年版。

《乾隆歸德府志》：欒星審定、楊子建校點，中州古籍出版社 1994 年版。

《清代學者整理舊學之總成績‧方志學》：梁啓超撰，商務印書館 1999 年版。

（二）論文

《明代延綏鎮、榆林衛轄境考述——兼論河套南部邊界的變化》：舒時光、劉德英撰，《延安大學學報》2012 年第 1 期。

《〈中國地方志聯合目錄〉內蒙古部分訂誤》：忒莫勒撰，《內蒙古大學學報》1990 年第 1 期。

《建國前內蒙古方志述評》：周清澍撰，《內蒙古大學學報》1996 年第 4 期。

《小述〈秦邊紀略〉中"小河套"》：劉賽撰，《黑龍江史志》2014 年第 9 期。

《葉德輝集外詩文十四則輯釋》：羅瑛撰，《文獻》2014 年第 5 期。

《河套之都：作爲區域中心城市的統萬城——兼論河套地區中心城市的形成與轉移》：楊蕤撰，《寧夏社會科學》2015 年第 5 期。

《明代蒙古之入居河套》：陳育寧撰，《史學月刊》1984 年第 2 期。

《〈秦邊紀略〉研究》：李毅虎撰，內蒙古師範大學 2008 年碩士學位論文。

寧夏出差日記

〔清〕佚名　撰　　韓中慧、付明易、何娟亮、姚玉婷、李彥霞　校注

整理説明

《寧夏出差日記》，不分卷，稿本，清朝佚名撰。原書藏於美國國會圖書館，孤本傳世。關於其著録見於上海古籍出版社2011年出版的《美國國會圖書館藏中文善本書續録》。2018年國家圖書館出版社出版《朔方文庫》，首次影印出版《寧夏出差日記》。

《美國國會圖書館藏中文善本書續録》中范邦瑾撰提要記載，《寧夏出差日記》係"清道光間藍稿本，一册一函。半葉十二行十九字至二十二字。四周雙邊，白口，藍雙魚尾。框高17.3厘米，寬16.8厘米。無書名葉……封面簽題'寧夏出差日記'，另有紅紙題'道光十八年五月二十六日吉立'。全文墨筆書於藍直格紙上，字迹不甚工整，多有塗改删補，應係稿本"①。頁眉記有日期、天氣、地名、里程。每葉魚尾上方均有"德寶賬"三字，疑似所用紙本商標。《寧夏出差日記》版框内居中横貫雙軌藍綫，雙軌藍綫上下各有藍柱間隔且上下對稱，此格式爲古代賬簿常用的腰格斗方賬格式。結合《寧夏出差日記》封面簽題與多種古代賬簿封面相似且魚尾上方的"德寶賬"字樣，推測《寧夏出差日記》所用紙本原爲賬簿。此外，清代官員入仕之書《事宜須知》卷二作者對赴任起程提供七條建議中便有記録在途賬目以及登寫日記，可見清代官員赴任途中有記賬與日記的習慣，故《寧夏出差日記》作者可能使用沿途記録賬目的賬簿登寫日記。是書清代未見著録、刊印，卷内也無藏書印。關於其如何流傳較難考證，據《美國國會圖書館館藏中文善本書續録》序言及《寧夏出差日記》入藏時間推測，《寧夏出差日記》疑似經歷了從中國到日本再到美國的流傳過程。

《寧夏出差日記》全文近一萬字，記載佚名作者自京城至寧夏赴任途中的每日行程、天氣、地理古迹及人物見聞。起於道光十八年五月二十六日，終於

---

① 范邦瑾編著：《美國國會圖書館藏中文善本書續録》，上海古籍出版社2011年版，第89頁。

道光十八年七月二十七日，歷時六十一天，途經直隸、河南、陝西、甘肅，行程四千三百餘里。全文按内容可分爲三部分：第一部分爲道光十八年五月二十六日起程。該部分主要記載了作者親友餞行、自京起程。第二部分爲道光十八年五月二十七日至道光十八年七月二十六日，該部分共五十九天，詳記作者赴寧途中經歷。途中經歷的記載皆有規律可循，頁眉處記録日期、天氣、地名、日行里程。正文部分，每日首先記載出發時間、自何處起程、行走里程、途經地點、何處早尖、落宿等。其次記載途中人物見聞，如名勝古迹、路况、突發事件、作者所思等。第三部分爲道光十八年七月二十七日，該部分記載作者到達目的地接印上任。

《寧夏出差日記》卷内未著作者姓氏，是書内容未出現有助於考證作者的準確姓名。范邦瑾在《美國國會圖書館藏中文善本書續録》提要中考證："此書作者於道光十八年七月二十七日接任寧朔縣知縣或縣級官員，其前任爲哈公。察方志，此段資料恰逢灾焚遺失，姓名無考。"[1]筆者研讀《寧夏出差日記》，并結合相關方志、檔案、實録等史料推測，日記作者很可能并非接任寧朔縣知縣或縣級官員，而疑爲道光十八年清廷派往寧夏的理藩院駐寧夏理事司員，負責處理蒙漢交界地區蒙古民人交涉事務。

《寧夏出差日記》有其獨特的價值：第一，提供自京城至寧夏清晰的路綫，是研究清代西行交通路綫的可靠資料。《寧夏出差日記》記載了佚名作者自京城至寧夏爲官的沿途路程。途經保定府、正定府、順德府、彰德府、衛輝府、懷慶府、河南府、西安府、平涼府，最後至寧夏府。日記明確、清晰地記載了自京城至寧夏的時間、途經各地名、日行里程。且日記爲作者私人所記一手資料，真實可靠，爲研究自京城至寧夏路綫提供可靠資料，并可與其他文獻史料所記路綫相結合研究清代西行交通路綫。第二，補充沿途所經各地志書中所缺道光年間史料。所記沿途各地風土人情、歷史掌故爲研究途經各地歷史地理及文化史提供材料。第三，佚名作者自京城外任寧夏，途中所記交游、接任過程、赴任時間等爲研究清代職官赴任制度提供一手資料，并可起補充或者佐證《會典》等書中所記赴任制度的作用。

此次整理以美國國會圖書館藏孤本《寧夏出差日記》爲底本，主要以標點、

---

[1] 范邦瑾編著：《美國國會圖書館藏中文善本書續録》，上海古籍出版社2011年版，第89頁。

注釋等方式對《寧夏出差日記》進行整理。爲方便閲讀，整理者將日記中的農曆時間均換算成公元時間，隨文在"【　】"符號中標明，如"道光十八年五月二十六日【1838年7月17日】""二十七日【7月18日】"。

寧夏出差日記

〔道光十八年五月二十六日〕【1838年7月17日】

七十里。

道光十八年五月二十六日辰時之吉,①自京起程赴任。陳、黃二老爺在彰儀門外五顯財神廟,②預備佛事、酒飯餞行。送行衆親友陪席:安四爺、陳三爺、廣兒、清二爺、介亭。額親家老爺、二姑爺、三姑老爺、大瑞哥、伊六爺、和六爺、五舍弟、陞哥。飯畢,衆人皆回,惟清介亭送至長新店,③二十七日方回。④ 是夕,即在長新店南頭路西海陞店落宿。

二十七日【7月18日】

九十五里。良鄉縣。⑤ 涿州。⑥

寅正二刻,⑦自店起程,過良鄉縣,至五十里之豆店南頭路東福泉店早尖。起程,至四十五里之涿州南門外路東六華店落宿。

涿州北門外過街樓匾額,外北面"千間大庇",外南面"一葉通

---

① 辰時:指上午七點到九點。
② 彰儀門:即今北京廣安門,位於北京城西。明代稱廣寧門,又名彰義門。清朝道光年間爲避清宣宗旻寧之諱改爲現名。
③ 長新店:現稱"長辛店",位於北京市丰台區西南部,明稱長店,清稱長新店。《日下舊聞考》卷九二《郊坰》載:"長店當即今長新店,在盧溝橋西五里。"
④ 二十七日:道光十八年五月二十七日,即公元1838年7月18日。
⑤ 良鄉縣:古舊縣名。清屬順天府,故城位於今北京市房山區。
⑥ 涿州:清屬順天府,現屬於河北省保定市。
⑦ 寅正二刻:指凌晨四點三十分。

津",内北面"甘露常融",内南面"惠風時至"。涿州北門有木對一聯云:"日邊衝要無雙地,天下繁難第一州。"

琉璃河長橋西欄杆外,靠立方鐵柱一根,長三丈餘,廣尺餘,厚六寸餘,其端有岔。土人云係五代時王彥章鐵篙。① 予細視之,實非篙形,或係初造橋所用鐵梁耳。以此爲真,豈不可笑?是夜,澍雨通宵,直至次日午刻方止。②

涿州南關外十餘里官道傍有古井碑,文云"漢張桓侯"。③ 古井又數武有碑,文云"漢桓侯張飛故里"。此想見張公舊德不泯。

二十八日【7月19日】

八十里。定興縣。④

卯初,⑤自店起程,至三十五里之高碑店早尖。⑥ 起程,至四十五里之北河落宿。

過定興縣縣街,長三里餘,鋪户多而且備。中衢有石牌樓,極高峻,其文云"兩朝甲第",惜未知其誰氏之牌也。⑦ 又渡北河時,人則背負而登船渡之,車馬則拉於船上而渡之。余因初見,頗以爲奇云。

酉刻復雨通宵,⑧至寅刻尚淋漓不止。⑨ 迫於勢,不得不行,而泥深逾尺,人則没踝,馬則陷蹄,其苦曷可勝言!

---

① 王彥章:字子明,鄆州壽張人。五代時後梁名將。其爲人驍勇有力,軍中號王鐵鎗。《舊五代史》卷二一、《新五代史》卷三二有傳。
② 午刻:即午時,指上午十一點到下午一點。又泛指中午。
③ 張桓侯:即張飛,字益德,謚曰桓侯,涿郡人。《三國志·蜀書》卷三六有傳。
④ 定興縣:舊縣名。清屬直隸保定府,今屬河北省保定市。
⑤ 卯初:指早晨五點。
⑥ 高碑店:清屬直隸保定府,今屬河北省保定市。
⑦ 兩朝甲第:據《〔光緒〕定興縣志》卷十四《坊表》載:"兩朝甲第坊,以石爲之,在南大街。天啓六年(1626)爲尚書王堯封、布政王家賓建。"
⑧ 酉刻:指下午五點到七點。
⑨ 寅刻:指凌晨三點到五點。

二十九日【7月20日】

百十里。安肅縣。① **保定府。**

自寅刻起程,至六十里之安肅縣。早尖,已未正矣。② 飯畢,即行十至五十里之保定府西關外落宿,已亥初矣。③ 雨則廉纖,或下或止,中心焦急,不可言喻。竊謂外任之業,無過於此。

渡桃河,車馬盪涉而過。

六月初一日【7月21日】

六十里。清苑縣。④

卯正三刻,⑤自保府起程,至三十里之大集店早尖。飯畢起程,至三十里之廣順橋落宿。止行半站,因淫雨道路難行故也。大雨終日,至落店時,驟雨如注,至夜稍止。

二十九日申刻,⑥引馬忽然旋鐙,以致車騾驚閃,牽車於陷泥中,車夫力挽不及,車遂傾覆,余身壓於行李衣包之下,力挣不能出,騾蹄去面前不盈尺,稍一伸縱,余頭齏粉矣!幸而大車車夫楊大掀開行李,牽余而出,驚懼之下,潸然欲泪。收拾畢,余不敢坐,乃上大車。行未數里,至一無欄破橋,轍深泥厚,迤逗欲上,稍騾夾板脫落,拉套無力,轅騾往裏傾裹,幸而車夫極力往外推閃,轅騾始得正立,否則墜落河中矣!一日之間,經此兩大險,可畏哉!

---

① 安肅縣:古舊縣名。治今河北省徐水縣。
② 未正:指下午二點。
③ 亥初:指晚上九點。
④ 清苑縣:清屬保定府,今屬河北省保定市。
⑤ 卯正三刻:指早晨六點四十五分。
⑥ 申刻:指下午三點到五點。

初二日【7月22日】

　　六十里。滿城縣。① 望都縣。②

　　卯正二刻,③自廣順橋麒麟店起程,至三十里之望都縣城內。早尖畢,至三十里之清風鎮俗呼清風店。路西三元店落宿,④時方申正,⑤以道中泥濘故也。大晴一日。是夜子刻,⑥雨止雲開。寅刻起視,欣然色喜。至上車時,雲復濃布。中心慄然,恐其復雨。行未數里,天忽朗晴,不禁喜溢於面。

初三日【7月23日】

　　八十五里。直定州。⑦ 新樂縣。⑧

　　卯初,自店起程,至卅里之定州北關外渡清河,⑨如渡北河之例。至南關外,買眼藥。再行至卅里之明月鎮俗呼明月店。之太谷店內早尖,⑩時已未初二刻矣。⑪飯畢即行,至廿五里之新樂縣南關外太和店內落宿。是日,半陰半晴。至午刻,又陰雲屯聚,飄灑雨點,申刻方晌晴。道路雖泥濘,大勝前數日,中心稍安。

　　明月店內壁間有贈妓一詩云:"漫道郎癡儂更癡,阿儂心事只郎知。郎今欲去奴先醉,莫教儂知郎去時。"余愛其風流俏麗,故識之。

---

① 滿城縣:位於河北省中西部,今屬保定市。清屬保定府。
② 望都縣:位於河北省西部,今屬保定市。清屬保定府。
③ 卯正二刻:指早晨六點三十分。
④ 清風鎮:一稱"清風店"。在今河北省易縣西南。
⑤ 申正:指下午四點。
⑥ 子刻:指晚上十一點到一點。
⑦ 直定州:清雍正二年(1724)定州升直隸州。位於河北省中西部,今爲河北省轄縣級市,由保定市代管。
⑧ 新樂縣:位於河北省西南部,今爲河北省石家莊市轄縣級市。清屬正定府。
⑨ 清河:即"小清河",《〔道光〕直隸定州志》卷五《地理·山川》載:"在州城東門外,據舊志云,環城南北,兩濠俱匯於此,其發源自護城河,西北西南兩隅匯流東注,向曾爲沙土淤塞。"
⑩ 明月鎮:一稱"明月店"。在直隸定縣南三十里,接新樂縣界。定州北五十里有清風店,昔年與明月鎮皆爲驛路所經,有"清風明月夾定州"之諺。
⑪ 未初二刻:指下午一點三十分。

初四日【7月24日】

八十里。阜城縣。① 正定府正定縣。②

卯正,③自店起程。距店數矢之遥,有河二道,曰"沙河",④車馬皆盪涉而渡。又涉小黑河溝一道,至四十里之阜城驛路北麒麟店。早尖畢,再行至四十里之正定府路東之益和店落宿。

初五日【7月25日】

八十里。欒城縣。⑤

卯正起身,時濃雲密布,似有滂沱之勢。中心怵惕,不知所以。行十餘里,忽淅瀝而雨,或緊或慢,直至午刻方晴。至落店時,又微雨飄灑,逾刻而止。總之,余之見雨而懼,猶吳牛望月而喘云。⑥

卯正,自店起程,濃雲滿布,大霧瀰漫,里餘地外,即渺茫不能見。方出店門,淅瀝而雨。行至蒲萄河邊,⑦勢如盆傾。待逾二刻,雨勢方小。渡河如渡北河之例,至三十里之十里鋪之永盛店早尖,雨雖止而天尚濃陰。

記得《水經注》所載,直省大川有六,無蒲萄河之名。按南宋泥馬

---

① 阜城縣:位於河北省東南部,今爲衡水市下轄縣。清屬直隸河間府。按,作者日記當日前後均行於正定府境内,查正定府未有阜城縣地,阜城縣實際位於河間府,河間府與正定府相距甚遠,作者初三日于正定府新樂縣出發,初四日至河間府阜城縣,又至正定府正定縣。該路綫於情理、時間均不和,故作者所記"阜城縣"疑誤。

② 正定府正定縣:正定,明曰真定府,清雍正元年(1723)避帝諱改名,治正定縣。轄境相當今河北省無極縣、晋州市以西,藁城、元氏、贊皇等市縣以北,新樂、行唐、阜平等市縣以南地區。正定縣,位於河北省西部偏南,今屬石家莊市。

③ 卯正:指早晨六點。

④ 沙河:古水名。據《〔道光〕直隸定州志》卷五《地理·山川》載:"沙河,州南三十餘里,發源山西繁峙縣,由坡頭沿流曲陽南至新樂,轉折而東,經州境與磁河合。"

⑤ 欒城縣:舊縣名,位於河北省西部偏南,今屬石家莊市轄區。清《〔同治〕欒城縣志》卷一《輿地志·沿革》載:"欒城,以欒武子筆封而得名。"

⑥ 吳牛望月而喘:據《太平御覽》卷四引漢應劭《風俗通》載:"吳牛望見月則喘。使之苦於日,見月怖,喘矣!"后遂用作典故"吳牛喘月",形容僅因疑似便極其害怕。

⑦ 蒲萄河:即滹沱河。因諧音爲當地人俗稱,位於河北省西部。

渡康王之河，即今直省之滹沱河也。其字音相近，或即此歟？

飯畢即行，至四十五里之欒城縣大街路東之東大店內落宿。

正定府內大菩薩，在京耳食久矣，恨不一見。今從此經過，意謂可以見矣。乃至落店時，已戌初，①店中人云："去此三里餘，即去，亦不能看。"次日寅正即行，②亦無暇往瞻，乃止。古人云覽景亦有因緣，信矣哉！

初六日【7月26日】

五十五里。直趙州。③

寅正二刻，自店起程，至五十五里之趙州南關外路東永和館早尖。大車車夫楊大云："此去柏鄉縣六十五里，④地極窪下，泥淖難行，中間并無宿處，不如姑止於此，明日黎明即行，可以趕至下跕。"不得已從之，乃止宿焉。

距趙州南關外五里餘，有大石橋，不知創自何時。橋上有碑，字皆剝落，竭目力諦視之，始辨為明嘉靖甲子年重修者。⑤ 橋南有城，上有文云"古橋仙迹"四字。橋券洞南北約長六丈餘，然皆平塌歪閃，似欲傾圮者。詢之土人，云："此名趙州橋。⑥ 當造橋初成時，張果老經此橋過，有驢蹄之迹；柴王推車過橋，有軋轍之溝。魯班恐其傾陷，以手托之橋底，因有掌痕。"余細視之，所謂"蹄迹""軋溝""掌痕"，并皆烏有。土人又云："乾隆初年，橋上石塊損壞，車馬難行，因重修之，是以橋面古迹皆泯滅矣。"然則橋底掌痕，又何以不見乎？是皆齊東野人之言，不足信也。

---

① 戌初：指晚上七點。
② 寅正：指凌晨四點。
③ 直趙州：清雍正三年（1725）升為直隸州，今屬石家莊市下轄縣。
④ 柏鄉縣：位於河北省南部，今屬邢臺市下轄縣。清屬趙州。
⑤ 明嘉靖甲子年：即明世宗嘉靖四十三年（1564）。
⑥ 趙州橋：又稱"安濟橋"，俗稱大石橋。坐落在河北省趙縣的洨河上，由隋朝工匠李春建造。

半陰未雨。

初七日【7月27日】

六十五里。柏鄉縣，古昆陽之地。

卯初，自店起程，至四十里之古鄡城俗呼"王莽城"。① 內，早尖畢，再行至二十五里之柏鄉縣南關外路西中興店落宿。

半晴未雨。

"王莽城"，詢之土人，云："王莽追劉秀至此，是以得名。"余笑應之。又行十里餘，道傍有光武廟，院中有石人二，皆截而爲兩，殿中塑少年帝王像。院內碑文云"漢光武帝斬石人處"。此事史鑒不載，亦無所聞。土人云："光武被王莽追逐，甚急。見路傍一人，問之曰：'往南陽從何路去？'其人不答，光武大怒，以劍揮之，砰然有聲，已腰斬矣。及至斬下，乃石人也，而其手南指。光武因得脫難而去，後得天下。"土人因於斬石人處，爲之立廟祀焉。然則何以有二石人耶？姑識之，以俟博雅君子辨之。

初八日【7月28日】

百廿里。內邱縣。② 順德府邢臺縣。③

未雨。

子正初刻起程，④至六十里之內邱縣大街路東小店內，早尖畢即行，至六十里之順德府邢臺縣大街路東三泰店內落宿。

本府士民，自初六日至初八日請出關聖帝君神像誇觀、游街、禱雨，十分熱鬧。惜余落店時神像已過，男女尚絡繹不絕云。

申刻陣雨。

---

① 王莽城：位於今河北省大名縣城東北三十里，亦名故元城。
② 內邱縣：位於河北省西南部，今屬邢臺市。清屬順德府。
③ 邢臺縣：位於河北省西南部，今屬邢臺市。清屬順德府。
④ 子正初刻：指晚上十二點十五分。

初九日【7月29日】

百廿里。沙河縣。①　永年縣②。邯鄲縣。③

子初三刻起程,④過廿五里之沙河縣,渡小沙河三道,車馬皆盪涉而過。又至卅五里之搭連店街東萬興店,早尖畢,又行過臨洺鎮,渡洺河,⑤車馬亦盪涉而過。過永年縣,至六十里之邯鄲縣街東大興店落宿。

邯鄲縣北關外十餘里路東有呂祖廟,⑥殿宇宏廠,大門內有方亭,極廣闊。匾額對聯皆兩江制台百齡題寫,⑦惜余游覽迫促,不能全記。兩傍有魚池,亦甚寬廣,絕似大覺寺內魚池。前殿塑鍾離祖師像,中殿塑呂祖像,後殿盧生睡夢像,蓋即黃粱夢之古迹也。

初十日【7月30日】

老程。

丑正二刻起程,⑧時天氣濃陰,電光閃爍。余曰:"天將雨,姑少待,何如?"車夫不從,必欲行。行未十里,大雨如注,車夫皆避於墩臺破屋中,車則停於大路傍。澍雨一時許,車夫無計,仍回邯鄲縣街東

---

① 沙河縣:清代沙河縣隸屬直隸省順德府。以大沙河穿過而得名。今屬邢臺市。
② 永年縣:清屬廣平府。今屬邯鄲市。
③ 邯鄲縣:清屬廣平府。今屬邯鄲市。
④ 子初三刻:指晚上十一點四十五分。
⑤ 洺河:亦稱洺水,古稱寖水、千步水、南易水。該河流經於河北省南部地區,發源於河北省武安市小摩天嶺,係季節性河流。
⑥ 呂祖廟:又稱"呂仙祠"。《〔民國〕邯鄲縣志》卷三《地理志·名勝》載:"呂仙祠,在城北二十里王化堡,俗名黃粱夢。明嘉靖三十三年(1554)真人陶仲文用帑金重建,敕賜'風雷隆一仙宮'額。清康熙七年(1668)總督部院白秉真重修。乾隆五十一年(1786)河南巡撫畢沅捐修,三殿前有橋有亭,并新之。其東為八仙閣,祠門外照壁鑴嵌'蓬萊仙境'四大字,傳為仙筆。"
⑦ 百齡:指張百齡(1748—1816),字菊溪,清漢軍正黃旗人。乾隆三十七年(1772)進士,選庶起士,授編修。督山西學政,改御史,歷奉天、順天府丞,官至兩江總督。《清史稿》卷三四三有傳。
⑧ 丑正二刻:指凌晨二點三十分。

天棚店内老程矣。雨至辰初始止，①僉議曰："今日自此時不雨，明日寅刻即行。"

十一日【7月31日】

五十五里。磁州，②古鄴郡，即曹魏之地。

至十一日寅初，③天又大雨，直至卯初，始見日光。即於本店内早尖畢，已辰初矣。④ 行至四十五里之莽牛河，車馬皆盪涉而過。又至十五里之都村鋪街東復盛店落宿。二日止行半跕路，大雨作梗故也。

落店之時，將交未正。飯後躊躇間，小何來告，云外國進鳳在隔壁店内落宿，請余去看。余欣然往觀，乃孔雀耳。訊之其僕，乃知係甘省海協台所進者也。然其偉峻，異於京中所見焉。

十二日【8月1日】

老程。

丑正二刻，車夫即催促起程。時天陰沉黑，不得已束裝，未及半而大雨滂沱，直灌至辰初始略止，尚微雨溟濛。至未正始漸大晴。然道路泥濘，且前途漳河水漲，⑤車馬難過，只好在本店老程矣。

十三日【8月2日】

九十里。河南省北界彰德府。⑥

卯正二刻起程。至二十里之磁州，過而未留。又至卅五里之王家店稍憩，屓車秣馬已，乃至五十里之漳河。觀其深處，不過没胸，淺

---

① 辰初：指上午七點。
② 磁州：一作慈州。位於河北省南端，今屬邯鄲市。清屬直隸廣平府。
③ 寅初：指凌晨三點。
④ 辰初：指上午七點。
⑤ 漳河：衛河最大支流。在河北、河南兩省邊境。有清漳河、濁漳河兩源，均出山西省東南部，在河北省南部邊境涉縣合漳鎮匯合後稱漳河。
⑥ 彰德府：府名。清屬河南省，治所位於安陽，轄境相當今河南安陽、鶴壁、林州、湯陰和河北涉縣、磁縣、臨漳、武安等市縣地。

處止於没踝,然其溜勢激湍,波濤洶涌,且河面不及半里之寬。車馬牽於船上,每船十六水手牽挽而渡之,一時許,方至彼岸。在四十里之河南省彰德府豐縣鎮之雙樓店落宿。

予思彰水之濱有銅雀臺故址,①訊之土人,云豐縣鎮東去十五里,地名"三臺"即銅雀臺。② 舊迹原有三臺,今二臺坍卸,只存一臺,尚有破屋數椽云。惜余限期緊迫,不能往觀,只好待至差竣再去瞻仰耳。[1]

自十三日至二十四日未雨,二十五日午刻陣雨,時許而止。

十四日【8月3日】

百十里。安陽縣。③ 湯陰縣,④古朝歌地。⑤

卯初起程。過廿五里之安陽縣,官道傍有槀碑,題云"周文王羑里城"⑥。又數武,有石牌樓題云"周文王演易處"。去東半里許有文王廟,⑦余拜謁焉。至五十五里衛家營,早尖畢,又至湯陰縣北關外十里餘,官道傍有祠一區,牌樓題云"隋驍勇大將軍堯公之祠",⑧余不知其人,惜天晚路長,不能下車諦視。

至湯陰縣岳武穆王祠瞻禮。⑨ 其殿宇宏廠,規模壯麗,丹墀兩傍,碑碣林立。正中碑樓,碑詩七律,乾隆宸翰,惜天晚無暇細記。

---

① 銅雀臺:漢末曹操所建,故址在今河北省臨漳縣西南古鄴城的西北隅。
② 三臺:指三國魏曹操所建銅雀臺、金虎臺、冰井臺。故址在今河北臨漳縣三臺村。
③ 安陽縣:位於河南省北部,今屬安陽市。清屬河南省彰德府。
④ 湯陰縣:在河南省安陽市南部,因在湯水之南,故名。清屬河南省彰德府。
⑤ 朝歌:地名。殷紂的都城,在今河南省淇縣東北。
⑥ 周文王羑里城:古城名。又稱羑都,爲商紂囚禁周文王的地方,在今河南湯陰縣北。
⑦ 文王廟:乾隆五十二年(1787)纂修《彰德府志》卷三《建置》載:"周文王廟在縣北羑里社。明嘉靖十八年世宗南幸遣靖遠伯王瑾諭祭御製碑亭、演易亭、觀象亭、玩占亭、洗心亭、演易坊。"今位於羑里城内。
⑧ 隋驍勇大將軍堯公之祠:乾隆五十二年(1787)纂修《彰德府志》卷三《建置》載:"隋堯公祠在縣北,乾隆十七年邑士蘇璽捐貲建立,知縣孔程作記。載《藝文》。"
⑨ 岳武穆王祠:乾隆五十二年(1787)纂修《彰德府志》卷三《建置》載:"宋岳忠武王廟,在縣治西南,舊廟在南關外,明景泰初侍講徐有貞提請改建城内,賜額'精忠'。"

大門外跪鐵人五，一秦檜，①一王氏，②一張俊，③一萬俟卨，④一蓋係羅汝楫也，[2]而字迹模糊不正可辨矣。行至五十五里之泥溝驛大興店落宿。

彰德府南關外十餘里有長橋，車夫云，此即蔡狀元所修之洛陽橋也。橋上無字，亦無碑文可考，史鑒亦不載。

十五日【8月4日】

七十五里。淇縣。⑤

卯初二刻起程。⑥ 出泥溝驛南關外里許，道傍有碑，題云"先賢子貢故里"。⑦ 聞之土人云，去碑處二里許有祠堂，余不能前往瞻禮，惜哉。又至廿五里之高村橋，⑧券洞門上題云"古大賚"，裏面題云"光榮行左"，南面題云"輝騰淇右"，蓋即武王發粟賑民處也。過淇水，石橋損壞，河中亂石巉巉，水深不没踝，而流勢洶涌可駭。

至淇水關內，⑨早尖畢，至五十里之淇縣南關外中和店落宿。按：

---

① 秦檜(1090—1155)：字會之，江寧(今江蘇南京)人，南宋高宗時任宰相，主和派代表。紹興十一年(1141)，秦檜聯合其諫官万俟卨、張俊誣陷岳飛謀反，因岳飛屢言和議失敗，與秦檜政治主張不合，後岳飛被賜死。《宋史》卷四七三有傳。

② 王氏：秦檜之妻。據南宋無名氏《朝野遺記》載，王氏常在秦檜身邊勸說其將岳飛治罪，在岳飛之冤案中起了推波助瀾的作用。

③ 張俊(1086—1154)：字伯英，鳳翔府成紀(今甘肅天水)人。曾與岳飛、韓世忠、劉光世并稱四大將領，後轉主和，參與促成岳飛冤獄。《宋史》卷三六九有傳。

④ 万俟卨(1083—1157)：字元忠，開封陽武縣(今河南原陽)人。南宋時奸臣，附會秦檜，誣陷岳飛虛報軍情和逗留淮西等罪，致使岳飛父子及張憲被害。《宋史》卷四七四有傳。

⑤ 淇縣：在今河南省鶴壁市南部，殷爲朝歌，爲紂王時都城。因淇水得名。

⑥ 卯初二刻：即早晨五點三十分。

⑦ 子貢故里：在今河南省鶴壁市浚縣。乾隆五十二年(1787)纂修《彰德府志》卷四《古迹》："子貢故里，即宜溝。今宜溝南門外有子貢祠，因其地今屬浚縣，不便詳載，故附於末。"

⑧ 高村橋：在今河南省鶴壁市淇縣高村鎮高村。《〔乾隆〕衛輝府志》卷十一《建置》："高村橋，《淇縣志》在縣北二十五里高村社，淇水經流其下。"

⑨ 淇水：古水名。即今淇河。源出今山西省陵川縣，東南流於今河南省衛輝市東北淇門鎮南入黄河。《詩經·衛風》"送子涉淇，至於頓丘"，即此。

淇縣,古衛地也。縣街西有康叔祠,①又行數武,有三仁祠,②其石柱對聯云:"道阻當時滴千載英雄之泪,名傳後世起萬年忠孝之心。"聞之土人云,尚有比干墓及摘心臺,③余尚未瞻仰之。

十六日【8月5日】

七十五里。衛輝府。④

丑正二刻起程。行十里餘,過河一道,水不没踝,中皆石子而翻波滾浪。訊之車夫,不知其名,蓋即黄河之支流也。行至廿五里之屯坊店稍憩,厲車秣馬已。再行,過比干廟而拜謁焉。⑤

至五十里之衛輝府内路東中興店落宿,時才未刻,⑥以天熱難行故也。

殷比干墓在衛輝府北關外十里,廟宇正深,門三重,碑碣林立,匾額對聯不可殚述,惟記明柱一聯云:"三仁死獨難聖筆千年自可光争日月,七竅心尤苦皇封萬禩還看氣壯山河。"殿後乃其墓,墓不正,高而廣大,逾十畝。繞其墓,皆喬松古柏,樹外周之以墻,墻足三里餘。土人云,此係官廟,春秋致祭,有祭田十頃,不納官糧。又有無心菜,余不之信,訊之廟祝,果然。乃引余往觀,植於盆中,親摘數莖奉余。余細視之,其根白,獨莖而三葉,葉色緑如蓁椒,而其子特異,根生指餘即結子,然後生莖發葉,果皆無心。其葉萎落後其

---

① 康叔祠:《〔順治〕衛輝府志》卷七《祠祀志》載:"衛康叔祠,在府治南鎮衛門内武公祠左。萬曆十三年(1585)知府周思宸建。"

② 三仁祠:三仁,指商朝箕子、微子、比干。三仁祠在今河南省淇縣城内摘心臺公園南大門東側。《〔順治〕淇縣志》卷四《祠祀志》載:"三仁祠,在南門内迤西。"

③ 比干墓:今位於河南省衛輝市東北比干廟村處。《〔順治〕衛輝府志》卷七《丘墓》載:"殷比干墓,在府城北十五里,即周武王所封。"摘心臺:摘心臺公園位於今河南省鶴壁市淇縣縣城中心,爲比干勸諫紂王、被摘心而殉難之地。

④ 衛輝府:明洪武元年(1368)改衛輝路置,治汲縣(今河南衛輝市)。屬河南布政使司。轄境相當今河南省新鄉、衛輝、獲嘉、輝縣、淇縣及延津北部等地。清屬河南省,轄境擴至今封丘、滑縣、浚縣、蘭考北部一帶。

⑤ 比干廟:《〔順治〕衛輝府志》卷七《祠祀志》載:"殷比干廟,在府城西北十五里。"現位於河南省衛輝市區。

⑥ 未刻:即未時,指下午一點到三點。

子即墜於土中，次年再發，洵異物也。余又問摘心臺，廟祝云，在淇縣東北三里餘，臺盡頹敗，尚有舊址。相傳比干於此地被紂王剖心，後直出南門，至此已卅餘里。遇一婦人賣無心菜，比干曰："菜無心何以生？"婦人曰："人無心亦不生。"比干乃仆。此確齊東野人之言，以此觀之，未可盡誣也。廟祝又曰，此菜非植於盆中，繞墓一里內遍地皆生，出里餘則無矣。小道移植於盆中，即爲往來隨喜客官便於觀覽耳。吁，亦奇哉！意者孔子冢内蓍草，武穆廟中松柏，其以事異而理同乎！

十七日【8月6日】

百里。新鄉縣。① 獲嘉縣。②

十六日亥初一刻起程。③ 行至十七日寅初二刻，④至五十里之新鄉縣所屬之方家店早尖，皆已乏困，不能下咽，只飲水秣馬而已。稍憩即行，至五十里之獲嘉縣東關外路北中正店落宿。時方午初二刻，⑤天熱難行，且後半天西照曬人，待日落後再行耳。

獲嘉縣北關外五里餘官道傍有立碑題云"周武王同盟之山"，⑥意者甲子日滅紂之前，武王會諸侯於此地，同約不妄殺戮之盟乎。

十八日【8月7日】

百十里。武陟縣。⑦ 懷慶府。⑧

---

① 新鄉縣：在河南省北部，今屬新鄉市。清屬河南衛輝府。
② 獲嘉縣：在河南省北部，今屬新鄉市。清屬河南衛輝府。
③ 亥初一刻：即晚上九點十五分。
④ 寅初二刻：指凌晨三點三十分。
⑤ 午初二刻：即上午十一點三十分。
⑥ 周武王同盟之山：《〔道光〕獲嘉縣志》卷二《山川》載："同盟山在縣東北五里，相傳武王伐紂，與諸侯同盟於此。"同盟山武王廟，位於今河南省新鄉市西17公里處的獲嘉縣彥當村。
⑦ 武陟縣：在今河南省焦作市東南部、沁河下游，屬河南焦作市。清屬河南懷慶府。
⑧ 懷慶府：明改懷慶路置，治河內縣（今河南沁陽市）。屬河南分省。後屬河南布政使司。轄境約當今河南省修武、武陟兩縣以西，黃河以北地區。清屬河南省。

十七日戌初一刻起程。① 行至十八日卯初一刻,②至七十里之武陟縣北關外烏拉店之吉升店,早尖畢,渡武陟河,過浮橋,至四十里懷慶府屬之大司馬地名。街北會心店落宿。

武陟河,亦黃河之支流也。其南堤長逾十里,當另有名,姑俟再考。

十九日【8月8日】

九十五里。溫縣。③ 孟縣。④

十八日戌初二刻起程。⑤ 十九日寅正三刻,⑥至溫縣所屬五十里之王家店早尖,再行至四十五里之孟縣南關外興隆店落宿。夜行時多,雖有廟宇、碑記,不能入目,無可記載。

二十日【8月9日】

九十里。河南府。洛陽縣。[3]孟津縣。⑦

十九日戌正一刻起程,⑧僱人引路。寅正二刻,始至四十里之黃河岸邊,車、馬、人上船,行一時許,始至南岸。至河南府洛陽縣屬之協偕店。早尖畢,再行至五十里之河南府南關外公盛店落宿。

此黃河蓋即武王伐紂大會八百諸侯之孟津河也。⑨ 河南府南關外五里許有劉秀廟,⑩傍有劉秀墓,⑪明堂廣闊,其松柏檜槐皆二人合

---

① 戌初一刻:即晚上七點十五分。
② 卯初一刻:即早晨五點十五分。
③ 溫縣:在今河南省焦作市南部,南臨黃河,屬河南焦作市。清屬河南懷慶府。
④ 孟縣:在今河南省北部、黃河北岸。1996年撤銷,改設孟州市。清屬河南懷慶府。
⑤ 戌初二刻:即晚上七點三十分。
⑥ 寅正三刻:指凌晨四點四十五分。
⑦ 孟津縣:縣名。在河南省西部,北瀕黃河。清屬河南府,今屬河南洛陽市。
⑧ 戌正一刻:即晚上八點十五分。
⑨ 孟津:古黃河津渡名。在今河南省孟津縣東北、孟縣西南。相傳周武王在此盟會諸侯并渡河,故一名盟津。一說本作盟津,後訛作孟津。爲歷代兵家爭戰要地。
⑩ 劉秀廟:《〔康熙〕孟津縣志》卷三《祀典》載:"漢世祖光武皇帝廟,在縣西北十五里。"
⑪ 劉秀墓:《〔康熙〕孟津縣志》卷三《陵墓》載:"漢世祖光武皇帝原陵,在縣西。"劉秀墓,俗稱劉秀墳,古謂原陵,爲東漢開國皇帝光武帝劉秀的陵園,位於今河南省洛陽市孟津縣白鶴鎮鐵榭村西南。

抱不交,詢數千年外物也。

二十一日【8月10日】

百里。新安縣。①

丑正一刻起程,②共過小河五道,亦黃河之分流也,皆盪涉而渡。至五十里之新安縣西關外路北榮盛店,早尖畢即行,至二十里嶼山鎮茶鋪少憩。厲車秣馬已,再行至卅里之鐵門鎮路北奉和店落宿。③

新安縣東關橫石鐫文云"漢函谷關",傍有立碑云"古函谷關",乃知孟嘗君效雞鳴夜渡即此處也。隗囂亦云,臣願為大王一丸泥東封函谷關。蓋秦漢時此關極險峻,限隔東西,非若目下之形勢也。此際一頽敗山城耳,亦不正高。土人呼曰"八里山",緣縣城在中,四面八九里皆漫坡土山環繞之,不似當時之雄關巨鎮也。今古時異,豈其然乎?

二十二日【8月11日】

八十五里。澠池縣。④

丑正二刻起程,又過小河七道,皆盪涉而渡。至四十里之石河路北興盛店,早尖畢即行,至廿里之澠池縣。過而未留,又至廿五里之英豪鎮路北高陞店落宿。⑤

澠池,即藺相如咤秦王擊缶處也,必有古迹存焉,惜不知其處耳。

---

① 新安縣:在河南省西部,北臨黃河,今屬洛陽市。明清屬河南府。
② 丑正一刻:指凌晨兩點十五分。
③ 鐵門鎮:鎮名,古稱"闕門",清屬河南府,今屬河南省洛陽市新安縣。
④ 澠池縣:清屬河南府。今屬於河南省三門峽市,位於河南省西北部。
⑤ 英豪鎮:位於今河南省三門峽市澠池縣西南部。

二十三日【8月12日】

百十里。直陝州。①

子初二刻起程,②至陝州所屬五十五里之稠忠鎮。早尖畢,再行至五十五里土河鎮路北三元店落宿。

其地亂山環繞,崎嶇難行,無可記載。

二十四日【8月13日】

百里。靈寶縣。③

子正一刻起程,④至五十五里之橋頭溝。早尖畢即行,至廿里之曲沃鎮稍憩,⑤厲車秣馬已又行,至廿五里之靈寶縣街南興盛店落宿。

曲沃鎮,即晋世子申生不辯而死之地,必有冢與其遺迹,惜不知其所也。訊之土人,亦無知者。

二十五日【8月14日】

百廿里。閿鄉縣。⑥

丑正二刻起程,盪涉小河三道,進一城,圈磚門上横石題云"函關",⑦兩傍土山截然壁立,中只可行一車。行四十里方至西城券門,門内題云"中土首鎮",門外題云"三藩要地"。行至四十五里之達司

---

① 直陝州:清世宗雍正二年(1724)改陝州爲直隸州。有今河南省三門峽市及陝縣、盧氏、靈寶等縣地。今爲河南省三門峽市陝州區。
② 子初二刻:指晚上十一點三十分。
③ 靈寶縣:今爲河南省三門峽市所轄的地級市,位於河南省西部。
④ 子正一刻:指晚上十二點十五分。
⑤ 曲沃鎮:今河南省三門峽市陝州區大營鎮有南曲沃村,與山西省臨汾市曲沃縣同名而不同地。《〔光緒〕陝州直隸州志》卷一《古迹》:"曲沃城,在州西四十里。今曲沃鎮,是春秋時晋備秦師以曲沃之官守之。此曲沃所由名非絳州之曲沃也。"
⑥ 閿鄉縣:清屬陝州。1954年與靈寶縣合并,原閿鄉縣城成爲鄉鎮,1959年三門峽水庫攔洪,原閿鄉縣城被淹。閿鄉人多移至今河南省靈寶市陽平鎮閿鄉村。
⑦ 函關:《〔光緒〕陝州直隸州志》卷一《關梁·靈寶縣》載:"函谷關,在縣治西南一里許。"《〔光緒〕重修靈寶縣志》卷三《古迹》載:"函谷關,在邑西南里許,曹操西征張魯時開糧道於此,後遂置關。基址久湮,前令江蘩重建,去周置舊關十餘里。"

營路南大公館內。早尖畢，至七十五里閿鄉縣所屬之盤頭鎮路南永盛店落宿。① 閿鄉縣西關外有黃河一道，盡涉而過，問其名，車夫云"閿縣河"。② 恐未必然，當另有名，姑俟再考。

過函關東門時天尚未明，其"函關"二字大逾尺餘，是以可見。其裏面字跡并關傍碑文俱未詳悉閱視，惜哉。其地爲河南西北邊界，西南通四川，西達陝省，西北近晋地，細揣形勢，蓋即鄭侯月夜追韓信之處也。③ 從前以爲"函關"即"函谷關"之省文耳，今身經其地，始知實係兩處，且相距四百餘里，隔四縣一湖，始悟向日讀書誤解也，遺笑大方何如耶！

二十六日【8月15日】

七十五里。陝西界。華陰縣。④

丑正三刻起程，⑤行四五里餘，盡涉小河四道。至四十里之黃河，疑即渭水之支流也。⑥ 波濤洶涌，似漳河形勢。乃循河沿而行，又廿里，出潼關之東關，⑦其關之東面文云"第一關"，西面文云"金陡關"。⑧ 又二里，方至潼關。內外二重，與京城相似。其東層即潼關，

---

① 盤頭鎮：古鎮名。疑爲"盤豆鎮"，屬閿鄉縣，1959年三門峽水庫攔洪，古鎮被淹。
② 閿縣河：疑爲"郎水"。查《〔光緒〕陝州直隸州志》卷一《山川‧閿鄉縣》："郎水，在縣西二十里盤豆鎮。自棗鄉峪出，北流於河。"
③ 酂侯月夜追韓信：酂侯，即蕭何（前257—前193），沛郡豐縣（今江蘇豐縣）人，秦末輔佐劉邦起義，是劉邦得力的助手，幫助其戰勝項羽，建立漢朝。韓信（前231—前196），淮陰（今淮安市淮陰區）人，西漢開國功臣。《史記》卷九二《淮陰侯列傳》載："信數與蕭何語，何奇之。至南鄭，諸將行道亡者數十人，信度何等已數言上，上不我用，即亡。何聞信亡，不及以聞，自追之。"
④ 華陰縣：清代屬同州府。今隸屬於陝西省渭南市，位於關中平原東部。
⑤ 丑正三刻：指凌晨兩點四十五分。
⑥ 渭水：渭河，古稱渭水，是黃河最大的支流。發源於甘肅省定西市渭源縣鳥鼠山，主要流經今甘肅天水、陝西省關中平原的寶雞、咸陽、西安、渭南等地，至渭南市潼關縣匯入黃河。
⑦ 潼關：位於今陝西省渭南市潼關縣北。潼關是關中的東大門，地勢險要，是歷來兵家必經之地。
⑧ 金陡關：《〔康熙〕潼關衛志》卷上《城池》："（明洪武）九年（1376）……門有六，東曰金陡，西曰懷遠，南曰上南、曰下南，北曰大北、曰小北，三門各有樓。"《〔民國〕潼關縣新志》卷上《地理志》載："門有六，東曰迎恩，西曰懷遠；南門二，上南門曰麟游，下南門曰鳳翱；北門二，大北門曰鎮河，小北門曰拱極。"

西層關門文云"迎恩門"。又里許,有牌樓,其文云"雄關保障"。街市長二三里,鋪戶聯絡。至路南三元店早尖,換軸畢,東行里許,至三重關。亦內外二層,其東層門文云"懷遠門"。出關里許,至稅局投遞免單。又行至三十五里之華陰縣所屬之西嶽廟西頭路南會元店落宿。

出潼關十里許,官道南有立碑,文云"漢太尉關西夫子楊公震墓",①乃知四知先生神道在此。② 然其冢漫滅,不可考矣。

西嶽廟爲關中大觀,耳食久矣,落店後即往瞻禮。其廟深邃廣闊,周可五六里。殿宇巍峨,碑碣林立,松柏蒼古。其樹懸牌題云"周柏""秦柏"及漢、唐、宋以來之松柏檜槐甚多。自山門至後閣九層,漢、唐、宋及本朝之碑亭不知凡幾。中門內外有七十二司,時已日落,正殿關閉,不能諦視。後閣曰"萬壽閣",③前有放生池。池可一畝許,頗有神氣,後彼處士民禱雨靈應,改稱"靈雨池"。又有康熙碑亭,文云"露凝仙掌",④乾隆臥碑,文云"嶽蓮靈澍"。⑤ 又有白石牌樓文云"少皞之都",乃知金天氏建都即此處也。時光促迫,不能盡情閱歷,良可惜哉!

---

① 楊公震墓:《〔康熙〕潼關衛志》卷上《陵墓》:"大尉楊震墓,城西七里。《漢書》改葬潼亭,即此前有四知坊并墓碑,皆兵憲張公翰建。順治年兵憲湯公斌重爲建祠。"楊震(?—124),字伯起,弘農華陰(今陝西華陰東)人,東漢時期名臣,漢安帝延光二年(123)任太尉,《後漢書》卷五四有傳。楊震墓在今陝西省潼關縣高橋鄉亭東村西北,東漢建寧元年(168)改葬於此。後渭河南移,河岸塌陷,楊震墓地受到威脅,1959年經過發掘,"關西夫子楊公墓"碑石現存置於縣文化館。

② 四知先生:即楊震的別稱。《後漢書》卷五四《楊震列傳》載:"故所舉荆州茂才王密爲昌邑令,謁見,至夜懷金十斤以遺震。震曰:'故人知君,君不知故人,何也?'密曰:'暮夜無知者。'震曰:'天知,神知,我知,子知。何謂無知!'密愧而出。後轉涿郡太守。性公廉,不受私謁。"體現了楊震爲官清廉,潔身自好。

③ 萬壽閣:《〔咸豐〕同州府志》卷十四《祠祀志》:"西嶽廟,……垣上有高臺,高十六丈,東西二十丈,南北十九丈,上起層樓,并建小閣,以藏道經。南對太華,東眺河潼,北俯渭洛,西瞰中南,雲樹蒼茫,川原繡錯,極華陰之大觀也矣。樓之扁曰'萬壽閣'。"

④ 露凝仙掌:乾隆六年(1741)纂修《同州府志》卷二《祠祀》:"聖祖仁皇帝因秦省亢旱,憫念焦勞,特遣皇長子致祭。四十二年(1703)西巡狩,御題'露凝仙掌'四大字,匾額懸西嶽正峰,廟內建'露凝仙掌'石碑一座。"

⑤ 嶽蓮靈澍:《〔咸豐〕同州府志》卷十四《祠祀志》:"御書樓巍峙於正中,……高祖純皇帝御書'嶽蓮靈澍'四大字以昭神貺。"

華山爲五嶽之一，①歷朝入於祀典。中有玉女峰十丈，白蓮并希夷先生與太祖對着，石棋子尚在，其子可移而不可掇起。土人云："山高四十里，極巔有廟，而無路可登，惟遍山盤滿鐵鎖。欲往拜廟者，預前齋戒素食，手挽鐵鎖，盤旋而上，下山亦挽鎖倒下。一意虔誠，方可登峰造極。心稍怠忽，即墜落澗谷，不可問矣。是名鐵鎖橋。"然亦止於耳聞，未能親詣諦視也。

二十七日【8月16日】

百十里。華州。②

寅正初刻起程，至五十五里之敷水鎮路南聯陞店。③ 早尖畢以行，至廿里之柳子里。稍憩，厲車秣馬已，又行至卅五里之華州西關外路北大成店落宿。

華州東關外二三里許有碑，上橫書云"太平橋"，④立書大字云"陳希夷先生墮驢處"。⑤ 細審橋址，已半被塵迹淹埋，惟餘橋柱頂半尺許。曾記《宋綱目》云："陳摶騎驢，經華陰道上，聞太祖受禪登基，乃大笑墮驢曰：'天下從此太平矣。'"橋蓋以此得名云。

又行半里，至郭令公祠，⑥牌樓上書云"郭汾陽王祠"。左云"功蓋天下"，右云"再造唐室"。進祠瞻禮朱袞、⑦王冕，⑧鬚髮皤然。傍立

---

① 華山：山名。《讀史方輿紀要》卷五二《陝西》："泰華山，在西安府華洲華陰縣南十里，即西嶽也。"古稱西嶽，五嶽之一，又稱太華山，在今陝西省渭南市華陰市。

② 華州：雍正三年(1725)升華州爲直隸州，轄蒲城、華陰、潼關。乾隆元年(1736)華州不再領縣，降爲散州，屬陝西同州府。今陝西省渭南市華州區。

③ 敷水鎮：北宋置，屬華陰縣。即今陝西華陰市西敷水鎮。

④ 太平橋：《〔光緒〕三續華州志》卷一《山川志》記載："太平河在州東關，由太平峪流出……北行五里出太平橋。"《華州賦》一文中描述："鄭武公黄泉下會母；陳希夷太平橋墜驢。"

⑤ 陳希夷：即陳摶(871—989)，字圖南，宋亳州真源(今安徽亳縣)人。後唐時，舉進士不第，遂不仕；以山水爲樂，隱居華山。後周時，授諫議大夫，力辭不赴。太平興國中，兩次來汴京，爲太宗所禮重，賜號"希夷先生"。《宋史》卷四五七《隱逸上》、《太華希夷志》有傳。

⑥ 郭令公：即郭子儀(697—781)，唐華州鄭縣(今陝西華縣)人。世稱郭汾陽，亦稱郭令公。《新唐書》卷一三七有傳。

⑦ 朱袞：字補山，會稽(今浙江紹興)人。工寫竹。

⑧ 王冕：字元章，元末諸暨(今屬浙江)人。號煮石山農，又號梅花屋主。善畫梅。

四内官像，碑五六通，對四五聯，不能悉記，惟楹柱一長聯云："功業俯雲雷，繼股肱，夢卜再隆尚父之稱，鏤金石而誓河山，關閱歷亦云問學，惟從丹書窺奧義。器識齊海岳，較精忠，天誕獨伸丈夫之志，靖中外而蔭奕親，雖人力而實帝聞，乃教青史有完名。"

又進華州東關內，有新創建劉猛將軍祠。① 余入視之，并無神像，只有牌位。傍有碑，其略曰："將軍名承忠，生而勇猛，死得驅蝗。救禾民，享真福。雍正初年，有司表奏，封爲驅蝗猛將軍之神，入於祀典焉。"惜不詳其出處耳。

二十八日【8月17日】

老程。

子正一刻，將欲起程，大車車夫聲言衣被口袋等物被盜。余命覆加檢視，小何、陞兒衣服等物一大包亦不見。余命呼店東細問，店小力言不知。陳二稟余云："昨晚落店後，約起更時，②見一人掀翻車頭之物，我因扭住詳問。店小云，此係本店人，姓王，伊恐滴潵燭油耳，無妨。"陳二云："如有失錯，惟你是問。"今日果被盜。余怒詰之，店小跪稟，極言并無此事，亦并無此人。余視其神情閃爍，至天明，命家人送華州究治。即有差役四五人來，支吾央告，至午刻，賊無獲，亦無信息。余大怒，公服乘車，直至州衙大堂，尋知州詰問。知州避不敢見，門上總辦司二再三央求，請余回店，至日落必將失物追出送還。余不得已，暫回。即有差役數人尋請店之左近鋪户掌櫃十數人進店，跪叩哀憐，應許陪償。家人恐嚇之，衆乃作京錢廿吊陪償完事，時交亥初，已耽誤一日路程矣。

---

① 劉猛將軍即劉承忠，生卒年不詳。《畿輔通志》卷九《祠祀》記載："忠元末駐守江淮，會蝗旱，督兵捕逐，蝗殄滅殆盡。後元亡，自溺死，當地人祠之，稱之曰'劉猛將軍'。"

② 起更：指第一次打更，即五更中的一更天，相當於今晚上七點到九點。

二十九日【8月18日】

百里。渭南縣。①

略息食頃，即起程，至五十里之渭南縣赤水鎮街北太興店。② 早尖畢，再行至五十里之西河鎮路北三元店落宿。

西河鎮東里許官道傍有立碑，文云"趙藺相如墓"。③ 字乃八分書，陝西撫軍畢沅_{乾隆初年狀元}題也。④

三十日【8月19日】

九十五里。臨潼縣。咸寧縣。西安府。長安縣。⑤

子正三刻起程，至三十五里之臨潼縣街北三山店。早尖時，余問臨潼山遺迹。車夫云："已過十里餘矣。"彼時天尚未明，是以未曾請看。余深惜之。車夫云："縣南門外有溫泉，可往沐浴。"余欣然詣之。出縣南關，迎面山勢崢嶸，高可五六里。其巔有驪山老母之廟，山下爲新豐驛之大公館，⑥溫泉即在其中。余入視之，蓋即唐玄宗之華清宮也。⑦ 溫泉上有高閣，閣上橫書云"驪山下溫泉出焉"。家人四五輩在溫泉沐浴，余獨在太子池中浴焉。其水熱而溫，頗爽快適體。浴畢回店，即行至廿里之咸寧縣。稍憩，又行至四十里之西安府西關內路

---

① 渭南縣：舊縣名，清屬陝西西安府，今陝西省渭南市北。
② 赤水鎮：今陝西省渭南市華州區轄赤水鎮。
③ 趙藺相如墓：據《〔道光〕重輯渭南縣志》卷九《陵墓考》記載："趙藺相如墓在辛市里藺村北，高一丈五尺，畢沅立之。碑南即藺公祠。"
④ 畢沅（1730—1797）：字纕蘅，自號靈岩山人。江南鎮洋（今江蘇太倉）人。乾隆二十五年（1760）狀元，官至湖廣總督。續司馬光書，成《續資治通鑑》。曾著《傳經表》《經典辨正》《靈岩山人詩文集》等。《清史稿》卷三三二有傳。
⑤ 臨潼縣：今陝西省西安市臨潼區。咸寧縣：今陝西省西安市長安區內。西安府：今陝西西安市。長安縣：今陝西西安市長安區內。
⑥ 新豐驛：《〔乾隆〕臨潼縣志》卷一《地理》記載："新豐驛在中街之西，洪武二年建後圮壞。弘治間，前縣丁相重修驛丞，宅在街南北向，今廢故址存。"今陝西省西安市臨潼區東北部、渭河南岸。
⑦ 華清宮：在今陝西臨潼縣東南驪山北麓。

南天合店落宿。西安府東西二百里内外，皆形枯旱。

西安府東關外卅里官道北有立碑，文"大唐太尉忠烈公段秀實之墓"。① 再西行八九里許，有平漫高冢二，大可二畝許，碑文云"唐穆宗章后福陵"，②一云"唐懿宗王后壽陵"，③皆畢撫軍所書也。

西安府長安縣爲西漢建都之地，周四十里。四門東曰"長樂門"，西曰"安定門"，南曰"永寧門"，北曰"安遠門"。街市喧赫，百貨雲集，人烟稠密。大略與京師相同，米麵較京中微賤。駐防旗人妝飾、舉動、口音與京師毫無差別，信知旗人之不可易也。

七月〔初六〕【8月25日】

五十里。咸陽縣。④

〔七月〕初一日至初五日在店老程。⑤

初六日卯正起程，至五十里之咸陽縣東關外。過渭河，人馬牽挽，登船而渡，至鼓樓西街南興隆店落宿。

西安府西關外五里有大廟曰金禪寺，周可三里餘。殿宇巍峩，中有大方廣殿，供羅漢五百尊。車夫云廟係唐時所建，惜余行路急迫，不能下車瞻仰也。

《水經注》云："涇清渭濁。"余觀渭水，酷似黄河，余意爲黄水之分流耳。訊之土人，乃曰非是。渭水自塞外發源，蜿蜒流至潼關河，歸入黄河，始知所見之不廣也。

---

① 段秀實之墓：段秀實(719—783)，字成公，隴州汧陽（今陝西千陽）人。《舊唐書》卷一二八、《新唐書》卷一五三有傳。《〔乾隆〕西安府志》卷六四《古迹志下》記載："段秀實墓，《唐書傳》：'秀實，汧陽人，謚忠烈，贈太尉。'《陝甘資政錄》：'在今縣西十五里窰村，乾隆乙未年修。'"

② 唐穆宗章后福陵：《〔乾隆〕西安府志》卷六四《古迹志下》記載："韋太后福陵，《唐后妃傳》：'穆宗宣懿皇后韋氏，生武宗，長慶時册爲妃。武宗立追册爲皇太后，上尊謚名，所葬園曰福陵。'《陝甘資政錄》：'在今縣東二十五里邵平店，乾隆乙未年修。'"

③ 唐懿宗王后壽陵：《〔乾隆〕西安府志》卷六四《古迹志下》記載："王太后壽陵，《唐后妃傳》：'懿宗惠安皇后王氏，咸通中册號貴妃，生普王。七年薨。十四年王即位，是爲僖宗，追尊皇太后，册上謚號，即其園爲壽陵。'《陝甘資政錄》：'在今縣東二十五里邵平店，乾隆乙未年修。'"

④ 咸陽縣：舊縣名。清屬西安府，今陝西省咸陽市東北窰店鎮一帶。

⑤ 初一日至初五日：道光十八年七月初一日至初五日，即公元1838年8月20日至24日。

咸陽縣爲嬴秦建都之地，縣城周不過五六里，而街市繁稠。南北街窄净，東西街人烟稠密，爲四省通衢也。鼓樓三層，①四面有匾，東曰"東連晋豫"，西曰"西通隴蜀"，南曰"南望荆襄"，北曰"北達甘凉"，皆余歷過府縣城所無者也。

初七日【8月26日】

七十里。興平縣。醴泉縣。②

寅正二刻起程，至四十里興平縣所屬街北回回店内。早尖畢，又行至三十里醴泉縣西關外路南三省店落宿。

興平縣爲茂陵舊址，漢武帝陵寢在焉。③惜只行大道，不知其處，亦不知其址有無也。

自六月二十六日至是日未雨，申刻微雨飄灑，直至丑刻方止。

初八日【8月27日】

九十里。乾州。永壽縣。④

卯初初刻起程，至二十里之乾州，過而未留。又行至二十里之陸陌鎮路東萬興店。⑤早尖畢即行，至五十里之永壽縣所屬監軍鎮路北永盛店落宿。⑥自卯正，微雨瀟瀟，時緊時慢，直正酉初方止，天尚濃陰未晴也。

---

① 鼓樓：與鐘樓合稱"鐘鼓樓"。鼓樓位於西安城内西大街北院門的南端，東與鐘樓相望。乾隆《西安府志》卷五五《古迹志上》記載："《長安志》：'殿東南、西南有鐘、鼓樓，又有金吾左右仗院。'"
② 興平縣：縣名。清屬西安府，今陝西省咸陽市下轄縣級市。醴泉縣：今陝西省咸陽市禮泉縣。
③ 漢武帝陵寢：即茂陵，位於陝西省咸陽市興平市。始建於漢武帝建元二年（前139），竣工於後元二年（前87），歷時五十三年。是漢代帝王陵墓中規模最大、修造時間最長、陪葬品最豐富的一座。
④ 永壽縣：位於陝西省中部偏西。清屬陝西省乾州，今屬陝西省咸陽市。
⑤ 陸陌鎮：今陝西省咸陽市乾縣陸陌村。
⑥ 監軍鎮：今陝西省咸陽市永壽縣監軍鎮。

初九日【8月28日】

百十里。直邠州。①

卯初一刻起程,至四十里之永壽縣東關外路北哈姓回回店。早尖畢即行,至四十里之太峪鎮。稍憩,量買菽料已,又行至卅里之邠州南關外店落宿。終日只在山中回環而行,其地峰環水繞,田疇菁蔥翁鬱,參差錯落,頗有可觀。惜無奇峰峻嶺、懸崖怪石,只平衍漫坡土山耳。

初十日【8月29日】

八十里。長武縣。②

寅正三刻起程,至二十里之大佛寺游覽。稍憩,即行至二十里亭台鎮路南永盛店。早尖畢即行。邠州西關外里許官道南有立碑,文云"范文正公墓"。③ 按,希文先生爲有宋一代名臣,所謂先憂後樂者也,其名不朽,其墓自應傳永久云。大佛寺前臨涇水,後倚雄峰,其佛坐像,中爲如來佛,傍二像爲優婆夷塞。④ 視其碑文,則唐貞觀二年敬德尉遲公所修者也。⑤ 佛像高八丈五尺有奇,就天然石胎,以金碧飾之。規模壯麗,氣度雄偉。極巔有觀音閣,無梯可登,無路可上。訊其寺僧,云欲上者以手攀援峭壁石孔而登,奇哉險矣。高樓三層,上層可見佛首,下層可見佛足。其他山洞甚多,中皆有佛,大小坐立不一,實爲西秦之一大觀也。

---

① 邠州:清雍正三年(1725)升爲直隸州,位於今陝西省咸陽市彬縣、長武等一帶。
② 長武縣:清屬邠州,今陝西省咸陽市長武縣。
③ 范文正公墓:范文正公,即范仲淹(989—1052),字希文,祖籍陝西邠州,蘇州吳縣(今屬江蘇)人。《宋史》卷三一四有傳。范仲淹墓位於今河南洛陽市伊川縣彭婆鄉許營村萬安山南。按,范仲淹曾任邠州知州,故作者此處所見"范文正公墓"非其墓,應爲當地人所立紀念碑。
④ 優婆夷塞:未出家的佛弟子之中,男性在梵文中稱作"優婆塞",女性被稱作"優婆夷"。
⑤ 敬德尉遲公:指尉遲敬德(585—658),名恭。朔州善陽(今屬山西)人。《舊唐書》卷六八、《新唐書》卷八九有傳。

至廿里之廿里鋪，稍憩，買草已，再行至二十里之長武縣西關外路南信魁店落宿。

十一日【8月30日】

百里。甘肅界涇州直。①

寅初二刻起程，行至六十里之涇州所屬高家凹路南悦來店。早尖畢即行，至四十里之涇州南關外福興店落宿。

高家凹東西二甕券城門，東門横書云"省分東西"，西門云"炎宋開疆"。蓋東門外爲陝西西界，西門外爲甘肅東界也。宋初，其地爲回紇元昊部落，未入版圖。元昊謀畔，後雖賜姓招安，而畔服不常。范文正、韓魏公威鎮西疆，②即此地也。仁宗時，③狄青征服西夏，④始略安謐。而野史所稱雙陽公主者，今之西寧鎮台衙門即其府第也。以此觀之，野史之言，未可盡誣乎！

十二日【8月31日】

七十里。平涼府平涼縣。⑤

卯初初刻起程，至四十里之王村路北永盛和店。早尖畢即行，至平涼府平涼縣所屬之白水驛路南天興店落宿。盪涉小河六道，其實

---

① 涇州：清初屬陝西省，康熙八年(1669)改屬甘肅省，乾隆四十二年(1777)升爲直隷州，轄靈臺、崇信、鎮原三縣。今甘肅省平涼市涇川縣。

② 韓魏公：即韓琦(1008—1075)，字稚圭，相州安陽(今屬河南)人。第進士，授將作監丞，累遷右司諫。寶元三年(1040)，爲陝西安撫使，大將任福敗亡，降知秦州。慶曆二年(1042)，爲陝西四路經略安撫招討使。宋夏議和，奉詔入朝，任樞密副使，范仲淹罷相，琦亦出知揚州。嘉祐元年(1056)，拜樞密使，又拜相。英宗即位，請曹太后還政，拜右僕射，封魏國公。神宗立，出判相州。卒，贈尚書令，諡忠獻。《宋史》卷三一二有傳。

③ 仁宗時：即公元1022年至1063年。

④ 狄青：字漢臣，汾州西河(今山西汾陽)人，善騎射。寶元初，爲延州指使，屢敗西夏兵，爲范仲淹等所擢用。皇祐中，拜樞密副使。儂智高起事，以宣撫荆湖南北路、經制廣南盗賊事，夜度崑崙關，出其不意，敗敵，拜樞密使。至和末，爲謠言中傷，出判陳州，病死，贈中書令，諡武襄。《宋史》卷二九〇有傳。

⑤ 平涼府：今甘肅省平涼市。平涼縣：今甘肅省平涼市區西北。

只一河也。曲折回環，岐而爲六云。

涇州南關外有山高里許，上有孔子廟，清雅異常。雖不甚壯麗，皆小巧別緻。山巔、山肋、山足四面皆樓台殿閣、凉亭水榭，參差錯落，大小不一。山下另有下院，周圍則清流瀠洄旋繞之，實雅觀也。

十三日【9月1日】

七十里。

寅正初刻起程，行至三十里之四十里鋪路南兩益園店内。早尖畢，又行至四十里之平凉縣大街路南元順店落宿。涉小河七道，與前同，皆涇水之分流也。

平凉縣東關外里許路北有舊祠，白石橫書云"撫遠大將軍謚文襄圖公祠"。① 傍有碑，文云"撫遠大將軍輔國公似宗室。圖公之碑，康熙三十年仲秋立"，②而并無事實。其門堵砌，無路可進。訊之土人，亦無知者。意者康熙間剿滅薩拉爾猾匪，殁於王事者歟？又祠東半里許，有乾隆四十二年碑亭。③ 因陝甘制台勒保入覲，上訊以甘省情形，勒制台奏對，彼處地瘠民貧，積欠甚多，上惻然，命自卅八年至四十一年，④銀糧草米皆普宥免，銀二十七萬餘，糧四十八萬餘，草千一百十五萬有奇。壁上嵌石，皆士民歡呼吁慶、叩恩誦德之文，并地方官勸諭輸將之文也。詞多温厚，恭讀之，不覺動民胞物與之情焉。

又祠東有東嶽廟，廣大深邃。兩廡七十二地獄，如刀山油鼎、碓

---

① 襄圖公：即圖海（？—1681）。清滿洲正黄旗人，馬佳氏，字麟洲，順治時任内秘書院學士、遷弘文院大學士、議政大臣。康熙即位，授本旗都統。二年，爲定西將軍，進攻川東義軍。次年，破茅麓山。三藩亂時，爲撫遠大將軍，圍平凉，迫王輔臣投降。旋督王進寶、趙良棟等軍進向四川，旋以病還京。卒後謚文襄。《清史稿》卷二五一有傳。
② 康熙三十年：即公元1691年。
③ 乾隆四十二年：即公元1777年。
④ 卅八年至四十一年：即公元1773—1776年。

搗磨研之類,不一而足,頗駭心目。讀碑文,則創自前明正德二年,① 我朝歷代重修。惜兩角門封鎖,似無主持,後閣未能瞻仰也。

十四日【9月2日】

九十里。固原州。②

十五日【9月3日】③

因雨老程。

寅正一刻起程,至四十里之安國鎮。④ 稍憩,吃茶點心畢,再行至二十里固原州所屬之蒿店鎮路北三合店。⑤ 早尖已,又行至三十里之瓦亭驛路南豐裕店落宿。

終日只在亂山河灘中行,其水瀠洄旋繞而流,盡涉小河二十次,可見其曲折矣。距瓦亭驛十五里乃山口,雙峰對峙,巉巖壁立,上刻文曰"金佛峽"。⑥ 山坳處皆有廟,有一間者,有二三間者,有十數間者,形勢不一。水深不及尺,而溜勢湍急,潺潺聒耳。車馬涉過其下,覺陰森沁骨,砭人肌膚云。將起程時,天氣濃陰。行未五里,霏霏細雨,時緊時慢,至申正始止。亥初復雨,其勢正大,直至十五日未正方止。而道路滑濘難行,車夫躊躇無計,不得已而老程焉。

瓦亭雖小鎮,而東西驛路,南北皆山,其巔梵宇數處,蕭疏可喜,草亭廠所點綴,亦頗清雅。惜良辰美景,不能及時賞玩也。

---

① 正德二年:即公元1507年。
② 固原州:明弘治十五年(1502)置,屬平涼府,清因之。清同治十二年(1873)升爲直隸州,轄境約當於今寧夏固原、海原二市縣及清水河上游一帶。現爲寧夏固原市。
③ 十五日:道光十八年七月十五日,即公元1838年9月3日。
④ 安國鎮:古鎮名,即今甘肅省平涼市崆峒區西北安國鄉。
⑤ 蒿店鎮:即今寧夏固原市原州區中部。
⑥ 金佛峽:即寧夏固原市三關口,古名"彈箏峽",又名"金佛峽",俗稱三關口,也即今天的瓦亭峽,或者稱瓦亭河谷。據《甘肅新通志》卷六《輿地志·山川上》記載:"在州東南,涇水南流,經都廬,山中風吹流水,常如彈箏之聲,因謂之'彈箏峽',峽中有金裝佛,亦名'金佛峽'。"

十六日【9月4日】

九十里。

寅正三刻起程,至五十五里之闢城鎮路南回回店。早尖畢即行,至三十五里之固原州東關外路南恒盛店落宿。

落店時方申正,適值署平慶道上任,自提台至將弁兵丁,知州至佐雜胥,詣公館迎接,鳴鑼清道,放炮入城,執事赫奕,僕從如雲,始信外任之榮耀也。

十七日【9月5日】

百十里。

卯初二刻起程,至六十五里之養老莊路南晋慶店。早尖畢即行,至四十五里之黑城子路北第店落宿。①

自固原州至寧夏府,②土人謂之苦八站,果然店宇卑陋,吃食清苦,黎庶窮困,半土窟而居焉。

十八日【9月6日】

七十里。鹽茶廳。③

卯初初刻起程,至四十里鹽茶所所屬齊營子地方路南無字號破店。早尖畢即行,至卅里之李旺驛路北回回店落宿。

自西安府西北以來,民雖寒苦,尚大半可觀,一入甘省,民多土窟,户鮮蓋藏。土人云,今春糧價較此際三倍,秋麥收穫後,民力尚稍蘇云。

十九日【9月7日】

九十里。

---

① 黑城子:即今寧夏固原市原州區西北部。
② 寧夏府:清雍正二年(1724)改寧夏衛爲寧夏府,屬甘肅省,今爲寧夏北部、中部地區。
③ 鹽茶廳:清初鹽茶同知駐固原州,乾隆十三年(1748)移駐海喇都,同治十三年(1874)設海城縣。現爲寧夏中衛市海原縣。

寅正二刻起程，至六十里之高哇堡俗呼高矮子。路南無字號破店。早尖畢，又行至三十里之新隆鎮路北破店落宿。

平涼府以西，田野荒蕪，民半逃亡，鋪多關閉。男婦鳩形垢面，盡形菜色，淒涼景況，不堪入目。土人云，十六七兩年大旱，今歲春秋雖收，大秋又旱，初春餓莩，枕藉於路，米麵較前三倍，吾輩不知死所也。猝聞之，不禁酸鼻。

二十日【9月8日】

九十里。

寅正初刻起程，至六十里之湯坊堡野店，草草早尖畢即行，至卅里陳麻子井路南長興店落宿。

二十一日【9月9日】

老程。

起程時即細雨濛濛，至夜更大，天微明，簷溜如繩，申正方略止，仍然然微灑。路途泥淖，不得已而老程矣。

二十二日【9月10日】

百里。寧夏府中衛縣。①

寅正三刻起程，至三十里寧夏府中衛縣所屬野竹口地方。早尖畢即行，至四十里之黃河岸邊待渡，一船渡過彼岸，一船方渡。至廿里之石竹寺路南隆興店落宿。

起程時練雨點點，午後漸漸瀝如□，落店時尤□。蓋十九日至今，四日不見太陽矣。

黃河內沙灘甚多，船曲折循流而行，不辨東西南北。下船登車，順稻田官道，又至黃河綠岸。而走時已昏黑，殆交亥正去宿處尚有五

---

① 中衛縣：清雍正二年(1724)置中衛縣，屬寧夏府。今爲寧夏中衛市。

六里,蠟燭只餘一支,前車照路而行。至一處道路極狹,車轍去河邊不盈半尺,外首又乃極大墜窩,上雨下滑,車夫望裏極力收拽,始將得過,設微外閃,則車馬人盡落河中矣。岌岌乎殆哉!自起程以來,將及兩月,未有此時之險者也。

黃河以東,地皆間曠,半生青草,行三日少見樹木,一渡黃河,槐柳乘陰。田疇間引黃水灌溉,穀稻盈畦,青蔥可喜。亦有種瓜果菜蔬者,純乎發育氣象,與河東迥不侔矣。

本月初七八日,尚覺炎熱,自初九日,即覺輕寒,穿夾襖馬褂方可適體,此際套穿大棉襖、夾領、便帽,寅卯刻猶不奈冷。西北地早寒,信不誣也。

二十三日【9月11日】

四十里。

卯刻大雨,不能行路,至巳刻方止。稍待起程,至四十里之棗陽堡路北回回店落宿。① 只行半站,道路泥濘故也。

黃河以西,民户似稍充裕,雖係土房,尚大半整齊,穿戴雖破舊,而糧食柴草堆滿場院,老幼欣欣然,頗有耕鑿氣象。

二十四日【9月12日】

七十里。

寅初二刻起程,至四十里渠口驛路東吉陞店。早尖畢,又行至三十里之廣武鎮路東益遠店落宿。

店門前有碑,字皆模糊。審視之,乃康熙三十四年開千金渠之碑也。② 千金渠即開引黃河之水灌田溝渠也,誠爲萬世利民之要務,官

---

① 棗陽堡:應爲"棗園堡",在寧夏中寧縣東北部、黃河北岸,屬棗園鄉。

② 康熙三十四年:即公元1695年。千金渠:據《新修朔方廣武志》卷上《水利志》記載:"千金渠,舊名'石灰渠',自鐵桶碾盤灘起,至廣武五塘溝止,延長五十七里,每年本營按田出夫挑浚,緣俞都督念切鄉里渠壩壅崩,捐金千兩,建閘疏壅,鄉人感德不忘,因易渠名'千金'。李品錡撰記,見詞翰。"

斯土者，宜知所以興之哉！

去店數武，有關帝廟，極壯麗。是日演劇，余往隨喜。至大殿前捲棚下一皤白叟六品頂帶冠服上坐，見余，遽起遜坐，余謙讓，叟力引之上坐，訊余由來，余告之，叟致敬曰："吾鄉大人也。"吾遜謝。叩其生平，始知叟改寧夏人王姓，官廣武汛千總，年已七十，而精神矍鑠。任千總三十年，出兵三次，蓋人品骨鯁、屈沉於下僚者，而觀其耳目聰明，言語清朗，余對之頗形目慚。叟於寧夏風土人情及各衙門事務，并蒙古氣習，無不熟悉，為余條分縷晰，而畢陳之。坐談時許，余始謝教而別。不意之間，得領教益多矣。

二十五日【9月13日】

九十里。寧夏縣。①

卯初二刻起程，至四十里之大壩驛路南吉興店。早尖畢，再行至五十里之葉陞堡路北回回店落宿。②

大壩即漢延渠也，③又有惠農、昌瑞二渠，④皆創自漢代，唐宋此地未入中國，本朝統一寰宇，修復疏濬，大益農田。黃河自古為中國之患，獨寧郡頗賴其力，此所謂天然之利也。

---

① 寧夏縣：古舊縣名。清雍正二年(1724)改寧夏左屯衛置，治今寧夏銀川市，與寧朔縣同為寧夏府治。1913年裁府留縣。1942改名為賀蘭縣。
② 葉陞堡：也稱為"葉盛堡"，在寧夏青銅峽市東北部。
③ 漢延渠：即漢渠。據《〔乾隆〕寧夏府志》卷八《水利》記載："口開寧朔縣陳俊堡二道河，經府城東而北至寧夏縣王澄堡，歸入西河，長一百九十五里八分。大小陡口共四百七十一，澆灌寧夏、寧朔二縣田五千六百九十分。"
④ 惠農、昌瑞二渠：據《〔乾隆〕寧夏府志》卷八《水利》記載："惠農渠并昌潤渠，皆侍郎通智、寧夏道單疇書等奉旨肇開。惠農渠，口初在寧夏縣葉昇堡俞家嘴，并漢渠而北，至平羅縣西河堡，歸入西河，長二百里。乾隆三十九年，因河流東注，又改口於漢壩堡剛家嘴，至平羅縣尾閘堡入黃河，共長二百六十二里。大小陡口一百三十六道，澆灌寧夏、平羅二縣田四千五百二十九分半。""昌潤渠與惠農渠同時開。原接引惠農之水，後因兩渠一口，不敷分灌，乾隆三十年，寧夏知府張為旃詳准，受水戶民自備夫料，另由寧夏縣通吉堡溜山子開口，至永屏堡歸入黃河，長一百三十里。大小陡口一百一十三道，澆灌平羅縣埂外田一千六百九十七分半。"因此文中"昌瑞渠"疑為"昌潤渠"。

二十六日【9月14日】

五十里。

辰初二刻起程，至五十里之延和堡路北新盛店落宿。止行半站，自十九日連陰霪雨，總未放晴，是日雖雨，尚不甚大。至夜則澍雨通宵，直至辰刻方止。此地至寧城僅五十里，先遣家人知會，於二十七日午刻進城，在此店老程矣。

二十七日【9月15日】

五十里。寧朔縣。①

因夜雨甚大，至巳初一刻起程。至十八里橋，大車又陷於深泥中，未正始得出。及至進城入衙，已戌正矣。至寧城東二十五里，有本衙門轎馬夫役及把總書吏等三十餘人來接，呈遞事宜單、官兵名單，暨祭門、接印儀注。衆叩謁訖，乘轎至十里接官所。文職則道府兩所、二縣佐雜等官，武職則鎮台、游都、守備、千把外委等官，及舊任哈公迎接。逐一拜見畢，讓余乘轎先行，鎮道等後行。至衙前鳴炮，祭門畢，入內稍憩，出拜哈公，議定即於是日亥正接印。

【校勘記】

［1］竣：原作"峻"，據文意應爲"竣"。竣，有事畢之意。
［2］羅汝楫：原作"羅汝節"。羅汝楫，字彥濟，號湛室老人，安徽歙縣人。阿附秦檜，與中丞何鑄交章論岳飛罪。《宋史》卷三八〇有傳。據改。
［3］河南府洛陽縣：原作"洛陽縣河南府"，清代河南府府治洛陽縣，據改。河南府，清代轄境相當今河南省黃河以南，鞏義、登封二市以西，澠池、洛寧二縣以東及伊水以北地區。1913年廢。洛陽縣，古舊縣名。即今河南省洛陽市，在河南省南部，黃河南岸。

---

① 寧朔縣：舊縣名。清雍正二年(1724)改寧夏右屯衛置，治今寧夏銀川市。與寧夏縣同爲寧夏府治。1960年并入青銅峽市和永寧縣。

參考文獻

一、古代文獻

(一) 經部

《孟子正義》：(清) 焦循撰，沈文倬點校，中華書局 1987 年版。

(二) 史部

《史記》：(漢) 司馬遷撰，中華書局 2013 年版。

《漢書》：(漢) 班固撰，中華書局 1962 年版。

《後漢書》：(南朝宋) 范曄撰，中華書局 1965 年版。

《三國志》：(晉) 陳壽撰，(宋) 裴松之注，中華書局 1959 年版。

《梁書》：(唐) 姚思廉撰，中華書局 1973 年版。

《舊唐書》：(後晉) 劉昫等撰，中華書局 1975 年版。

《新唐書》：(宋) 歐陽修、宋祁撰，中華書局 1975 年版。

《舊五代史》：(宋) 薛居正等撰，中華書局 1976 年版。

《新五代史》：(宋) 歐陽修撰，(宋) 徐無黨注，中華書局 1974 年版。

《宋史》：(元) 脫脫等撰，中華書局 1977 年版。

《清史稿》：趙爾巽等撰，中華書局 1977 年版。

《〔順治〕衛輝府志》：(清) 程啓朱等修，清順治十六年(1659)刻本。

《〔順治〕淇縣志》：(清) 王謙吉、王南國等修，清順治十七年(1660)刻本。

《〔康熙〕潼關衛志》：(清) 唐咨伯等修，清康熙二十四年(1685)刻本。

《〔康熙〕孟津縣志》：(清) 孟常裕等修，清康熙四十七年(1708)刻本。

《〔康熙〕新修朔方廣武志》：(清) 俞益謨、高嶷修，甘肅圖書館藏康熙五十六年(1717)刻本；田富軍校注本，上海古籍出版社 2018 年版。

《〔乾隆〕彰德府志》：（清）劉謙等修，清乾隆五年(1740)刻本。

《〔乾隆〕同州府志》：（清）張奎祥等修，清乾隆六年(1741)刻本。

《〔乾隆〕彰德府志》：（清）盧崧等修，清乾隆五十二年(1787)刻本 。

《〔乾隆〕衛輝府志》：（清）畢沅、劉鍾之等修，清乾隆五十三年(1788)刻本。

《〔乾隆〕臨潼縣志》：（清）史傳遠撰，《中國地方志集成》影印清乾隆四十一年(1776)刻本，江蘇古籍出版社、上海書店出版社、巴蜀書社1990年版。

《〔乾隆〕西安府志》：（清）舒其紳修，嚴長明纂，《中國地方志集成》影印清乾隆四十四年(1779)刻本，江蘇古籍出版社、上海書店出版社、巴蜀書社1990年版。

《〔乾隆〕寧夏府志》：中國國家圖書館藏乾隆四十五年(1780)刻本；胡玉冰、韓超校注本，中國社會科學出版社2015年版。

《〔道光〕直隸定州志》：（道光）寶琳等纂修，《中國方志叢書》影印道光二十九年(1849)刊本，成文出版社1969年版。

《〔道光〕重輯渭南縣志》：（清）何耿繩修，姚景衡纂，《中國地方志集成》影印清道光九年(1829)刻本，江蘇古籍出版社、上海書店出版社、巴蜀書社1990年版。

《〔道光〕獲嘉縣志》：（清）吳喬齡等修，清道光五十二年(1845)刻本。

《〔咸豐〕同州府志》：（清）李恩繼、文廉等修，清咸豐二年(1852)刻本。

《〔同治〕欒城縣志》：（清）陳詠修，張懷德纂，《中國方志叢書》影印同治十一年(1873)刊本，成文出版社1976年版。

《〔光緒〕定興縣志》：（清）張主敬等修，楊晨纂，《中國方志叢書》影印光緒十六年(1891)刊本，成文出版社1969年版。

《〔光緒〕三續華州志》：（清）吳炳南修，劉域纂，《中國地方志集成》影印清光緒八年(1882)合刻本，江蘇古籍出版社、上海書店出版社、巴蜀書社1990年版。

《〔光緒〕陝州直隸州志》：（清）黃璟等修，清光緒十八年(1892)刻本。

《〔民國〕邯鄲縣志》：李世昌等纂修，《中國方志叢書》影印民國二十八年(1937)刊本，成文出版社1969年版。

《日下舊聞考》：（清）于敏中等編纂，北京古籍出版社1985年版。

(三) 子部

《太平御覽》：（宋）李昉等修撰，中華書局1960年版。

二、現當代文獻

《歲月紀時辭典》：周一平等編撰，湖南出版社 1991 年版。

《中國古今地名大詞典》：戴均良等主編，上海辭書出版社 2005 年版。

《寧夏歷史地理考》：魯人勇、吳忠禮、徐莊編著，寧夏人民出版社 1993 年版。

《中國歷史地圖集》（第八冊·清代）：譚其驤主編，中華地圖學社 1975 年版。

《美國國會圖書館藏中文善本書續錄》：范邦瑾編著，上海古籍出版社 2011 年版。

宁夏青海里程

〔清〕佚名 撰　　李彦霞 校注

整理説明

《寧夏青海里程》，不分卷，清朝佚名撰。日本東洋文庫藏清稿本，孤本。半頁九行，每行字數不等。

《寧夏青海里程》，大致以逆時針方向，詳細地記述寧夏府屬寧夏縣城、寧朔縣城、中衛縣城、平羅縣城、寶豐縣城、靈州城、寧靈廳城、花馬池州同城，西寧府屬西寧縣城，固原直隸州屬固原州城、平遠縣城、海城縣城、硝河城州判城、打拉池縣丞城、化平直隸廳屬化平廳城，以及這些州縣所屬營、堡、汛、驛至甘肅省省城的里程。資料多取自寧夏府屬州、廳、縣、營圖册，以備重修《大清會典》之用。

東洋文庫藏本當係稿本，爲省文，編寫者對部分内容多有修改，且較有規律。如寧朔縣"與寧夏縣同城。西南至平羌堡汛計程肆拾里。又自平羌堡起至玉泉營肆拾里，玉泉營至大壩驛肆拾里。由大壩、中衛、三眼井、寬溝、松山、平城、平番、沙井驛壹路接算，至省，共計程壹千壹百里"段落中，"計程""又自""起""由大壩、中衛、三眼井、寬溝、松山、平城、平番、沙井驛壹路接算""共計程"等字句均删減了。其他各段落中，如有相似句式或表述内容，也均照此進行删減。本次整理，爲保持初稿原貌，被删減的文字均保留。

《寧夏青海里程》有其獨特的價值。第一，該檔案再現了《大清會典》在重修編撰過程中所用部分資料的真實原貌，爲研究清末檔案資料的書寫格式多樣化提供了難得的證據。第二，提供了今寧夏回族自治區主要城鎮之間的里程，爲研究清末寧夏交通道路格局及其變化，具有十分重要的參考價值。目前學界尚無專門的研究成果。

整理者主要以標點、校勘、注釋等方式對《寧夏青海里程》進行整理。以日本東洋文庫藏孤本《寧夏青海里程》爲底本。缺漏文字，每"□"代表一字。字數不詳者以省略號標注。

寧夏青海里程

寧夏府屬[①]

寧夏縣[②]

本城駐劄寧夏鎮并標下肆營、城守營。自該鎮起至王鋐驛陸拾里，王鋐驛至大垻驛陸拾里，大垻驛至渠口驛柒拾里，渠口驛至石空寺驛捌拾里，石空寺驛至中衛縣玖拾里，中衛縣至長流水驛柒拾里，長流水驛至三塘水驛柒拾里，[1]三□□□石空寺驛。兼以均勻程站，理合登明。

寧朔縣[③]

與寧夏縣同城。西南至平羌堡汛計程肆拾里。又自平羌堡起至玉泉營肆拾里，玉泉營至大垻驛肆拾里。由大垻、中衛、三眼井、寬溝、松山、平城、平番、沙井驛壹路接算，至省，共計程壹千壹百里。

又南至玉泉營計程捌拾里。又自玉泉營起至大垻驛肆拾里，由

---

① 寧夏府："寧"原作"甯"，統改爲"寧"，下同，不再出注。寧夏府：清雍正二年（1724）改寧夏衛爲寧夏府，屬甘肅省，同治十一年（1872）置寧靈廳，至此寧夏府領四縣、一廳、一州（寧夏縣、寧朔縣、中衛縣、平羅縣、寧靈廳、靈州）。今爲寧夏回族自治區北部、中部地區。參見《寧夏歷史地理考》。

② 寧夏縣：舊縣名。清雍正二年（1724）改寧夏左屯衛置，治今寧夏回族自治區銀川市，與寧朔縣同爲寧夏府治。1913年裁府留縣。1942改名爲賀蘭縣。

③ 寧朔縣：舊縣名。清雍正二年（1724）改寧夏右屯衛置，隸屬寧夏府。轄境相當今銀川市、永寧縣、青銅峽市、賀蘭縣部分地區。《〔乾隆〕寧夏府志》卷三《地理》載："寧朔縣，治載府城內……國朝順治十五年，并中衛入右衛。雍正三年改寧朔縣，屬寧夏府。"

大垻、中衛、三眼井、寬溝、松山、平城、平番、沙井壹路接算，至省，共計程壹千零陸拾里。

又南至大垻堡汛計程壹百貳拾里。又自大垻堡汛起由中衛、三眼井、寬溝、松山、平城、平番、沙井壹路接算，至省，共計程壹千貳拾里。

中衛縣①

本城駐劄中衛協營。自該營起至長流水驛柒拾里，[2]由長流水、三塘水、營盤水、三□至省，共計程捌百壹拾里。又南古水堡營計程肆拾里。又自古水堡營至中衛縣肆拾里，由中衛、三眼井、寬溝、松山、平城、平番、沙井壹路接算，至省，共計程捌百貳拾里。

又南至香山堡汛計程陸拾里。又自香山堡汛起至中衛縣陸拾里，由中衛、三眼井、寬溝、松山、平城、平番、沙井壹路接算，至省，共計程捌百肆拾里。

平羅縣②

本城駐劄平羅營。自該營起至李剛堡陸拾里。李剛堡至寧夏縣陸拾里，由寧夏、王鋐、大垻、中衛、三眼井、寬溝、松山、平城、平番、沙井壹路接算，至省，共計程壹千貳百陸拾里。

又南至李剛堡汛計程陸拾里。又自李剛堡汛起至寧夏縣陸拾里，由寧夏、王鋐、大垻、中衛、三眼井、寬溝、松山、平城、平番、沙井壹路接算，至省，共計程壹千貳百里。

---

① 中衛縣：縣名。清雍正二年(1724)以寧夏中衛改縣，隸屬寧夏府。轄境即今中衛、中寧二縣和青銅峽市西南部局地。《〔嘉慶〕重修一統志》卷二六四《寧夏府》載："中衛縣……永樂元年，置寧夏中衛，屬陝西都司。本朝初因之。順治十五年，并入寧夏右屯衛；雍正二年，改置中衛縣。屬寧夏府。"

② 平羅縣：縣名。清雍正二年(1724)以平羅所改置爲縣，轄境相當今平羅縣、惠農縣、石嘴山市全部和賀蘭縣西北部等地。《〔嘉慶〕重修一統志》卷二六四《寧夏府》載："平羅縣……本朝初，曰平囉所，雍正二年，改置平羅縣。五年，分置新渠縣。七年，增置寶豐縣，并屬寧夏府。乾隆三年，省新渠、寶豐二縣，并入平囉，仍屬寧夏府。"

又西南至洪廣營計程柒拾里。又自洪廣營起至寧夏縣肆拾里，由寧夏、王鋐、大壩、中衛、三眼井、寬溝、松山、平城、平番、沙井壹路接算，至省，共計程壹千壹百捌拾里。

又北至威鎮堡汛計程壹拾里。又自威鎮堡汛起至平羅縣壹拾里，由平羅、寧夏、王鋐、大壩、中衛、三眼井、寬溝、松山、平城、平番、沙井壹路接算，至省，共計程壹千貳百柒拾里。

又西至鎮朔堡汛計程陸拾里。又自鎮朔堡汛起至洪廣營叁拾里，洪廣營至寧夏縣肆拾里。由寧夏、王鋐、大壩、中衛、三眼井、寬溝、松山、平城、平番、沙井壹路接算，至省，共計程壹千貳百壹拾里。

又西至鎮北堡汛計程玖拾里。又自鎮北堡汛起至寧夏縣貳拾里，由寧夏、王鋐、大壩、中衛、三眼井、寬溝、松山、平城、平番、沙井壹路接算，至省，共計程壹千壹百陸拾里。

又北至石嘴子堡汛計程玖拾里。又自石嘴子汛起至平羅縣玖拾里，由平羅、寧夏、王鋐、大壩、中衛、三眼井、寬溝、松山、平城、平番、沙井壹路接算，至省，共計程壹千叁百伍拾里。

寶豐縣丞

南至平羅縣伍拾里，平羅縣至李剛堡陸拾里，李剛堡至寧夏縣陸拾里，由寧夏、王鋐、大壩、中衛、三眼井、寬溝、松山、平城、平番、沙井壹路接算，至省，共計程壹千叁百壹拾里。

靈　州[①]

本城駐劄靈州營。自該營起至王鋐驛叁拾里。由王鋐、大壩、中衛、三眼井、寬溝、松山、平城、平番、沙井壹路接算，至省，共計程壹千壹百壹拾里。

[①] 靈州：舊州名。清雍正二年(1724)改所爲靈州直隸州，屬寧夏府，轄境相當於今寧夏靈武、同心、鹽池三縣全部和吳忠市部分地區。

又東至安定堡營計程貳百里。又自安定堡營至興武驛陸拾里，由興武、清水、紅山、橫城口、寧夏、王鋐、大壩、中衛、三眼井、寬溝、松山、平城、平番、沙井壹路接算，至省，共計程壹千肆百叁拾里。

又東至興武營計程壹百肆拾里。又自興武營起至清水驛壹百里，由清水、紅山、橫城口、寧夏、王鋐、大壩、中衛、三眼井、寬溝、松山、平城、平番、沙井壹路接算，至省，共計程壹千叁百柒拾里。

又東至毛卜喇堡汛計程壹百壹拾里。又自毛卜喇堡汛起至清水驛肆拾里，由清水、紅山、橫城口、寧夏、王鋐、大壩、中衛、三眼井、寬溝、松山、平城、平番、沙井壹路接算，至省，共計程壹千叁百壹拾里。

又東至清水營計程柒拾里。又自清水營起至紅山驛陸拾里，由紅山、橫城口、寧夏、王鋐、大壩、中衛、三眼井、寬溝、松山、平城、平番、沙井壹路接算，至省，共計程壹千貳百柒拾里。

又東至紅山堡汛計程陸拾里。又自紅山堡汛起至橫城口驛肆拾里。由橫城口、寧夏、王鋐、大壩、中衛、三眼井、寬溝、松山、平城、平番、沙井壹路接算，至省，共計程壹千貳百壹拾里。

又東至橫城營計程柒拾里。又自橫城營起至寧夏縣叁拾里。由寧夏、王鋐、大壩、中衛、三眼井、寬溝、松山、平城、平番、沙井壹路接算，至省，共計程壹千壹百柒拾里。

又西至臨河堡汛計程陸拾里。又自臨河堡汛起至橫城口驛壹拾里。由橫城口、寧夏、王鋐、大壩、中衛、三眼井、寬溝、松山、平城、平番、沙井壹路接算，至省，共計程壹千壹百捌拾里。

又由惠安堡南至韋州堡汛計程貳百壹拾里。又自韋州堡汛起至惠安堡伍拾里，惠安堡至靈州壹百陸拾里，靈州至王鋐叁拾里。由王鋐、大壩、中衛、三眼井、寬溝、松山、平城、平番、沙井壹路接算，至省，共計程壹千叁百貳拾里。

又東南至惠安堡汛計程壹百陸拾里。又自惠安堡汛起至靈州、王鋐、大壩、中衛、三眼井、寬溝、松山、平城、平番、沙井壹路接算，至省，共計程壹千貳百柒拾里。

又南至同心城營計程叁百壹拾里。又自同心城營起至沙泉驛玖拾里，沙泉至寧安驛柒拾里，寧安至渠口聖捌拾里。由渠口、石空寺、中衛、三眼井、寬溝、松山、平城、平番、沙井壹路接算，至省，共計程壹千壹百玖拾里。

寧靈廳①

本城駐劄靈武營。自該營起東北至靈州肆拾伍里。靈州至王鋐驛叁拾里，由王鋐、大壩、中衛、三眼井、寬溝、松山、平城、平番、沙井壹路接算，至省，共計程壹千壹百伍拾伍里。

前件查寧靈廳係前因籌辦寧夏金積堡善後事宜時，奏改寧夏府屬水利同知爲寧靈撫民同知，移駐金積堡，并添設靈武營參將。祈請查核，理合登明。

花馬池州同②

本城駐劄花馬池營。自該營起西至靈州貳百陸拾里。又自該營起至安定驛陸拾里，安定驛至興武驛陸拾里，興武驛至清水驛壹百里，清水驛至紅山驛陸拾里，紅山驛至橫城口驛肆拾里，橫城口驛至寧夏縣叁拾里。由寧夏、王鋐、大壩、中衛、三眼井、寬溝、松山、平城、平番、沙井壹路接算，至省，共計程壹千肆百玖拾里。

---

① 寧靈廳：清同治十一年（1872）置。清季屬靈州，同治十一年（1872）經陝甘總督左宗棠請准，改寧夏水利同知爲寧靈撫民同知，其寧靈廳駐金積堡，直屬寧夏府。轄境相當今吳忠市南部和同心縣北部地區。《清史稿》卷六四《地理十一》載："寧靈廳……同治十一年（1872），總督左宗棠督師克復，奏設廳，改寧夏水利同知爲撫民同知駐焉。"

② 花馬池州：清雍正四年（1726）置。明爲寧夏後衛，清初因之。雍正八年（1730）添設州同，爲靈州花馬池分州。轄境即今鹽池縣。《清世宗實錄》卷九一"雍正八年二月乙卯"載："吏部議復甘肅巡撫許容條奏移設郡縣事宜。……寧夏府屬之花馬池添設州同醫院，屬靈州管轄。……應如所請。從之。"

西寧府屬①

西寧縣②

本城駐札西寧鎮標中、左、右、前、後、城守等營。自該營起至平戎驛柒拾里，平戎驛至碾伯縣陸拾里，碾伯縣至老鴉驛伍拾里，老鴉驛至冰溝驛肆拾里，冰溝驛至西大通縣丞伍拾里，西大通縣丞至塘坊驛貳拾里，塘坊驛至通遠驛陸拾里，通遠驛至平番縣肆拾里，平番縣至紅城驛。③

固原直隸州屬

固原州

本城駐劄提標五營并城守營，南至瓦亭驛捌拾里，瓦亭至隆德伍拾里。由隆德、靜寧、會寧、安定、清水、金崖一路接算，至省，共計程捌百零玖里。

又南至瓦亭營駐札瓦亭驛捌拾里，瓦亭營至隆德縣隆城驛伍拾里。由隆德、靜寧、會寧、安定、清水、金崖一路接算，至省，共計程柒百貳拾玖里。

前件查瓦亭驛原設瓦亭汛，現據固原州并瓦亭營册稱，係於光緒捌年減兵增餉案內奉文，將八營守備移駐此處，改汛爲營，理合登明。

又北至黑城汛駐劄黑城鎮，計程玖拾里。又自黑城汛起至固原州城玖拾里，固原州至瓦亭驛捌拾里，瓦亭驛至隆德縣伍拾里。由隆德、靜寧、會寧、安定、清水、金崖壹路接算，至省，共計程捌百玖拾

---

① 西寧府：清雍正二年(1724)改西寧衛爲西寧府，治西寧縣，屬甘肅省。轄境相當今青海省日月山以東，茫拉河及黃河以東青海省東部地區。

② 西寧縣：清雍正二年(1724)置，爲西寧府治。1913年裁府留縣，1946年改名湟中縣，遷治塔爾寺。

③ 原書下缺。

玖里。

又自黑城汛起至海城縣屬鄭旂堡驛叁拾里,鄭旂堡至海城縣城柒拾里,海城縣至縣屬西安州汛肆拾里,西安州汛至乾鹽池驛肆拾里,乾鹽池至打拉池縣丞本城伍拾里。由打拉池至靖遠縣柒拾里,靖遠縣至古城陸拾里,古城驛至蔡家河驛壹百肆拾里,蔡家河至省柒拾里,共計程伍百柒拾里。

又北至八營汛駐札八營鎮,計程壹百叁拾里,營汛至固原州城壹百叁拾里,固原州至瓦亭驛捌拾里,瓦亭驛至隆德縣伍拾里,由隆德、靜寧、會寧、安定、清水、金崖壹路接算,至省,共計程玖百叁拾玖里。

又自八營汛起至七營叁里,七營至黑城汛伍拾里,黑城汛至鄭旂堡叁拾里。由鄭旂堡、海城、西安州、打拉池、靖遠、古城、蔡家河壹路接算,至省,共計程陸百貳拾叁里。

前件查八營原設八營守備,現據固原并瓦亭營册稱,於光緒捌年減兵增餉案內奉文,將守備移駐瓦亭,此處改營為汛,理合登明。

平遠縣①

本城駐札下馬關營。自該營起至平遠所汛駐札預望城驛柒拾里,預望城西至阿布條驛伍拾里,阿布條驛至海城屬之李旺驛叁拾里,李旺驛至固原屬之三營驛玖拾里,三營驛至固原州柒拾里,固原州至瓦亭驛捌拾里,瓦亭驛至隆德縣伍拾里。由隆德、靜寧、會寧、安定、清水、金崖壹路接算,至省,共計程壹千壹百壹拾玖里。

又由預望城驛歷阿布條至李旺驛捌拾里,李旺驛至三營驛玖拾里,三營驛至固原州城柒拾里。由固原、瓦亭、隆德、靜寧、會寧、安定、清水、金崖壹路接算,至省,共計程壹千零肆拾玖里。

又自預望城驛歷阿布條至李旺驛捌拾里,李旺驛至七營肆拾里,七營至黑城子伍拾里。由黑城子歷鄭旂堡、海城、西安州、乾鹽池、打

---

① 平遠縣:舊縣名。清同治十三年(1874)置,屬固原直隸州。轄境相當今同心縣。

拉池、靖遠、古城、蔡家河壹路接算至省，共計程柒百肆拾里。

海城縣①

本城駐劄鹽茶營。自該營起東南至鄭旂驛柒拾里，鄭旂驛至三營驛柒拾里，三營驛至固原州柒拾里，固原州至瓦亭驛捌拾里。由瓦亭、隆德、静寧、會寧、安定、清水、金崖壹路接算，至省，共計程壹千零壹拾玖里。

又東至李旺堡汛駐劄李旺驛，計程壹百玖拾里。又自李旺驛起至固原州屬三營驛玖拾里，三營驛至固原州城柒拾里。由固原、瓦亭、隆德、静寧、會寧、安定、清水、金崖壹路接算，至省，共計程玖百陸拾玖里。

又西至西安州汛駐劄西安州，計程肆拾里。西安州由海城鄭旂驛一路至海城縣城肆拾里，海城縣至鄭旂驛柒拾里。由鄭旂、三營、固原、瓦亭、隆德、静寧、會寧、安定、清水、金崖壹路接算，至省，共計程壹千零伍拾玖里。

又自西安州汛起至打拉池屬乾鹽池驛肆拾里，乾鹽池驛至打拉池縣丞伍拾里，再由打拉池歷靖遠、古城、蔡家河壹路接算，至省，共計程肆百叁拾里。

又自李旺堡汛起，西至海城縣計程壹百玖拾里。海城縣至鄭旂驛柒拾里，鄭旂驛至三營驛柒拾里，三營驛至固原州城柒拾里，固原州至瓦亭驛捌拾里。由瓦亭、隆德、静寧、會寧、安定、清水、金崖壹路接算，至省，共計程壹千貳百零玖里□。

又自李旺堡汛起至海城縣壹百玖拾里，海城縣至西安州一路肆拾里。由西安州、打拉池、靖遠、古城、蔡家河壹路接算，至省，共計程

---

① 海城縣：舊縣名。清同治十三年（1874）置，屬固原直隸州。據《〔光緒〕海城縣志》卷一《建置志》載："左侯相以地方遼闊，非建置州邑不足以資鎮撫，乃奏陞固原爲直隸州，改鹽茶同知爲海城縣，割鹽闢壤設平遠縣、硝河城州判、打拉池縣丞。改廳爲縣，自同治十三年（1874）十月始。"轄境相當於今海原縣。

陸百陸拾里。

硝河城州判①

本城駐劄硝河汛。自該訊起南至屬境單家集驛伍拾里，單家集驛至靜寧州肆拾里，靜寧州至會寧青家驛玖拾里，由會寧、安定、清水、金崖一路接算，至省，共計程陸百柒拾玖里。

打拉池縣丞②

駐劄打喇赤地方。自該縣丞起東至乾鹽池驛伍拾里，乾鹽池至西安州肆拾里，西安州至海城縣肆拾里，海城縣至鄭旂堡驛柒拾里，鄭旂堡驛至三營驛柒拾里，三營驛至固原州柒拾里，固原州至瓦亭驛捌拾里。由瓦亭、隆德、靜寧、會寧、安定、清水、金崖路接算，至省，共計程壹千壹百肆拾玖里。又自縣丞起西至靖遠縣柒拾里，由靖遠、古城、蔡家河壹路接算至省，共計程叁百肆拾里。

前件查固原州屬行據該州縣、州判、縣丞冊稱，係於同治拾叁年將固原州改升直隸州，并將下馬關添設平遠縣，鹽茶廳改設海城縣，及在固、海、隆、靜之中添設硝河城州判，并在打喇赤地方添設打拉池縣丞，隨時議詳，請咨在案。再自海城縣由北路打拉池、靖遠縣至省里數，係照兵燹後改設海城縣并打拉池縣丞，安設乾鹽池驛壹路計算，是以與早年舊檔較近柒拾里。又據靖遠縣并打拉池縣丞圖冊，各稱由打拉池歷靖遠北路進省，係屬僻路。現在打拉池迤東，文報均由東路驛站行走，是以此次重修《會典》，册内將固原北路各縣縣丞、營、汛均添造東路進省程站，理合登明。

---

① 硝河城：舊縣名。清同治十三年(1874)置，屬固原直隸州。轄境相當今西吉縣南部部分地區。據《〔宣統〕新修硝河城志》中《新修硝河城志序》記載："同治十三年(1874)，陝甘總督左文襄公督兵渡隴，回亂肅清，疏請升固原為直隸州，設分州於此，是為建置之始。"

② 打拉池縣丞：同治十三年(1874)置。在今甘肅海原縣西北。

化平直隸廳屬①

　　化平廳本城駐札化平營。自該營起由廳屬叁拾里鋪至固原州屬瓦亭驛叁拾里，瓦亭驛至隆德縣伍拾里，由隆德、靜寧、會寧、安定、清水、金崖壹路接算，至省，共計程柒百捌拾玖里。

　　前件查化平廳營行據該廳營册稱，係於同治拾貳年奉文新設，駐劄化平川地方，□請查核，理合登明。

　　……□□寬溝、松山、平城、平番、沙井壹路接算，至省，共計程柒百捌拾里。

　　又東至廣武營計程貳百里。又自廣武營起至渠口驛叁拾里，由渠口、石空、中衛、三眼井、寬溝、松山、平城、平番、沙井壹路接算，至省，共計程玖百捌拾里。

　　又東至棗園堡汛計程壹百叁拾里。又自棗園堡起汛至石空驛肆拾里，由石空、中衛、三眼井、寬溝、松山、平城、平番、沙井壹路接算，至省，共計程玖百壹拾里。

　　又東至石空寺堡營計程玖拾里。又自石空寺堡起至中衛縣玖拾里，由中衛縣、三眼井、寬溝、松山、平城、平番、沙井壹路接算，至省，共計程捌百柒拾里。

　　又東至鎮羅堡汛計程叁拾里。又自鎮羅堡汛至中衛縣叁拾里，由中衛、三眼井、寬溝、松山、平城、平番、沙井壹路接……

　　……□□□至營盤水驛柒拾里，營盤水驛至三眼井驛壹百貳拾里，三眼井驛至寬溝驛伍拾里，寬溝驛至松山驛伍拾里，松山驛至平

---

① 化平直隸廳：清同治十年(1871)，清軍鎮壓西北回民起義後，迫遷部分陝回安置此地并築城、駐兵，割平涼、固原、隆德、華亭四州縣邊地析置化平川直隸廳。轄境相當今涇源縣。據《〔民國〕化平縣志》中《張逢泰序》記載："化平一邑，係前清同治十年(1871)，左文襄公招集陝甘就撫回衆，奏劃固原、平涼、華亭、隆德四州縣轄境以爲安插之所。拓地殖民，設官分職，化平川直隸廳此其權輿焉。"

城驛伍拾里,平城驛至平番縣柒拾里,平番縣至紅城驛柒拾里,紅城驛至苦水驛伍拾里,苦水驛至沙井驛柒拾里,沙井驛至省肆拾里,共計程壹千壹百肆拾里。

　　前件查石空寺驛係行據中衛縣册造聲登原設勝金驛,距渠口驛壹百壹拾里,距中衛縣城陸拾里,共壹百柒拾里。兵燹後復整驛站,因勝金關人烟絶迹,難爲駐札。查有石空寺地方,東距渠口捌拾里,西距中衛縣城玖拾里,亦共壹百柒拾□□□□中里數相等,爰權移勝……

【校勘記】

［１］驛至：此二字原漫漶不清。《〔嘉慶〕重修一統志》卷二六六《寧夏府·關隘》載:"長流水驛,在中衛縣西七十里,舊有驛丞,今裁。又西七十里至三塘水驛。"據補。
［２］拾里：此二字原漫漶不清。《〔嘉慶〕重修一統志》卷二六六《寧夏府·關隘》載:"長流水驛,在中衛縣西七十里,舊有驛丞,今裁。"據補。

參考文獻

一、古代文獻

《清史稿》：趙爾巽等撰，中華書局1977年版。

《清實錄》：中華書局1985年版。

《〔嘉慶〕重修一統志》：（清）穆彰阿、潘錫恩等纂修，《續修四庫全書》影印《四部叢刊續編》本，上海古籍出版社2002年版。

《〔乾隆〕寧夏府志》：中國國家圖書館藏乾隆四十五年（1780）刻本；中國社會科學出版社2015年胡玉冰、韓超校注本。

《〔道光〕平羅記略》：（清）徐保字纂，北京大學圖書館藏道光九年（1829）新堡官舍刻本；上海古籍出版社2018年徐遠超校注本。

《〔光緒〕海城縣志》：（清）楊金庚修，陳廷珍纂，甘肅省圖書館藏光緒三十四年（1908）抄本；上海古籍出版社2018年胡玉冰、穆旋校注本。

《〔光緒〕新修打拉池縣丞志》：（清）廖丙文修，陳希魁等纂，光緒三十四年（1908）抄本；上海古籍出版社2018年胡玉冰、魏舒婧校注本。

《〔光緒〕花馬池志迹》：甘肅省圖書館藏抄本；中國社會科學出版社2015年胡玉冰、孫佳校注本。

《〔光緒〕平遠縣志》：（清）陳日新纂，甘肅省圖書館藏光緒五年（1879）刻本；上海古籍出版社2018年胡玉冰、馬玲玲、孫小倩校注本。

《〔光緒〕寧靈廳志草》：（清）佚名纂，日本東洋文庫藏清稿本；上海古籍出版社2018年胡玉冰、張煜坤校注本。

《〔宣統〕新修硝河城志》：（清）楊修德纂，上海古籍出版社2018年胡玉冰、魏舒婧校注本。

《〔宣統〕新修固原直隸州志》：（清）王學伊、錫麒纂修，《中國地方志集成・寧夏府縣志輯》影印乾隆二十五年(1760)刻本,鳳凰出版社等 2008 年版;上海古籍出版社 2018 年韓超校注本。

《〔民國〕化平縣志》:張逢泰纂修,民國二十九年(1940)平涼一心印書館石印本;上海古籍出版社 2018 年胡玉冰、穆旋校注本。

二、現當代文獻

《中國古今地名大詞典》:戴均良等主編,上海辭書出版社 2005 年版。

《寧夏歷史地理考》:魯人勇、吳忠禮、徐莊編著,寧夏人民出版社 1993 年版。

《中國歷史地圖集》(第八冊・清代):譚其驤主編,中華地圖學社出版社 1975 年版。

《寧夏舊志研究》:胡玉冰著,上海古籍出版社 2018 年版。